KB220295

전임과 후임 리더십 계승 프로세스

목회사역
계승
매뉴얼

전임과 후임 리더십 계승 프로세스

목회사역
계승
매뉴얼

박요일 지음

추천사(가나다 순)

얼마나 많은 교회들이 후임자 문제로 어려움을 겪는지 우리는 잘 알고 있습니다. 그럼에도 불구하고 후임목사를 어떻게 준비하고 세워서 우리 교회의 비전과 목회를 계승해가야 하는지에 대한 연구와 저술이 부족하여 안타까웠습니다. 그러던 차에 박요일 목사의 박사학위 논문을 기초로 한 이 책이 출판된 것이 얼마나 반가운지 모릅니다. 한 목회자의 리더십의 완성은 후임자를 잘 세워서 목회를 잘 계승케 하는 것입니다. 그것이 아름다운 마무리입니다. 영원히 담임목사직에 있을 것처럼 보여도 우리 모두는 언젠가 물러나야 할 사람들입니다. 아무 준비 없이 그 상황에 부딪히지 말고, 지금부터 다음 세대로의 계승을 위한 준비를 하십시오. 이 문제를 어떻게 준비해야 할지 프로세스적인 사고와 단계별 행동지침을 위해, 담임목사는 물론 당회원과 제직 모두가 관심을 갖고 이 책을 지금 당장, 미리 읽어두시기를 강력히 추천합니다.

백석대학교 신학대학원,
기독교전문대학원 실천신학교수 김덕수

우리나라는 현재 대부분의 대형 교회 담임목사들의 세대교체가 진행되고 있습니다. 이 과정에서 한평생 열정과 헌신으로 사역한 은퇴목사님들과 이를 승계하는 전문사역자로서 능력과 패기를 가진 젊은 목사들 간에 갈등과 분란의 아픔과 고통을 겪는 많은 교회들을 자주 봅니다. 그래서 "어떻게 하면 아름답고 바람직한 교회 승계가 이루어질 수 있을까?" 질문하는 교회들이 증가하고 있습니다. 아무리 잘 성장한 교회들일지라도 지속적으로 건강한 교회들로 발전해 나가려면, 성공적인 후계자의 승계가 반드시 이루어져야 합니다. 이를 위한 지침서로서 『교회승계 매뉴얼』 저서가 적시에 나와, 앞으로 교회 담임목회자를 승계해야 하는 많은 교회들에 올바른 지혜와 큰 도움을 줄 것이 기대됩니다. 그래서 이 땅의 교회들이 하나님을 경외하며 주님의 사랑과 화평 속에 후계자가 양육되고 준비되어, 목회적 리더십이 하나님의 은혜 안에 화합과 영광으로 승계되는 역사가 있기를 기도합니다.

총신대학교 최고지도자과정 디렉터,
실천신학교수 김철영

목회자 계승 문제로 홍역을 치르고 있는 한국교회의 현실 앞에서 여름 가뭄을 해갈하는 단비와 같은 귀한 책이 나오게 되어 무척이나 기쁘다. 본서를 통하여 저자는 성경적·신학적으로 탄탄한 기초 위에 매우 구체적이고 현실적인 대안 마련이라는 두 마리 토끼를 함께 포획하고 있다. 근래에 보기 드문 역작이다. 그러기에 한국교회의 갱신과 새롭게 나아가야 할 길을 모색하고자 하는 모든 이에게 강력히 일독을 권하고 싶다.

백석대학교 신학대학원,
목회대학원장·실천신학교수 이우제

들어가면서

이 책은 한국교회가 새로운 사회 변화에 적응, 성장을 위해 변혁을 요구받고 있으므로 성경적으로 건강한 교회 계승의 방안에 대해 목회신학적(Ministry of Theology) 관점에서 리더십 계승에 대한 지침서로서 출판했다.

그 이유는 시대적으로 변화를 요구받는 교회를 주도하는 역할이 목회자에게 있기 때문에 우리 사회와 교회가 겪고 있는 문제의 원인은 리더십과 이 리더십을 어떻게 계승할 것인가에 있다는 것이다.

저자는 교회에 없는 것을 새로 만들자는 것이 아니라 하나님께서 교회 갱신에 필요한 모든 것을 이미 주셨다는 것을 전제로 교회가 적절하게 사용할 수 있도록 제시하려는 것이다. 그래서 바람직한 세대교체를 이루기 위해 그 과정에서 일어나는 부작용들을 어떻게 목회신학적 관점으로 세워갈 것인지에 대한 구체적인 방안과 실천 프로세스를 제안하고 있다. 이러한 계승을 위해 중추 역할을 담당하는 전임목사와 계승을 준비하는 후임목사가 무엇을 준비하고 역할을 감당해야 하는지 또한 교회 구성원들은 어떻게 준비해야 하는지를 구체적으로 연구하게 되었다.

서론에서는 세상에서 하나님의 나라를 나타내는 교회가 건강하게 성장하지 못하고 퇴보하고 있는 원인은 생명력을 잃은 리더십의 부족으로 고통받고 있음을 지적하고, 올바른 목회 리더십이 계승되어야 함을 간략하게 다뤘다.

이런 상황 가운데 어떻게 세속적인 방식으로 계승하지 아니하고 하나님의 방식으로 계승할 것인지에 대해 서론에서는 계승에 대한 문제제기와 선행연구, 연구방법과 한계, 제안으로 이 책의 목적을 제시하였다.

본론에서는 교회가 리더십을 계승함에 있어서 무엇을 계승할 것인지에 대한 이론적인 기초를 세우고자 한다. 리더는 목회사역을 계승할 때 어떤 개념의 목회사역을 계승할 것인지에 대한 목회의 정의와 관련된 용어들과 개념들을 정리해놓았다. 일반적으로 목회와 관련된 몇 가지 용어에 대한 개념 정의로 시작하여 목회, 목회 돌봄, 사역, 목회학, 목회신학 등 일반적인 정의를 살핀 후 보다 세부적으로 목회의 개념에 대한 정의를 유형에 따라 간략하게 연구하여 정리하였다. 그 결과 2절에서 목회에 대한 진정한 사역을 고민하고 목회신학의 중요성을 심도 있게 다루어 목회 리더십 계승의 중요성이 무엇인지 그 기초를 세운 후 3절에서 우리가 세운 목회사역은 우리의 일이 아니라 하나님의 의도와 뜻을 드러내는 사역이 선행되어야 함을 도출하게 되었다.

즉, 하나님의 목회사역을 세우기 위해 사역과 신학의 관계로 신학은 하나님의 의도를 해명할 임무가 있음을 드러내야만 하기 때문이다.

교회사역은 우리의 일이 아닌 하나님의 진정한 의도가 흐르도록 성경적으로 그 선례를 증명해야 한다. 목회사역의 의도를 찾으므로 신학적 분별력으로서의 목회사역이 어떻게 다른 것인지 형식적 논리(Formal Logic)와 내적 논리(Inner Logic)의 비교를 통하여 목회사역의 참뜻을 드러내도록 제시하고자 했다.

더 깊은 내용으로 목회신학 관점을 내적 논리의 개념으로 계승하기 위한 작업으로 먼저 리더십의 일반적인 이해를 살펴보고 사회적 변화에 따른 시대를 이끄는 리더십의 방향을 모색했다. 목회사역을 계승하는 리더십의 본질에 대한 새로운 접근으로 세상적 리더십과 영적 리더십의 정의와 공통 요소를 비교한 후 영적 리더십의 개념을 찾을 수 있도록 했다. 그리고 영적 리더십의 한 모델로서의 예수님의 리더십을 성경적인 근거로 진정한 리더의 역할이 무엇인지 이해하도록 제시하였다.

여기서 리더십의 본질에 대한 새로운 접근으로서의 변혁적 리더십의 유형을 조사하여 목회 리더십의 구성에 필요한 요소들이 있다는 사실을 발견했다. 어떤 리더십의 요소들은 리더십의 패러다임을 구성하는 데 있어서 그 가치관이 어떠한가에 따라 리더십의 본질(가치관), 영성(인생관), 교회관(신학), 문화에 대한 특성들이 목회의 방향을 결정짓는 중요한 사항임을 발견하고 최종적으로 리더가 갖추어야 할 리더십의 총체적 모델로서의 다이아몬드 모델을 훈련과정으로 소개했다.

다음으로 실제적인 목회사역 계승을 위한 계획과 그 실천 프로세스를 제공하게 되었다. 교회가 목회사역을 계승할 수 있다면 또는 다가올 미래를 준비했다면, 해당 교회는 효과적인 계승 계획을 잘 관리해야 함의 중요성을 제안하였고 더 나아가 일반적 리더십 계승 사례들의 문제와 성공과 실패 사례가 되는 교회들의 유형을 제시하여 목회 계승을 위한 관리의 중요성을 부각시켰다.

일련의 과정 속에 계승에 관한 관리가 필요하게 되는데 관리의 이유는 후임리더 확보를 위해, 보다 바람직한 계승을 세움으로 교회 내 인재를 발굴하는 문화가 정착하도록, 그 결과 새로운 차기 리더들이 발굴되는 문화가 자리 잡도록 접근하였다.

마지막으로 실제적인 목회사역 계승이 구체적으로 계획되고 실행되도록 전임목사, 후임목사, 구성원(교회) 간의 준비와 역할 과정과 전략을 세우고 진행하도록 제안했다. 그 결과 하나님이 의도하신 전임자의 사역이 후임자에게 영적 리더십이 계승되도록 효과적인 계승 프로세스가 이루어지는 연구로 전임목사의 준비가 무엇인지, 무엇을 공유해야 하는지, 어떻게 차기 지도자를 발굴해야 할 것인지, 세우지 못한 이유는 무엇이며, 세우기 위해서 어떤 프로세스를 거쳐야 하는지 지도자로 세우는 과정을 도표화해서 하나님이 지도자를 어떻게 만들어가시는지 그 과정을 이해하도록 구성했다.

결론 부분에서는 연구에 대한 요약과 결론, 그리고 제언으로 끝을 맺었다. 이 책에 대한 결론은 한국교회가 당면한 목회사역의 리더십 계승 문제의 원인은 교회 계승에 대한 전통적인 방식을 선호했다는 점을 드러내고, 따라서 건강한 교회 계승을 위해서 교회는 성경적인 교회관 및 목회신학(Theology of Ministry)을 기초로 새로운 리더들을 발굴하는 문화로 갱신되어야 한다는 것에 있다.

이러한 목회신학의 개념은 마치 전통교회를 셀(cell) 중심 교회로 전환할 때의 그 개념(목회 패러다임) 자체가 다른 것과 같을 것이다. 또는 성령을 체험한 사람과 체험하지 못한 사람들의 신앙생활이 다른 것과 같다. 본 책에서 설명하고자 하는 목회사역의 개념을 진정으로 이해한다면 목회자는 반드시 변혁적인 리더십을 추구해야 함을 깨닫게 되기 때문이다.

이 책의 주제는 바람직한 리더십 계승을 이루기 위해 사용하는 방법론 자체부터 다르게 접근하고 있다는 것을 느낄 것이다. 이 책을 읽는 이들은 목회신학 계승을 위한 방법으로 신학적 프락시스(Theological Praxis)의 관점이 무엇인가를 접하게 될 것이다.

우리가 사는 문화를 어떤 가치관으로 볼 것이냐에 따라 해석이 달라지듯이 신학적 프락시스 관점이라는 것은 마치 볼 수 있는 안경과 같아서 보다 성경적인 하나님의 관점을 드러내는 방법임을 이해하게 될 것이다.

이 책을 통하여 기대하는 바람은 리더십 계승을 위한 그 토대로 신학적 프락시스(Theological *Praxis*)의 과정을 통한 원리를 세움으로써 교회에 잘못된 계승의 문화가 뿌리를 내리고 있다는 사실을 인식하기 위함이다.

둘째로, 성경적인 목회신학으로 정립된 교회는 세상 속에서 '어떠한 모습이 하나님이 세우신 교회인가'에 대한 확실한 교회관이 세워지게 되는 기준이 되기를 희망한다.

셋째로, 목회사역의 계승은 전임목회자에게 주어진 핵심 과제임을 알고 반드시 실제적으로 다가올 계승을 위해 계획을 수립하고 준비해야 한다. 따라서 이 글은 목회사역에 따른 계획이 이루어지도록 이론적이며 실제적으로 다가올 미래를 예측할 수 있도록 관리적인 측면에서 그 실행 방안을 구축하도록 구성했다. 그러므로 전임목사는 후임리더를 확보하도록 돕기 위해 제공된 지도자를 세우는 프로세스 과정을 적용할 수 있도록 매뉴얼화하였다.

넷째로, 실제적인 목회사역을 위한 계승을 보다 정확하게 매뉴얼할 수 없었던 점을 보완했다.

다섯째, 이 책은 특별히 후임목사에 대한 구체적인 리더를 발굴하고 세우도록 기획되었다는 점이다. 체계적인 계승 계획 및 조직 관리를 적용할 수 있도록 실용적인 접근을 제공하여 핵심 차기 리더를 연속성을 가지고 확보할 수 있도록 교회 조직 내에 실제적인 접근 방법을 제공했다는 점이다. 물론 이 책의 리더십 계승에 대한 프로세스는 모든 영역에서 적용 가능한 항목이므로 독자로 하여금 좋은 지침서라 여겨진다.

마지막으로 은퇴목사는 후임목사로 하여금 변혁적인 목회사역을 지원하기 위해서는 그 교회로부터 완전히 떠나는 방식을 취하도록 하는 방식이 바람직함을 드러냈고 그것이 진정한 '은퇴'라는 개념임을 살펴보았다.

이 글을 통해 얻어질 수 있는 핵심은 각 리더십 영역을 수렴한 지도자로서 차기 사역을 계승할 수 있는 리더십을 계발하는 문화를 주도해야 한다는 점을 강조하고 싶다. 이를 위해 미래의 차세대 지도자를 선별하고 개발하는 일을 최우선의 사명으로 삼아야 할 것이다.

그러므로 비전과 변화를 한 공동체의 문화로 정착시킬 수 있는 지도자와 혁신적인 갱신 프로세스의 사이클을 다시 일으킬 수 있는 사람을 길러내야 한다.

따라서 하나님 방식에 근거한 영적 리더십 훈련이 필요 중심적인 사역이 되게 해야 한다. 리더십 개발 문화를 형성하는 교회가 되기 위해 전통적인 교회의 조직 구조와 문화도 바뀌어야 할 것이다. 그러므로 담임목사는 모든 영역에 젊은 지도자들이 자랄 수 있는 토양을 만들어 영적 지도자들이 준비되는 공동체가 세워지도록 책임을 다하는 성경적인 리더십 계승의 문화가 세워지는 데 있다.

끝으로 이 책이 한국교회 리더십 계승에 쓰임받기를 기대하며……

수정로교회(합동) 당회 연구실에서
박요일

CONTENTS

제1장

목회사역 계승의 문제

어떻게 하면 바람직한
리더를 세울 수 있을까?

1. 참된 리더를 찾기 어렵다

현대 한국교회는 21세기라는 새로운 사회 변화에 적응, 성장을 위해 변혁을 요구받고 있다. 그중에서도 건강한 교회를 주도하는 역할이 목회자에게 있기 때문에 목회 리더십의 변화와 변혁, 그리고 바람직한 계승이 요구받고 있는 상황이다.

논란의 여지가 없지 않지만 현대교회 성장학에 지대한 영향을 끼친 피터 와그너(Peter Wagner)는 "건강한 교회의 가장 중요한 특징은 목회자의 역동적인 리더십에 있다"[1]라고 하였는데 이 말을 생각한다면 우리 사회와 교회가 겪고 있는 문제가 리더십에 있다는 것을 알 수 있으며, 크리스티안 슈바르츠(Christian A. Schwarz) 역시 하나님께서는 교회 성장에 필요한 모든 도구를 이미 주셨는데도 불구하고 교회가 그것을 적절하게 사용하고 있지 못함[2]에서 나오는 문제

---

1) Peter. Wagner, *Your Church Can Grow*, 『교회성장의 원리』, 권달천 역(서울: 생명의 말씀사, 1980), 75.
2) Christian A. Schwarz, *Natural Church Development*, 『자연적 교회성장』, 정진우 역외(서울: NCD,

들을 지적하고 있다.

조동진은 "현대는 지도자의 홍수시대인가? 그렇지 않으면 지도자의 공백의 시대인가?"[3]라고 질문하면서 교회가 리더십에 관심을 가지도록 환기시키고 있다. 지도자의 공백의 한 예로 2001년 9월 11일 뉴욕 세계무역센터가 알카에다 테러에 의해 납치된 여객기 2대가 뉴욕의 트레이드마크인 초고층 쌍둥이 빌딩으로 돌진해 건물이 무너졌을 때, 172명의 부사장이 목숨을 잃었다.[4] 갑작스러운 테러로 인해 수많은 부사장이 한꺼번에 목숨을 잃게 되었다. 리더의 부재로 뉴욕의 모든 본사와 그와 연관된 기업이 마비되었고 그에 상당한 진통을 가져오게 되었다.

이처럼 오늘날 리더십은 과거 어느 때보다 훨씬 더 어려운 과제로 대두되었다. 그 이유는 세상이 급속도로 달라지며 나날이 예측할 수 없는 변수를 더해가기 때문이다. 이러한 격동과 복잡화의 물결 속에서 이 시대엔 유능한 리더십의 필요성이 한층 더 절실해진다.[5]

또한 리더들의 고령화에 따른 은퇴로 인한 계승의 중요성을 체감하고 있는 것이 현실이다. 이제는 단순히 후임을 찾는 것 이상의 상황으로 참 리더의 계승이 무엇인지, 그리고 무엇을 계승할 것인지에 대한 관심이 높아지고 있는 실정이다.

2005), 7.

3) 조동진, 『최고지도자론』(서울: 별, 1992), 7~13.

4) Willam J. Rothwell, *Effective Succession Planning*, 『효과적 승계 계획』, 이재영 외 4인 옮김(서울: PSI 컨설팅, 2009), 13.

5) 조성종, 『목회자 리더십』(서울: 성광문화사, 1997), 15.

2. 올바른 계승의 문제

한 세대는 가고 또 다른 한 세대가 오는 것은 어쩔 수 없는 자연의 법칙이다. 다만 여기서 우리가 생각하고 고민해야 하는 것은 "어떻게 가고 어떻게 오는가?" 하는 계승의 문제다. 세례 요한은 예수님의 때가 이름을 보고 "그는 흥하여야 하겠고 나는 쇠하여야 하리라"(요한복음 3:30)고 선언했다. 사역을 잘 감당하고 역사의 무대에서 사라지는 요한에 대한 아쉬움도 있지만 그의 사역의 여운이 아름답게 느껴지고, 새롭게 역사의 무대의 전면에 등장하는 예수님에 대한 기대가 잘 드러나고 있다.

그러나 오늘날 우리의 현실은 그렇지를 않은 것 같다. 지금까지 교회가 세대교체의 과정을 지나오면서 사회에 보인 한국교회의 모습은 초라할 뿐이다. 분열과 상호불신, 권력과 유착, 배타성, 세습, 불투명한 재정문제 등에서 자유롭지 못한 오늘의 한국교회는 세상과 사회를 향해 새로운 삶의 비전을 제시할 내적 열정과 외적 신뢰를 상실하였기 때문이다.

최근 세습에 관련된 일들이 많은 사람들의 입에 회자되고 있다. 긍정적인 현상으로서가 아니라 그것을 부정적인 시각으로 보는 것이 대부분이다.

일반적으로 세습을 말할 때 북한의 예를 많이 드는데, 이것은 정치적 세습에 해당되는 것이라 할 수 있지만 교회세습도 역시 동일한 선상에서 볼 수 있다고 판단된다.

농촌의 작은 교회가 아닌 대형교회 목사들이 그 교회를 자녀에게 물려주어 여론의 질타를 받고 있다. G교회와 K교회 등 몇몇 교회는 오래전에 자녀들에게 교회를 세습해주었고, 최근만 해도 Y교회, S교회가 자녀들에게 세습되어 부정적 여론이 확산되고 있다.

이와 관련하여 한국교회는 어떻게 평가하고 있는가? 전성민 교수(웨스트민스터신대 구약학)는 혈연에 의한 왕정 세습을 부정적으로 보고 있다. 김판임 교수(세종대 신약학)는 "신약의 어느 한 구절도 교회 세습을 정당화해주지 않는다"라고 하였다. 그리고 배덕만 교수(복음신대 교회사)는 "한국교회에서 40년간 이루어진 세습 사례를 볼 때, 세습은 수도권 현상이고, 보수주의자들이 주도했으며 권세와 지위가 이를 가능케 했다"라고 하였고, 현요한 교수(장신대 조직신학)는 "교회 세습은 교회의 일치성·거룩성·보편성·사도성을 훼손하며 하나님 나라를 왜곡·훼손하는 일이다"라고 하였으며 교회 세습반대운동연대(세반연·공동대표, 김동호·백종국·오세택)가 '교회 세습, 신학으로 조명하다'라는 제목으로 2월 19일 서울 명동 청어람에서 심포지엄을 개최했다. 발제자들은 일정한 특권이 혈연을 따라 계승되는 교회 세습을 신학적으로 정당화할 수 없다고 분석했다. 유경동(감리신대 기독교윤리학)·박영신(연세대 사회학) 교수도 윤리학·사회학 입장에서도 교회 세습은 문제가 있다고 지적하고 있다.

물론 계승에 대한 교회의 안정적 발전을 위한 세습의 단점만 보고 판단하기보다는 장점을 살린다면 그것도 바람직한 계승의 문화를 세울 수 있을 것이다. 적절한 자격과 자질을 겸비하고 적법한 절차에 의해 결정된 청빙은 세습이 아니기 때문이다.

오늘날 세습을 반대하는 사람들은 잘못된 교회들의 세습을 언급하여 정당한 세습6)을 부정하게 취급하려는 시도를 하기 때문이다.

오늘날 교단법을 준수하여 투명한 계승 과정을 거쳐 찬반 투표를 통해 후임자를 결정한 것은 세습이 아니라 후임목사 청빙이어야 한다. 동시에 목회자로서 적절한 자격을 갖추었고 교인들이 그를 목회자로 청빙하고자 한다면, 아들 신분은 전혀 문제되지 않는다는 것이다.

세습 반대론자들도 모든 세습을 잘못된 것으로 규정하지 않는다. 가난하고 소외된 지역에서 힘겹게 사역하는 아버지 뒤를 잇는 것은 문제가 아니며, 오히려 장려할 '미담'으로 언급했다. 이러한 바람직한 계승을 통해 이루어진 것이라면 좋은 선례를 세울 수 있기 때문이다.

그러나 이처럼 건강하고 참된 목회사역 계승을 위해 리더를 찾는다는 것은 쉽지 않다는 것을 알 수 있다.

특히 오늘의 교회는 1970~1980년대 교회 부흥을 이끌었던 1세대 지도자들이 은퇴하기 시작하면서 21세기 교회를 지도해나갈 지도자들을 충분히 공급받지 못하는 리더십의 공백기를 맞고 있다. 혹자는 교회 계승을 위한 준비 중에 후임자를 선정하려고 할 때 사람은 많으나 적임자를 찾기가 어렵다고 말한다.

최근의 C교회 사례를 보아도 그렇다. 4장에서 언급하겠지만 전임 계승을 위해 K목사는 후임자로 자기 자녀 K목사를 선정했으나 2012년 원로 K목사는 기자회견을 통해 바람직하지 못한 세습에 대해 참회하였다.7) 결국 자기 자녀가 가장 믿을 수 있는 적임자라 여기고 자녀에게 세습을 한 C교회 원로 K목사는 오히려 잘못된 세습이 어떤 결과를 가져온 것인지에 대한 회개를 한 것이다. 이 사건을 보면 참된 목회사역 계승을 위한 리더를 찾는다는 것은 쉽지 않다는

---

6) 여기서 우리는 여기서 세습의 개념을 바로잡아야 한다고 본다. 바람직한 청빙 계승을 통해 이루어진 계승은 〈세습〉이 아니라 〈청빙〉으로 보아야 하기 때문이다.

7) 2012.06.13 11:04/CBS TV 보도부 조혜진 기자.

것을 알 수 있다.

그러나 이러한 세습 문제는 세습 자체의 문제라기보다는 건전한 목회사역에 중심을 둔 리더십 계승을 위한 리더십 전환(Leadership Transition)이 이루어지지 않기 때문이라는 관점으로 인식해야 한다.

이러한 현실 앞에서 이 책은 "어떻게 하면 바람직한 세대교체를 이룰 수 있을까" 하는 고민을 하게 되었고, 세대교체의 과정에서 일어나는 부작용들을 살피면서 그 원인을 목회신학적 관점에서 목회가 무엇인지, 그리고 목회사역을 함에 있어서 리더는 어떠한 리더십을 가져야 하는지, 또한 구체적으로 전임목회자와 후임목회자의 리더십 계승을 함에 있어서 효과적인 계승 계획과 관리가 필요함을 제시하고자 전임목사의 리더십 계승을 통한 목회사역 계승에서 그 해답을 찾아보았다. 즉, 교회가 세대교체시 리더십 계승을 사전에 계획과 관리를 통하여 이루어나간다면 교회는 리더십의 공백과 부재로 인한 혼돈과 시행착오를 줄일 수 있을 것이며, 주님이 교회에 주신 "모든 족속으로 제자를 삼으라"(마태복음 28:19)는 사명을 훌륭하게 감당할 수 있을 것이라는 확신이다.

그래서 전임과 후임 및 교회가 무엇을 준비해야 하는지, 목회신학적 관점에서 전임목사의 리더십 계승을 위해 무엇을 어떻게 준비해야 할 것인지 살펴보았다. 이는 담임목사 교체 후에 원로목사와 담임목사의 관계가 어떠한가에 따라 교회의 성장 여부가 좌우되기 때문이다.[8)]

세상은 영적 리더십에 의해 하나님 방식으로 움직이는 문화를 세워야 한다. 그러나 로마가톨릭교회는 그 영향을 미치지 못하였던 것

---

8) 김서택, "교회의 심장 이식 수술", 두란노서원, 『목회와 신학』(2003, 10), 160.

을 볼 때 교회는 영적 리더십을 잃어버린 것이다.

하나님께서 한 목회자를 기독교 단체에, 또는 한 그리스도인을 어떤 기업인 단체에 보내주셨을 때, 영적 리더십으로 준비되지 않은 사람은 리더십을 제대로 발휘할 수 없게 된다.[9]

3. 목회신학을 소유한 리더십 계승의 문화가 필요하다

올바른 목회신학 관점으로서 리더십이 형성되는 데는 시간과 노력이 요구된다. 참된 하나님의 리더는 다듬어지지 않고 세워지는 법이 없다. 성경의 모세를 보더라도 실패와 연단과 그리고 부르심 앞에 깨어지고 나서야 하나님이 쓰시는 참된 리더의 길을 가게 된다.

구약성경을 보면 하나님께서 모세를 한 민족의 리더로 부르고 계시며 이스라엘 공동체도 영적 리더십을 갈망하고 있었다. 이러한 하나님의 부르심으로 세워진 모세는 자신을 부르신 하나님의 뜻대로 그에게 맡겨진 이스라엘 공동체를 약속의 땅(가나안)으로 인도할 수 있었다.[10]

이러한 리더십은 짧은 시간에 이루어질 수 있는 것이 아니기에 여호수아를 거쳐 긴 시간의 노력과 열정과 헌신이 요구되므로 리더십 계승에 대한 연구와 실천은 다급한 시대적인 요청이 되고 있다.

이는 참된 목회 리더십 계승에 대하여 조명하므로 지도자는 대중

---

9) 김덕수, 『리더십 다이아몬드』(서울: 두란노 아카데미, 2008), 11.

10) 출애굽기 3:7~8 "여호와께서 이르시되 내가 애굽에 있는 내 백성의 고통을 분명히 보고 그들이 그들의 감독자로 말미암아 부르짖음을 듣고 그 근심을 알고 내가 내려가서 그들을 애굽인의 손에서 건져내고 그들을 그 땅에서 인도하여 아름답고 광대한 땅, 젖과 꿀이 흐르는 땅, 곧 가나안 족속, 헷 족속, 아모리 족속, 브리스 족속, 히위 족속, 여부스 족속의 지방에 데려가려 하노라."

이 원하는 것뿐만 아니라 하나님께서 원하시는 뜻과 의도를 드러내도록 사역하고 계승할 수 있어야 한다. 이를 위해 하나님의 종으로서 소명과 그가 담당한 사명 혹은 하나님과의 관계, 그의 백성들에 대한 목회적 리더십[11] 등을 목회신학적인 관점에서 살펴보고 바람직한 리더십 계승 계획을 위한 리더의 관리의 필요성을 수립하여야 할 것이다.

이러한 목회 리더십 계승을 위한 계획 및 관리는 일종의 프로세스로 이해해서는 안 된다. 일회적인 계획에 따라 리더를 채용하고 육성하는 시스템을 구축하는 것만으로는, 진정한 후임리더에 대한 본질적인 필요를 충족시키기 어렵기 때문이다.

이를 위해서 교회 위원회와 전임리더는 건강한 교회 계승을 위해 어떤 진단과 공동체의 비전을 위한 인재를 세워야 한다. 동시에 육성(development)과 아울러 교회에서 주어진 사역을 잘 수행하도록 동기를 부여하여 체계적인 위임을 함으로 교회 내 크고 작은 리더십 계승이 효과적으로 계승되도록 해야 한다.

즉, 효과적인 교체는 교회의 새로운 도약과 성장의 기회가 되기도 하지만, 잘못된 교체는 갈등과 분열의 원인제공이 되기도 하기 때문이다.

따라서 이 책은 조금이나마 일평생 헌신한 목회현장을 물려주려고 하는 원로목사나 새로운 담임목사를 청빙하려고 하는 교회, 그리고 담임목사가 되고자 하는 목회자에게 무엇을 준비해야 하는지, 또 어떻게 효과적인 세대교체를 이룰 수 있는지 대안을 찾아보고자 하는 것이 본 저자의 목적이다.

---

11) 김덕수, 『리더십 다이아몬드』, 13.

이를 통하여 목회사역을 함에 있어서 리더는 어떠한 리더십을 가져야 하는지, 또한 구체적으로 전임목회자와 후임목회자의 리더십 계승 및 관리가 필요함을 제시하고자 한다. 이에 저자는 성경에 등장하는 인물과 사건을 통하여 '어떻게 건강한 교회를 위한 바람직한 목회사역을 실천하고 계승할 수 있는가?'를 알아보고자 한다.

우리는 세계 복음화에 관심을 두고 교회를 성장시키기 위해 더 많은 리더와 일꾼이 필요한 시대에 살고 있다. 따라서 리더십을 계승하는 것이 곧 차기리더를 세우는 지름길이라는 것을 밝힘으로써 교회사역의 방향이 한 세대 중심에서 한 세대와 다음 세대의 틈새를 채워주는 사역으로 시각의 전환이 있기를 기대한다.

이에 저자는 이 글을 통해서 한 세대와 다음 세대 사이의 리더십을 계승하는 것이 건강한 교회를 위한 하나님의 중요한 관심 중 하나라는 것을 밝히고 보다 성경적인 목회사역 계승을 세우는 문화가 자리 잡도록 기여하는 것에 있다.

이 책에 흐르는 개념을 찾기 위해

　본 저자는 최근 개신교에서 논란이 되고 있는 담임목사의 계승에 관련된 주제로 논의하고자 한다. 그동안 교회 세습에 관한 논의가 여러 기독교 단체를 통해서 있어 왔지만 아직까지 체계 있는 연구가 진행되지 못했기에 '목회신학적 관점에서 전임목사의 리더십과 목회사역 계승이 건강한 교회를 만든다'에 대하여 고민하게 되었다.

　담임목사 교체, 혹은 후임자 선정은 흔히 볼 수 있는 일이지만 교회의 성장과 안정에 직결되어 있어 매우 중요한 일이 되었다. 그 이유는 담임목사 교체 후에 원로목사와 후임목사의 관계가 어떠한가에 따라 교회의 성장 여부가 좌우되기 때문이다.

　이를 위해 건강한 교회를 위한 목회사역 계승에 대한 연구를 위해 실제적인 후임 관리 프로그램 제안이 필요함을 인식하게 되었다.

　따라서 교회는 후임자를 선정함에 있어 청빙의 다양한 유형 가운데 교회가 미리 신앙인격과 사역이 검증된 후임자를 결정하여 여러 가지의 준비 과정을 통해서 리더십이 계승되도록 기획을 세워야 한다.

이 책을 이해하려면 처음부터 끝까지 목회사역 계승을 위한 (신학적 전통)이 무엇이고 저자가 세상에 알리고자 하는 성경적인 신학적 혁신이 무엇을 말하는지 분별하기 원한다.

먼저 목회사역의 계승의 문화를 세우기 위한 구체적인 이론적 연구 방법론으로 다음 <그림 1> 신학적 프락시스 그림을 보고 설명하겠다.

<그림 1> 포이에시스(결과물이 행동을 완료함)[12]

아리스토텔레스는 사람의 행동을 파악하는 방법으로 크게 두 가지를 기술했다. 첫 번째 행동 유형을 포이에시스(poiesis)로, 목수가 설계도를 보고 건축(행동)을 하여 집(결과물)을 산출하는 것을 뜻한다. 이 집(결과물)은 앞으로 어떤 목적으로 쓰일지는 관계없이 결과물 자체가 행동을 완성시킨다. 여기에 아리스토텔레스는 그 결과물이 장래에 쓰임새와 목적을 가리키는 텔로스(telos)라 부르는데, 그것은 무엇인가를 만드는 과정(포이에시스)에는 개입되지 않는다고 보았다. 여기에서 집을 지은 건축업자는 결과물에 대해 책임사항이 아니라 최종적으로 이용하는 사람에게 책임이 주어진다. 이것을 아리스

---

12) Ray S. Anderson, *The Soul of Ministry*, 『새 천년을 위한 영성사역』, 강성모 역(서울: 나눔사, 1999), 39.

토텔레스가 '포이에시스'라고 부르는 것이다. 즉, 결과물이 행동을 완료한다는 도식이다.[13)

　아리스토텔레스의 또 다른 행동유형은 프락시스(praxis)라는 명칭이다. 이 유형은 다소 포이에시스의 요소를 포함하고 있지만, 단순히 설계에 따라 결과물을 생산하는 것에서부터 훨씬 더 나아간다. 프락시스에서는 텔로스 혹은 행동의 궁극적 목적이나 가치가 행동의 일부분이 된다. 설계도가 행동으로 하여금 최종목표를 향하게 하는 반면, 궁극적 목적 또는 텔로스는 행동에 궁극적 목적을 위해 필요할 때는 설계를 바꾸도록 알려준다. 따라서 프락시스에 관련되어 있는 사람은 기술을 이용하여 설계를 이행할 책임뿐만 아니라 분별력을 통하여 텔로스(telos)를 발견해야 할 책임도 있다.[14)

　그러므로 <그림 1>의 부족한 이해를 돕기 위해 신학적인 프락시스의 도식이 필요하다. 아래의 <그림 2>를 참조하면 다음과 같다.

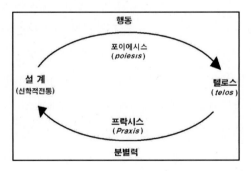

<그림 2> 신학적 프락시스(Theological Praxis)[15)

---

13) 위의 책, 39~40.

14) 위의 책, 40.

15) Anderson, 『새 천년을 위한 영성사역』, 39에 있는 그림을 헤인즈 의견을 참고하여 텔로스가 설계 변경에 영향을 미치는 것으로 수정하였다. L. M. Heyns and H J. C Pieterse, Heyns, *Primer in Practical Theology*, 『실천신학 입문서』, 이정현 역(안양: 도서출판 잠언, 2003), 64~67.

여기에서 보듯이 행동은 설계와 텔로스(telos) 사이에 있으며, 텔로스는 미래(telos)로부터 현재의 행동으로 다시 돌아가 영향을 준다. 따라서 프락시스를 하는 사람은 행동을 통해 분명해지는 궁극적인 목적이나 최종(telos) 목표를 분별해야만 한다. 또한 궁극적 목적이나 최종목표에 관한 진리는 행동의 과정에서만 발견되는 것이 사실이다.[16)]

레이 앤더슨[17)](Ray S. Anderson)은 신학적 프락시스로서의 사역을 강조한다.[18)] 신학적 프락시스의 관점은 최종적 종말(telos)로부터 오시는 성령의 인도하심의 역사를 분별(praxis)하여, 즉 오늘날 이미 설계된 신학적 전통(이론)이 앞으로 다가올 텔로스(telos: 종말에 나타날 성령의 뜻)가 상호작용하여 행동과 상충될 때 그 행동의 결과물에 나타난 텔로스의 의도를 찾아(분별) 다시 잘못된 설계(전통, 이론)를 텔로스의 의도에 맞도록 재설계하는 것을 말한다.

이것은 이론가와 실천가, 실천신학자와 목사 모두에게 도움이 된다.

이러한 이론과 praxis 관계를 실행적인 관점을 수평적인 원으로 나타내는 것은 상호관계가 그 양자 모두 불변한 채 남게 한다는 인상을 주게 되므로 <그림 3>과 같은 나선형으로 표현할 수 있다.[19)]

---

16) 위의 책, 39～40.

17) 번역서에는 앤드슨으로 표기가 되어 있으나 표준 번역에 따라 저자의 혼란을 막기 위해 앤더슨으로 표기한다.

18) Anderson, 『새 천년을 위한 영성사역』, 37～44.

19) (재인용) L. M. and Pieterse, H. J. C. *A Primer in Practical Theology*, 『실천신학 입문서』, 이정헌 역(서울: 지민, 2008), 73.

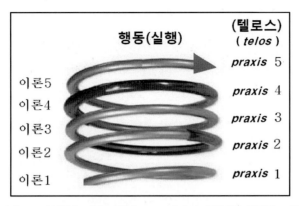

<그림 3> 나선형에 의한 이론과 *praxis* 관계의 실행적인 관점의 표현[20]

위의 그림에서 보듯이 우리가 실행하는 모든 실천적인 행동은 반드시 어떠한 이론(전통, 문화, 가치관, 신학 등)에 근거해서 움직인다. 행동은 이론과 텔로스(*telos*) 사이에 있으며, *praxis* 사고를 하는 사람은 텔로스, 즉 미래(*telos*)로부터 오는 하나님의 의도와 뜻(진리인식, 깨달음)을 분별함으로써 현재 다른 행동(*praxis*)인 이론2로 옮긴다. 이것을 신학적 혁신이요, 내적 논리(Inner Logic)라 표현하겠다. 우리의 사역은 반드시 신학이론에서 나오고 행동함으로 우리의 목회사역은 과연 아버지의 뜻(*telos*)을 행하고 있는지 사역 현장 속에서 하나님의 의도를 분별하여 보다 올바른 신학을 정립해야 한다.

프락시스를 하는 사람은 행동을 통해 분명해지는 궁극적 목적이나 최종 목표를 잘 분별해야 한다.[21] 예를 들면, 세례 요한은 세례의식(전통)에 참여한 사람들에게 회개하게 할 목적으로 세례를 '실

---

20) 위의 책, 73.

21) Anderson, 『새 천년을 위한 영성사역』, 39~40.

천(행동)'하였다. 어느 날 갑자기 세례 요한은 진리(*telos*)되신 예수님이 자신 앞에 나타나신 것을 발견했다. 예수님은 '세상 죄를 지고 가는 하나님의 어린양'임을 분별(*telos*)하면서 요한은 망설였다. 그때 예수님은 세례 요한에게 세례받을 것을 요구하자 요한은 정말로 진정한 세례의 참뜻인 미래가 현재 안으로 들어왔음을 깨달았다. 세례 요한은 "예수께서 세례를 받으시고 곧 물에서 올라오실 새 하늘이 열리고 하나님의 성령이 비둘기같이 내려 자기 위에 임하심을 보시더니 하늘로부터 소리가 있어 말씀하시되 이는 내 사랑하는 아들이요, 내 기뻐하는 자라 하시니라"(마태복음 3:16~17)라고 체험한다. 세례 요한이 실천으로 시작한 것이 프락시스가 된 것이다(마태복음 3:13~17, 요한복음 1:29~34).

만약 세례 요한이 실천하지 않았다면, 그는 성령의 프락시스를 발견하지 못했을 것이다. 왜냐하면 궁극적인 목적이나 최종목표에 관한 진리는 행동의 과정에서만 발견되는 것이 사실이기 때문이다.[22]

세례 요한은 현재에 가시적인 것이 미래를 가리켰고, 그는 예언자들과 선지자들이 그래 왔듯이 단순히 미래에 연결한 것이 아니라, 그는 미래를 가리켰고 그것이 현재 임재를 선포하였다.[23] 세례 요한은 영적 분별을 체험한 것이다. 진정한 텔로스(*telos*)를 경험한 것이다. 요한복음 8장 23절에 "진리를 알지니 진리가 너희를 자유케 하리라"고 언급한 진리를 발견한 것이다.

그러나 위의 <그림 2>와 <그림 3>의 이 모델은 구체적인 설명의 한계가 있어 혼동될 수 있기 때문에 보다 넓은 지역에 대한 개관

---

22) 위의 책, 40.
23) 위의 책, 40.

(overview)으로 앤더슨의 신학적 프락시스의 개념을 잘 표현하도록 다음 방법론 <그림 4>를 본 글의 방법론으로 설정하고자 했다.

1. 신학적 프락시스(*Praxis*)의 과정을 통한 원리의 수립

목회사역 계승에 대한 이 연구를 위한 방법론적인 모델로 이론과 *praxis* 간 교통의 촉진(facilitating)과 장려(promoting) 수단을 길(이동, 과정수단, 숙고)에 비유할 수 있겠다. 방법론적인 모델은 이론 (theory)과 *praxis* 사이의 길이다. 이 방법은 제어파스(Zerfass, 1974: 166)의 모델이다. 그것은 신학적 전통을 특정한 *praxis*에서 새로운 *praxis*로 인도하는 새로운 이론을 형성할 수 있도록 하는 유용한 모델로 다음과 같다.

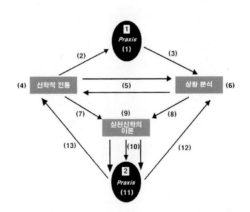

<그림 4> 제어파스(Zerfass)의 모델[24]

---

24) Heyns, 『실천신학 입문서』, 64.

제어파스 방법론적인 모델을 사례를 들어 설명하고자 한다. 위의 (원)에는 1과 'Praxis'(1) 이라고 쓰여 있다. 반대로 아래의 (원)에는 2와 'Praxis'(11)이라고 쓰여 있다. 여기서 Praxis(1)에서 시작하여 새로운, 수정된 Praxis(2)로 끝나는 방법론이다.

Praxis 1이 <교회가 새로운 목회자를 위해서 모인다>라고 가정한다고 생각해본다. 첫 번째 질문은 "왜 목회사역 계승을 해야 하는가?"라는 것인데 이 방법의 근거를 찾기 위해서 화살표(2)로 인도한다. 그러면 Praxis(1)은 그 실천적 근거를 찾을 때 신학적 전통에 근거하여 '목회사역 계승'의 개념을 교회의 전통, 교회 역사, 모든 다른 분야를 포함한 신학적인 전통에 근거한다. 이 전통에 근거해서 벗어나면 이단이 되거나 문제가 커진다. 전통에 근거하여 계승자는 교회를 매매하거나 다양한 방법을 동원하여 자신의 욕구를 전통과 총회 규정을 이용하여 계승시키려 할 것이다. 전통은 해당 교회가 잘못되는 계승을 알고도 형식적인 서류를 첨부하여 제출하면 묵인해주는 전통이다. 그래서 많은 교회의 갈등과 문제가 있어도 교회전통으로 계승이 이루어지고 있다. 이처럼 교회 안에 오래된 관습이 전통과 규정이 되어 잘못된 계승의 전통이 만들어진다. 그 결과 신학적 전통이 과연 성경적인가에 대해 화살표 방향은 신학적인 전통이 Praxis 1을 초래한다는 것을 나타낸다.

오늘날 신학적 전통이 과연 올바른 것인가에 숙고하는 이들은 신학적 전통에 만족스러워하지 않는다. 많은 교회 구성원들이 교회 규정이라고 순종만 하고 성도들은 모른 체 가만히 있어야 하는가라는 것이다. 이러한 방법이 과연 올바른 결정인가라는 신학적 전통에 대한 반발로 목회사역에 대한 회의를 느낀 결과 계승에 대한 문제가 발생한다. 그 문제는 우리를 화살표(3)로, 즉 상황분석으로 가도록 이끈다. 어떠한 문제가 발생하면 그 원인을 조사할 때 상황을 분석하는 것이 중요하다. 단순히 성도들에게 "순종하고 따르라"라고 말하는 것은 소용이 없다. 경험적인 연구를 수행해야 하며 교회 계승에 대한 목회자의 문제를 다루어서 만족스러운 계승의 이유를 밝혀야 한다.

경험적인 상황분석에서 현실의 진실한 그림을 얻기 위해서는 다른 학문의 지식 위에 전체적인 그림을 그릴 수 있어야 한다.

사회학, 심리학, 전달학, 인류학, 통계학, 경영학 등과 같은 다른 학문들이 큰 도움이 될 수 있다. 의사가 중환자를 수술을 하기 위해서는 한 부분의 관점을 가지고 수술할 수 없다. 다른 내과, 외과 그 외 관련된 모든 분야에서 도움을 받아야 한다. 최근에 의사들도 신학을 공부하는 자들도 있는데 그 이유는 사람은 영적인 존재라는 사실이다. 그래서 영적인 공부를 하기 위해서 연구하는 의사들도 있다. 이와 같이 목회사역도 그 정의가 무엇인지, 그리고 무엇을 계승할 것인지에 대한 다양한 성경적 측면과 실천적인 복음적 측면에서 하나님께 영광을 돌리기 위해 필요한 자료와 샘플로 새로운 이론을 전개하기 위해 사용할 수 있어야 한다.

이에 질문서(설문지)를 사용하는 방법도 좋은 예라 하겠다. 마치 교회 계승을 위해 어떻게 성도들이 생각을 하고 있는지에 대한 성도들의 상황분석을 다양한 측면에서 다루어야 한다. 그렇게 얻어진 자료는 이론 전개를 위해 처리된다. 그러나 이론은 상황분석으로 얻어진 자료만으로 구성된 것은 아니다. 목회사역에 대한 성경적인 관점이나 하나님이 우리 교회에 어떠한 후임목사를 원하시는지, 전임에 대한 하나님이 원하시는 바른 방법이 무엇인지, 그리고 이를 위해 교회가 어떠한 프로세스 과정을 수립하고 그 과정을 관리해야 하는지에 대한 다양한 신학적이고 실천적인 방법을 숙고하는 과정이 있어야 하겠다. 그러므로 (5)가 두 화살표로 표시되었다. 연구를 마친 후 상황분석과 신학적 전통을 비교하고 분석하고 우리의 방법이 신학적 전통으로 바른 것인지, 아니면 신학적 전통이 잘못된 것인지에 대한 성찰이 서로 상호작용해야 하기 때문이다.

(7)과 (8)은 공동으로 새로운 목회신학(Theology of Ministry) 이론으로 인도(9)하지만 이 이론은 실제에서 적용되어야 하므로 그 화살표는 (10)의 방향으로 표시되어 있다. 이 방법론은 기존의 문화와 교회의 문화는 반드시 신학적인 배경으로 형성된 것이다. 그러므로 기존의 방식에 신학적 의문이 *Praxis* 1로 이끌어서 여러 과정을 거쳐 *Praxis* 2로 가도록 인도한다는 것이지만 새로운 이론만으로 나와서는 안 된다. *Praxis* 2는 반드시 검증을 거친 후 전통 (13)에 맞서야 한다. 그 결과 자연적으로 실천신학이론(9)과 새로운 개념 *Praxis* 2(11)는 이 같은 시험 결과에 의해 갱신되고 변형되어 새로운 문화(계승의 문화)가 형성될 것이다. 한 예로 개신교 합동 측에선 전임목사를 보호하기 위해서 부목사가 후임이 될 수 없다는 조항을 규정하는 이론이 생기면서 전체 합동 측에서 부목사가 전임이 될 수 없도록 방지하는 교회 문화가 자리 잡고 있다.

그러므로 신학적 프락시스적 방법으로 현재 잘못된 목회사역의 개념이 올바른 방향으로 흐르도록 정의하고 성경적으로 숙고하여 올바른 목회사역이 후임자에게 계승되는 문화를 만들기 위해서 제 어파스 이론을 중심하여 설명하였다.

위의 방식을 기초하여 제1장 '서론'에서 '목회사역 계승의 문제'를 위한 문제제시와 연구의 목적, 그리고 그 방법과 범위를 설명했다. 즉, 목회신학적 관점에서 건강한 교회를 만들기 위해 전임목사의 리더십과 실제적인 목회사역 계승을 위한 계획과 후임 관리 프로세스를 제안하도록 그 연구의 배경과 목적, 그리고 연구방법과 한계에 대해 살펴보았다.

제2장에서는 목회사역을 계승함에 있어서 일반적인 목회신학적인 이론을 연구할 것이다. 이를 통해 어떤 개념의 목회사역을 계승할 것인지에 대한 정의와 관련된 몇 가지를 목회신학적인 관점으로 다루었다.

본 장에서 중요한 관점은 목회는 신학(이론)과 밀접한 관련이 있으므로 목회사역은 반드시 올바른 신학이 정립되어야 하는 입장이다. 목회사역의 개념을 기독론적·교회론적·성령론적·선교학적 그리고 하나님 나라의 관점으로 신학적 이해를 돕도록 할 것이며, 사역과 신학의 관계와 계승을 위한 신학적 혁신으로서의 목회사역을 살펴보았다. 이러한 접근 방식의 목적은 목회사역의 계승을 담당하는 리더십의 중요성을 드러내고자 함이다.

제3장 '목회신학 관점에 입각한 리더십 이해'에서는 리더십에 대한 이론을 정리하고, 리더십 이론 측면에서 '어떻게 리더십을 계승할 것인가?' 하는 질문 속에서 리더십의 계승의 원리와 방법을 제시할 것이며, 무엇보다 구체적으로 리더십 계승의 문제를 다루기 위해 성경적 모델로서의 그 대안으로 리더십 다이아몬드 모델을 살펴볼 것이다.

제4장 '실제적인 목회사역 계승을 위한 계획과 후임 관리 실천 프

로그램 제안'에서는 지금까지 이론 중심에서 실제 계승을 위한 과정으로 심도 있는 방안을 찾고자 한다. 4장에서는 2장과 3장에서 성경적인 목회신학(Theology of Ministry)[25]을 토대로 하여 계승 계획 및 관리를 정의하고, 그것에 대한 문제가 무엇인지 일반적인 사례와 목회 계승의 사례들을 통하여 프로세스의 중요성을 제안하고자 한다. 특히 목회 계승 사례 중에 성공 사례와 실패 사례를 통하여 목회 계승 및 관리의 중요성을 설명한다.

2절에서 3절까지는 이론적으로 계승 관리 실행을 해야 하는 이유로 후임리더 확보를 위한 체계적인 관리 프로세스를 제공하여 바람직한 목회 계승을 위한 변혁으로 성경적인 계승 문화 형성에 이르는 방안을 살펴볼 것이다.

제5장 '실제적인 목회사역 계승 계획 실행'에서는 리더십의 계승의 요소와 전임과 후임 및 교회 구성원 간의 준비와 역할을 실제적인 준비와 역할에 대해 연구하였다. 계승의 준비로 차기 지도자를 어떻게 발굴할 것인지 또한 계승의 핵심으로 어떠한 계승 계획을 세워야 바람직한 것인지에 대한 준비 프로세스를 제안한다.

계승을 하는 후임목사의 자질을 어떻게 점검하고 리더십을 개발할 것인지와 갱신을 위한 효과적인 의사소통의 문화를 어떻게 형성할 것인지, 그리고 교회의 역할로 후임자를 선정하는 유형과 방식의 장단점을 연구하여 올바른 세대교체가 이루어지도록 1절에서 2절까지 다루었다. 후반부 3절에서 4절까지는 계승의 역할로 전임자로서 어떤 자세로 은퇴를 준비하고 미래를 예측해야 하는지 살펴보고 후

---

25) 목회신학(Theology of Ministry)의 영문 표기는 전통적인 실천신학(Practical Theology)과 차별된 개념으로서 백석대학교 기독교전문대학원 실천신학 김덕수 교수 강의에서 언급된 내용임을 밝힌다.

임목사는 전임목사 은퇴 이후의 구체적이고 변혁적인 리더십을 세울 것을 것을 다루었다. 아울러 전임자에 대한 교회의 역할과 후임자의 역할을 구분하는 방안을 제안했다.

제6장에서는 저자의 결론 내용과 다음 연구를 위한 제언을 제시하였다.

관련 선행연구

　이 부분은 목회신학적 관점에서 전임목사의 리더십 계승을 중심
으로 목회사역 계승의 문제를 수정하고 보완할 것이다.

　최근 교회는 후임자 문제가 일반 사회문제로까지 제기되고 있다.
후임자 문제와 그 해법은 해당 교회뿐만 아니라 교회 전체의 문제로
써 이와 같은 주제에 대한 유사연구는 다음과 같은 것들이 있다.

　지금까지 연구된 국내의 논문으로는 김정훈의 「리더십 계승의 원
리와 방법에 관한 연구」가 성경에서의 리더십 계승의 예와 그 원리
들을 발견하고자 하는 시도를 하였다.[26] 이 논문은 한국교회 1970~
80년대를 이끌었던 1세대 지도자들이 은퇴하기 시작하면서 21세기
교회를 지도해나갈 지도자들이 충분히 공급받지 못하는 리더십의
공백기를 맞고 있다고 진단한다. 이러한 공백은 리더십 계승이 이루
어지지 않기 때문이라고 주장한다. 그 이유로는 리더십은 짧은 기간
이 아닌 장기간의 노력과 열정과 헌신이 요구되기 때문이라는 것이

---

26) 김정훈, "리더십 계승의 원리와 방법에 관한 연구", (총신대학교 신학대학원 목회학 석사논문,
　　2004).

다. 또한 한 세대와 다음 세대 사이의 리더십을 계승하는 것이 하나
님의 중요한 관심 중 하나라는 것을 밝힌다. 그러나 이 논문은 전임
목사직으로서의 리더십 계승 사례를 찾아 연구하지 못한 점과 리더
십 계승의 방법에서 구체적인 접근으로 연구하지 못한 점이 아쉬움
으로 남는다.

　권상석은 「담임목사의 목회철학과 교회성장」이라는 제목의 박사
학위 논문에서 담임목사가 목회현장에서 목회의 실효를 거두고, 그
결과 교회가 자연적으로 성장할 수 있도록 구체적이고 실제적인 대
안을 제시하였다.[27] 이 논문은 후임으로 부임하여 담임목회를 하고
있는 목회자들에게, 그리고 부교역자로서 담임목회를 준비하고 있는
목회자들에게 담임목회사역에 대한 깊고 풍부한 이해를 가지는 데
도움을 준다. 그러나 이 분야에 대해 필요한 몇 가지를 언급하고는
있지만 원칙적이며 일반적인 내용에 그치고 있다. 전임자와 후임자
사이에 나타날 수 있는 윤리적인 부분 이외에 리더십 계승에 대해서
는 전혀 다루고 있지 않았다.

　이훈복은 『시너지 목회』에서 '원로목사와 후임목사 간의 문제를
어떻게 풀어갈 것인가' 하는 논제를 다루고 있다.[28] 교회를 개척하
고 부흥시킨 1세대 목사와 그 후임으로 들어온 목회자 사이의 갈등
때문에 교회가 많은 시련을 겪을 수 있다. 그러나 전임목사와 후임
목사 이 둘의 장점만을 모을 수 있다면 시너지 목회가 가능하다는
것이다. 원로목사는 연륜과 경험을 갖추고 있고 당회를 비롯한 교회
에서 신임을 얻고 있으며, 교회와 신자들을 사랑하는 마음이 그 누

---

27) Sang Seok Kwon, "Senior Pastor's Ministerial Philosophy and Church Growth"(D. Min. proj.: Fuller Theological Seminary, 2002).

28) 이훈복, 『시너지 목회』(서울: 서로사랑, 2002).

구보다도 크다. 후임목사는 이런 점에서 다소 부족하지만 새로운 목회에 대한 열정이 크기에, 원로목사의 연륜에서 나온 지혜와 후임목사의 젊음의 힘을 합할 때, 시너지 효과를 낼 수 있다는 것이다. 그러나 이것을 이루기 위해서는 원로목사와 후임목사의 사이가 존경과 신뢰의 관계로 형성되어야 한다는 것이다. 이훈복은 '시너지 목회'를 21세기의 새로운 목회 전략으로 제시하고 있다. 그러나 시너지 목회가 연구자의 교회에는 성공할 수 있었을지 모르나, 다른 여러 교회에 동일하게 적용하는 것에 대해서는 의문을 갖게 된다. 원로목사와 후임목사와 교회가 전체적으로 협력관계가 될 때에만이 시너지 목회는 가능하다.

유봉열은 「한국교회와 원로목사」라는 석사학위 논문에서 목사의 다양한 직책을 구분하고 원로목사가 되기까지의 인간관계와 설교, 행정, 심방, 상담 교육 전도에 대하여 언급한 뒤, 원로목사의 진로를 세 가지로 분류하고 있다.[29] 하지만 논제가 '원로목사'이기에 원로목사의 사역과 노후에 대해서만 언급하고 후임목사와의 관계나 어떻게 하는 것이 도움이 되고 협력자가 되어 교회를 성장시킬 것인가에 대한 부분이 부족하며, 후임목사에 대해서는 언급하지 않았다.

이건영은 그의 저서 『아름다운 동행』에서 명예로운 인계와 교회 성장에 관해 언급하고 있다.[30] 원로와 담임, 혹은 선·후임 간의 관계, 또는 소위 목회세습으로 부르는 문제와 목회현장에서 만나게 되는 양자 간의 관계에 대하여 기록하고 있다. 저자는 은퇴목사의 심정에서 시작하여 은퇴목사에 대한 예우, 아름다운 노년까지 기록하

29) 유봉열, "한국교회와 원로목사", (석사학위논문: 장로회신학대학대학원, 1982).
30) 이건영, 『아름다운 동행』(서울: 예찬사, 2003).

고 있으며, 후임목사의 자격에 대해서도 기술하고 있다. 그러나 후임목사의 역할과 목회에 대해서는 충분히 다루지 못하고 있다.

림인식은 「원로목사와 담임목사의 관계」에서 담임목사와 원로목사 제도에 많은 장점들이 있음에도 불구하고, 현재 교회는 다양한 부작용과 문제점을 호소하고 있다고 보았다.[31] 그는 특별히 강조한 것은 원로목사와 담임목사의 원만한 관계가 중요하기에 대략 네 가지 유형으로 나누어 제시했다. 첫째, 전임자와 후임자의 관계, 둘째, 선배와 후배와 같은 관계, 셋째, 형제와 같은 관계, 넷째, 부자(父子)와 같은 관계로 나누면서, 가장 좋은 관계는 아버지와 아들과의 관계라고 했다. 원로목사와 후임목사의 제도가 갖는 장단점 분석과 네 가지 유형의 원만한 관계, 그리고 현재 원로목사로 경험하게 되는 실제적인 내용들까지 심도 있게 언급하고 있는 것은 이 글의 장점으로 생각된다. 그러나 이론적인 내용들도 중요하지만, 보다 실제적인 사례들은 기록하지 않고 있다.

김남철은 「한국교회 담임목사 리더십 계승에 관한 유형별 사례연구」에서 리더십 계승에 대한 성경적·사역적 근거를 마련하였다. 그는 지역 교회에서 어떻게 리더십 계승을 준비하여 교회발전의 기회로 삼을 것인지에 대한 구체적인 이해를 가지고 설명하였다.[32] 또한 실제적인 리더십 계승의 준비과정, 마무리까지 언급한 것이 독창적인 측면이라고 볼 수 있겠다. 그러나 보다 체계적인 실제적인 계승을 위한 프로그램이 미흡했다.

이상에서 살펴본 바와 같이 후임목사와 은퇴 혹은 원로목사의 관

---

31) 림인식, "원로목사와 담임목사의 관계", 월간목회사, 『월간목회』(2005, 5), 52.

32) 김남철, "한국교회의 담임목사 리더십 계승에 관한 유형별 사례연구", (총신대학교 목회신학 전문대학원, 2011).

계에 대한 연구가 진행되고는 있으나, 후임목사나 원로목사 중 어느 한 부분만을 강조하거나 연구하는 데 그쳤다. 바람직한 교체 방법과 후임자로서의 목회를 어떻게 할 것인지에 대해서는 충분히 다루지 못했으나 최근에 와서 김남철은 보다 구체적으로 다루었다. 그러나 리더십 관점에서 대부분 다루었지 목회사역 및 목회신학적인 관점에 입각한 리더십에 대한 이해와 실제적인 목회사역의 계승을 위한 계획과 후임 관리를 위한 실천 프로그램은 연구되지 않았다. 따라서 이 책은 교회의 사역이 무엇이며 그 사역의 정의와 개념을 살피고 이러한 목회사역을 중심으로 이루어진 변혁적 리더십 계승의 중요성을 부각시키고자 한다. 그리고 실제적인 목회사역 계승을 목표로 하여 세부적인 계획과 후임 관리를 위한 실천 프로그램을 제안하고자 한다.

이를 통해 건강한 교회를 위한 목회사역 계승을 효과적인 접근 방법을 제공함으로써 그 결과 체계적인 계승이 이루어지도록 안내하는 효과적인 교회 계승을 위한 지침서가 될 것이다.

제안

이에 본 도서는 목회신학적 관점에서 건강한 교회를 위한 효과적인 계승 계획 및 후임 관리 실천을 연구하고자 한다. 그러나 이미 연구된 전임과 후임 및 교회의 역할을 중심하기보다는 교회공동체가 무엇을 계승해야 할 것인지, 그리고 교회를 대표하는 전임목사는 어떠한 목회사역을 지향해야 하는지에 대한 연구가 필요하다. 아울러 진정한 하나님의 사역을 어떻게 후임리더에게 계승할 수 있게 하는지 실제적인 목회사역 계승을 위한 프로그램을 제공하고자 한다.

이 책의 내용의 범위는 기독교 장로교를 중심으로 한 계승 계획 및 후임 관리 연구에 제한되었다. 또한 건강한 교회 목회사역의 효과적 계승 계획에 대해 장기적인 해결책을 교회공동체에 제시하고자 한다. 교회가 목회 계승 계획과 후임 관리에 관한 실천과정을 제시하므로 교회사역이 리더십 계승에 적절하게 접근할 수 있도록 다양한 응용에 이르기까지 계승 계획의 포괄적인 체계를 제시하고자 한다.

제2장

목회사역 계승을 위한
일반적인 목회신학적 견해

목회사역 계승을 위한 목회의 정의

　실천신학에서 '목회'라는 단어만큼 정의하기 어려운 용어도 많지 않다. 다른 어떤 용어보다 자주 사용하면서도 정확한 의미를 정의하려고 할 때 쉽게 설명할 수 없는 것이 바로 '목회'라는 말이다. 그 이유는 크게 세 가지로 살펴볼 수 있다. 우선, 교회공동체가 하는 사역 중에 목회라는 이름 아래 정렬되는 일들이 헤아릴 수 없이 많다는 것이다. 대개 '목회 한다'고 하면 '교회를 이끌어간다'는 말과 동일하게 생각하듯이, 목회의 영역이 그렇게 넓고, 사역의 종류가 매우 다양하기 때문이다.

　다음은 신학 부류상의 문제에서 오는 혼란이 있다. 하나의 신학 분야로서 목회신학은 본래 이론신학과는 달리 교회를 섬기는 모든 일을 실천-이론적인 차원에서 연구하는 학문이었는데, 최근 목회신학의 각 세부 영역이 전문화되어 가는 과정에서 실천신학이라는 새로운 틀 안으로 헤쳐 모이게 되었다. 그 후로 실천신학들은 목회신학과 실천신학의 개념을 정의해야 하는 과제를 안게 되었다. 마지막으로 목회를 이해하는 관점이 시대와 학자들에 따라서 다르다는 점이다.

이러한 문제점들을 전제로 하고 목회의 개념을 정리하고자 한다.[33]

1. 목회와 관련된 몇 가지 용어의 정의

목회의 개념을 정의하기에 앞서 먼저 목회와 관련되어 자주 사용되는 몇 가지 용어들을 정의할 필요가 있다. 한국교회는 서구교회가 사용하던 용어들을 수입하여 해석하는 과정에서 많은 혼란을 겪었다. 그 몇 가지 대표적인 예가 목회와 목사의 호칭에 관한 것들이다.

1) 목회(牧會)

동양의 한자 글자의 뜻을 따라 목회(牧會)를 풀이하면 목(牧)은 우리 상황에서는 '말과 소를 놓아기르다'라는 의미가 있고, 회(會)는 '모의다' 또는 '모이다'라는 의미가 있다. 즉, 한자적인 의미로서의 목회는 주인이 말과 소를 기르듯이, 목사가 교인들을 교회라는 공동체를 한곳으로 모이게 하고 그들을 하나님의 말씀이라는 꼴로 성장, 성숙시키는 것을 말한다. 그런 의미에서 한문으로 쓰이는 '牧會'는 목사가 교회를 중심으로 성도들을 돌보는 일이라고 할 수 있다.[34]

반대로 서양의 목회(pastor)의 의미는 성경에서 '목자(shepherd)'와

---

33) 오늘날 목회의 개념은 목회학자들의 수만큼이나 다양하게 정의될 수도 있다. 이러한 문제점들을 전제로 하고 목회의 개념을 정리하고자 한다. 그러나 수많은 목회학자들의 견해를 일일이 소개하거나, 반대로 모든 목회학자들의 주장을 하나로 통합하지는 않을 것이다. 왜냐하면 전자의 방식대로 하면 개념이 정리되지 않고 오히려 산만하게 나열될 것이고, 후자의 방식으로 하면 목회의 다양한 면을 보지 못하는 결과를 초래하기 때문이다. 이 두 가지를 보완하는 방법은 목회를 몇 가지 유형별로 구분하고 목회의 유형에 따라 개념을 정의하는 것이 바람직하다고 사료된다.

34) 임택진, 『목회자가 쓴 목회학』(서울: 기독교문사, 1992), 14.

동일한 의미를 가지고 있다. 따라서 'pastoral'이란 말이 수식어로 쓰이면 목사의 일과 관련이 있는 것들이 많다. 예를 들면, 'pastoral theology'라고 할 때, 목사가 하나님의 백성을 목양하는 것을 다루는 신학이란 의미이다.[35]

독일에서 쓰이는 목회(*seelsorge*)는 목회나 목회학을 지칭하는 용어이다. 이 단어는 영혼(*seele*)과 돌봄(*sorge*)이라는 두 단어가 합쳐진 합성명사이다. 독일어권에서 목회는 본래 '영혼을 돌아보는 일'이다. 그러나 여기서 영혼은 육체가 배제된 영적인 존재만을 의미하는 것이 아니라 영혼과 육체가 하나로 살아가는 전인적인 인간을 말한다. 독일에서 '젤조르게(seelsorge)'는 전인적으로서의 인간이 겪는 모든 문제에 접근한다.

2) 목회적 돌봄(Pastoral Care)

돌봄(care)이라는 단어가 목회와 관련하여 쓰일 때는 주로 수식어를 동반한다. 그 대표적인 예가 '목회적 돌봄'이다. 이런 유형의 목회는 고통과 좌절 가운데 있는 사람들에게 마음으로부터 우러나오는 사랑과 관심을 표현하는 방식으로 한다. 굳이 우리말로 옮기면 '목회적 돌봄'이라고도 할 수 있겠지만, 현실적으로 그런 이름으로 시행되는 목회는 찾아보기 어렵다. 따라서 의미상으로 볼 때 이런 목회는 목사나 교인들이 목자(shepherd)의 심정으로 고난당하는 이웃을 돌아보고 위로하고 격려하는 목회라고 할 수 있다. 다시 말하면 목회 돌봄은 보다 구체적이고 과학적으로 인간의 고통에 접근하

---

35) 한국복음주의실천신학회, 『실천신학개론』(서울: 세복, 1999), 186.

는 목회이다.

3) 사역 혹은 목회(Ministry)

'미니스트리(ministry)'는 어원상으로 신약성경의 '디아코니아'와 같은 의미를 갖는다. 교회의 사역 또는 교역은 봉사가 그 기초가 된다. 목사를 포함하여 모든 교인이 각자 자신의 은사대로 참여하는 목회를 사역 혹은 교역이라고 한다. '미니스트리(ministry)'는 '목회적(pastoral)', '사명(mission)'의 의미를 모두 포함하고 있다. 즉, 목사들의 사역인 목회와 교인도 할 수 있는 사역인 선교를 포괄적으로 나타내는 말이다. 오늘날 교인들이 자신의 전문성을 살려 교회에 봉사하는 것을 '사역'이라고 하고 그 일을 하는 사람을 '사역자'라고 부르는 이유가 바로 여기에 있다.[36]

4) 목회에 관련된 신학적 표현

20세기 대부분에 걸쳐 목회에 대한 신학은 '어떻게 목회를 할 것인가?'에 대한 간편한 비결들로 전락해버렸고, 사회가 변함에 따라 점점 더 만족스럽지 못한 목회자들은 신학적·성경적으로 정립이 필요한 현실이다. 이 부분은 목회에 관련된 신학적 표현을 살펴보고자 한다.

---

36) 한국복음주의 실천신학, 『복음주의 목회학』(서울: 기독교문서선교회, 2009), 15.

(1) 목회학(*Poimenics*)

영어권에서 목회학은 처음에 '*poimenics*'로 명명되었다. 이 말은 에베소서 4장 11절에 나오는 목사, 곧 '*poimen*'을 근거로 영어권에서 목회학의 명칭으로 표현한 것이다. 목회학의 명칭을 '*poimenics*'로 한 것은, 목회가 목자(목동)의 일, 곧 *poimen*의 일이라는 생각이 지배적인 상황에서 나온 것으로 보인다.

(2) 목양신학(Pastoral Theology)

목회학과 목양신학을 구분하는 뚜렷한 경계선을 긋기는 쉽지 않다. 대개 목양신학을 'Pastoral Theology'라 하고, 목회학을 '*poimenics*'라고 하지만, 그 둘을 바꾸어 사용해도 잘못된 것은 아니다.[37] 굳이 둘의 차이점을 말한다면, 목회학에 비하여 목양신학은 목회적으로 의미 있는 어떤 특정 사안에 대해 신학적인 의미를 심도 있게 다루는 경우가 많다는 점이다. 예를 들면, 고통의 문제를 다룰 때, 목양신학은 단지 그 문제를 해결하는 방법뿐만이 아니라 그것이 갖는 신학적인 의미를 찾으려고 한다. 그런 점에서 팃볼(Derek J. Tidball)의 목양신학은 "신학의 모든 실제적 적용을 뜻하는 포괄적인 칭호가 아니라, 그대로 실천신학의 핵심부에 있으며 목회 자체와 일반적인 목회적 과업에서 교리와 실천 간의 관계를 다루는 제한된 학문 분야"[38]라고 정의한 것은 매우 적절한 표현이다. 통상적으로 한국교회에서 전통적인 목회신학은 목양신학으로서, 목회적 돌봄에 대한 신학으로

---

37) Thomas C. Oden, Pastoral Theology, 『목회신학』, 오성춘 역(서울: 대한예수교장로회총회교육국, 1987), 24.

38) Derek J. Tidball, Skilful Shepherds: An Introduction to Pastoral Theology, 『효과적인 목회를 위하여』, 정옥배 역(서울: 엠마오, 1990), 33.

이해되는 경향이 있다.

본 도서에서 Pastoral Theology는 목양신학이라 하겠으며, Theology of Ministry를 목회신학으로 구분하여 논의하고자 한다.

(3) 목회신학(Theology of Ministry)[39]

본 도서에서 목회사역 계승을 준비함에 있어서 중요한 것 중에 하나로 목회신학의 개념이다. 목회신학은 목회를 위한 성경적·신학적 체계를 구축하는 것으로 기존의 전통적인 개념이 아닌 보다 하나님의 사역(ministry of God)에 근거를 두고 있는 개념이다. 사역은 하나님이 누구신지, 그리고 말과 행동을 통하여 하나님이 계시하고자 하는 것이 무엇인가에 진리를 신학적·성경적으로 재확인하고 상세히 설명하는 하나님의 방법이다.[40] 신학은 목회사역에 대한 하나님의 계시를 기록하고 해명할 의무를 지닌다. 그 이유는 우리가 깨닫든지 깨닫지 못하든지, 목회사역의 모든 행위는 각각 하나님의 그 무엇인가를 나타기 때문이다. 여기서 목회사역의 행위란, 선포되는 설교, 가르치는 학습, 거행되는 결혼, 제공되는 상담, 그리고 하나님의 축복, 경고, 심판을 담고 있는 것으로 사람들이 해석할 소지가 있는 모든 말과 행동을 의미한다.[41] 예를 들면, 예수님은 그의 행동(목회사역)이나, 안식일에 치유하는 그의 사역 때문에 당시의 종교적 지도

---

39) 목회신학이란 용어는 비교적 최근에 나온 용어이다. 과거에는 목회신학과 유사하거나 목회신학의 의미를 함축하고 있는 용어들이 사용되었다. 예를 들면, 실천신학, 응용신학, 목회적 돌봄, 목회상담학 등의 용어들이다. 이러한 이유 때문에 목회신학이란 용어는 여러 가지 다른 의미로 이해되기도 한다. 본 도서에서는 목회신학(Theology of Ministry)의 개념으로 정의를 세워가고자 한다. 이 용어는 백석대학교 기독교전문대학원 실천신학 김덕수 교수 강의에서 용어를 먼저 사용하였음을 재차 밝힌다.

40) Anderson, 『새 천년을 위한 영성사역』, 17.

41) 위의 책, 18.

자들로부터 비난받곤 했다. 예수님께서는 "안식일은 사람을 위하여 있는 것이요 사람이 안식일을 위하여 있는 것이 아니다"(마가복음 2:27)라고 유대인의 전통신학에 대항하시면서 진정으로 성경적인 목회신학의 개념을 그의 사역에서 안식일의 새로운 의미를 부여하고 역설하셨다. 따라서 목회사역은 하나님의 사역에 근거를 두고 있고 모든 신학은 계시된 진리의 원천으로서 하나님의 지속적인 사역에 의존하도록 성경적·신학적 체계를 목회신학의 개념으로 본다. 이러한 관점으로서 목회를 한다는 것에 대해 댄 킴벌(Dan Kimball)은 목회의 두 개의 동심원으로 도식화해서 설명하기도 한다.

<그림 5> 댄 킴벌(Dan Kimball) 목회사역 동심원[42]

댄 킴벌(Dan Kimball)은 목회를 두 개의 동심원으로 도식화해서 설명한 적이 있다. 2개의 동심원 중 안쪽의 중앙원은 예수님(에베소서 1:22)으로 표시되어 있고, 외곽 원은 4영역으로 분할되어 있는데 그것은 '진리탐구, 믿음표현, 하나님 경험, 공동체 들어가기'이다. 즉, 예수님을 알게 하고 예수님을 중심으로 한 공동체를 형성하는 것이 목회라는 것이다.[43]

---

42) 김덕수, 『Cell Church 소그룹과 셀 사역, 그리고 셀 교회로의 전환』(서울: 킹덤북스, 2011), 66. 이 그림은 김덕수 책의 설명을 바탕으로 도식화한 것을 밝힌다.

더 나아가 김덕수는 진리탐구와 하나님 경험 등 모든 사역의 궁극적 목표는 예수 그리스도의 공동체 형성을 강조한 것에 있다고 보았다.

목회신학에 대한 이러한 개념은 2장 부분에서 '사역과 신학의 관계'에서 더 심도 있게 다룰 것이다.

5) 목회자에 대한 호칭들

그 외에도 목사의 칭호와 관련하여 자주 접하게 되는 전문용어들이 몇 가지 있는데, 간단하게 그 의미를 설명하고자 한다.

(1) 목회자로서의 목사(Pastor)

목사의 목자적 역할, 곧 교인들을 돌보고 가르치는 역할에 비중을 두는 경우에 사용된다. 앞에서 설명하였듯이 목양(shepherding)의 기능을 수행하는 인물을 지칭하는 말이다. 교회는 목사 안수를 통해 이 기능을 수행하는 것을 확증해준다.

(2) 목회사역자(Minister)

본래 이 말은 로마의 장관(ministerus)에게 붙여진 칭호이다. 라틴어에서 이 단어는 '봉사하는 사람'이란 의미를 가지고 있는데, 로마의 장관은 시민을 위해 봉사하는 사람이라는 뜻에서 그렇게 불렀다. 오늘날 목사의 칭호로 사용되는 경우에는 섬기는 사람이라는 의미보다 봉사적 지도자 직책이라는 의미가 있다. 또는 목회에 준하는 기독교적인 사역을 하고 있는 목사에게도 붙여질 수 있다.

---

43) 위의 책, 66.

(3) 안수받은 목사(Reverend)

‘경외하다’, ‘두려운 마음으로 부르다’, ‘존경하다’라는 의미를 가진 라틴어 ‘레베라레(reverare)’에서 유래한다. 목사의 칭호로는 영국 성공회에서 사용되기 시작하여 일반화되었다. 대개 목사의 이름 앞에 ‘Rev.’ 줄여서 쓴다. 미국에서는 일반적 용어인 pastor보다는 안수받은 목사에게 존경하는 의미로 사용된다.

(4) 성직자(Clergy)

성직자(Clergy)에 해당하는 *Kleros*란 단어의 원래의 뜻으로 분깃이나 기업이란 의미이다. 로마가톨릭교회와 영국국교회의 주교·사제·부제를 가리키며, 1973년부터는 로마가톨릭교회의 여러 하위 성직자도 포함되었다. 한때 성경적 교회론을 주창하여 로마가톨릭교회로부터 파문을 당했다가 그 학문적 권위 때문에 복귀된 한스 큉(Hans Kung)은 “초대교회에서 볼 수 있었던 것은 위계질서(hierachy)가 아니라 교회의 봉사였다.”[44]

이것은 성도를 성직자와 평신도의 두 가지로 계급화하는 용어는 성경적 용어가 아니다. 왜냐하면 그것은 하나님의 백성을 제사장 혹은 성직자란 한 가지 그룹과 또 하나의 다른 그룹으로 나눠버리기 때문이다. 따라서 사역자에 대한 성경적인 바른 이해는 마르쿠스 바르트(Markus Barth)는 “실로 평신도와 성직자의 전통적 구별은 교회에 속한 것이 아니라, 오히려 전체 교회, 모든 성도의 공동체는 세상을 향한 그리고 세상을 위한 사역을 위하여 하나님으로부터 모두가 함께 임명받은 사역자들이다”[45]고 했다. 그러므로 개신교 목회자 가

---

44) 김덕수, 『Cell Church』, 37.

운데 교회의 권위, 성직자의 권위를 주장하며 평신도 사역 혹은 모
든 하나님 백성의 사역을 거부하는 사람들은 개신교 교회론부터 다
시 공부해야 할 것이다.

(5) 채플린(Chaplain)

주로 군대의 군목이나 학교의 교목을 지칭하는 용어이다.

---

45) 위의 책, 38.

목회의 개념

　목회가 시작된 후로 목회의 개념에 대한 정의는 목회의 유형에 따라 다양하게 내려져 왔다. 그중에서 오늘 우리가 부분적으로 의존하고 있는 몇 가지 유형의 목회를 선별하여 그 개념들을 살펴볼 것이다.

　오늘날 목회는 네 가지 유형으로 나누어질 수 있고, 그 의미를 간략하게 정리하면 다음과 같다. 1) 목사가 하는 일이 곧 목회이다. 2) 목회는 전문 상담가가 내담자를 돕는 일이다. 3) 목회는 하나님의 말씀을 청중들에게 선포하는 것이다. 4) 목회는 교회 공동체에 속한 모든 사람이 서로 돌아보는 사역이다.

　다음은 유형별로 간단히 설명하면 도표와 같다.

<표 1> 유형별 목회 및 연구 분야

구분	유형별 목회	유형 개념 설명	연구 분야
1	목사가 하는 일 (목회)	목회와 목사를 어원적으로 같은 맥락에 둔다. 목회를 연구하는 것을 목회학(poimenics)이라고 하는데, 그 이유는 목회학이 목사가 하는 일에 관한 학문으로 보기 때문이다. 목회를 목사의 일로 보는 이들은 목사와 교인들의 관계를 목자와 양의 유비를 통해 설명한다.46)	목사의 소명, 인격, 사역에 대해 연구47)
2	사람의 고통을 덜어주는 일	심리학의 등장 이전까지 목회는 성경과 신학에 기초하였으나 인간 이해의 목회가 확산되면서 지금까지 목회의 새로운 경향은 교회의 모든 일 가운데 특히 사람이 고통받는 고통의 문제를 해결하는 쪽으로 기울어졌다.48) 목사는 상담으로 교인에게 길을 제시하지 않고 교인 스스로 길을 찾아가도록 안내하는 동반자로 잠시 역할을 해주는 것이다.	목회상담학, 심리치료 범위 확대
3	목회는 하나님의 말씀을 청중에게 선포하는 것	개개인에게 하나님의 말씀을 선포하는 일이 목회49)이다. 목회는 하나님의 말씀을 선포하고 그 말씀이 인간의 문제를 해결하도록 해야 한다는 주장50)이다. 상담, 심리치료보다 죄의 문제는 말씀으로 선포하여 회개와 결단이 필수 수반된다.	말씀 선포 연구 청중과 대화 설교
4	목회는 공동체에 속한 모든 사람이 서로 돌아보는 사역	전통적으로 목회는 목사의 사역으로만 인식했으나 오늘날 새로운 목회의 유형은 예수 그리스도를 주로 고백하는 모든 교인의 의무이다. 평신도를 깨워 다른 지체들을 돌보아야 할 책임적인 존재라는 사실을 깨닫게 하였다.51)	평신도 신학 공동체론, 은사론 교회론

---

46) 임택진, 『목회자가 쓴 목회학』, 13. 목회는 "목자가 양을 치는 것과 같이 영혼의 목자인 목사가 교회에서 양과 같은 신자들을 진리로 가르치며 기르는 것"이다. 이러한 근거는 시편 23편과 요한복음 10장에 근거한다.

47) Oden, *Pastoral Theology*, 『목회신학』, 오성춘 역(서울: 대한예수교 장로회총회교육국, 1987), 21.

48) Seward Hiltner, *Pastoral Counseling*, 『목회카운슬링』, 마경일 역(서울: 대한기독교서회, 1982), 15.

49) 이 주장은 에두아르트 투르나이젠(Eduard Thurneysen)목회의 핵심이다. 그는 칼 바르트(Karl Barth)의 동향인으로 바르트의 '하나님의 말씀의 신학'에 기초하여 '하나님의 말씀 선포의 목회학'을 정립하였다.

50) 한국복음주의 실천신학, 『복음주의 목회학』(서울: 기독교문서선교회, 2009), 21.

51) 목회관, 교회관의 변화로 기독교 신학이 교회를 새롭게 발견하게 하였다. 교회는 평신도가 사역자가 되고, 여성이 지도자가 되고, 가난한 자가 자주적인 인간이 되고, 목회자가 평신도 사역자를 훈련시키는 자로 거듭나야 한다는 것을 깨달았다. Howard Synder, *Liberating the church*, 『참으로 해방된 교회』, 권영석 역(서울: 한국기독교학생회출판부, 2005), 315~360.

위의 도표들에 대한 몇 가지 유형들은 모두 동의하는 것이 아니다. 대부분 유형들은 목회에 대한 개념들이 점점 심리학적인 연구로서의 돌봄에 대한 목회사역으로 이해되는 경향이 있으므로 목회에 대한 개념을 세워야 한다.

전통적인 의미에서 오늘날 목회학의 주류를 이루고 있는 목회유형들을 종합하여 크게 넷으로 그 개념들을 정리해보면,

첫째, 목회는 곧 목사의 하는 모든 일이라는 주장이다. 목사가 중심이 되어 교회의 모든 일을 하는 것을 목회라고 하는 이 입장은 전통적인 목회에서 발견된다. 어떤 일이 목회인가, 아닌가를 규명하는 기준은 일의 내용보다 그 일을 누가 했느냐에 달려 있다. 목사가 한 일은 무엇이든지 목회이고 일반 교인들이 한 일은 목회적으로 중요할지라도 목회라는 말을 사용하지 않는다.

둘째, 목회는 전문 상담가가 내담자를 돕는 일이라는 입장이다. 이 목회는 대개 심리학적 인간 이해에 기초하여 고통받는 교인을 구체적으로 도와주는 직업이다. 상담학자에 따라 성경적인 관점에서 내담자를 이해하고 도우려는 시도들도 찾아볼 수 있다. 어떤 유형의 상담가이든 상담을 중심으로 하는 목회는 인간 이해의 깊이와 대화의 전문성을 강조한다.

셋째, 목회를 개개인에게 하나님의 말씀을 선포하는 것으로 본다. 바르트의 신학에 기초한 이 목회학은 하나님의 말씀이 인간의 모든 문제를 해결하는 열쇠라고 믿는다. 말씀으로 창조된 인간은 그를 창조한 말씀에 의해서만 위로와 소망을 얻을 수 있다. 이 말씀이 강단에서부터 개인의 삶 속에 구체적으로 흘러들어 갈 때 교인들이 전인적인 건강을 유지하게 된다.

넷째, 목회는 목사를 포함한 교회 공동체에 속한 모든 세례교인의 의무라는 입장이다. 신약성경의 공동체와 은사론, 그리고 교회론과 평신도론에 기초하여 목회의 새바람을 일으키고 있는 이 목회는 전문직으로서의 성직자성을 말하기보다 공동체 안에 주어진 풍성한 목회자원을 활용하자는 주장이다.

이 책은 목회사역을 함에 있어서 목회개념은 새로운 유형들이 도입이 되기는 하겠지만 성경적 개념에서 벗어날 수 없다고 본다. 진정한 목회는 지금까지 유래된 관료적인 목회의 개념들[52]을 거부해야 할 것이다. 한국교회의 목회의 대부분은 교회성장의 측면이 마치 올바른 모델과 같은 자리를 차지하여 하나의 목회의 개념으로 자리잡으려는 경향이 있듯이 우리는 이러한 관료적인 사역의 개념을 거부해야 바람직하다고 본다.

이러한 측면에서 데릭 팃볼의 목회사역을 소개로 개념을 정리하고자 한다. 그는 수련된 목자는 영적인 소명, 영적 특성, 영적 은사에 자신의 사역의 기초를 두어야 하며, 성령의 바람에 민감해야 함을 강조한다. 그래서 융통성 있게 사역을 운용하여, 하나님의 말씀과 성령님의 기적적인 역사가 분리되지 않도록 다방면의 사역을 할 것을 언급한다. 또한 목자는 그들의 사역을 그리스도의 몸 안에 확

---

52) 전통적인 목회개념에 대한 사고방식을 말한다. 목회는 사역에서 나온다. 그 사역은 하나님께로부터 나오는 비전이다. 그러므로 목회사역은 끊임없이 비전에 대한 숙고와 성찰을 통하여 오늘날 성령의 사역이 무엇인지 분별할 수 있어야 한다. 예수님이 하시는 사역은 하나님 아버지의 사역과 동일했다. 예수님은 유대인의 전통적인 율법의 해석의 방식으로 사역을 하지 않으셨다. 오직 율법의 원래 정신(사랑)을 드러나도록 목회사역을 하였다. 안식일의 사건도 당시 유대인의 방식은 전통적인 안식의 개념으로 이해하였으나 예수님은 전통적인 틀을 깨고 원래 의도를 드러내시는 목회사역이었다. 따라서 오늘날의 목회사역의 개념을 성경적으로 재정립해야 한다. 올바른 목회사역이 계승되도록 낡은 전통이고 습관적인 목회의 개념들을 거부하고 원래 주님이 세우시고자 하는 교회공동체가 드러나도록 추구해야 한다.

고히 뿌리를 세우고 목자들 역시 양이라는 것을 기억하여야 함을 말한다. 그러므로 목자는 어느 한 사람의 일이라기보다는 그리스도의 몸으로서 여러 사람에 의해 행해지는 것으로 다양한 기술과 역할들을 통하여 팀 사역을 추구해야 함을 강조한다. 그러기 위해서는 목자는 사역에 대한 은사를 분명히 가지고 있어야 하며, 목자의 가장 필수적인 사역은 하나님의 말씀을 양떼들에게 먹이는 데 자기의 주관적인 체험과 인식을 객관적으로 계시된 하나님에 대한 진리에 종속시키도록 힘써야 함을 말한다. 이에 목회는 양들을 이끌어(리더십) 성도들을 그리스도의 장성한 분량에 이르도록 지도하는 것이 목회이다.[53)

---

53) Tidball, 『효과적인 목회를 위하여』, 487~489.

목회사역을 위한 목회신학

목회 개념의 여러 유형을 살펴보았듯이 목회사역은 다양한 특성을 가지고 있다. 20세기 초에 하나님의 의도와 본질을 분별하여 실천하지 못한 목회사역은 침체하게 되었다. 그 결과 20세기 초에 신학과목은 '어떻게' 목회를 할 것인가에 대한 간편한 방식으로 전락해버린 것이다. 목회사역을 돕는 간단한 기법들은 나름대로 가치를 지니고 있으나, 사회가 급변함에 따라 점점 더 만족스럽지 못하게 되었고, 목사들은 신학적으로 영양부족 상태가 되었다.

20세기 중반에 들어서자 목회신학은 행동과학과 사회과학이 이전에는 없는 이론적 틀을 제공해주었으나 여전히 복잡한 문제가 따랐으며, 목회신학의 영적·신학적 요소들에 큰 희생을 요구했다. 특히 제2차 세계대전 이래로 교회에 미친 중대한 변화는 목회사역에 대한 다양한 문제들이 대두되었다. 데릭 팃볼(Derek Tidball)은 그의 책 『효과적인 목회를 위하여』에서 몇 가지 요소들[54]을 지적한 것을 간

---

54) 위의 책, 12~18.

단하게 언급하기로 한다.

① 목사의 사역이 다른 사람들에게 이양이 되었다.[55]

② 목자라는 이미지는 시대에 뒤떨어진 것이다.[56]

③ 목회적 교회 구조는 유행에 뒤떨어진 것이다.

④ 목사의 직무가 비난의 세례를 받고 있다.

⑤ 목회적 접근은 구식이라고 생각된다.

⑥ 목회의 경계가 흐려지고 있다.[57]

위의 언급된 요소들의 요점은 목회사역을 흔드는 문제들이라는 점이다. 그 때문에 목회사역을 위해 목회신학의 정의를 살펴보려고 한다.

1. 목회사역 계승을 위한 목회신학의 중요성

저자는 이 부분에서 심도 있는 목회신학을 다루기보다는, 목회사역을 계승하기 위한 신학의 중요성을 간략하게 다루고자 한다. 그 이

---

55) 전통적으로 그 교구에서 유일하게 교육받은 사람으로서 목사가 해왔던 일들이 오래전에 다른 전문가들에게 넘어갔다. 목사는 오랫동안 법률 관리나 보건 관리, 또는 교사나 지방 행정관 역할을 해왔다. 그러나 최근에 이르러 그 같은 임무는 다른 전문가들의 손으로 넘어갔다. 세속적인 치료사들의 출현과 사회 기업 기관들의 급격한 증가는 목사들의 사역이 전문가이기보다는 아마추어라고 느끼도록 심각한 변화가 나타났다. 그 결과 목사는 '지성이 없는' 기술들과 전문 지식들과 관점들을 가진, 사회의 주변 인물이 되어버렸다. A. Russell, *The Clerical Profession*, 281 이하; R. Towler and A. P. M. Coxon, *The Fate of the Anglican Clergy*, 187~205.

56) 기본적으로 농업 공동체들로 구성되었던 세계에서는 대단히 의미가 잘 통한 단어였으나 오늘날 도시 사회와 과학 기술적 세계관이 지배하는 세상에서 양과 목자란 아무런 의미를 전해주지 못하게 되었다.

57) 기독교 외에도 구원이 있다는 견해에 대한 믿음이나, 세속적 해방의 형태들이 구원에 대한 기독교적 견해와 동일하다는 견해가 나타났다. 이러한 "실천신학의 자료들을 교회의 관례들이나 종교의 관례들로 국한시키는 것은 부당하게 그 범위를 제한하는 것이 될 것이다." J. A. Whyte, "New Directions in Practical Theology", *Theology* 76(1973): 235.

유는 앞으로 다루고자 하는 목회 계승을 위한 기초가 되기 때문이다.

목회신학의 정의를 내리는 일은 간단치 않은 작업이다. 왜냐하면 목회신학에 대한 학자들의 견해가 서로 일치되어 있지 않기 때문이다. 혹자는 목회신학을 실천신학과 혼동해서 취급하는 경우도 있고, 또 혹자는 목회방법론을 목회신학인 양 취급해서 다루기도 한다. 더 나아가서는 목회상담을 목회신학으로 잘못 인식하는 경우들도 있다.

비록 하나의 신학학문으로서 목회신학에 대한 정의가 일치된 견해가 없이 다양해도 반드시 그것에 대한 정의를 내리는 학문적인 노력이 있어야 한다. 그러기 위해서는 지금까지 제시된 목회신학에 대한 학자들의 간단한 정의들을 도표로 정리하여 이해를 돕고자 한다.

<표 2> 목회신학 학자들 정의

구분	학자	목회신학 제(諸) 정의(定義)
1	초대교회사를 연구한 실천신학자들: 린드세이(T. M. Lindsay)[58] 스트리터(B. H. Streeter)[59] 커크(K. E. Kirk)[60]	이들의 공통적인 이해는 교회의 질서에 대해 연구하는 학문으로 본다. 교회의 본질과 형태, 특히 감독, 목사, 장로, 집사 등의 직제를 연구하는 학문으로서 교인들에 대해 교회가 가지고 있는 권위, 교회 간의 관계, 카리스마적 권위와 제도적 권위와의 관계 등을 고찰하는 것이다.
2	쾨스터(F. B. Köster)	쾨스터가 이해한 목회신학은 의식학, 영혼의 병 치료학, 설교학, 교리문답학을 연구하는 학문이다. 어떤 학자는 목회신학을 목회상담과 동일한 학문으로 주장하는 견해다. 이 견해는 일부 학자들이 심리학을 목회 영역에 도입함으로써 아주 최근에 활발하게 개발되기 시작한 것으로 이해한다.[61]
3	쉐드(W. G. T. Shedd)	목사의 심방, 교리문답, 기도, 목사의 활동을 연구하는 학문이다.

---

58) T. M. Lindsay, *The Church and the Ministry in the Early Centuries*(London: Hodder & Stoughton, 1902)의 책 요약.

59) B. H. Streeter, *The Primitive Church: studied with special reference to the origins of the Christian Ministry*(London: Macmillan, 2009) 책 요약.

60) K. E. Kirk, *The Apostolic Ministry*(London: Hodder & Stoughton, 1946)의 요약.

61) 목회가 훈련을 통한 상담의 기술이라고 정의를 하면 목회자의 균형 잡힌 성경적 견해는 아니다.

4	엥스트롬(T. W. Engstrom)[62] 쉘러(L. Schaller)[63]	목회사역에 있어서의 목회경영과 지도력의 문제를 연구하는 하나의 학문으로 보려는 견해가 있다. 이들의 견해는 오늘날의 교회들은 현대 경영학의 원리를 도입하여 교회에서 업무의 위임, 변화와 갈등의 관리, 성장을 위한 계획의 수립, 의사소통, 그룹 역학 등을 다룬다.[64]
5	힐트너(Seward Hiltner)[65]	목양(Shepherding)의 관점에서 교회나 목사의 모든 활동과 기능을 보며 거기서 한 신학적인 결론을 내리는 지식이나 연구의 한 분야(가지)이다.
6	오덴(Thomas C. Oden)[66]	목사의 직무와 기능들을 다루는 기독교 신학의 한 가지(枝)이다. "성경이 증거하고, 전통을 통해 전달되며, 비판적인 추론을 거쳐 묵상하고, 개인적·사회적 체험에서 구체화된 하나님의 자기 계시에 관한 숙고를 추구한다."
7	투르나이젠 (Eduard Thurneysen)[67]	"목회는 교회 안에서 하나님의 말씀을 개개인에게 전달하는 데에 그 본질이 있다. 교회의 모든 정통 기능과 마찬가지로 목회도 교회에 주어진 살아 움직이는 하나님의 말씀에 바탕을 두고 있다. 그러므로 이 말씀이 여러 가지 모양으로 전달되어야 한다."[68] 이 정의에 의하면 목회신학은 하나님의 말씀이 모든 목회적 상황들에 대해서 그 자충족성(自充足性)을 보유하고 있는 것이어야 한다는 것이다.

왜냐하면 목회신학은 사람의 심리만을 다루는 선택적인 하나님의 학문 분야가 아니기 때문이다. 정일웅 교수는 '실천신학'을 정의하는 가운데 '목회신학'에 대한 자신의 견해를 "엄격히 말해서 '목회신학'은 목회 기술론으로써 그리스도인 개개인의 영혼을 돌보는 사역을 대변하는 이름으로 더 많이 이해하고 있으며, 그것은 목회상담에 해당하는 과목으로 보는 것이 더 현대 신학적인 이해라고 하겠다"라고 피력한다. 이러한 견해는 목회신학의 본질을 바로 이해하지 못한데서 나온 대부분의 복음적인 보수주의 신학자들의 입장이다. 정일웅, "실천신학이란 무엇인가?", 『박아론 박사 회갑기념총론』 신학지남 제61권 3~4집, 통권 제241호, 275.

62) T. W. Engstrom and E. R. Dayton, *The Art of Management of Christian Leaders*(Waco, TX: Word Books, 1976). 1.

63) L. Schaller, *The Change Agent*(Nashville, Abingdon Press, 1972)의 책 전체 개념.

64) 그러나 성경은 경영학의 교과서가 아니다. 또한 그뿐만 아니라 현대적 의미에서 그렇게 쓰인 것도 아니다.

65) Seward Hiltner, *Preface to Pastoral Theology*(Nashville: Abingdon Press, 1958), 158. 힐트너의 정의는 몇 가지 장점이 있다. 1) 목회신학이 하나의 신학임을 확실히 한 점이다. 2) 신학과 목회적 경험 간의 밀접한 상호작용과 그 목회적 경험은 반드시 신학적 각성을 이끌어내야 한다고 강조한 점이다. 3) 목회신학의 본질은 목회의 어느 한 특정한 기능이 아니라 전체 목회적 과업에 대한 인식과 그 과업이 수행되는 내용에 영향을 미치는 하나의 '목양적 관점'이 되어야 한다는 점이다.

66) Thomas C. Oden, *Pastoral Theology: Essentials of Ministry*(San Francisco: Harper & Row, 1983), 10.

67) 투르나이젠은 비록 신정통주의의 실천신학자이지만 그가 목회신학을 하나의 신학 학문으로 다루는 데 있어서 보여주는 학문적 접근은 매우 주목할 만하다. 하나의 신학교육으로서 목회신학은 복음주의 신학자들보다 신정통주의 신학자들로부터 그 학문적 관심이 활발하게 제기되었다. 목회신학에 대한 이들의 학문적 노력은 크게 인정을 받아야 하겠지만, 복음주의 신학적 입장에

위의 도표는 필자가 몇 가지 정의들을 정리한 것이다. 하지만 저자는 올바른 분류라고 생각하지 않는다. 단지 학자별로 정의하는 내용들을 보기 쉽도록 구분한 것이다.

여러 정의를 살펴볼 때 한편으로는 신학(기독교 교리)과 다른 한편으로는 목회(목회적 경험과 목회적 돌봄)라는 두 축의 중간에 서로 적절하게 위치하고 있다는 것을 보게 된다.

그러므로 목회사역을 위한 목회신학은 이론적으로 보면 신학이 아니다. 그러나 목양의 관점에서 보면 신학이다. 목양적 관점이 신학을 알고 탐구하는 것은 당연한 일이지만 보다 근본적으로 신학이 이 목양을 알고 탐구해야 한다.

요약하면 목회신학에 대한 여러 사람의 주장이 지닌 제한점들과 공통점들을 종합하면 결국 목회신학이란 부름 받은 목자가 복음진리(꼴=말씀)를 하나님의 자녀(양)들에게 '어떻게 먹여주며, 양육하며, 인도하며, 보호함이다'라는 것이 신학적·학문적인 개념이라 하겠다. 다시 말해서 목자가 하나님의 말씀(꼴)을 양들에게 먹일 때 생명운동이 일어나게 되고 이에 따른 양들의 인도와 보호에 관한 여러 가지 실제적인 문제를 체계 있게 연구하는 학문이다. 단순히 하나님의 말씀을 먹이고 양육하고 인도하는 것에서 끝나서는 안 되고, 실제로 일어날 수 있는 여러 상황을 체계적으로 연구하고 적용해야 목회신학의 본래적 의미를 살릴 수 있다.

서 볼 때 이들의 신학은 건전한 성경관에 기초되어 있지 못하다. 그럼에도 불구하고 이들 신학자들이 목회에 관해 학문적 접근과 그 결과로 목회에 중요한 결론을 얻었다는 점은 주목해야 한다. 반면에 많은 복음주의 보수 신학자들은 목회 활동에서 신학의 의미와 역할을 인식하는 데 거의 무관심해 온 것이 사실이다. 그들은 목회신학을 하나의 진지한 신학과목으로 보기보다는 '어떻게' 목회할 것인가에 대한 간편한 목회방법론 내지는 하나의 목회기술론으로 간주해버린 경향이 많았다. 황성철, 『개혁주의 목회신학』(서울: 총신대학교출판부, 2000), 12.

68) E. Thurneysen, *A Theology of Pastoral Care*(Richmond: John Knox Press, 1962), 31.

그러나 이러한 목회사역을 함에 있어서 실천하는 것(목회)과 믿는 것(신학)을 서로 관련시키는 데 미숙하거나 무관심함이 만연되어 있다. 한국교회는 세계 선교사상 그 유래를 찾기 어려울 만큼 급격한 성장[69]을 이룩했다. 이러한 성장은 세계교회를 향한 한국교회의 큰 자랑거리인 동시에 하나의 장점이다. 그러나 그 후 한국교회는 우려의 소리들이 주변을 맴돌고 있다. "교인이 많이 모이고 헌금이 많이 나오면 그 교회는 복 받은 교회인가?", "이런 교회를 섬기는 목회자는 성공적인 목회자인가?"라는 소리들이 나오는 것은 그 근본원인이 목회자들의 목회에서의 신학의 결핍(缺乏) 내지는 부재(不在)에 기인한다.[70] 그 이유는 오늘의 목회사역의 현장에는 그릇된 목회사상인 실용주의 목회철학과 세속적인 목회경영이라는 두 영향력이 깊숙이 침투해 있기 때문이다.[71]

이와 같은 문제의 근본 원인은 목회자가 자신의 목회에서 분명한 신학적 바탕을 갖고 있지 못한 데 있다. 목회자의 사역은 섬겨야 할 희생과 봉사의 삶이며, 특별히 사역의 세세한 부분까지도 검증을 받아야 하는 삶인 것이다. 심지어 목회자는 목회사역의 가장 실제적이고 간단한 문제라고 해서 신학적 교리에 비추어 보이지 않은 채, 그냥 넘어가는 경우는 없어야 한다.

목회자들이 신학과 실천의 서로 간의 관계를 거의 무시하거나 절

---

69) 1995년 말 한국의 7개 교단[예장총회, 통합, 고신, 개혁2(합신 측), 기장, 기감, 기성]의 총 교회 수는 21,833이고 총 교인 수는 7,402,059명이었다. 이러한 통계에는 군소 교단의 교회 수와 교인 수가 포함되어 있지 않은 것이다. 만약 포함이 된다면 한국개신교회의 교세는 이보다는 훨씬 크리라고 생각된다. 여기에 천주교 신자까지 합한 크리스천의 인구는 전체 인구의 약 25%(1천2백70만 명)에 가까운 숫자로까지 추론할 수 있을 것이다. 참고 "주요 교단 교세현황 비교" 기독신보(1996. 9. 21).

70) 황성철, 『개혁주의 목회신학』, 14.

71) John F. MacArthur, Jr., Ahamed of the Gospel(Wheaton: Crossway Books, 1993), 88.

연시킴으로 말미암아 목회현장에서는 거의 처리할 수 없는 주요한 문제들(고난, 부흥, 성공, 희생, 권위, 봉사, 야망 등)이 생겨났다. 이러한 문제들에 대해 목회자들은 너무나 오랫동안 신학적인 접근에서보다는 실용주의적인 접근을 통해서 대답을 해왔다. 그러므로 목회자는 하나님의 목회사역을 함에 있어서 먼저 하나님의 의도를 분별하는 목회신학자가 되지 않으면 안 된다.

본인은 이 부분에서 주로 앤더슨의 견해를 통하여 목회사역을 소개하고자 한다.

레이 앤더슨(Ray S. Anderson)은 성경적인 목회사역이 무엇인가에 대해서 언급한다. 목회자의 사역은 어디서부터 오는가? 그렇다면 목회자에게 주신 사역은 무엇인가?(What is ministry?) 그리고 그 목회사역이 성경의 선례에 언급이 되어 있는가? 만약 그렇다고 한다면 구약성경에서 신학적 출발점(theological beginning point in the Old Testament)은 어디서부터인가?[72]라고 앤더슨은 목회학 박사학위 과정에서 목회사역을 소개한다. 그는 하나님의 사역(창조)이 신학(이론)을 선행하고 만드는 것과 같다는 것이다. 다시 말해서 하나님의 사역이 먼저 나타나게 되었고 그 사역이 무엇인지를 학문화한 것이

---

72) 일반적으로 목회신학의 활동의 출발점은 주의를 요하는 어떤 이론적 또는 실천적인 관심이다. 예를 들어, 어떤 사람이 특별한 신학적 개념이나 사고가 사람들의 매일의 삶과 실천에 어떻게 연결되어 있는지 관심을 가질 것이다. 예를 들면, 구원과 치유의 기독교 전통에서 비추어볼 때 암, 정신적 고통, AIDS와 같은 현대의 경험들을 어떻게 더 잘 이해할 수 있는지 질문하게 될 것이다. 질병, 건강, 실업, 부채, 가난, 자살, 동성애 등과 같은 문제들과 연결되는 것은 신학적 통찰과 개념들 안에서 어떤 변화로 인도할 수 있으며 어떻게 이해되고 해석되는가이다. 그래서 대화의 과정에서 이론과 실천 둘은 실천신학 활동의 중심에 있어서는 다르게 놓여 있는 것으로 보일지도 모른다. 때로는 실천신학이 생각에서 시작되고 그리고 실천을 위해 그것들의 예상되는 결과를 조사한다. 어떤 때는 실천신학이 실천으로 시작하고, 이것이 생각과 개념에 어떻게 영향을 줄 수 있을지를 주시한다. 이런 과정은 이론, 신학 그리고 실천(사역) 사이에 일종의 대화로 여겨질 수 있다. 모든 대화의 상대자들은 이런 대화 안에서 일어나는 상호작용에 의해 변화하게 된다. James Woodward, and Stephen Pattison, Pastoral and Practical Theology, 『목회신학과 실천신학의 이해』, 권수영 옮김(서울: 대한기독교서회, 2007), 37.

신학(이론)이 된다는 것이다. 그의 견해는 역사상 하나님의 모든 행위들은 하나님의 사역으로 말미암았다는 것이다.[73)

하나님은 안식의 세계를 먼저 생각하시고 그리고 그 안식에 들어가도록 날들을 창조하신 것이 순서이다. 이것은 일반 계시로 알 수 없고 특별 계시의 관점으로 이해할 수 있다. 마치 건축가가 건축을 설계를 할 때 무엇을 생각하고 설계하는 방식과 같다. 건축가는 반드시 앞으로 완공될 건물을 생각하며 설계를 하게 된다. 이와 같이 안식일은 날들보다 먼저 선행된 것이 하나님의 의도였으며 그 의도하신 것을 이루시고자 날들이 나타나게 된 것과 같다.

앤더슨은 최초의 목회사역자로 모세를 언급한다. 모세의 사역을 통하여 어떻게 하나님의 의도하심이 신학화되어 가는지를 보여준다. 모세의 사역의 설명(모세오경)이 하나님이 하시는 뜻과 의도를 정립해가는 것을 보여주는 면에서 모세는 구약성경의 최초의 신학자임을 드러낸다.[74) 그리고 그의 목회사역을 후임자 여호수아에게 어떻게 계승이 되는가를 자세하게 드러내고 있다. 즉, 모세의 비전은 여호수아에게 계승이 되었고 이들의 모든 사역은 곧 하나님의 사역과 동일한 선상에서 바톤 터치(baton touch)가 이루어진 사역이다. 이러한 방식으로 모세는 아브라함, 이삭, 그리고 야곱을 통해서 하나님의 구속의 드라마를 이야기식으로 전개하며, 그들은 하나님의 사역

---

73) 하나님의 사역은 무엇보다도, 인간 역사의 기본적인 틀 속에서 하나님께서 세상에 말씀하시고 행하시는 모든 것이 사역이다. 이러한 하나님의 사역의 행위는 하나님의 존재를 계시하시고 하나님의 참된 지식을 가능케 한다. 하나님의 본성과 목적을 상술하고 있는 것이 바로 하나님의 사역이다. 이에 인간은 하나님의 사역에 순종하고 응답함으로써 우리는 하나님과 우리 자신에 대한 지식(신학)을 얻게 된다. 이 하나님의 사역에 대한 순종적인 응답이 우리의 사역과 동일해야 하며, 그것은 하나님의 본성과 목적에 대한 신학적 해명으로서의 역할을 하게 되는 것이다. Anderson, 『새 천년을 위한 영성사역』, 13.

74) 위의 책, 16.

을 소개하는 배우들과 같이 전개해나간다. 이들은 하나님의 부르심에 대한 응답의 행위를 드러내면서 모세는 하나님의 사역에 대한 신학을 나타내고 있다. 즉, 모세는 이들의 이야기를 역사의 시발점에서부터 하나님의 목적에 대한 이야기의 일부를 설명해준 것이다.[75]

모세는 단순히 사건을 기록하는 사람이 아니다. 오히려 모세는 하나님으로부터 계시를 직접 받은 자로 부르심(calling)을 받고 자기에게 주신 사명(목회사역)을 하나님께로부터 직접 받았을 뿐 아니라, 구원의 역사 가운데서 출애굽이라는 하나의 새로운 사건(사역)을 만들어낸 것이다. 이에 모세는 하나님의 구원 사역의 의도를 알고 그의 부르심에 거부하려고 핑계를 댄다. 모세는 자신이 말을 더듬기 때문에 그에게 부여된 사명을 수행할 수 없노라고 떼를 쓰자 하나님께서 그를 꾸짖으셨다. "누가 사람의 입을 지었느뇨. 누가 벙어리나 귀머거리나 눈 밝은 자나 소경이 되게 하였느뇨. 나 여호와가 아니뇨."(출애굽기 4:11) 모세는 이러한 사실을 이야기하면서 자신이 경험한 일들이 하나님의 사역이었고 그 사역은 인간 방식이 아닌 하나님의 방식으로 사역하는 것을 신학으로 드러낸 것과 같다.

모세는 분명 하나님의 사역을 감당할 수 없는 자[76]였던 사람이다. 그런 무능한 사람을 부르셔서 하나님의 사역을 감당하도록 부르신

---

75) 위의 책, 16~17.

76) 모세는 태어날 때부터 태어날 수 없는 환경에서 태어나 하나님의 도우심으로 바로의 공주의 손에서 구원을 받고 바로의 왕궁에서 왕자로서 40년 세월을 보냈다. 어느 날 모세는 그의 백성(이스라엘)이 고통을 받는 것을 참지 못하고 하나님의 방법이 아닌 인간의 방법으로 목회를 시도하였다가 살인죄명으로 광야로 도망가는 신세가 되었다. 그 후 모세는 40년 동안 광야에서 모든 명예와 권세를 잃고 양치는 목자로 무능력하게 살아가는 것을 연상하게 된다. 광야의 모래바람 속에 걸어오는 무능하고 힘없는 모세가 어느 날 시내 산에서 하나님의 부르심 앞에 서게 되었을 때 모세는 하나님의 진정한 의도(구원사역)를 알게 된다. 이런 환경에서 자신의 처지를 생각하면 목회사역이 가능한가? 현실적으로 맞지 않다는 것이다. 이러한 측면에서 연구자는 목회사역의 개념을 찾아야 한다고 주장한다.

다는 것을 설명하면서 신학을 정립해나가는 것을 보게 된다.[77]

모세의 사역(출애굽기)을 통해 나타난 신학적 패러다임이 없이는 창세기에 나오는 창조에 관한 이야기를 이해할 수도 없거니와, 그것을 뒤따라 펼쳐지는 하나님의 구원의 역사를 종잡을 수도 없게 된다.

이 장에서 말하고자 하는 의도는 목회사역은 이론이 원하는 대로 실천하는 것이 아니라 하나님의 의도[78]를 드러내는 사역이 선행되어야 함을 말한다. 우리의 목회가 어떤 전통적인 규정에 의해서 규격화된 사역이라면 '과연 그렇게 하는 것이 하나님의 진정한 의도라고 해야 하는가'라는 숙고이다. 오늘날 우리의 목회는 예전의 목회와 분명히 다르다. 예전에는 교회에서 기타나 드럼 등을 칠 수 없다는 교회의 규정이 있었으나 지금은 그런 전통은 깨어지고 모든 교회가 더욱더 확대하여 사용하고 있다. 그렇다면 신학은 이러한 면이 과연 하나님의 의도하심에 올바른 것인가? 성경의 선례가 없는지를 찾아 전통적인 신학은 깨어지고 보다 하나님의 의도에 가깝게 이르도록 혁신되어야 한다. 그리하여 교회 목회사역을 어떤 전통적인 규정에 얽매이거나 제한할 것이 아니라 교회가 보다 자유롭게 사용하여 하나님의 진정한 의도가 드러나도록 새롭게 신학화해야 할 것이다.

이 책의 장점은 목회사역의 의도를 찾아내고 이러한 목회사역이 교회의 목회사역의 계승으로 나타나야 하며 그 계승을 어떻게 하는 것이 하나님의 의도에 합당할 것이지를 논의하려는 것이다. 그러므

---

77) 모세 자신을 목회사역으로 부르신 하나님은 무(無)=out of nothing]로부터 창조하시는 하나님 이시기 때문에 모세의 말더듬이가 하나님의 말씀에 대해 전혀 장애물이 되지 못한다는 점이다. 또한 모세의 사역은 하나님의 계시가 주어지는 대로 그의 형 아론을 그의 대변인으로 삼아 그와 더불어 하나님의 의도를 드러내도록 하였던 것이다.

78) 필자는 하나님의 의도를 Vision이라고 표현하고자 한다. 이 비전은 모든 목회사역의 가야 할 하나님의 뜻과 소원이 담겨 있는 것이다. 따라서 목회사역의 현장에서 하나님의 의도가 드러나도록 실행해야 한다.

로 신학은 이러한 현장의 목회사역이 성경적으로 하나님의 의도와 맞는 것인지를 숙고하고 연구하여 보다 바람직한 목회사역을 수행하도록 함께 긴장을 가지고 가야 한다.

　지금까지 한 예로, 모세의 목회사역(Theology of Ministry)을 통하여 하나님은 어떤 분이신지에 대한 신학을 발견하게 되었다. 우리의 목회사역은 전통적인 이론신학이 규정한 대로 실천하는 것이 아닌 신학을 정립하는 목회사역이다. 그래서 우리의 목회사역이 성경적으로 신학적으로 검증을 해야 한다.

1) 사역과 신학의 관계

　신학(theology)은 두 단어인 신(데오스)과 [로기아(*logia*)]의 합성이다. 전자로 신(God)은 인간의 눈으로 보이지 아니하기에 하나님을 인간의 언어로 표현할 길이 없다. 즉, 학문화할 수 없는 존재이며 설명할 수 없는 추상적인 개념이다. 그런데 어떻게 그 하나님을 학문화하여 인간에서 설명할 수 있겠는가? 하는 것이다. 결론은 인간의 철학과 자연과학으로 하나님을 증명할 길이 없지만 후자의 로기아(*logia*)는 하나님이 세계 속에서 계속해서 활동하시며 평화(shalom)를 세우시는 하나님의 의도를 찾는 것이다. 세상에서 하나님을 만나고 경험한 사람들의 진술과 그들의 말을 정리한 글들을 연구함으로써 하나님을 학문화할 수 있는 것이다. 이러한 측면에서 실천신학은 세계 속에서 계속적인 사역 안에서 특수한 구조에 대한 연구에 관심을 가짐으로써 표명될 수 있다.[79] 이것은 교회적 생활의 안과 밖에서

---

79) Don S. Browning, 『실천신학』, 이기춘 역(서울: 대한기독교출판사, 1986), 246~247.

하나님을 만났던 사람들의 이야기들을 통해 하나님의 속성을 학문화시킬 수 있게 된다. 사역과 신학의 관계로 실천신학의 목적은 사역의 현장인 교회가 사역을 하고 있는 것에 대해 판단을 내리려는 시도를 감행해야 한다. 그 사역은 반드시 성경적이어야 하며, 신학적이어야 한다. 그러나 교회의 사역은 신학에 근거하여 움직이기보다는 오히려 긴장 관계 속에서 교회가 해야 할 바를 사역함으로써 신학의 길을 제시해야 한다.

하워드 그라임스(Howard Grimes)는 실천신학의 신학적 컨텍스트 교회와 세계라는 글에서 '하나님이 무엇을 하셨으며(의도) 무엇을 하고 계신가'를 분별하려는 하나의 시도라고 보았다. 그리고 하나님으로부터 나온 확실한 소명이라면 교회의 선교를 통해서 행하심 직한 방법들을 제시하는 것[80]으로 보았다.

성경에서 가장 하나님으로부터 나온 확실한 하나님의 의도를 드러내신 분이 바로 예수 그리스도다. 그러므로 하나님 아버지의 뜻을 이 땅에 이루시기 위하여 오신 예수 그리스도의 사역을 통하여 하나님을 학문으로 이해할 수 있게 된다.

그래서 어떻게 특별히 그리스도로서 예수 안에서 하나님 자기 계시인 성경의 증언과 관계를 맺도록 할 것인가? 이러한 예수님의 증언은 누가복음 1장 1~2절 서론 부분에 "우리 중에 이루어진 사실에 대하여 처음부터 목격자와 말씀의 일꾼 된 자들이 전하여 준 그대로 내력을 저술하려고 붓을 든 사람이 많은지라"고 기록함으로써 복음의 역사적 사실에 대한 증언의 확실함을 보여주고 있다. 누가복음이 누가에 의해 기록되어 보도되기 전, 많은 다른 복음 증거자들

---

80) 위의 책, 251.

에 의해 이미 나름대로 정리되어 전해져 내려왔음을 알 수 있다. 누가에 앞서서 복음의 내력을 문서로 전달한 자들은 자신들의 정보를 예수님의 사도 및 제자들과 같은 말씀의 일차적 목격자들로부터, 그리고 예수님을 직접 눈으로 보지는 못하였지만 제자들이 감당했던 복음의 사역을 곧 뒤이은 말씀의 신실한 목격자와 일꾼들로부터 전수받게 된 것[81]을 알려주고 있다.

따라서 신학은 하나님을 경험하고 예수 그리스도를 목격한 증언을 토대로 하나님의 계시를 연구하고 그 의도를 해명할 임무를 가져야 한다.[82] 다시 말해서 우리의 목회사역은 하나님의 진정한 의도를 드러내는 현장 목회사역이므로 반드시 성경의 선례와 일치해야 한다. 따라서 신학은 목회사역이 가고자 하는 것을 이론으로 막으려는 것이 목적이 아니라 그 하나님의 의도가 드러나는 목회사역을 위해 성경에서 어떻게 의도하시는 것을 숙고해야 한다.

모세가 사역을 시작하였을 때 하나님의 의도하신 방향은 시내 산으로 가는 사역(방향)이었다. 이집트에서 출애굽 한 이스라엘 백성은 모세의 목회사역을 통하여 시내 산에 이르게 되었고 그 산에서 모세는 하나님의 의도하심이 들어 있는 십계명을 받게 된다. 그러한 십계명을 받기 직전에 그들은 "나는 너를 애굽 땅 종 되었던 집에서 인도하여 낸 너의 하나님 여호와로라. 너는 나 외에는 다른 신들을 네게 있게 말지니라"(출애굽기 20:2)라고 선언하신다. 이 계명은 모

---

81) 마가복음 7:13, 고린도전서 11:2, 23: 15:3; 유다서 3장 참조.

82) Anderson, 『새 천년을 위한 영성사역』, 16. 만일 하늘과 땅이 하나님의 손으로 지어진 것이라면 (시편 8, 19), 그리고 인간이 하나님의 형상과 모습대로 창조되었다면 우리는 창조 그 자체가 하나님의 계시이며, 따라서 그것이 하나님의 본성과 목적을 나타내고 있다고 가정해볼 수 있을 것이다. 그러나 창조된 세상은 바울이 지적한 대로 하나님께 대한 인간의 지각은 처음부터 가망이 없을 정도로 비뚤어졌다. 그 결과 신학적 임무는 더욱 중요해진다. 신학적 임무는 하나님의 의도가 무엇인지를 드러내야 하기 때문이다.

든 사역과 신학에 대한 경고로서 이어진다. 그러므로 모든 사역은 하나님의 사역에 근거를 두고 있으며, 모든 신학은 계시된 진리의 원천으로서 하나님의 지속적인 사역에 의존하게 된다.

그러나 이스라엘 백성들은 하나님의 진정한 의도를 삶에 실천(적용)하기 위해 많은 계명으로 세분화 작업을 통해서 발전되고 형식화 되었다. 그 결과 하나님의 의도(사역)는 사라지고 형식(틀)과 같은 전통과 신학이 그 자리를 차지하게 된 것이다. 저자는 여기에서 전통적인 신학은 하나님의 의도를 드러내지 아니하는 것을 먼저 밝힌다. 유대인들은 오랜 기간을 걸쳐 형성되어 온 그들만의 하나님에 대한 신학이 전통으로 자리를 잡게 되었고 율법으로 규정이 된 것이다.

그 결과 유대인의 이러한 전통은 예수님의 사역을 통하여 신학적 대립으로 나타났다. 한 예로 안식일에 율법으로 하지 말아야할 규정들과 먹는 문제들이 그 예라 하겠다. 예수님의 사역은 자신을 이 땅에 보내주신 하나님 아버지의 사역을 드러내신다고 하시고 율법의 폐기가 아니라 완성으로 해석하였다.

우리가 지향하는 목회사역은 하나님이 누구이신지, 그리고 말과 행함을 통하여 오늘날 현장에서 하나님이 계시하고자 하는 것이 무엇인가의 진리를 재확인하고 상세히 설명하고자 하는 것이 신학의 임무이어야 할 것이다. 따라서 예수님의 사역의 모든 행위는 하나님의 그 의도를 나타내는 것이다. 위에 목회신학에서 언급했던 것처럼 여기서 사역 행위란, 선포되는 설교, 가르쳐지는 학습, 거행되는 결혼, 제공되는 상담, 그리고 하나님이 우리에게 주시는 축복, 경고, 심판을 담고 있는 것으로 우리가 사역하는 목회 현장에 있는 사람들에게 해석할 소지가 있는 모든 말과 행위를 포함한다.[83]

여기서 말하고자 하는 의도는 목회사역의 모든 행위는 각각 하나님에 관하여 그 무엇인가를 가르친다는 것이다. 그 사역이 신학을 낳는다는 의미를 가진다는 점이다. 그렇다고 한다면 우리의 목회사역은 무엇인지? 그리고 진정한 성령에 이끌려 하나님의 의도를 드러내는 목회사역이 무엇인지를 찾아 성경적인 목회 계승을 세워가는 문화를 만들어가야 한다.

2) 신학적 분별

목회사역을 계승하기 위해서는 하나님의 의도를 드러내고 그분의 뜻이 하늘에서와 같이 이 땅에서도 이루어지도록 이끄는 신학적 분별력이 있는 사람이 계승되어야 한다. 물론 하나님의 사역은 반드시 이 세상에 있는 그의 공동체에게 나타나야 할 것이다.

목격자로서 마태는 마태복음 12장 8절에 "인자는 안식일의 주인이니라"고 예수님의 사역을 소개하고 그 의도를 드러낸다. 이러한 예수님의 사역이 드러났으면 신학은 예수님의 사역을 해명해야 할 의무가 있다. 그 결과 안식일 사건에 나타난 예수님의 사역으로 유대인 공동체는 큰 혼란을 가져오게 되었다. 그 이유는 예수님의 안식일 사역에 나타난 해석이 바리새인들의 전통(규정)과 충돌했기 때

---

83) 한 예로 어떤 교회에서 성찬식을 거행할 때 "미안합니다만 우리 교회에서는 어린이들이 성찬식에 참여하는 것을 허락하지 않습니다"라고 말한다면, 목회자 자신이 교회의 방침을 설명하는 중이라고 생각하겠지만, 사실상 그는 지금 '하나님에 관한 그 무엇(신학)'인가를 말하고 있는 것이다. 그 아이의 부모는 집에서는 아이들이 자유로이 부모와 함께 음식을 먹을 수도 있음에도 불구하고, 하나님은 어린이들이 맛보고 만지며 즐기는 것을 원치 않는다는 결론을 내리게 될 것이다. 물론 그 원칙에는 거룩한 동기가 있다. '거룩한 성례전'을 보호하기 위한 것이라고 하겠다. 예수님께서는 제자들의 반대에도 불구하고 어린이들을 그 팔에 안아 축복하셨을 때 제일 중요한 신학을 설파하셨다. "누구든지 하나님의 나라를 어린아이와 같이 받아들이지 않는 자는 결단코 천국에 들어가지 못하리라"(마가복음 10:15~16). Anderson, 『새 천년을 위한 영성사역』, 18.

문이다. 그래서 바리새인들의 구약의 율법을 해석하는 형식 논리(Formal Logic)[84]와 예수님의 내적 논리(Inner Logic)[85]에 대한 그것을 적용하는 관점에서 상이한 결론을 내려야 하기 때문이다.

예수님의 사역은 삶의 현장에서 나타나게 되었으나 그 사회는 유대교의 전통(해석)에 근거한 형식적 해석 방법이었다. 유대인의 전통적인 안식일의 해석은 사람을 누르고, 억압하여 자유함이 없는 형식적인 안식일의 규정이었으나 예수님의 안식일 개념은 모든 죄의 어둠에서 자유함과 억압에서 풀려나는 원리와 그것을 생활에 적용하는 것으로 보여주셨다.[86]

예수님의 내적 논리가 드러나는 사역의 결과로 바리새인들의 형식적인 안식일의 잘못된 해석이 드러나게 되었다. 예수님의 사역을 통해서 나타난 진리는 안식일이 사람을 위하여 있는 것이요, 사람이 안식일을 위하여 있는 것이 아니라는 진리가 예수님의 사역에서 드러나게 되었다.

예수님은 율법을 어긴 자체를 인정하신다는 것이 아니라, 율법의

---

84) 형식논리(Formal Logic)는 안식일의 진정한 의도를 알지 못하는 개념이다. 유대인들은 안식일에 전통적인 규정(교리)을 만들어 그것이 전통이 되고 하나의 형식(Form)이 되어 하나의 규범이 되어버렸다. 그래서 안식일에 할 것과 하지 말아야 할 것들로 세분화되어 안식일에 사람들에게 무거운 짐을 지우는 결과를 가져왔다. 마가복음 2:24절에 "바리새인들이 예수께 말하되 보시오 저들이 어찌하여 안식일에 하지 못할 일을 하나이까"라고 예수님이 안식일에 제자들과 밀밭 사이를 지나갈 때 제자들이 시장해서 밀 이삭을 잘라먹는 행위가 안식일에 하지 말아야 할 일(노동)로 규정했다. 그러한 전통적으로 규정된 형식논리로 안식일에 대한 예수님과 충돌이 발생했다.

85) 내적 논리(Inner Logic)는 안식일의 진정한 의도(진리)를 드러내는 개념으로 유대인들의 형식적인 해석에 반대하여 진정한 안식일의 진리를 드러내셨다. 예수님의 제자들이 안식일에 하지 말아야 할 일을 했다고 책망하는 바리새인들에게 예수님은 다윗이 시장하여 배고플 때(마가복음 2:25~26) 다윗과 그와 함께 한 자들이 제사장 외에 먹지 말아야 할 진설병을 먹은 것을 예로 드시고 마가복음 2:27절에 "안식일이 사람을 위하여 있는 것이요 사람이 안식일을 위하여 있는 것이 아니니"라고 하시면서 안식일의 원래 의도를 드러내신 것이 내적 논리이다. 내적 논리는 하나님의 진정한 의도(진리, 뜻)를 드러내는 것을 말한다.

86) 마태복음 12:9~14(안식일에 죄로 인해 한편 손 마른 사람을 죄에서 해방하심), 누가복음 13:10~17(안식일에 십팔 년 동안 병에서 억압된 자를 풀어주심), 누가복음 14:1~6(안식일에 고창병에서 자유케 하심), 요한복음 5:1~18(안식일에 삼십팔 년 된 병자를 자유케 하심).

근본정신으로서 자비함이 모든 것에 우선되어야 한다는 것이다. 율법이 무엇인가? 하나님의 자비와 사랑하심을 그 백성 중에 나타내도록 하신 것이 율법이다.[87]

에두아르트 슈바이처(Eduard Schweizer)는 "마태는 자비를 모든 제의 규칙보다 앞세우는 예수의 새로운 율법 해석을 통해서 왔다"[88]고 말한다. 그러므로 율법은 율법 그 자체를 위해 있는 것이 아니라 그 백성을 위해 있는 것이고 마땅히 백성을 위해 선용되어야 하는 것이다. 예수님은 다윗의 예를 들어 제자들의 행위가 결코 비난받을 만한 행위가 아닌 것이라는 것을 증거가 됨을 보여주신 사역이다.

율법은 안식일에 아무 일도 하지 않도록 규정하고 있으나 제사장은 안식일에 가장 많은 일을 해야 한다. 제사장들은 아침부터 성전 안팎을 청소하고 제사를 위해 떡을 준비해야 했다. 곡식을 빻아 정성스럽게 떡을 굽고 그것을 유향과 함께 진설하여야 했다. 그렇듯 제사장들은 안식일을 범하여도 죄가 되지 않았다. 왜냐하면 그들은 성전 안에 있었고 성전 안에서 모든 것은 용납되었기 때문이다. 그들이 안식일에 하는 수고 자체가 아니라 하나님의 기쁨이 되었던 것이다. 예수님은 제사장들이 성전에서 안식일을 범하여도 무죄하다는 사실을 통해서 제자들의 행동을 변호하시고, 또한 "내가 너희에게 이르노니 성전보다 더 큰 이가 여기 있느니라"(마태복음 12:6)고 말씀하시므로 성전보다 더 크신 예수님과 함께 있으니 그들의 행위가 죄가 될 수 없다고 주장한다. 그래서 예수님은 안식일에 밀 이삭을 잘라 먹은 사건을 통하여 마가복음 2장 28절에 "이러므로 인자는

---

87) 조경철, 『대한기독교서회 창립 100주년 성서주석·마태복음』(서울: 대한기독교서회, 2000), 480.
88) 위의 책, 480.

안식일에도 주인이니라" 하시고 안식을 제정하신 분이 허락하였으므로 합당함을 드러내신다. 이것은 유대인들과 바리새인들에게 혁신적인 발언이 되었다. 이것을 신학적으로 어떻게 해석을 해야 할 것인가? 실천신학의 목적은 교회가 하고 있는 사역에 대해 판단을 내리려는 시도를 감행해야 한다. 그와 동시에 교회가 해야 할 바를 제시해야 한다. 오늘날 하나님이 무엇을 하시기를 원하시는지 이것이 성경적으로 선례가 있어야 하며 신학은 어떻게 하나님의 사역이 현장에서 이루어지도록 숙고해야 되는지를 분별해야 한다.

위에 언급한 안식일 내용을 통하여 전통과 주님의 방식이 충돌을 가져왔듯이 우리의 목회사역에도 형식 논리와 내적 논리의 현상이 나타난다.

목회사역은 반드시 하나님에 관한 그 의도(비전)를 드러내야 한다고 규정한다면 우리의 목회사역의 계승을 위한 대상은 보다 명확하게 좁혀질 것이다. 우리가 계승하고자 하는 사역이 하나님에 관한 의도를 가르친다면 과연 그것이 올바른 것인지, 아니면 유대인의 전통과 예수님의 사역이 충돌을 가져왔던 것처럼 하나님에 관해 알고 있는 바를 거스른 목회사역인지에 대한 숙고를 해야 한다.

3) 신학적 분별로서의 목회사역

신학적 분별로서의 논리 형성 과정은 두 가지 방향으로 인간의 마음을 나타날 수 있다. 인간의 두뇌는 감성적인 지각(sensory perception) 없이는 기능을 발휘하지 못한다는 점이다. 인간 마음속에 있는것 치고 감각 안에 먼저 들어오지 않은 것이 없다고 아리스토텔레스의 격

언에서 언급하고 있다.[89] 인간은 오감으로 산다. 오감은 냄새를 맡는 것, 만지는 것, 맛보는 것, 보는 것, 듣는 것을 통하여 인간의 두뇌로 그 느낌(감각적 정보)이 흐르게 된다는 것이다.[90] 그 결과 마음이 한 방향을 선택하도록 이끄는 데 자신에게 오감을 통하여 들어온 정보를 어떠한 논리를 세우도록 개념 형성을 한다는 것이다. 이러한 개념들은 서로 맞물리는 연쇄관계의 그물망을 형성하여 그 어떤 원리에 기초하는 형식적인 지식(formal knowledge based on logic)을 이끌어낸다.[91] 이러한 지식은 하나의 어떤 원칙을 세우게 되는데, 한 예를 들면, 성경에 '거짓말을 하는 것'은 '항상 잘못되었다'라는 형식을 세우게 될 것이다. 이것이 성경이라는 틀로 포장해서 형식으로 규정되고 지켜야 할 규범이 된다. 이것을 신학적으로 조직화하면 '신학'이라는 틀이 형성이 될 것이다. 그리고 그 신학은 계속 성령의 의도하심을 드러내지 않으면 형식에 묶여버린 잘못되고 변질된 전통이 되고 말 것이다. 만약 어떤 사람이 이 법칙을 성경으로 신봉한다면 하나님의 진리는 형식적인 원칙들에 의해서 판단될 것이고, 하나님의 계시는 하나님의 마음을 순응하는 인간의 마음이 범위 안에 가두어두는 것이 된다.[92]

그러나 인간의 마음이 택할 수 있는 또 다른 방향은 어떤 사건이나 다른 구조를 만났을 때 나타나는 그 본질을 분별하기 위해서 충돌하고 체험할 때, 자기의 틀을 깨고 그 사건을 통하여 새로운 구조

---

89) Anderson, 『새 천년을 위한 영성사역』, 21.
90) 위의 책, 21.
91) 위의 책, 21.
92) 만약 그렇다고 한다면 인간이 하나님을 판단하는 기준이 될 것이다. 하나님의 의도와 상관없이 인간의 생각 안에 하나님을 가두어버리는 것이 되기 때문이다.

속을 들어가려는 시도인 것이다.

이와 같이 성경은 형식(율법)논리와 내적 논리(하나님의 의도라고 하겠다)와의 충돌을 많이 소개한다. 한 예로 베드로는 오순절의 성령의 역사를 체험하여 새로운 내적 논리를 갖게 되었다. 그럼에도 불구하고 한 가지 형식적인 논리의 틀은 이방인 구원에 대한 개념이 없었다.[93] 베드로는 유대인만이 구원을 받는다는 형식적인 틀을 가졌기 때문이었다. 그런 그는 어느 날 환상을 보았는데 그 꿈의 내용은 하늘에서 보자기 같은 것 안에 율법에 먹지 말라고 한 부정한 음식들을 먹으라는 것이었다. 그러나 베드로는 세 번이나 하나님의 의도를 거절하였다. 그 이유는 자신의 마음에 율법이라는 형식의 틀이 있었기 때문이다. 베드로는 율법대로 음식을 거절했지만 신학적으로 혼란스러웠다. 그러던 중에 율법으로 부정하다는 이방인 고넬료의 초대를 받고 하나님의 말씀을 전할 때 그 가정에 오순절에 임한 동일한 성령이 임하는 것을 오감으로 체험한 것이다. 이러한 체험으로 베드로는 한 가지 형식이 깨어지게 되었다. '이방인도 성령이 임한다'는 사실이다. 다시 말해서 하나님의 의도는 이방인도 구원하시는 것이 하나님의 의도임을 알게 되었다는 것이다. 이러한 사실은 베드로에게 엄청난 충격이었다. 도저히 용납할 수 없는 내적 논리였으며 자신이 소유한 형식적인 틀이 내적 논리 앞에 깨어져야만 했기 때문이다(사도행전 10:44~48).

그러므로 목회사역은 날마다 사역의 현장에서 하나님의 그 어떠한 의도를 찾아내어야 한다는 것이다. 목회사역은 과거의 전통을 답

---

93) 하나님의 구원섭리는 계속해서 이방인 구원을 강조하는 것을 신·구약에서 보게 된다. 그러나 인간은 하나님의 의도를 성전에 있는 법궤 안에 하나님을 가두어두듯이 하나님을 형식적인 틀에 가두려고 하여 이방인 구원에 대한 개념을 드러내지 못한 것이다.

습하려는 것이 아니다. 목회사역은 과거에 결정된 형식과 전통들이 오늘날 목회사역을 계승함에 있어서 신학자들이 찾을 수 없는 것을 목회사역에서 그 하나님의 의도가 계승되도록 해야 한다는 것을 강조하고자 한다.

4) 목회사역 계승 위한 신학적 혁신

목사안수를 받고 목회자로서 사역에 임하면서 목회사역의 정체성을 직면하게 된다. 그것은 목사안수를 받으면 당연히 목회사역을 하는 것으로 이해하지만 현장 목회는 여러 가지 목회사역을 위한 리더십을 요구한다. 목회사역을 하다 보면 신학교를 다닐 때의 그 뜨거운 열정과 소명만으로 되지 않는다. 그 이유는 신학의 과정에서 경험하지 못한 목회자가 하나님이 맡겨주신 한 공동체를 이끌 지도자로서 준비가 되지 않은 상태로 복음에 대한 열정만으로 현장에 들어가는 것이 현실이다.

마치 모세가 바로 왕자의 신분을 가지고 하나님의 백성을 보호하기 위해 그들을 괴롭힌 바로의 군사를 죽이면서까지 헌신했던 일을 들 수 있다. 그가 생각했던 사역으로 인해 자기 백성들에게도 배신을 당하고 결국 사역에서 실패하고 광야로 도망가야 했던 모세처럼 신학을 전공하고 배웠다고 해도 실제 목회사역 현장에서 실패하게 된다.

그것은 단순히 목사안수를 받고 설교를 하거나 가르치기만 하는 것이 아니라 주어진 백성들을 목양하고 영적인 리더로 조직을 이끌 경건한 리더십이 없이 순진하게 설교만 잘하면 된다고 생각했던 훈련되지 못한 결과다.

사실 목회는 한 공동체의 지도자로 섬기는 것이라는 인식이 중요하다. 목회사역은 교사 이상이어야 하고 행정가 이상이어야 하며 더 나아가 생명을 살리는 영적 의사로서 다양한 지식과 지혜를 갖춘 목회 리더십이 요구된다. 문제는 이 시대와 현대교회는 이러한 목회사역을 위한 리더십을 길러주지 못한다는 사실이다. 그러한 이유는 우리가 잘 아는 것처럼 권위에 대한 회의주의와 도덕적 그리고 윤리적 실수에 대한 실망에서 온다.[94] 아마도 이러한 목회자가 되는 이유는 현대교회의 정체와 좀 더 솔직히 설명한다면 교회의 하향의 원인이 되었다고 보아야 한다. 교회 목회사역의 문제는 사역을 감당하는 리더십의 위기를 맞은 것과 같다. 지도자들이 목회사역을 감당할 때 하나님의 방식으로서가 아니라 세속적 방식으로서의 목회사역을 지향하기 때문이다.

이에 대해 존 가드너는 현시대의 리더십 공백에 기여한 요소를 소개하는데 세 가지로 지적한다.

첫째로, 비인격적인 사회가 주는 무력감이다. 교회에서 점차 관계성보다는 조직적 운영을 강조하면서 비인격적인 모습을 띠기 시작하는데 이에 대해 리더십을 배우기보다는 실망감을 갖게 된다.

둘째로, 일반적인 생각과 달리 크고 복잡한 조직이 더 지도자 육성을 방해한다는 사실이다. 한 예로 대형교회에서 사역을 해본 사람은 느끼겠지만, 담임목사를 제외한 목회자는 영적 지도자의 역할로 훈련받기보다는 행정가로서의 역할을 요구받으며 관리자로 대부분 키워진다는 것이다.

---

94) 김덕수, 『리더십 다이아몬드』(서울: 두란노아카데미, 2008), 18.

셋째로, 중요한 지적인데, 오늘날의 지나치게 전문적인 훈련이 지도자의 싹을 죽이는 경우다. 그것은 현대 신학 교육이나 교회 교육 방식도 마찬가지다. 오늘날 세상은 전문가를 필요로 하지 지도자를 필요로 하는 것이 아니라는 생각을 가지게 한다.[95] 그래서 목회사역을 하기 위해서 영적 지도력보다 인맥이 중요하게 여기게 되고 세속적인 방법이 우선이 되는 문제를 가져오게 된다.

목회사역은 하나님께서 자신에게 보여주신 비전을 공동체원과 나누어야 한다. 그 결과 한 성령으로 지체들에게도 같은 꿈을 주셨음을 확인하고 하나님께 영광을 돌리는 일을 경험해야 한다.[96] 이러한 성령은 공동체 속에서 지도자에게 주신 비전을 확증해주시게 된다. 그러므로 목회사역은 하나님의 계시된 말씀을 목회 현장에 적용하여 목회 실천에 임하는 것이요, 이것은 목회자의 일차적인 책임이라고 할 것이다. 즉, 하나님의 말씀을 옳게 분변하여 하나님의 사랑의 심령으로 목회 현장에 나아가 특정한 욕구로 말미암아 고민하여 고통당하는 자를 돌보고 섬기는 것을 곧 목회자의 실천적 책임이라고 할 수 있다.[97] 목회자에게는 이러한 실천적 책임과 동시에 신학적 책임도 있다. 목회신학은 하나님의 계시를 전제한다. 동시에 하나님의 말씀을 통하여 나타나는 하나님의 계시는 인간의 체험 속에서 중대한 결과가 나타날 것을 기대한다. 목회사역은 목회 현장에서 개인이나 공동체가 하나님, 죄, 계시, 성육신, 죄책, 용서 등에 관한 개념들을 갖고 있는 것을 발견하게 된다. 목회 현장 사역에서 이러한 문

---

95) 위의 책, 18.
96) 위의 책, 93.
97) Oden, 『목회신학』, 15.

제에 끊임없이 부딪히게 될 것이다. 이에 부딪혔을 때 목회자는 끊임없이 새로운 연구와 개발을 시도하지 않을 수 없게 된다. 이러한 의미에서 목회사역은 목회 현장을 끊임없이 성경의 계시와 기독교 신학과 문화적·체험적 지식의 틀 안에서 성찰하여 오류를 시정하여 보다 바람직한 목회신학을 시정하여 나아가야 하는 현장이다. 이것을 목회의 신학적 책임이라고 부른다.[98] 따라서 목회사역을 위한 계승은 반드시 목회신학적 책임을 질 수 있는 목회자의 자질[99]이 중요함을 강조하고자 한다.

---

98) 위의 책, 15~16.

99) 하나님의 의도하신 공동체를 지혜롭게 이끌 수 있도록 갖추어진 리더의 성품을 말한다(하나님 앞에 진실성, 신실성, 비전의 사람 등).

목회사역 계승에 대한 신학적 이해

목회사역 계승을 보다 넓은 의미로 이해하려면 다양한 관점의 신학적 이해가 필요하다. 우리가 '얼굴'에 대해 설명하고자 할 때 앞면, 옆면, 뒷면 등 다양한 방면으로 보아야 하듯이 목회사역 역시 다양한 관점으로 이해하여야 한다. 따라서 목회사역 계승에 대해 기독론적 관점에서, 교회론적 관점에서, 성령론적 관점에서, 선교학적 관점에서, 그리고 하나님 나라의 관점에서 살펴보고자 한다.

1. 기독론적 관점

우리가 몸을 설명하고자 할 때 머리는 중요한 역할을 한다. 목회사역은 교회의 머리 되신 그리스도의 사역을 드러내고 세우는 것에 있다. 그러므로 목회사역 계승을 다루고자 하려면 교회를 세우신 예수님과 그의 사역에 대해 연구해야만 한다. 왜냐하면 목회사역은 그리스도인에 대한 정의 자체가 그리스도 안에서 그리스도를 따르고 믿는 자들을 의미하기 때문에 예수님에 대한 올바른 이해는 목회 계

승의 핵심이요, 신앙의 색깔을 결정하는 중요한 근거가 된다.[100]

교회는 하나님을 알기 위해서는 예수님에 대한 실제적인 지식을 가져야 한다. 예수님은 "나를 본 자는 아버지를 보았거늘"(요한복음 14:9)이라고 말씀하셨다. 구약의 선지자들은 하나님께 메시지를 받아왔었지만 예수님은 하나님이셨다. 하나님의 사랑하심과 거룩하심, 그리고 그 능력이 어떠한지를 알려고 한다면 오직 예수님을 바라보아야만 한다.[101] 기독론의 관점에서 교회를 바르게 이해할 때, 건강한 리더십 계승의 중요성을 바르게 이해할 수 있고 교회의 성도들은 자신들의 역할을 기꺼이 감당할 수 있다.

기독교 신앙은 정의상 예수 그리스도의 인격에 중심을 두고 있다. 영국 성공회 신학자인 그리피스 토머스는 적절하게도 자신의 한 저서의 제목을 『기독교는 그리스도다』로 지적하였다. 에밀 브르너도 이와 마찬가지로 "기독교는 예수 그리스도 안에 나타나 있는 하나님의 계시로 요약된다"[102]고 진술했다. 나아가 정통 기독교에 따르면, 기독교의 심장은 로고스가 마리아로부터 출생을 통해 시간과 공간 속으로 들어오신 것이라 할 수 있다.

요한복음서 기자는 자신의 저술 목적을 이렇게 밝힌다. "오직 이것을 기록함은 너희로 예수께서 하나님의 아들 그리스도이심을 믿게 하려 함이요, 또 너희로 믿고 그 이름을 힘입어 생명을 얻게 하려 함이니라"(요한복음 20:31) 하였고 요한은 그의 서론에서 예수님을

---

100) Millard J. Erickson, Introducing Christian Doctrine, 『조직신학 개론』, 나용화, 황규일 공역(서울: 기독교문서선교회, 2001), 353.

101) 위의 책, 366.

102) Emil Brunner, The Mediator(Philadelphia: Westminister, 1947), 212. (재인용) Gordon R, Lewis, and Bruce A. Demarest, Integrative Theology, 『통합신학 I』, 김귀탁 역(서울: 부흥과개혁사, 2010), 531~532.

'로고스'[103)]라고 지칭함으로써 기독론적인 특징을 드러내고 있다.[104)] 성육신하신 예수님은 하나님의 아들로서 아버지가 위탁한 성취시켜야 할 사역을 가지고 있다.

역사적으로 그리스도의 사역은 선지자, 제사장, 왕이라는 '삼중직'으로 분류되어 왔다. 예수님이 온 인류에게 하나님을 계시하셨다는 것과 하나님과 우리 사이의 관계를 화해케 하셨다는 것, 그리고 인간을 포함한 모든 창조 세계를 지금도 통치하시고 장래에도 통치하실 것이라는 진리를 계속해서 견지한다는 것은 중요하다.[105)]

신약성경에서 그리스도라는 이름은 구약성경에서 '기름 부음을 받은 자'라는 뜻으로서 '메시야'에 해당되는데, 왕들과 제사장들이 기름 부음을 받는 자들에 해당된다. 기름 부음에 사용된 기름은 하나님의 신을 상징했으며,[106)] 기음 부음 자체는 거룩하게 구별된 사람에게 하나님의 신을 전가하는 것을 상징했다.[107)]

성경 속의 제사장직의 개념은 폐기되었거나 대체되었다는 것이 일반적으로 알려진 사실이다. 구약의 모세의 계약을 통해서 온 민족이 '제사장 나라'가 될 것이고, 따라서 거룩한 백성이 되어야 했다(출애굽기 19:6, 레위기 11:44, 민수기 15:40). 그러나 온 민족에게

---

103) "태초에 말씀이 계시니라 이 말씀이 하나님과 함께 계셨으니 이 말씀은 곧 하나님이시니라……. 말씀이 육신이 되어 우리 가운데 거하시매 우리가 그 영광을 보니 아버지의 독생자의 영광이요"(요한복음 1:1, 14). 학자들은 흔히 로고스 개념의 기원을 헬레니즘에서 찾으려고 한다. 또는 다양한 견해들이 있겠으나 우선적으로 요한이 예수님을 로고스로 불렀을 때, 그가 의도한 본래 의미는 무엇이며 또 그것이 그의 청중들에게 어떤 의미를 가졌는가 하는 문제에 관심을 가져야 한다. 로고스 술어는 요한의 저서에서만 발견된다(요한복음 1:1 이하; 요한일서 1:1; 요한계시록 19:13).

104) George Eldon. Ladd, Theology of the New Testament, 『신약신학』, 신성종·이한수 옮김(서울: 대한기독교서회, 2007), 323.

105) Erickson, 『조직신학 개론』, 407.

106) 이사야 61:1, 스가랴 4:1~6.

107) 사무엘상 10:1, 6, 10; 16:13~14.

요구되었던 거룩함은, 계약의 중재자로서 기능을 수행했던 레위 족속으로부터 비롯된 특별한 제사장주의 안에서 상징화된다. 이러한 레위 족속의 제사장직은 대표성의 특성을 갖는다.[108] 그러나 이스라엘 초기에는 제사장들이 계급으로서 존재하지 않았다. 보통 족장이나 장자들, 예를 들면, 아브라함, 이삭, 야곱, 마노아 그리고 기드온 같은 이들이 제물을 드렸다. 일반적으로 예언자로 알려진 사무엘도 제사장으로서 모든 기능을 수행했다.[109]

초기 왕정시대에는 때때로 왕들이 제사장의 권한을 행하기도 했다. 예를 들면, 다윗(사무엘하 6:12~19, 24:25)과 솔로몬(열왕기상 3:15)의 경우가 그러하다.

이스라엘 종교가 발전함에 따라서 제사장 역할은 특별한 계급에게만 국한되었다. 왕정시대에 성전이 국가적인 기관이 되자, 제사장들에게는 더 큰 영예가 주어졌고 예수님 당시에 제사장 계급의 권세는 참을 수 없을 만큼 억압적인 것이 되었다.[110]

십자가에서 예수 그리스도가 유일회적인 희생제물을 드림으로써 이제는 구약의 제사와 번제물이 완성되었으며 구약의 제사가 무용지물이 되었다는 점이 신약에서는 분명하게 드러난다. 옛 계약 아래서는 제사장을 통한 제사들이 반복적으로 드려졌으며, 결코 죄를 깨

---

108) Erickson, 『조직신학 개론』, 146.

109) 사무엘상 2:18, 3:1, 9:13~25.

110) 헨리 다니엘 롭스(Henri Daniel Rops)는 다음과 같이 말했다: "제사장직은 배타적 계급을 형성하기에 이르렀다. 그들은 계급의식이 있었으며 다른 사람들에게 대한 경멸함으로 가득 차 있었다. 자신의 훌륭한 가문을 자랑스러워하는 것은 제사장 계급에 속하는 것만 못하게 되었다. 게다가 그 계급은 종종 평민들과 지위가 낮은 서기관들에 의해 미움을 받았다." Henri Daniel-Rops, Daily Life in the Time of Jesus, Patric O'Brian 역(New York: Hawthorn Books, 1962), 422. (재인용) Millard J. Erickson, Introducing Christian Doctrine, 『조직신학 개론』, 나용화 · 황규일 공저(서울: 기독교문서선교회, 2001), 146~147.

끗이 하지는 못했지만 그리스도는 모든 시대를 위한 유일한 제사를 드리셨는데, 그것은 구원을 가져다주는 것이었다(로마서 3:25, 8:3; 히브리서 10:11~12). 이제 믿는 자는 그리스도의 피를 통해 거룩하신 하나님 앞에 나아갈 수 있으며, 더 이상 제사장 계급의 특별한 중보를 필요로 하지 않는다. 필요한 것은 우리가 그리스도의 약속에 대한 확실한 믿음과 소망을 갖고서 하나님께 나아가는 것이다(히브리서 10:22~23).

예수님의 제사장직은 그 유형과 형태를 전설적인 인물인 멜기세덱에서 찾을 수 있다(창세기 14:18, 시편 110:4). 그는 "아비도 없고 족보도 없고 시작한 날도 없고 생명의 끝도 없다"(히브리서 7:3). 그리스도의 제사장직은 영원하다. 왜냐하면 그는 하나님 오른편에서 우리를 위해 계속해서 간구하시기 때문이다(히브리서 7:24~25). 인간의 중보자는 더 이상 필요치 않다. 왜냐하면 그리스도의 영이 믿는 이들 가운데 거하고 있기 때문이다. 예수님은 세상을 위해 죽으시고 다시 살아나셨으며, 성령을 통해 우리 가운데 살고 계시는 그분을 통해서 이제 우리는 하나님께 직접 나아가는 길을 갖게 되었다.

유대교에서 대제사장직은 레위 족속 가운데 세습되는 것이었다. 제사장은 신과 인간 사이의 중보자였는데, 이것은 그들이 하나님에 대해 더 많이 알고 있기 때문이었다. 그는 하나님께 드려지는 제사를 수행하는 자였다. 이와 반대로 신약의 교회에서는 믿음을 통한 한 분 중보자이신 예수 그리스도에 연합됨으로써 누구나 제사장이 될 수 있다. 우리는 예수님의 형제들이므로 하나님께 영적인 제사를 드림으로써 예수님의 제사장 역할에 참여한다(베드로전서 2:5). 예수님의 영을 통해 우리는 다른 사람을 대표해서 중보하고, 제사 드리며, 권고할 수 있다. 그리스도는 우리의 제사와 중보를 하나님께 가져가고 그것들을 받아들여지고 효과적이 되게 한다(베드로전서 2:5; 히브리서 7:25). 그리스도인들은 그리스도의 제사장적 중보뿐 아니라 그의 왕으로서의 통치에도 참여한다(요한계시록 1:6). 그러므로 거룩한 나라와 왕 같은 제사장으로서의 새 이스라엘에 관한 구약의 예언들을 완성한다.[111] 교회는 '제사장 나라'[112]로서 세워졌으며, 그들은 세상을 위해 설교하고, 희생하고, 중보하도록 권능을 얻게 된다. 그 안에 있는 모든 사람은 그리스도의 증인과 대사가 되도록 성령에 의해 기름 부음을 받았다(사도행전 2:17~18).

그리스도의 사역 중에 또 하나는 영적 왕권이다. 그의 왕권은 자기 백성, 다시 말해서 자기 교회에 대한 왕적 통치권이다. 그의 왕국은 신약성경이 언급한 하나님의 나라 혹은 천국과 동일하다. 이 왕국은 무엇보다도 그리스도 안에 나타난 하나님의 왕권이 중생 사역에 의해서 사람들의 마음에 세워지고 인정되는 왕국이다. 또한 이 왕국은 그리스도 안에 나타난 하나님의 통치가 시행되는 영역이며, 하나님의 성령에 의해 창조되고, 오로지 성령의 생명에 참여하는 사람들로만 구성되는 영역이다. 이러한 그리스도의 왕국은 현재적일 뿐만 아니라 미래적이기도 하다. 이 왕국은 한편으로는 사람들의 마음과 삶 속에서 언제나 발전해가는 현재적 영적 실제로서, 계속해서 확장되어 가는 영역에서 그 영향력을 발휘한다. 한편으로는 예수 그리스도의 재림 때에야 비로소 실현될 미래의 소망이기도 하다.[113]

---

111) 출애굽기 19:6, 이사야 42:6, 61:6.

112) Kingdom of Priests. 요한계시록 1:6. Today's English Version.

113) Louis Berkhof, Systematic Theology, 『벌코프 조직신학합본』, 권수경 역(서울: 크리스천 다이제스트, 2000), 653.

이와 같이 예수 그리스도의 이름과 삼중 직분에서 발견할 수 있듯이, 예수 그리스도는 하나님의 백성을 구원하시기 위해 성령으로 기름 부음을 받은 분이다. 그의 사역의 결과 교회를 세우시고 그 교회를 통하여 그의 구속 사역을 완성해가고 계신다. 이러한 맥락에서 한 교회의 목회 리더십의 계승은 예수 그리스도와 동일한 사역계승이 같아야 할 것이다.

2. 교회론적 관점

건강한 목회 리더십 계승을 하기 위해서 '교회가 무엇인가'에 대한 바른 이해를 가지고 있을 때 지속적인 교회 성장이 가능하다. 교회를 섬기는 전임목사와 교회공동체 및 당회, 그리고 후임자는 바른 교회관을 가지고 있어야 하며 서로 함께 공유해야만 한다. 이러할 때 올바른 목회사역이 계승되고 그 결과 교회의 지속적이고 안정적인 발전이 가능해진다. 따라서 본 지면에서 좀 더 교회론에 대한 연구를 심도 있게 다루어 진정한 교회 계승을 위한 개념을 정립하고자 한다.

교회는 본래 장소나 건물이 아니라 모임(congregation)이나 무리(community) 또는 성도의 사귐(communion of the saints)으로 이해된다. 이는 교회를 의미하는 구약의 '카할'과 신약의 에클레시아(*ecclesia*)의 본뜻으로 볼 수 있다.[114] 구약성경에서 교회라는 낱말에 해당되는 용어를 두 가지로 찾아볼 수 있는데, '카할(*gahal*)'과 '에다(*edhah*)'

---

114) 박봉랑,『교회 그 원초적 모습과 기능』, 제1회 연신원 목회자 신학세미나강의집, 한국교회 100 주년과 교회발전, (연세대학교 유니온학술자료원, 1989), 84.

이다.[115)

'카할'은 '부르다'를 의미하는 어근을 가진 뜻으로 어떤 집회의
소집 및 '모이는 행위'와 관련된 용어이며, 즉 이것은 모임의 구성원
들을 가리키기보다는 오히려 모이는 행위의 발생을 가리키는 용어
이다(신명기 9:10, 10:4, 23:1~3). 그래서 '카할'은 '모임'으로 번역
한다.[116) '에다'는 '지정된 장소에서 모이다'라는 어근에서 나온 것
으로 주로 사람들, 즉 '모인 사람들'과 관계있는 용어이다. 그러므로
'에다'는 종교적인 의식을 중심으로 모인 공동체를 가리킨다. '에다'
는 모인 사람들, 즉 '회중'으로 번역한다.[117) 고든 루이스는 '카할(모
임, 집회, 회중)'은 '콜(음성)'과 관련되어 있고, 특정한 목적을 위해
소집된 모임을 의미한다고 보고 있다. 그러나 성경의 용례를 보면 '카
할'은 '모임', '에다'는 '회중'으로 정확히 국한되지는 않는다. 카할은
세속적인 일(열왕기상 12:3)이나 종교적인 일로 모이는 백성들의 정례
모임뿐만 아니라 모인 무리에 대해서 사용되기도 했으며(민수기
14:5), 에다는 종교적인 의식을 행하는 모임(ceremonial community)의
의미로 사용되기도 했다.[118)

이종성은 '카할'은 부르다, '에다'는 지명하다라는 뜻으로 두 단어
모두 어원적인 의미는 이스라엘이 하나님에 의해 지명 받은, 혹은
부름 받은 민족이라는 뜻이라고 한다.[119) 그 후 히브리어로 쓰인 성
경을 헬라어로 번역하는 과정 중 70인역(the Septuagint)[120)에서는

---

115) 이종성, 『교회론』 상권(서울: 대한기독교출판사, 1989), 19.

116) Erickson, 『조직신학 개론』, 565~566.

117) 김현진, 『공동체신학』(서울: 예영커뮤니케이션, 2009), 23.

118) Lothar Coenen, Church, in The New International Dictionary of New Testament Theology Vol.1,
    ed. Colin Brown(Grand Rapids: Zondervan, 1975), Vol.1, 291.

119) 이종성, 『교회론』, 19.

'카할'과 '에다' 모두 '공회(synagoge)'를 의미하는 말로 번역되었다. 그러던 것이 나중에는 '카할'은 '에클레시아'라는 말로 약 100회 번역되어 '의논하기 위하여 소집된 공동체'를 뜻하는 반면, '에다'는 '쉬나고게(synagogue)'라는 말로 번역되면서 신약성경에서 두 가지 의미를 나누어 사용하게 되었다.[121]

'에다'는 처음에는 '카할'과 함께 하나님의 율법을 듣고 예배하기 위하여 부름을 받은 모인 모임을 의미했다. 여기에 고든 루이스는 히브리어 '에다(회중, 모임)'는 '지정하다', '모으다'라는 의미를 갖고 있는 동사 '야아드'에서 유래하고, '에다'는 70인역에 일관되게 헬라어 명사 '쉬나고게'로 번역한다. 성경에서 '에다'는 오직 이스라엘에 대해서만 사용되고, 특별히 신앙생활과 관련하여 이스라엘 회중의 통일성을 강조하는 말로 '에다'는 '모든 면에서 공동체로 활동하는 사람들', 특히 '예배나 율법에 중심을 둔 공동체'를 의미한다.[122] 여기에 이종성은 70인역에서 이 말은 더욱 제한적인 의미로 사용되어 이스라엘인이 예배를 드리기 위하여 모이는 장소나 건물을 의미한다[123]고 보았다. 이와 같이 '카할'은 이스라엘 모임(공동체)을, '에다(쉬나고게)'는 모이는 장소를 더 강하게 의미했다.

---

120) 구약성서 그리스어 번역본으로 가장 오래된 구약성서 번역본이다. 히브리어 성서 원문을 번역한 것으로 그리스어가 국제 공용어일 때 이집트에 있는 유대인 공동체들이 사용하도록 제작한 것 같다. 언어분석 결과 토라, 즉 모세오경은 기원전 3세기 중반에, 나머지는 기원전 2세기에 번역되었다고 한다. '70'을 뜻하는 라틴어 'septuaginta'에서 유래한 '70인'이라는 명칭은 이스라엘 12지파에서 6명씩 뽑은 72명의 번역자들이 각각 독방에 들어가 구약성경 전체를 번역했는데, 그들의 번역이 모두 동일했다는 후대의 전설에서 유래했다.

121) 김현진, 『공동체신학』, 25.

122) L. Coenen, "Church, Synagogue", NIDNTT, 1:294. (재인용) Gordon R Lewis, and Bruce A. Demarest, Integrative Theology, 『통합신학 Ⅲ』, 김귀탁 역(서울: 부흥과개혁사, 2011), 572~573.

123) 이종성, 『교회론』, 20.

신약성경은 '카할'에서 번역된 '에클레시아'를 특별한 의미에서 '모임'이라는 말로 꾸준히 사용하는데[124] 에클레시아가 결정적으로 중요한 의미를 띠는 것은 '주님의' 혹은 '야훼의'라는 수식어가 붙을 때이다. 왜냐하면 단순히 누군가가 모이는 것을 말하는 것이 아니라 누가 무슨 목적으로 모이게 했느냐가 중요하기 때문이다.[125] 이때 하나님이 모으시는 에클레시아는 자연히 하나님의 공동체라는 중요한 의미를 갖게 되는 것이다. 그리하여 하나님이 모으신 에클레시아는 택함을 받은 공동체로서, '하나님의 백성'이 되기 위하여 부르심을 받은 사람들의 모임(community)을 뜻한다.

그래서 신약성경에서는, 에클레시아란 부활하신 그리스도의 공동체를 뜻하는 말이 되었다.[126] 이 공동체는 세례를 통해 한마음 한뜻이 되어 형성되고(사도행전 4:32) 그리하여 한 가족이 된다고 하였다(에베소서 2:19). 또한 주께서 자기 피로 사신 교회로서(사도행전 20:28) 그리고 예수 그리스도의 이름으로 부름 받은 교회로서(고린도전서 1:2) 이러한 기독교 공동체는 예수님의 죽음과 부활을 경험한 사람들의 모임이며, 살아 계신 그리스도를 현실로 받아들이며 구주로 고백하는 사람들의 코이노니아가 된다.

'교회'는 하나님의 지혜로운 목적에 따라 그리스도를 믿는 신자들로서 세상 속에서 감당할 일정한 사명을 갖고 있는 질서 있고 목적 있는 공동체로 존재하는 조직을 가지고 있다. 이러한 교회 조직의

---

124) 신약성경에는 무려 115번이나 사용된다. Donald G. Miller, The Church.,『교회의 본질과 사명』, 박상증 역(서울: 대한기독교서회, 1980), 14.

125) Hans Kung, Was Its Kirche?『교회란 무엇인가』, 이홍근 역(서울: 분도출판사, 2012), 85.

126) E. G. Jay, Church History of Doctrines,『교회론의 역사』, 주재용 역(서울: 대한기독교출판사, 1986), 18.

시작은 예수 그리스도의 복음으로부터이다. 복음은 교회 조직의 근원이며 기초가 되는 것이다.[127]

그러나 교회로 알려져 있는 집단적 실재를 다룰 때 수많은 문제가 제기된다. '교회'를 '보편 교회', '지역 교회', '불가시적 교회', '가시적 교회'로 구분하는 것이 타당한지? 또는 교회가 언제 시작이 되었는지 등의 문제가 제기된다.[128]

교회의 기원에 관해서는 두 가지 상반된 견해가 있다. 하나는 교회가 구약시대부터 있었다[129]는 것이며, 다른 하나는 성령 강림 이후 교회가 시작되었다[130]는 주장이다. 먼저 구약에서부터 교회가 시작되었다는 전자의 주장은 창세기 4:26의 "그때에 사람들이 비로소 여호와의 이름을 불렀더라"에서 시작된다. 이 구절의 의미는 히브리 사람들이 야훼라고 부르는 그 하나님을 부르기 시작했다는 것으로 '부르다'라는 표현에 '단순한 공적 예배'의 이미를 부과한다.

그리고 출애굽한 국민들이었던 이스라엘 백성은 교회 국가(church state)의 형태로서 여화와의 회중 '카할(qahal)'이었다는 것이다. 사도행전에서 스데반은 이를 두고 '광야교회'라고 불렀다(사도행전 7:38).

또한 이스라엘 국가 형태를 갖춘 후 성전 중심과 율법 중심의 구약 교회를 세웠다는 것이다.[131] 반면에 오순절 성령의 강림 이후를 교회의 출발점으로 삼고자 하는 입장은 예수님께서 교회에 관해 오

---

127) Rober Presthus, The Organizational Society, (Mass: Alfred A Knox, 1962), 98.

128) Lewis, 『통합신학 Ⅲ』, 534.

129) 루이스 벌코프는 족장 시대와 모세 시대에 이미 교회가 있었다고 말한다. Louis Berkhof, Systematic Theology, 『조직신학』, 고영민 역(서울: 기독교문사, 1978), 6권, 43~46.

130) 이에 대해 밀라드 에릭슨은 교회가 오순절에서 시작되었다고 말한다. Millard J. Erickson, The Doctrine of Church., 『교회론』, 이은수 역(서울: CLC, 1992), 32.

131) Berkhof, 『조직신학』, 44.

직 두 차례(마태복음 16:18, 19:17)만 언급하셨고, 그중 첫 번째 언급에서 "내가 교회를 세우리라"고 미래시제로 말씀하셨다는 것을 지목한다.

또한 동일 저자인 누가복음과 사도행전의 경우, 교회를 지칭하는 에클레시아의 표현이 누가복음에는 전혀 나타나지 않는 반면에, 사도행전에는 23회나 나온다는 점을 들어 교회의 출발점을 오순절 이후로 본다.[132]

상반된 주장을 다루자면 만약 오순절 이후부터 교회가 시작이 되었다면 하나님의 백성, 즉 하나님이 먼저 아브라함을 일방적으로 선택하셔서 그와 계약을 맺으셨다고 한다. 그를 통하여 이스라엘 민족을 하나님의 선택받은 백성으로 삼으시고(창세기 12:2, 15:18), 그 후 먼저 택하신 이스라엘 백성을 통하여 모든 민족을 하나님의 백성으로 삼으신 '하나님의 백성으로서의 교회 개념'에 상치되는 것이 된다. 즉, 하나님의 백성의 출발점과 원리적 결별 현상이 나타나게 된다. 또한 사도행전에서 스데반이 언급한 '광야 교회(사도행전 7:38)'의 개념과도 괴리된다.

그렇다면 예수님은 "내 교회를 세우리라"고 자신의 교회가 미래에 세워질 것을 말씀하셨는데 그러면 장차 세워질 예수님의 교회, 즉 성령 강림 이후에 시작될 신약 교회와 구약의 교회는 어떤 관계로 연결 지어야 하는 것인가에 대해 예수님은 전혀 새로운 것을 창조하기 위해서 오셨고 참되고 본래적인 '카할'을 다시 세우시기 위해 오신 것이다. 이 말은 신·구약의 교회는 단절이 아니라 발전적 진행 과정으로 볼 수 있다.

---

132) Erickson, 『교회론』, 57.

그러나 동일 저자인 누가복음이나 사도행전의 경우 에클레시아의 표현이 누가복음에는 전혀 나타나지 않는 반면에, 사도행전에는 23회나 나온다는 사실을 고려해볼 때, 비록 신약의 교회가 구약의 교회와 연속선상에 서 있기는 하지만 분명히 무언가 구별되는 것이 있다는 점을 유의해야 한다.

지금까지 교회는 구약의 카할에서 연유해왔다는 사실을 살펴보았다. 이를 위해 매 시대에 새로운 모습으로 나타나는 교회를 본 도서 2장 5절에서 살펴볼 것이다.

1) 세상 속에서 그리스도의 몸을 형성하는 교회

교회는 태초부터, 즉 아담과 족장시대로부터 최후의 신자에 이르기까지 택함 받은 모든 하나님의 자녀를 포함하고, 우리가 보는(가시적 교회) 지역 교회의 총합으로 세례받고 주의 만찬을 준수하는 모든 신앙고백 신자들로 구성된다.[133] 세상 속에서 교회는 그리스도의 몸을 형성하고, 하나님의 백성으로서 교회는 "그리스도 안에서 이스라엘 백성을 초월하여 유대인만 아니라 이방인들도 하나님의 동일한 백성이 될 수 있다"(로마서 9:24~26)라고 정의할 수 있다. 또한 현재의 다양한 인종과 교파들도 하나님의 백성이라는 교회의 정의 아래 모두 포함한다.[134]

---

133) Lewis, 『통합신학 Ⅲ』, 553~554.
134) 김현진, 『공동체신학』, 31.

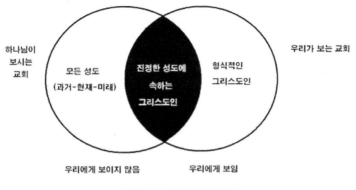

<그림 6> 진정한 교회[135]

하나님이 아브라함을 부를 때나 제자들을 부를 때(마가복음 1:16~
20) 분명히 개인적으로 부르시지만 언약을 맺을 때는 항상 공동체를
향해서 맺으셨다(창세기 17:7, 사도행전 1:8). 그러므로 하나님의 백
성과 교회의 개념은 여기서 공동체적인 개념임을 알 수 있다.[136] '그
리스도 안에서 하나님의 백성 됨'이라는 교회관을 보다 진지하게 갖
는다면 우리는 점차적으로 배타주의의 벽을 허물고 서로를 수용하
는 '공동체적인 태도'를 가질 수 있게 된다. 각 교파의 교단의 신앙
고백 표현이 상이하다 해도 교회 안에 하나님의 백성이 있다는 사실
을 인지한다면 문제가 최소화된다.

우리가 교회에 대하여 포용적으로 이해할수록 역사 속에 존재해
왔던 다양한 하나님의 백성들의 교회에 대하여 더 많은 관심을 가질
수 있게 된다. 그들의 이름이 개신교나 그리스 정교회 혹은 복음적
이거나 진보적이든 간에 우리는 교회가 '하나님의 백성의 공동체'라

---

135) Edmund P. Clowney, The Church, 『교회』, 황영철 역(서울: IVP, 1995), 126.

136) Ladd, 『신약신학』, 445.

는 사실을 분명히 인식해야 할 것이다.[137)]

진정한 교회는 성령의 '출생 선물'을 받은 사람들로 이루어진 그리스도의 몸이다.[138)] 이들은 "몸이 하나이요 성령이 하나이니, 이와 같이 너희가 부르심의 한 소망 안에서 부르심을 입었느니라."(에베소서 4:4~5) 기록된 대로 사랑의 공동체 안에서 연합된 그리스도 몸의 지체이다.

이러한 그리스도 몸의 실재(實在)는 현실 세계 속에서 일어난다. '하나님의 백성으로서 교회'가 하나님의 선택으로부터 출발하여 현재를 거쳐 미래를 지향하는 교회의 시간적 차원을 나타낸다면, 이에 비하여 '그리스도의 몸'은 교회 안에 현존하시는 그리스도의 공간성을 나타낸다.[139)]

교회는 그리스도의 몸이며 보이지 않는 신령한 몸이 늘 임재하는 공동체가 되고, 그리스도를 통하여 세워졌고 그리스도에게서 나왔듯이 자신이 세운 교회에 계시고 교회를 통하여 세상에 현존하신다. 그러므로 교회는 전적으로 하나이며 교회가 그리스도의 존재 형태가 된다.[140)] 그리스도는 하나님 보좌 우편에 계시지만 또한 교회를 통하여 세상에 실제로 현존하고 계신다. 스테드먼(Ray C. Stedman)은 다음과 같이 말한다. "교회의 거룩한 비밀은 하나님께서 거하시는 장소라는 점이다. 그는 백성 가운데 살고 계신다. 그것은 비가시

---

137) Hans Kung은 개인주의적 혹은 집합주의적 교회관을 넘어서 교회가 하나님의 백성의 공동체 전체라는 공동체적 교회관을 잘 나타내주고 있다. Hans Kung, Was Its Kirche? 『교회란 무엇인가』, 이홍근 역(서울: 분도출판사, 2012), 117.

138) Anderson, 『새 천년을 위한 영성사역』, 157.

139) 김도균, 『교회론』(서울: 연세대학교출판부, 1993), 88.

140) Robert Webber, Common Roots, 『복음주의란 무엇인가』, 홍성국 역(서울: 생명의 말씀사, 1983), 53.

적인 그리스도를 가시적으로 나타내라고 하는 교회를 향한 지고한 부르심이다."[141] 교회는 그리스도 안에서 그리스도를 통하여 세상 속에 그리스도의 현존이 신비하게 알려지며 또한 경험된다. 그리스도의 성육신을 통하여 교회가 이루어진 것처럼 우리는 공동체적인 삶을 통하여 그리스도는 보이지 않지만 그리스도의 몸(교회공동체)은 세상에 보이는 것이다. 그러므로 항상 '그리스도 안에서' 서로의 필요성을 알고 상호존중, 상호의존, 협력을 통하여 고통과 영광을 함께 나누는 실제적이며 유기체적 공동체를 유지해야 한다. 여기서 하나 되었다는 것은 단순한 개념적 · 정신적인 차원만 아니라 물질적인 면과 전 생활적인 면 그리고 한 몸(a visible body)의 차원으로까지 나타난다.

그리스도께서 우리를 그의 몸의 일부분이 되게 하심으로 우리도 서로 한 몸이 되도록 노력해야 한다. 그 이유는 마비되고 병들어 뒤틀린 몸에서 그리스도의 참된 현존은 불가능하기 때문이다. 따라서 우리의 삶 속에서 실제적으로 한 몸이 된 생활이 배어나지 않으면 세상을 변화하는 성육신적인 능력은 나타나지 않는다. 오늘날 '그리스도의 몸'이란 용어를 너무나 추상적으로 해석하여 그 말의 능력을 상실해버렸다. 즉, 그리스도의 몸이라는 것은 교회에서 그리스도가 보이지는 않지만 온전히 하나 된 몸을 통해서 나타나 보여야 한다.

세상 속에서의 교회의 역할은 세상을 닮아가는 것이 아니라, 그리스도를 닮아가야 한다(로마서 12:1~2). 그렇다면 어떻게 그리스도를 닮은 채로 이 세상의 현실을 살아갈 수 있는가? 라는 교회의 성질에 관한 문제는 디트리트 본회퍼의 관심사에서 찾아볼 수 있다.

---

141) Ray C. Stedman, Body Life(Glandale, CA: Reagal Books, 1972), 15.

"그리스도는 누구이신가?"

"그는 인간의 모습으로 보여주신 하나님의 바로 그 계시다."

"그리스도는 오늘 어디에 계신가?"

"그는 그리스도의 몸으로서 모인 사람들의 사회적 현실 가운데 존재하신다."

"그리스도인으로서 나는 무엇을 해야 할 것인가?"

"한 사람의 진정한 제자로서 그리스도를 따라 세상 속으로 들어가는 것이다."[142]

본회퍼의 관심사에서 교회관을 볼 때 세상 속에서 그리스도의 모습을 통해 오늘날 목회사역의 개념을 찾을 수 있다. 예수님께서는 스스로 소외된 자들, 갇힌 자들, 가난하고 배고프고 벌거벗은 자들 가운데 계셨다(마태복음 25:31~46). 배고픈 자에게 음식을 주지 않는 것과 갇힌 자들을 돌보지 않는 것, 그리고 벌거벗은 자에게 옷을 입혀주지 않는 것은 우리가 그리스도의 몸을 돌보지 않는 것과 같다고 예수님께서 경고하셨다. 그리스도는 세상을 위해서 죽으셨고 세상 안에서만 그리스도이실 수가 있었다. 즉, 이 말은 제도로서의 교회는 그리스도를 스스로 '소유'하고 있지 않다는 뜻이다.[143] 그리스도는 이 땅에 '생명의 떡'으로 배고픈 자들에게 먹을 것을 가져다주시는 '성육신적 연합'을 통해 임재하신다(요한복음 6:51~58). 소외된 자들에게 먹을 것을 가지고 갈 때, 우리는 벌써 그들 가운데 먼저 가서 계시는 그리스도를 만나게 되는 것이다. 그러므로 이 세상 속에 계신 '그리스도의 모습'은 이 세상 교회가 따라야 할 바탕이 된다. 따라서 우리는 인간의 몸을 입고 성육신하신 하나님으로서 인간들과 함께 세상 속에 계시는 그리스도를 닮는 것이다. 그러므로 교

---

142) Anderson, 『새 천년을 위한 영성사역』, 158.

143) 위의 책, 159.

회의 모습은 성육신적이다. 또 다른 하나의 성육신이 아니라 예수 그리스도의 모습으로 성육신하신 하나님 삶의 현장으로서 성육신적인 것이다.[144]

칼 바르트는 교회가 세상으로부터 전술적인 후퇴를 해야 될 때는 있지만, 결코 세상으로부터 전략적인 후퇴를 해서는 안 된다고 한다.

> 세상과 더불어 연합한다는 것은 곧 다음과 같은 것들을 의미한다. 진실로 경건한 사람들이 세상의 별 볼 일 없는 어린이들에게 다가가는 것, 진실로 의로운 사람들이 불의한 자들과 함께 친구로서 한 자리에 앉는 것을 부끄러워하지 않는 것, 진실로 현명한 사람들이 바보들 속에서 그들과 같이 바보처럼 여겨지기를 주저하지 않는 것, 그리고 진실로 거룩한 사람들이 매우 세속적인 모습을 지니고 있고 또한 '지옥'으로 내려가기에는 너무 선하거나 너무 거룩해서 아무나 가까이할 수 없을 정도가 아닌 것을 의미한다. …… 예수 그리스도께서 세상의 구주이신 까닭에(교회는) 세상적인 모습으로 존재할 수 있고 그것은 억지로 혹은 악한 양심에서 아니라 자원해서 그리고 선한 양심을 가지고서이다.[145]

교회는 명성을 유지하거나 다른 사람들을 대가로 치르고 도덕적인 완전무결함을 유지하는 것에 의해 결정되는 것이 아니다. 교회는 죄악된 세상 속에 들어가 세상을 변화시키기 위해 세상 속에서 존재한다는 사실이다.

따라서 오직 복음주의적인 교회만이 성육신적인 교회가 될 수 있다. 복음주의적인 교회는 단순히 그리스도의 복음에만 충실한 교회가 아니라, 성령의 은사에 의해 권능을 받은 교회로, 세상 속에 소외된 자들을 자유롭게 하도록 이끄는 그리스도의 영적인 역사다. 진정

---

144) 위의 책, 160.
145) 위의 책, 160.

한 교회는 성령이 주도하는 신학을 가져야 한다. 그러한 신학은 정치적·경제적 그리고 영적으로 정의된 대로 인류가 누려야 할 온전한 모든 권리를, 남아프리카의 모든 흑인까지 누리도록 해주는 그러한 신학이다. 그것은 또한 여성들이 사회의 모든 구조, 특히 교회와 교회의 사역에서 남자들과 동등한 기회를 갖도록 여성들에게 권능을 부여하는 신학이다. 그것은 가난한 자, 소외된 자와 약자 그리고 집 없는 자들에게 권능을 주어, 하나님께서 그의 형상을 따라 창조하신 대로 의미 있고 편안한 삶을 살 수 있도록 해주는 신학이다. 이러한 성육신적 관점을 소유한 신학적 교회는 하나님이 사랑하시는 세상을 향해 책임 있는 헌신을 하도록 함으로써, 교회를 하나님 앞에서 회개하도록 이끄시는 교회의 개념으로 볼 수 있다.146)

교회는 시대마다 다시 태어날 때, 그것은 항상 은사를 받으며 태어난다. 왜냐하면 그것은 성령으로부터 태어나기 때문이며, 만일 그렇지 않다면 그것은 살아 있는 교회가 아니다. 교회가 그리스도 안에 자랄 때 그리스도를 닮아가기 시작한다. 교회는 세상의 그리스도의 얼굴을 볼 수 있는 거울과 같다.

2) 사도적 공동체로서의 교회

1,500년이 지난 후 종교 개혁가들이 중세교회와 로마교황을 통한 사도권의 계승에 대한 중세교회의 주장으로부터 자유를 선언하고 떨어져 나왔을 때, 교회는 다시 한번 사도권 권위에 대한 위기를 맞았다. 그 이유는 사도권이 역사적인 계승을 통해 첫 사도들로부터

---

146) 위의 책, 168.

현재까지 교황에게 전수되어 왔다는 데 근거하고 있다. 개신교의 관점에서 사도적이라는 것은 무오한 교황의 자리를 따르기보다 성령에 의해 감동되고 무오한 성경 안에 들어 있는 사도들의 가르침[147]을 따른 것을 의미한다.[148] 사도적인 교회는 어제도 오늘도 살아 계신 예수 그리스도께서 직접 증거하시는 것으로 성경을 받아들이며 읽는 교회를 말한다. 성경에 입각하고 성경을 따를 때 교회는 사도적이며 따라서 보편 교회적(catholic)이다. 그리스도께서 하시는 3중직 사도의 사역은 다음과 같다.[149]

<표 3> 그리스도 3중적 사도사역

구분	3중직 사도적 사역	내용
그리스도 3중직 사도적 사역	역사적 그리스도의 사역 (성육신적)	1) 열두 제자를 불러 모으심. 2) 자신의 사도권을 그들에게 부여하심.
	사도적 사역 (부활하시고 말씀 선포)	1) 열한 제자 불러 모으심. 2) 그들을 다시 사도로 다시 세우고 부활 3) 그리스도에게 직접 권능 부여받은 사역
	재림하시는 그리스도의 사역 (종말론적)	1) 바울은 재림하시는 그리스도를 그의 사도권으로 봄. 2) 그리스도께서 그의 성령을 통해 이미 옛것을 새것으로 변화시키는 일을 하고 계심.

예수께서 세례를 받으실 때 "이는 내 사랑하는 아들이요 내 기뻐하는 자라"(마태복음 4:17)고 하였고 그것은 변화산상에서 반복되었다. "이는 내 사랑하는 아들이요 내 기뻐하는 자니 너희는 저의 말을 들으라"(마태복음 17:5). 역사적인 예수님의 사도권은 하나님 아

---

147) 사도적 공동체란 구체적으로 말해서 사도들이 신약에 증거하는 구약의 증거를 시인하며, 그들이 증거하는 바를 교회의 존재에 대한 근원과 척도로서 사실화시키는 것을 의미한다.

148) 위의 책, 168.

149) 위의 책, 173.

버지로부터 예수님에게 주어진 것이다.

그리스도의 3중직인 사도의 사역은 하나님의 나라가 완성될 때까지 계속될 것이다. 그것이 이루어질 때 그리스도께서는 그의 나라를 아버지께 돌려 드릴 것이며, 그때 그가 받은 사도적 사역은 완성될 것이다(고린도전서 15:24, 28).

그러므로 교회는 역사적인 전례들을 모두 다 종말론적 우선권에 그 길을 양보해야 한다. 이 말은 교회가 과거 전통의 규정에 얽매이기보다 진정한 성경의 의도를 현실 속에 드러내야 함을 의미하는 것이다. 현실 속에서 역사하시는 것을 증명하기 위해서는 반드시 성경적인 선례가 있어야만 하는 반면, 역사적인 전례는 결여될 수도 있다. 예로 바울사도는 할례 이전의 아브라함에게 주신 약속을 선례로 삼아 세례를 통해 무할례자를 그리스도의 몸 된 교회로 받아들이게 된 것이다. 아브라함은 하나님의 의롭다 하심을 얻었을 때 할례 시가 아닌 무할례 때였다. 그럼에도 불구하고 아브라함은 할례자의 조상이 된 것은 율법(할례행위)에서 된 것이 아닌 믿음으로 할례를 받은 것이라고 볼 수 있다(로마서 4:9~17). 이것이 오늘날 역사적으로 세워진 우리의 전통에 얽매이지 않고 하나님의 진정한 의도를 찾아내어 어떻게 그리스도의 3중직의 사역을 감당할 것인지에 대해 숙고해야 할 것이다.

그리스도의 사도적인 사역이 임재할 때, 제도적 교회는 그 자신의 전통을 지켜주는 교회의 제도적 관계들, 즉 변화를 막기 위한 장애물로 사용한 데에 대해 책임을 지게 될 것이다.

초대교회의 성도들 역시 지체로서 효과적인 기능을 발휘하기 위해 모일 수 있는 장소가 있어야 했다. 그리고 그들에게 주어진 사명을 수행하고 그들의 공동체의 외형적인 결합과 질서를 유지하기 위해, 분명한 교회의 방침과 절차를 세워야만 했다. 제자로서의 자격은 엄격한 절도를 포함하고, 초대교회와 오늘날의 교회에 있어서도 마찬가지이지만, 그러한 절도가 결여될 때 교회는 혼란과 혼동으로 흐르게 된다.[150]

그러나 역사적으로 세워진 교회 제도가 그리스도의 사역의 변화를 방해할 때 성경의 진정한 의도를 찾아내도록 분별해야 한다.

그리스도의 사도적인 사역은 변화시키는 것이다. 무조건 변화하는 것이 사도적인 것이 아니라 교회가 이 세상을 향해 열려 있어야 한다.

사도적이 되기 위해서는 교회는 단지 사명을 가진 교회가 아니라, 사명 그 자체가 되어야만 한다. 그리스도는 세상의 위기에서 교회를 부르고 계시고, 교회는 내보내고, 그리스도께서는 불러내신다. 그것이 사도적인 교회가 되는 것이 무엇인지 말해준다.

이를 위해 교회는 성령의 부르심과 성령으로 새로 태어난 신자 한 사람 한 사람 안에 내주할 뿐만 아니라 신자들의 모임 안에 공동으로 내주하시고 그들의 교회에 자신의 '능력'을 부여하시고 함께 '코이노니아'의 역사를 통해 교회를 이루어가신다(고린도후서 13:13).[151]

3) 은사 공동체로서의 교회의 사역

우리가 은사적 초대교회를 규정할 수 있는 한 가지 방법은, 성령

---

150) 위의 책, 157.
151) 김현진, 『공동체신학』, 38~39.

께서 만드신 것은 직분(職分)들이 아니라 사역(使役)들이라는 사실이다. 현대 신학자 한스 크라우스(Hans Kraus)는 은사 공동체로서 교회에 대하여 다음과 같이 말한다. "성직자들이 교회를 좌우하는 것이 아니라 성령의 능력 속에서 교회를 섬기는 성령을 받은 사람들이 좌우한다. 그리스도의 몸은 모든 지체는 성령의 은사들과 능력으로 산다. 각자는 그가 받은 은사들을 가지고 공동체 안에서 주님을 섬기는 것이지 교회의 계급적인 지배 체제로 섬기는 것이 아니다."152) 교회는 은사 공동체로서 '다양성'이 교회로 근본적으로 조직체(organization)가 아니라 유기체(organism)이다(고린도전서 12:4~11).

공동체 안에서 교회의 존재 이유는 하나님의 목적을 수행하는 것이다. 그것은 성령의 능력으로 추구해야 한다(사도행전 1:8). 교회는 주님이 이 땅에 오신 목적이 아버지의 뜻이 이 땅에 이루어지도록 사람과 화해를 도모하셨다(에베소서 1:9~10, 22~23). 이것은 국제연합이나 새로운 세계 질서가 아니라 교회가 땅 위에서 하나님이 원하시는 우주적 화해의 일차 대행자이다.153) 이를 위해서 교회는 주님의 지상 명령을 모든 세계에까지 이르도록 다양한 방법154)으로 수행하도록 해야 한다.

이런 천국의 목적되는 주님의 지상 명령을 수행함에 있어서 신실한 신자들의 집단은 관계를 체계화하고 책임을 분담할 필요가 있다.

---

152) (재인용) H. Kraus, Systematische Theologie, 496. 김균진, 『교회론』(서울: 연세대학교출판부, 1993), 113.

153) Lewis, 『통합신학 Ⅲ』, 606.

154) 세계 미전도 지역 전도, 교회교육, 교회 설립 및 파송(사도행전 13:2~3), 교회 상호 간에 교제(사도행전 18:27; 고린도후서 3:1), 교리 공유(사도행전 15:23~30), 재정지원(고린도전서 16:2, 고린도후서 8:1~9), 지역 또는 교회 내 고아, 과부 등 필요를 채워주는 교회(갈라디아서 6:10) 등 다양한 방법으로 복음전파를 수행하는 방법을 말한다.

어떤 지도자라도 교회에서 감당해야 할 모든 책임을 홀로 감당할 수 없다. 교회는 특수 목적을 달성하기 위해 불가피하게 조직화된 사회적 기관이 되지 않을 수 없다.[155]

초대교회는 성령께서 만드신 것은 직분들이 아니라 사역들이었다는 점을 다시 생각해야 한다. 사역을 위한 필요에 의해서 직분들과 감당해야 할 책임들이 주어진 것이다.[156] 이것이 과부들에게 구제할 것을 나누어주는 문제로 분열과 대립을 겪었을 때 사도들은 '성령이 충만한' 일곱 사람을 택하여 그 사역을 돌보도록 함으로써 그 문제를 해결하였던 것이다. 사도들은 그들 위에 안수하였고 그것은 그 직분에 안수함을 뜻하는 것이 아니라, 그들이 주어진 사역을 잘 감당하는 데 필요한 권능을 부여받을 수 있도록 하기 위해 성령과 교통한다는 뜻을 지닌 것이었다(사도행전 6:1~6). 그들의 직분은 사역을 위한 은사에 바탕을 둔 교회였다.

전통적인 교회론이 교회의 권위와 질서를 직분에 놓아두려 하고 또한 안수를 통해 행해지는 권위의 계승을 중시하는 경향이 있는 반면, 초대교회는 성령적이고 은사적인 면을 더욱 중요시했다.

3. 성령론적 관점

성경은 창조와 타락, 그리고 구원사역은 하나님의 객관적인 사역이라고 한다면 하나님의 사역을 수행함에 있어서 주관적인 사역이다. 즉, 하나님의 구원사역을 인간에게 구체적으로 적용하여 인간이

---

155) 위의 책, 608.
156) Anderson, 『새 천년을 위한 영성사역』, 151.

실제적으로 받아들이고 경험하도록 이끄시는 사역이 성령의 사역이다.

예수님의 생애를 살펴보면, 예수님의 전 생애에 걸쳐 성령의 충만하고 강력한 임재와 활동을 볼 수 있다. 심지어 그의 성육신하신 사건부터가 성령의 사역으로 말미암은 것이었다(누가복음 1:35).[157] 예수님의 사역의 선포나 성령세례 역시 성령의 역할을 강조한다(마가복음 1:8). 그 외 예수님의 가르침에 나타난 진리는 그의 이적들, 특히 하나님의 성령을 힘입어 귀신을 쫓아내는 이적에서 잘 드러난다(마가복음 12:25~28). 이러한 성령의 역사는 예수님의 가르침을 통해 사람들이 신자로서의 삶을 시작하게 될 때에 필요한 성령의 역사에 대해 특별히 강조하고 있다는 사실을 발견하게 된다.

예수님은 성령의 역사가 인간의 관점에서 볼 때 신자들의 삶의 출발점이라 할 수 있는 회심에 있어서나 하나님의 관점에서 볼 때, 신자들의 삶의 출발점이라 할 수 있는 중생에 있어 필수적이라는 사실을 가르치셨다.[158]

성령의 사역은 사람이 신자가 되는 것으로 끝나는 것이 아니라 계속되는 신자의 삶에 개입하여 하나님의 능력을 덧입게 하신다(요한복음 14:12). 우리 속에 내주한 성령은 중보사역(intercessory work)으로 예수님과 성령이 신자를 위해 중보의 사역을 하신다는 것을 바울은 말한다.

> "이와 같이 성령도 우리 연약함을 도우시나니 우리가 마땅히
> 빌 바를 알지 못하나 오직 성령이 말할 수 없는 탄식으로 우리를

---

157) Karl Barth, Dogmatics in Outline(New York: Philosophical Library, 1949), 95. (재인용) Erickson, 『조직신학 개론』, 455.

158) Erickson, 『조직신학 개론』, 457.

위하여 친히 간구하시느니라. 마음을 감찰하시는 이가 성령의 생
각을 아시나니 이는 성령이 하나님의 뜻대로 성도를 위하여 간구
하심이라"(로마서 8:26∼27).

성령의 중보사역은 신자들의 삶 속에서 성화를 이루어가도록 역
사하신다(로마서 8:1∼17). 성령의 역사로 그리스도의 몸을 세우는
신자들에게 특별한 은사를 주는데 서로 다른 성령의 은사들을 살펴
보면 다음과 같다.[159]

<표 4> 성령의 은사들

롬 12:6∼9	고전 12:4∼11	엡 4:11	벧전 4:11
예언 섬김 가르침 권위함 구제 다스림 긍휼을 베풂	지혜 지식 믿음 병 고치는 은사 능력 행함 예언 영들 분별 각종 방언 방언 통역	사도들 선지자들 복음 전하는 자들 목사들 교사들	말하는 것 봉사

여기서 특이한 사항은 에베소서 4장에 언급한 은사는 실제로 교
회 안에 있는 다양한 직분들이라는 점이다. 그러므로 목회사역은 성
령의 은사를 가진 자에게 계승이 되어야 한다.[160]
따라서 모든 교회의 사역은 성령께서 주신 은사들이어야 한다. 이
것은 우리 자신이 가지고 있는 은사들이 자신의 노력으로 인해 주어

---

159) 위의 책, 461.
160) 본 논자는 이러한 은사들이 타고나는 것인지, 아니면 후에 특별한 능력을 힘입는 것인지, 또는
    이 두 가지 경우가 모두 해당하는 것인지에 대해서는 논의하지 않겠다. 여기서 언급하고자 하
    는 것은 성령의 사역으로 이러한 은사들이 나타나야 함을 말하고자 한다.

진 것이 아니라 성령께서 계획하신 것을 이루시기 위해 사용되도록 주어진 것이라는 사실을 인지해야 한다.

성령은 신자들의 삶과 봉사를 위해 그들에게 능력을 입혀주시고 주권적으로 교회에 나누어주신다. 어느 한 은사도 모든 이를 위한 것일 수 없고, 어떤 사람도 모든 은사를 다 가질 수 없다. 주님의 몸 된 교회의 교제는 각 지체, 즉 각 신자들의 영적인 성숙을 위해 필요한 것이다.[161]

바울 서신은 강력하게 성령을 소유한 사람이 아니면 그 누구도 그리스도인이 아니라고 가르친다(갈라디아서 3:2, 14). 모든 하나님의 아들은 성령으로 양자의 영을 소유하고(갈라디아서 4:6; 로마서 5:5; 8:14~16), 요한은 예수님이 자신의 제자들을 고아와 같이 남겨두지 않고 성령으로 다시 그들에게 오실 것이라는 약속을 기록한다(요한복음 14:18).

교회를 세운 사도들의 특징은 성령의 역사가 나타남으로써 하나님의 부름을 받았다는 것을 입증하였다(고린도후서 12:12). 이러한 표적은 예수님의 사역과 행하신 기적과 연속선상에 있음을 보여주었다.[162] 그러므로 예수님의 이적과 제자들과 사도들의 사역은 아무렇게나 된 것이 아닌 성부 하나님의 계획을 이루는 것이었다.[163] 누가는 사도들의 표적이 주님의 표적과 연속성이 있음을 강조한다(사도행전 9:40; 마가복음 5:41; 누가복음 8:54). 베드로는 성전 문에서 앉은뱅이를 고친 후에 그 기적이 그리스도의 이름에 대한 믿음을 통

---

161) 위의 책, 470~471.
162) 예수님은 자신의 행하는 사역이 아버지의 사역임을 언급하셨다(요한복음 5:19, 30~40).
163) Clowney, 『교회』, 270.

하여 그리스도의 능력과 이름에 의해서 이루어졌음을 분명히 하였다(사도행전 3:12~16).

결론적으로 성령의 역사에 관한 모든 것은 예수 그리스도의 사역을 드러내는 것이며, 곧 하나님 아버지의 뜻을 드러내기 위한 성령의 사역이다. 이러한 사실에 근거하여 성령의 사역은 그리스도를 세우도록 그의 복음을 전하는 전도자들과 목사들을 성령의 기름 부음을 통하여 오늘날에도 정규적으로 하나님의 말씀이 계승된다.

교회는 성경의 표현을 따르면 영이 채워져 있고 영이 활동하고 있는 성령의 전이요, 건물이다(고린도전서 3:16~17; 에베소서 2:17~22). 그렇다고 해서 건물이 성령이 되는 것은 아니다. 교회와 성령을 동일시한다는 것은 위험하다. 성령과 교회를 구별할 줄 아는 교회는 교회 내에도 죄와 허물이 있음을 냉정하고 겸손하게 인정할 수 있다.[164]

여기까지 요약을 한다면 성령의 활동은 교회에 의해 제한될 수 없고 하나님의 백성 안에서 온 교회, 온 세상 안에서 활동하신다. 우리의 목회는 성령의 사역을 제한하지 않는 사역이 되도록 해야 할 것이다. 한 예로 사도행전 10장에서 베드로는 성령 충만의 사역이 유대인에게만 국한된 줄로 알았으나 베드로의 환상과 이방인 고넬료 가정의 성령 충만함으로 하나님의 의도가 유대인을 넘어 이방인에게까지 활동하심을 발견하게 되었다. 베드로는 성령의 사역을 통하여 "베드로가 입을 열어 말하되 내가 참으로 하나님은 사람의 외모를 보지 아니하시고 각 나라 중 하나님을 경외하며 의를 행하는 사람은 다 받으시는 줄 깨달았도다."(사도행전 10:34~35) 이는 성령

---

164) Hans Kung, Was Its Kirche? 『교회란 무엇인가』, 이홍근 역(서울: 분도출판사, 2012), 95~97. 한스 큉은 1928년 스위스 수르제에서 태어나 가톨릭의 석학으로 독일 튀빙겐 대학교 교수의 책을 참고했다.

의 활동이 유대인의 전통에 얽매이지 아니하고 보다 폭이 넓게 역사하심을 발견하고 이방인 구원 사역에 동참한다는 뜻이다. 그러므로 교회사역은 성령의 사역을 제한하거나 규제하기보다는 자유롭게 활동하도록 해야 할 것이다.

더 나아가 성령을 이해하기 위해서는 성령의 사역적 측면에서 살펴보아야 한다. 성령은 우리를 가르치시는 사역을 하신다. 교회는 성령의 하시는 말씀을 들을 수 있어야 한다. 교회의 전통이 중심 되지 아니하고 오늘날 성령이 자유롭게 역사하시는 것을 수행할 수 있도록 민감해야 한다. 성령은 교회의 선생님이시며, 주어진 약속을 실현하시는 분이시다. 그러므로 그 누구도 성령의 도움 없이는 영적인 진보를 얻을 수 없다. 인간은 전적으로 부패했기 때문에 성령의 가르침 없이는 신령한 일을 깨달을 수 없다.[165] 그래서 주님은 성령을 보내셔서 제자들을 가르치시고 인도하신다.[166] 주님이 떠나가신 후 성령께서 제자들에게 오셔서 그리스도를 말하고, 가르치고, 다른 이들에게 전하게 하실 뿐만 아니라, 다른 이들이 그리스도를 받아들이게 하신다.

성령께서 교회를 인도하시는 중에 사역자를 세우신다.[167] 성령께

---

165) Ladd, 『신약신학』, 392. 신자들에 대한 성령의 일차적인 기능이 가르치는 것과 해석하는 것이라면, 세상에 대해서는 책망하는 것이다. 성령은 가장 큰 죄 예수 그리스도를 십자가에 못 박게 한 인간의 불신앙을 깨닫게 하는 능력을 가진다.

166) 예수님은 제자들에게 "성령을 받으라"고 하신다. 예수님의 제자들은 성령을 받기 전에는 예수님을 떠나버렸지만 오순절 성령 사역으로 인해 각자의 십자가를 지고 예수님을 따르게 되었다. 따라서 예수님을 따라가는 사역은 반드시 성령의 도움이 있어야 한다.

167) 사도행전 13장 1~3절에서 볼 수 있듯이, "안디옥 교회에 선지자들과 교사들이 있으니 곧 바나바와 니게르라 하는 시므온과 구레네 사람 루기오와 분봉 왕 헤롯의 젖동생 마나엔과 및 사울이라 주를 섬겨 금식할 때에 성령이 이르시되 내가 불러 시키는 일을 위하여 바나바와 사울을 따로 세우라 하시니 이에 금식하며 기도하고 두 사람에게 안수하여 보내니라." 안디옥 교회에 선지자들과 교사들이 있는 중에 바나바와 사울을 따로 세워 선교의 일을 위해 파송하게 하신다. 사도행전 20장에서도 "성령이 그들 가운데 여러분을 감독자로 삼고 하나님이 자기 피로 사신 교회를 보살피게 하셨느니라." 성령의 사역을 확인할 수 있다. William H. Goold Ed.,

서 당시 교회의 감독자를 세우셨다면, 지금도 그렇게 하실 수 있다. 성령에 의해 교회의 직분자로 세우심을 받은 사람들은 모든 일을 시행할 때, 성령을 의존해야 한다. 왜냐하면 인간은 영적인 은사와 재능을 제공할 수도 없는 존재이다. 그들이 자발적으로 시작했든지 혹은 강요로 시작했든지 세속적인 이익을 추구하고자 사역하면, 그 사람은 만족을 얻을 수 없기 때문이다.[168]

결론적으로 성령의 사역을 잘 나타낸 사도행전은 교회의 직분자를 세우는 일을 주도적인 사역으로 돌리고 있다. 외관상으로는 교회의 제도에 의해 직분자가 세워지는 것 같지만, 실제적으로는 성령께서 그 제도를 이용하여 자신의 마음에 합한 사람을 세우시는 것이다. 성령은 교회의 제도를 다양하게 활용하여 자신의 뜻을 이루실 사역자를 세우신다. 그래서 교회의 공동체는 성령의 인도하심을 드러내는 계승자를 세우도록 체계적인 프로그램 관리가 있어야 한다.

4. 선교학적 관점

현대교회 성장학의 창시자 맥가브란(McGavran Donald A)은 "선교란 예수 그리스도를 따르지 아니하는 사람들에게 전도하기 위하여 복음을 들고 문화의 경계선을 넘는 것이며, 또한 사람들을 권하여 예수를 주와 구주로 영접하여 그의 교회의 책임적인 회원이 되게 성령이 인도하시는 대로 전도와 사회정의를 위한 일을 하며 하나님의 뜻이 하늘에서 이룬 것같이 땅에서도 이루게 하는 것이다"[169]라

The Work of John Owen, Vol. 3.(Edinburgh: The Banner of Truth Trust, 1965), 85~86.
168) 위의 책, 86~87.

고 했다.

맥가브란에 의하면, 복음을 들고 문화의 경계는 넘는 사람이 있어야 하고 그 사람이 다른 사람들을 권하여 또 그 복음을 들고 문화의 경계를 넘어가게 하고, 또 다른 사람들을 권하여 그 사람도 복음을 들고 문화의 경계선을 넘을 때에만 되는 일이다.

한국민족은 씨족사회, 품앗이, 두레 활동으로 다듬어진 공동체부족사회, 왕의 절대군주를 인정하는 사회, 외세에 대한 저항심이 깊은 단일민족사회, 고유한 말과 한글로 표기되는 민족정신, 아리랑으로 대표되는 한의 정신을 소유한 민족이다. 종교적으로 한국사회는 불교를 거친 유교의 가치관과 샤머니즘의 전통이 깔린 다원화 종교사회이다. 근대에 들어 수탈당하는 일제강점기와 이념의 대립으로 죽이고 죽이는 6·25전쟁, 그리고 군부독재와 민주화운동을 거치면서 서양의 문화와 새로운 사상이 혼합된 사회이다.

이런 문화 가운데 기독교는 19세기에 한국에 들어와 어느 정도 한국적 토속신앙 위에서 정착되어 갔다는 사실을 부인할 수 없다. 한국사회는 오랫동안 성리학이 최고의 이념으로 받아들여져 왔다. 유교 이외의 종교는 허용되지 않았으며 유교 안에서도 성리학의 전통을 따르지 않은 사람은 '사문난적(斯文亂賊)'으로 처벌되었다. 그러나 오늘날 우리 사회는 여러 종교와 교파가 비교적 평화롭게 공존하는 사회가 되었다. 그뿐만 아니라 갖가지 세속적인 이념을, 종교 대신 또는 종교와 더불어 신봉하는 경우도 흔하다. 이제 종교는 더 이상 국가적 활동이 아니라 개인의 문제가 되어버린 것이다. 그러한

---

169) Donald, A. McGavran, The Bridges of God, 『하나님의 선교전략』, 이광순 역(서울: 한국장로교
출판사, 1993), 26.

상황가운데 많은 사람들, 특히 많은 지식인들이 종교라는 것을 비판하거나 아예 그 존재 의의를 부정하는 상황이 자리 잡게 되었다. 이러한 현상들을 서구에서도 근대화(modernization)와 더불어 일반화되었으며 흔히 세속화(secularization)라는 개념으로 다루어져 왔다.[170]

한국사회는 최근 정치적 민주화에 성공하면서 근 10여 년간 정치적 진보에 의하여 리드되어 왔다. 오랜 기간 동안 반공 이데올로기에 기반을 둔 절대 보수의 세계관의 붕괴를 의미한다. 즉, 보수라는 성역이 사라지게 된 것이다. 따라서 여러 개혁적이고 진보적인 목소리가 한국사회와 교회를 리드하면서 직·간접적으로 정치적 보수의 색깔을 띠어왔던 보수 개신교 진영이 자연스럽게 비판의 타깃이 된 것이다.[171]

한국사회에 있어 최근 큰 세계관의 변화는 시민사회의 성장이다. 이는 권위주의 청산과도 관련된다. 예전에는 정부가 결심하면 그대로 밀고 나갔지만 이제는 시민사회의 협조를 구하지 않을 수가 없게 됐다.[172] 급격한 도시화 현상이 일어나고 있으며 이 도시화 현상으로 생겨진 부수적인 부정적 일들로서 유흥가의 난립과 퇴폐적인 사회현상이 생겨났다. 또한 모든 사람이 이기주의적 경향으로 흐르고 물질만능사상의 팽배와 가진 자와 못 가진 자의 차이가 극심하여 삶을 즐기기 위한 소위 한탕주의가 만연해지고 모두가 먹고 마시고 즐기는 방향으로 살아간다.[173]

---

170) 조혜인, 『한국 사회학』(서울: 믿음사, 1996), 26.
171) 김광건, "반기독교적 언론을 어떻게 볼 것인가?" 『목회와 신학』, (2008년 1월호), 제223호, 229~230.
172) 이만열, "새로운 회개운동이 일어나야 합니다", 『복음과 상황』(2007년 11월호), 제205호, 13.
173) 김경원, "개혁교회는 항상 개혁되어야 한다", 『목회자료 큰 백과』, 15권, (1997), 31.

또한 20세기 한국사회 종교의 전반적인 흐름은 종교다원주의, 포스트모더니즘, 뉴에이지운동 등으로 요약할 수 있다. 이들의 전반적인 흐름을 살펴보면 종교적인 정체성은 상실되고, 기독교의 구원이나 십자가의 복음은 무의미한 것이 되고 말았다. 다른 종교에도 구원이 있고, 하나님은 죽었으며, 자기 자신이 신의 경지에 이를 수 있다는 주장 등은 매우 주도면밀하다. 하나님이 전혀 필요 없는 성숙한 인간 세상이 되어가고 있으며 또한 그렇게 만들 수 있다는 문화가 형성되고 있다.

한국사회는 전통적인 샤머니즘적 세계관과 그 영향이 한국교회 안에 잔재해 있을 정도로[174] 종교다원주의와 인본주의가 있는 다원화된 사회이다. 종교다원주의의 세상 속에서 구원의 유일성을 말하는 기독교는 독선적으로 보일 수밖에 없으며 그것이 안티 기독교인들의 주 타깃이 되는 것이 현실이다.[175]

현재 한국교회는 개교회주의를 바탕으로 하는 개신교로 반성 없는 교회 성장주의와 함께 이 사회의 약자들을 우선시하지 않고, 돌봄이 필요한 그들과 동고동락하지 않아 선교적 사명을 다하지 못하고 있는 실정이다. 개신교 측의 이기적인 공동체 운영, 그리고 혐오감을 주는 공격적 전도 방식, 샤머니즘적인 현세주의, 양적으로는 증가했지만 질적으로는 저하된 영적 리더십, 교회 내의 물량적인 세계관, 역사의식 없는 비전의 난무, 고난 없는 번영에의 집착 등등이 언론 매체를 타면서 암시되고 있는 개신교의 문제점들이다.[176] 결국

---

174) 김성태, "종교다원주의의 유형과 그 영향", 『디다스칼로스』(1992년 겨울호, 통권 8호), 2.

175) '……사찰이 무너지게 해주시옵소서!'라는 제목의 글과 함께 실린 실제 집회동영상과 단군상의 목을 치는 접근으로 지성인들 사이에 기독교에 대한 반감을 갖는 정서가 생긴 것이다. 이만열, "새로운 회개운동이 일어나야 합니다", 『복음과 상황』(2007년 11월호), 제205호, 14.

한국교회는 좋은 이미지를 심는 데 실패한 것이다.

이제 종교의 문제도 문화적 상대주의라는 새로운 규범 속에서 접근되기 때문에 하나님의 종교적 신념에 대한 배타적 주장은 점점 더 설 자리를 잃고 있으며, 규율을 앞세우는 제도적 종교보다는 개성과 자율성을 중시하는 영역에 사람들은 더 많은 호감을 보인다.[177]

오늘날 이같이 한국 개신교가 다변화 사회와의 대화에 실패한 원인은 진정한 성경의 원리에 충실하지 못한 결과이다. 마태복음 28장 18~20절의 "가서 제자 삼으라"는 선교의 사명을 제대로 잘 이해하지 못한 결과이다. 교회가 물질적 성장에만 눈길을 돌리고 있을 때 신앙이 계승되지 않고 제자화가 되지 않은 교인들이 양산된 결과이다. 성경적인 비전이 결여된 이원론적인 신앙형태는 성과 속, 하나님의 일과 사람의 일을 나누고 성실도와 긴장도를 달리하는 이중적 삶의 구조이며 또한 잘못된 복(福)에 대한 개념이 한국교회를 망쳐놓고 있다. 예수를 믿으면 돈 잘 벌고 건강하게 된다는 것은 유교의 오복[수부(壽富), 강령(康寧), 유호덕(攸好德), 고종명(考終命)]만도 못하다. 또한 사회문제가 있는 곳에는 언제나 기독교인이 있었다. 기독교의 부정부패문제와 관련된 옷 로비사건, 대형교회 세습 문제 등이 있고, 기독교만 관련된 것은 아니지만 사립학교법문제와 세금문제 등도 관련이 있다고 본다.[178]

이러한 교회의 실패 원인을 든다면 신앙의 가치관의 문제이며, 즉 세계관의 문제로 볼 수 있다. 폴 히버트와 강승삼 교수를 포함한 상

---

176) 김광건, 『목회와 신학』(2008년 1월호), 제223호, 90.
177) 박진규, "교회 향한 미디어의 비판을 재고한다", 『빛과 소금』, 2007년 10월호 제311호, 198.
178) 이만열, "새로운 회개운동이 일어나야 합니다", 『복음과 상황』(2007년 11월호), 제205호, 15.

징주의적 문화인류학파는 문화의 핵심을 세계관으로 본다. 세계관은 종교와 비슷하면서 다른 것이다. 세계관보다 핵심적인 것이 종교이다. 세계관의 지, 정, 의 분야 중에서 의지적인 측면이 가치기준이고, 가치관이고 이 가치관이 바뀌면 사람이 변화하게 되어 있다. 세계관이 깨어지고 새로워지면 사람이 새로워진다.[179]

아래 <그림 7>은 무엇을 이해하느냐는 관점에 따라 달라질 수 있음을 보여준다. 이것이 세계관으로, 즉 세계관은 실재를 바라보는 관점이며 실재에 대해 우리가 생각하는 큰 그림이다.

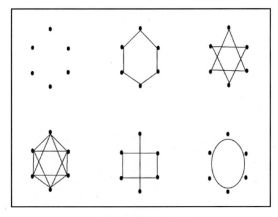

<그림 7> 관점의 차이[180]

세계관이 어떤 문화에서 전제로 받아들여지는 신념이나 관념이라고 할 때, 이러한 관념을 형성하는 것은 개념(concept), 범주(category), 논리(logic)다. 그러므로 전도란 기독교 세계관의 개념과 범주를 지속

---

179) 강승삼, 『선교사와 문화인류학』(서울: 총신대학교, 2009). 73.
180) 안점식, 『세계관 종교문화』(서울: 조이선교회, 2008), 20.

적으로 제시하는 것을 뜻한다. 잘못된 형식 논리(Formal Logic)의 세계관에 성경적인 본질을 드러내는 내적 논리(Inner Logic)를 드러내야 한다.[181] 비록 그 자리에서 기독교 신앙을 받아들이지 않는다 해도 전도 받은 사람은 기독교적 개념과 범주를 인식하고 기독교적 관념(내적 논리)을 서서히 형성하게 된다. 그리고 자신의 기존 형식 논리의 세계관으로는 더 이상 설명할 수 없는 경험으로 세계관에 균열이 일어나면 새로운 세계관을 찾게 된다. 즉 세계관이 변화하게 된 것이다.

물론 이때 환경을 통해 세계관에 균열을 일으키고 성경적 세계관으로 회심시키는 주체는 성령이시다. 우리는 어떤 사람이 세계관이 균열하고 있는지 알지 못할 때가 많으므로 "때를 얻든지 못 얻든지 항상" 말씀을 전파하는 데 힘써야 한다(디모데후서 4:2).

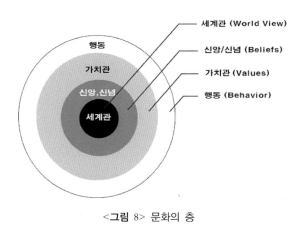

<그림 8> 문화의 층

---

181) 한 예로 베드로는 이방인 구원의 개념을 품지 않았으나 환상과 고넬료의 가정의 오순절 성령 충만이 동일한 역사하심을 체험한 후에 자신의 형식적인 논리(가치관, 세계관)가 깨어지고 하나님의 뜻으로 된 성령의 사역(내적 논리)을 분별하고 자신의 가치관이 깨어져서 이방인 구원에 가담하게 된다.

세계관은 문화의 세 가지 층 가운데 가장 중심부에 있다. 어떤 가치체계나 행동양식이든 근원을 파헤쳐 들어가면 세계관과 연결되어 있다. 행동양식과 가치체계는 다른 말로 표현하면 죄이다. 인간은 명백히 죄라고 인식하면서 죄를 짓는 경우도 있지만 많은 경우 비성경적 세계관에 따라 정당화된 죄를 짓는다. 우상숭배, 인신재물, 조상제사, 일부다처제, 축첩행위, 낙태, 동성애 등이 그런 경우에 해당한다. 선교적 관점으로 우리는 어떤 문화가 있는 곳에 들어가 이미 존재하는 행동양식과 가치체계, 세계관의 토양 안에서 기독교 세계관의 복음을 전하게 된다. 그럴 때 교회는 기독교 세계관을 잘 정립하고 있어야 한다.

기독교 세계관의 변화의 관점으로 볼 때 칼뱅의 선교관은 사람의 일이 아니라 하나님의 일이며 인간은 하나님의 선교의 도구임을 강조하고 우리 신자는 날마다 하나님께서 전 세계에 걸쳐 모든 교회가 주께로 나오기를 위해 열망해야 하며, 특히 그리스도인 공동체는 이방인들의 개종을 위해 기도해야 한다고 강조하였다. 그리고 복음을 선포하는 것은 우리 그리스도인의 의무이며 우리의 책임으로서 모든 나라에 하나님이 선하심을 전파해야 한다고 강조하였다.[182] 선교는 하나님의 사역임을 전제하면서 칼뱅이 말하고자 하는 것은 결국 그리스도인의 의무라는 것이다. 따라서 그리스도인이라고 하는 사람들의 연속선상에서만 선교가 되는 것을 알 수 있다.

이러한 맥락에서 이해할 때, 하나님은 선교하시는 하나님이시며 선교는 교회의 한 부분이 아니고 교회의 본질에 속한다. 하나님이 땅 끝까지 복음을 전하게 하시려고 교회를 세우셨고 처음부터 선교

---

182) 김성욱, "John Calvin과 선교론", 『신학지남』(서울: 신학지남사, 2002), 345.

의 목적이었고 교회의 역사가 선교 역사이다.[183] 지금까지 하나님은 자신의 선교 사역을 이루시기 위하여 그의 뜻을 실행하는 종들을 세우셨다.

하나님 아버지의 뜻을 이루시기 위하여 이 땅에 친히 성육신하신 예수님께서는 '모든 족속으로 제자 삼으라'는 지상 최대의 명령을 제자들에게 위임하시고 다시 하늘나라로 승천하셨다.[184] '모든 족속으로 제자를 삼으라'는 대 위임명령의 참뜻은 모든 족속으로 예수님의 제자가 되게 하라는 것이다.[185] 그러므로 교회 공동체는 선교적 마인드를 가진 리더를 계발하여 세우도록 해야 한다.

5. 하나님 나라의 관점

목회사역의 계승은 하나님 나라의 관점에서도 리더십 계승의 중요성을 볼 수 있다. 공관복음에서 예수님의 메시지의 핵심적인 주제는 '하나님 나라의 임함'이다. 예수님께서는 그의 사역을 하나님의 복음을 선포함으로써 시작하셨는데, "때가 찼고 하나님의 나라가 가까이 왔으니 회개하고 복음으로 믿으라"고 말씀하셨다.[186] 성경은

---

183) 성남용, "한국형 선교개발", http://www.missionmagazine.com/(선교매거진, 2009), 11.

184) 마태복음 28:19~20을 자세히 보면 이 구절에서 4개의 중요한 동사가 나온다. '가서, 제자를 삼아, 세례를 주고, 가르쳐'의 동사들이다. 그러나 이 중에서 3개의 동사들은 모두 분사형들이고 단지 1개의 동사만이 2인칭 복수, 현재, 명령형으로 기록되어 있다. 그러므로 3개의 분사들은 주동사인 '제자를 삼아'를 보조하고 있고 따라서 실제의 지상 최대의 위임명령의 핵심은 '제자를 삼아'에 있다는 결론에 도달하게 된다.

185) 요한복음에서도 반복적으로 '보낸다'라는 단어가 나온다. 아버지께서 아들을 보낸다, 예수님께서 그분의 제자들을 보낸다, 아버지와 아들이 성령을 보낸다. 예수님께서 제자들에게 다음과 같이 말씀을 하신다. "아버지께서 나를 세상에 보내신 것같이 나도 그들을 세상에 보내었고" (요한복음 17:18)와 같이 사람을 세워서 보내는 사역이 교회에서 일어나야만 한다. 이러한 예수 그리스도의 위임명령이 지속적으로 성취되려면 필수적으로 '사람을 보내는 일', 즉 리더십 계승이 건강하게 계승되도록 관리되어야 할 중요성을 갖게 된다.

그리스도가 주님이시라는 데서 하나님의 통치가 무엇인가를 완전한 의미에서 선포되고 실현된다.

그런데 바로 이 때문에 지금의 이 중간 시기에 하나님 나라(바실레이아)와 교회(에클레시아)가 동일시될 위험이 크다. 교회와 하나님 나라를 동일시하기 쉬운 까닭은, 하나님의 통치란 아무리 미래적인 것이라 하더라도 동시에 현재적인 차원을 보여주고 있고, 이미 현재에 돌입하고 있으며, 따라서 그저 현재의 발전하는 '하나님 나라'라고 생각되기 쉽기 때문이다. 이 두 근본 개념들 간에는 연관성과 차이점이 분명히 드러난다.

> 바실레이아는 그리스도 안에서 성취되고 완성되는 하나님의 대구속 사역이며, 에클레시아는 하나님에 의해 선택되어 부르심을 받고 바실레이아의 축복을 누리는 백성들이다. 이론상으로는 바실레이아가 에클레시아 앞에 온다. 그러므로 바실레이아는 내용상 에클레시아보다 훨씬 포괄적이다. 에클레시아는 거대한 우주적인 하나님의 드라마 속에서 하나님의 선택과 언약을 힘입어 그리스도 안에서 하나님 편에 세움 받은 백성들이다. 그들은 하나님의 언약을 받은 자들로서 복음 선포에 의해 이 땅에 모습을 드러내어 함께 모이며, 현재뿐만 아니라 마지막 날에도 그 나라의 구원을 상속할 것이다. 바로 이것이 하나님 나라가 에클레시아 안에서, 즉 그리스도 안에서 그리고 그분을 통하여 언약되고 이미 주어지기도 한 구속과 구원이라는 큰 은혜 안에서 나타나는 이유이다.[187]

구원은 메시아적이면서도 역사적인 성격을 띠고 있기 때문에 하나님의 백성(새 이스라엘, 언약의 백성) 없이는 이해될 수 없다고 보아야 한다. 또한 구원은 이미 역사 속에서 실현되고 있는 까닭에 에

---

186) 마가복음 1:14, 15; 마태복음 4:17, 23; 9:35; 누가복음 9:11.

187) Herman N. Ridderbos, The Coming of the Kingdom, 『하나님 나라』, 오광만 역(서울: 엠마오, 1987), 440.

클레시아는 바실레이아가 계시의 산물이 된다. 그리고 바꾸어 설명하면 바실레이아는 에클레시아 없이는 이해될 수 없다.

한스 큉(Hans Kung)은 '교회＝하나님 나라'의 동일성은 있을 수 없음은 신약성경에서 말하는 하나님의 통치란 온 세계를 포괄하는 최종적・결정적인 바실레이아이기 때문이라 했다. 그리고 연속성("교회에서 하나님 나라가 나타난다")도 있을 수 없음은 하나님 나라란 조직적 발전이나 성숙, 침투 과정에 의해서가 아니라 온전히 새롭고 즉각적인 하나님의 완성 행위에 의해서 이루어진 것이라고 본다.[188) 따라서 동일성이 아니라 교회와 하나님 나라의 통치의 근본적인 차이다.

한스 큉은 에클레시아는 본질적으로 현재적인 것이요, 미래에는 지양될 것인 반면에, 바실레이아는 현재에 몰입해 있는 것이면서도 동시에 결정적으로 미래의 것이다. 또한 에클레시아는 죄인과 의인을 동시에 안고 있는 반면에, 바실레이아는 의인과 성인들의 나라다. 에클레시아는 아래로부터 자라나고, 현세적으로 조직화할 수 있으며, 발전・진보・변증법의 소산이다. 요컨대 인간의 일이다. 그러나 바실레이아는 위로부터 돌입하고, 즉각적인 활동이며, 측량할 수 없는 사건이다. 즉, 하나님의 일이다. 하나님이 통치의 주체이며 왕다운 자유와 주권을 가지고 행동하시는 주님이시며 아버지다. 하나님의 통치는 하나님의 위엄이요, 하나님의 행동이며 하나님의 소유이며, 하나님이 주관하는 잔치요, 마지막 날의 혼인잔치 등, 수많은 비유들이 나타내는 것은 교회가 아니라 완성된 하나님의 통치이다. 즉, 창조의 목표는 교회가 아니라 완성된 하나님의 통치다.[189)

---

188) Hans Kung, Was Its Kirche? 『교회란 무엇인가』, 이홍근 역(서울: 분도출판사, 2012), 69~70.

이러한 측면에서 교회는 지상의 나라(국가)와 어떠한 관계를 맺어야 하는가? 교회는 그리스도의 명령에 따라 그리스도인들에게 국가에 순종하라고 가르친다.[190] 교회는 누룩이나 소금처럼 침투하여 하나님 나라의 의를 증거하지만, 세상과 동일시되지는 않는다. 교회는 가족, 국가 혹은 어떤 사회 조직과도 경쟁하지 않고 연관도 맺지 않아야 한다.

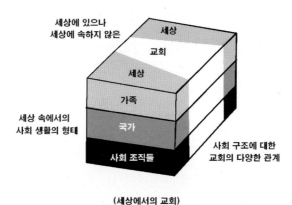

(세상에서의 교회)

<그림 9> 세상에서의 교회[191]

<그림 9>에 족장시대에 하나님의 나라는 가족의 형태[192]로 드러났고 후에는 이스라엘 국가의 형태로 나타났다. 지금 그것은 사회적 제도라는 외적인 형태를 취한다. 하지만 각각의 경우에 하나님이 지

---

189) 위의 책, 70.

190) "가이사의 것은 가이사에게 돌려야 한다"(마가복음 12:13~17; 디도서 3:1; 로마서 13:1~2) 참조.

191) Clowney, 『교회』, 216.

192) 주님은 언약의 자손을 선택하실 때 족장의 가족 구조를 뒤엎으셨다(이삭, 야곱 그리고 요셉). 후에 있었던 시내 산 언약은 하나님의 법에 따라 그분의 통치 아래 형성된 독특한 나라를 만들어냈다.

정하신 형태는 그것과 유사한 세속적 기관과 엄연히 구분된다.[193]

주님은 이스라엘의 확장을 제한하셨고 이스라엘 신정의 기초를 부인하게 될 다른 나라들과 조약을 금하셨다.[194]

구원 역사에서 하나님이 자신의 교회를 위하여 지정하신 형태들은 발전의 연속성을 보여준다. 가족은 폐기되거나 와해되지 않고 교회 공동체로 유입된다. 영적인 가족 안에서 가족관계는 성도의 영적인 교통으로 변화된다.

하나님은 이스라엘을 심판하시지만 자신의 언약을 포기하지 않으신다.[195] "이스라엘에게서 난 그들이 다 이스라엘이 아니지만"(로마서 9:6), 교회는 하나님의 참된 이스라엘로서 선지자들이 언약한 참되고 영적인 할례를 계승한다(빌립보서 3:2~4; 에베소서 2:11~22).

여기서 연속성은 동일성을 의미하지 않는다. 갱신과 완성은 변화를 요구하기 때문이다. 교회가 영적인 의미에서 가족과 나라이긴 하지만 교회는 족장적 가족의 형태를 취하지 않으며, 세상의 국가들 중에서 기독교 국가로 그 자리를 대체하지도 않는다. 하나님의 가족으로서 교회는 인간관계의 가장 밀접한 결합을 통해 그리스도의 사랑을 세상에 보여준다.

교회는 하나님의 새로운 인류로서 문화적·종족적 구별을 초월하는 통일성을 보여주면서 현대 민족주의의 교만과 관용 없음을 꾸짖는다. 교회가 그 나라의 거룩한 사랑을 보여주는 데 실패한다 하더

---

193) 위의 책, 216.

194) 다른 자발적 사회 조직들과 달리 교회는 구성원들이 자유롭게 조직하는 것이 아니라, 족장적 가족과 언약의 나라처럼 그 기본구조가 신정적이다.

195) 바울은 원 가지가 잘려나가고 야생 가지들이 접붙임되는 감람나무의 유기체적 이미지를 사용하여 옛 언약과 새 언약의 연속성을 보여준다(로마서 11:16~21).

라도 그 사명은 여전히 남아 있다.[196]

그렇다면 지난 수십 세기에 걸친 기독교 역사에서 교회가 어떠한 모습으로 목회사역을 발전시켜 왔는지에 대해 우리는 성경과 교회사에 나타난 목회를 역사적으로 살펴보아야 한다.

---

196) 위의 책, 217.

목회사역 계승에 대한 역사적 이해

다음으로 목회사역 계승을 역사적으로 살펴보기를 원한다. 이를 위해 구약시대와 그리스도시대, 초대교회시대, 중세교회시대, 종교 개혁시대, 근대교회시대, 현대교회시대, 그리고 한국교회로 나누어 살펴보고자 한다.

1. 구약시대의 목회사역

구약시대 목회 역사는 하나님의 창조사역의 시작이 목회라고 말할 수 있다. 목회의 역사는 하나님께서 인류의 창조와 더불어 시작한 것이기에 목회는 영적 생명문제와 직결되어 있고 하나님의 형상대로 창조함을 받은 그 자체가 목회이다.[197] 따라서 목회사역의 역사는 구약의 창조사역, 즉 무로부터 유를 창조하신 하나님의 사역으로부터 시작이다. 최초의 사역은 창세기 2, 3장에서 하나님의 형상

---

197) 김득용, 『현대 목회신학 신강』(서울: 총신대학출판사, 1978), 19.

대로 지음 받은 아담과 하와와 더불어 대화를 나누시며, 그들을 생명나무로 먹이시고 인도하시는 신실한 하나님의 모습이 나타나 있다. 비록 그들이 선악과를 범죄할 때도 하나님은 그들에게 짐승의 옷을 입혀주신 하나님의 사역을 발견한다. 구약에는 하나님과 인간의 관계를 목자와 양의 비유로 자주 묘사하고 있다. 예를 들면, 시편 23편 1절은 "여호와는 나의 목자(牧者)시니"라고 표현하였고, 시편 28편 8~9절에 "여호와는…… 주의 백성을 구원하시며 주의 산업에 복을 주시고 또 그들의 목자(牧者)가 되시어 영원토록 그들을 인도하소서"라고 한다.

구약에 나타난 목회사역은 국가적으로 제사장직과 선지자, 그리고 지혜로운 사람들의 상호협력 사역에서 찾아볼 수 있다. 모세에 의한 이스라엘 백성에 대한 지도와 판결, 그리고 하나님의 인도하심에서 그 기능을 발견할 수 있으며, 사무엘시대는 백성들이 조언을 받기 위해 선지자나 선견자들을 찾았으며 건강문제도 문의하였다. 즉, 선지자들이 하나님의 백성들에게 목회자로서 관심을 갖고 목회와 치유사역을 감당하였다.

그 후에도 선지자들은 개인적인 문제보다는 국가의 문제를 다루었으며, 그들의 충고는 이스라엘 전체(공동체)를 향한 것이었다. 특히 구약시대에는 선지학교를 설립하였고, 학교 지원자는 권위 있고 노련한 선지자에게서 지도와 훈련을 받았는데, 엘리사가 엘리야에게서 사사로이 지도를 받고 그의 목회사역을 계승받은 것이 그 일례이다.[198] 그중 나단은 다윗 왕을 위하여(사무엘하 12장), 이사야 선지

---

198) 곽안련 선교사는 그들이 목회학을 배웠다고 말한다. 곽안련, 『목회학』(서울: 대한기독교서회, 1998), 9.

자는 이스라엘 왕들을 위한 특별목회를 하였다. 이사야 40~66장의 예언은 바벨론 유수(幽囚)가 일어난 이유로 포로 생활 동안 어떻게 예배할 것인가? 그리고 하나님은 어디에 계신가에 대한 백성들의 질문에 대답한 것이다. 이사야 선지자는 설교를 통해 하나님의 의도를 이스라엘 공동체 구성원들에게 그들의 죄에 대한 책임을 결코 경시하지 않았으나, 그의 말은 고발하는 것이 아니라 권유하려는 것이었으며, 상처를 입히는 것이 아니라 설득하려는 목회였다.[199]

또한 시편 23편 3절은 "내 영혼을 소생시키시며 자기 이름을 위하여 의의 길로 인도하시는도다"에서 '소생시키는 것'은 방황하며 찢기고 실패하고 낙심한 양을 돕는 활동을 하시는 하나님의 목회사역을 드러낸다.[200]

포로 전후시대의 선지자들은 전체보다는 개인문제를 돌보는 목자로서 활동하였다. 이 시대에 있어서 중요한 것은 하나님께서 방황하는 자기 양(백성)들을 기억하시고, 선지자를 통해 선한 목자를 보내어주실 것이며, 고쳐주시는 이 사역은 하나님의 말씀을 통해서만 주어질 수가 있다는 것이다(에스겔 34:4, 16).[201]

이와 같이 구약시대의 목회는 목회자의 직분과 기능을 이해하기 위한 중요한 기초를 제공한다.[202] 즉, 이스라엘의 대(大)목자는 하나님을 순결한 마음으로 사랑하고 경외하는 자기 백성들을 전체적으로 목양하셨을 뿐만 아니라 개인적으로 자기 백성에 대한 보살핌,

---

199) Tidball, 『효과적인 목회를 위하여』, 64~67.

200) Adams, Jay Edward. Shepherding God's Flock: A Handbook on Pastoral Ministry, Counseling, and Leadership, 『목회연구』, 정삼지 역(서울: 기독교문서선교회, 1998), 186.

201) 위의 책, 1998, 186.

202) John. MacArthur, Rediscovering Pastoral Ministry, 『목회사역의 재발견』, 서원교 역(서울: 생명의말씀사, 1997), 76. "역사로 바라본 목회사역" 참조.

사랑, 자비, 징계, 긍휼, 기쁨, 돌봄을 나타내주셨다. 그리고 하나님의 목회사역의 기능은 이스라엘 가정의 가장과 정치 지도자들과 선지자들에게도 영향을 주었다.

2. 그리스도시대의 목회사역

구약시대에서 그리스도시대에는 올바른 목회사역 계승에 관한 것은 세례 요한의 목회사역이었고 그는 그 당시 문화를 주도했던 유대교 전통을 지적하다 순교를 당했다(마태복음 14:5~12). 순교를 당했던 세례 요한은 "그(예수님)는 흥하여야 하겠고 나는 쇠하여야 하리라 하니라"(요한복음 3:30)는 말을 했는데 그 뜻은 세례 요한이 속한 시대(時代), 즉 구약시대의 마지막 선지자로써의 마감을 의미하는 것으로 이 후의 시작인 예수님이 이루시는 신약시대의 변혁의 사역을 예고하는 말이다.

그러므로 예수님은 신약시대를 시작하심에 세례 요한의 사역과 동일한 하나님의 사역을 이루시기 위해 이 땅(문화)에 오셨다. 요한은 구약에서 하나님과 창조사역을 하셨던 그 말씀이 육신을 입고 이 땅에 아버지의 뜻을 이루시기 위하여 오셨다고 선언한다(요한복음 1:1~15). 요한은 예수님은 구약의 말씀하셨던 그 하나님이요, 예수님이 없이는 창조될 수 없는 그 하나님이 이 땅에 생명의 빛으로 오셨다고 한다. 그러나 세상은 그 빛을 알지 못했다고 요한은 말한다(5절). 그러나 요한은 예수님이 하나님의 빛을 세상에 드러내기 위해 오셨다는 사실을 알고 증인으로 보내심을 받고(6절) 진정한 하나님의 의도를 선포한다. 그러나 이 세상의 문화에 속한 유대 공동체는 하나님의 의도는 존중되지 않고 그 율법의 정신은 없어지고 형식(전통, 의식, 율법)만 남은 형식적인 유대전통사회였다. 이 사회는 원래 하나님이 의도하신 내적 논리로서의 진정한 계승은 이루어지지 않았고 형식적인 논리(전통)로서의 계승이 전통으로 자리 잡게 되었으며 그 전통은 더욱 세분화된 규정으로 교리화되었다.[203]

왜냐하면 구약시대는 모세에게 주어진 '율법'이 그 공동체에 주어졌다. 유대인에게 있어서 구약의 '율법'은 이 땅에서 나온 것이 아닌 하나님의 의도가 담겨있어서 반드시 지켜져야 할 법으로써 받아들였고, 자신들을 하나님의 약속된 언약의 백성으로 선택된 자들에 대한 반응으로서 율법에 순종해야 했다.

또한 이들의 의무는 기록된 율법을 지키는 것이었다.[204] 율법을 지키는 것이 하나님의 내적인 의도를 드러내기보다는 하나님의 선택에 대한 응답으로, 하나님의 백성으로서의 표지로서 율법을 준수했다.[205]

이스라엘 백성은 하나님의 보내신 목회사역자들(선지자들)이 전한 하나님의 의도를 왜곡한 결과 하나님의 진노의 이유를 깨닫고 바벨론 포로 이후에 들어와 유대인들의 율법에 대한 태도가 바뀌었다. 하지만 대부분 하나님이 내려주신 율법의 내용은 원리적인 것들이었고, 하나님의 의도와 관련해서는 구체적이고 실제적인 것은 아니었다.

이들은 율법의 원리적인 내용을 좀 더 구체화시키는 일을 시작하게 되었는데, 서기관들이 주로 이러한 일을 담당했고 그 결과물이

---

203) Gary G. Portion, "Halaka", The Anchor Bible Dictionary, 26.
204) 본 도서 77페이지 주석 84) 형식 논리, 85) 내적 논리를 참조할 것.
205) Douglas J. Moo, "Law", Dictionary of Jesus & Gospels(IVP; 1992), 451.

'할라카'라 불리는 구전 율법을 만들기 시작했다.[206) 할라카는 하나님이 처음에 의도하시고 주신 사역을 드러내는 것(내적 논리)이 아니라, 하나님이 주신 법(율법)의 의미를 보다 구체적이며 실용화될 수 있도록 어떤 틀을 제공하려는 목적으로 교리화시킨 것이 오늘날의 규범과 전통이 되었다.

그리고 점차로 할라카는 그 정당성을 세우기 위해서 모세가 시내산에서 받은 '기록된 율법'과 동등성을 가지게 된다. 그 결과 할라카는 율법과 동등한 위치에 오르게 되었고 여기에 대해서 신학적인 분별력을 세우지 못하였다. 그러한 측면에서 볼 때 할라카는 예수 그리스도시대에도 동일한 권위를 가지고 있었을 것이다. 분명한 확증은 알 수 없지만 당시의 정황이 모세의 기록된 율법과 거의 동등한 위치를 가졌다고 볼 수 있겠다.[207)

그러므로 전통적으로 구약의 율법을 확고하게 해주는 할라카를 유대인들은 철저하게 따랐을 것이며 율법과 동일하게 취급한 것으로 나타난다.[208)

이런 시대에 그리스도는 하나님의 보내심을 받고 자신을 이 땅에 보내주신 아버지의 뜻을 행하는 사역, 즉 목회사역을 실천하신다. 그 결과 그리스도는 당시 시대의 형식에 묶인 신학(전통)에 의하여 목회사역이 평가를 받게 된다. 예수 그리스도의 목회사역은 자신의 뜻을 위한 목회사역이 아닌 자신을 이 땅에 보내주신 아버지의 사역(의도)을 드러내시는 사역이다. 당시 예수 그리스도를 평가하는 전통

---

206) J. Jeremias, New Testament Theology, 『신약신학』, 정광욱 역(서울: 엠마오, 1992), 290.

207) 위의 책, 290.

208) Gary G. Portion, "Halakah", The Anchor Bible Dictionary, 26.

적인 신학은 그리스도의 사역이 과연 하나님의 의도와 맞는지에 대해 살펴야 하듯이 오늘날 목회 사역의 계승을 연구하여 하나님의 진정한 목회 사역의 의도를 드러내고자 한다 과연 무엇을 계승할 것인지에 대한 것이다. 우리의 목회사역은 하나님의 의도를 계승하는 데 주력해야 하며 그 계승은 반드시 성경적이어야 한다는 점을 강조하려는 것이다. 우리가 해야하는 계승은 지금까지 이어온 전통적인 것이 아닌 진정한 목회사역의 계승이 무엇이가를 정립하여야 함을 강조하려는 것이다.

그리스도의 목회사역은 항상 신학적인 바리새인들의 형식적이며 종교적이고 외적인 해석원리에 상처받고 고통을 당하는 백성들에게 관심이 있었다. 그래서 자신을 가리켜 '선한 목자(the good shepherd)',209) 혹은 '참 목자(the real shepherd)'라 하심은 바리새인들과 서기관들, 그리고 사두개인들의 목회사역과 대조하여 하신 말씀이다. 그리스도는 그들을 '살인자',210) 혹은 '삯군'211)이라고 하셨다. 그러므로 예수 그리스도의 목회는 신학의 잘못된 형식을 깨는 사역을 하셨던 것이다.212)

따라서 그리스도의 목회사역은 진정한 하나님의 그 무엇인가의 의도를 나타내셨다. 한 예로 그리스도의 목회사역은 안식일의 참 의미를 회복하시는 모습으로 나타남을 보여준다. 그의 사역은 아버지

---

209) 요한복음 10:11~14 참조.

210) 요한복음 10:10 참조.

211) 요한복음 10:12~13 참조.

212) 그리스도의 사역은 항상 바리새인들과 마찰을 가져왔다. 그 이유는 하나님 나라의 사역에 대한 구체적인 예수의 행동은 당시 유대 규정에 어긋난 행동으로 혼란을 가져왔기 때문이다. 그 결과 바리새인들은 예수의 사역에 반기를 들었고 신학적인 물음으로 대립과 충돌이 나타나게 된다. 지금도 이러한 교회의 전통과 예전이 관례화되어 예배 시에 드림을 치는 것을 거부하는 교회도 있다. 이런 교회에서 목회사역을 계승하려면 여전히 전통과 그리스도의 사역이 충돌하게 될 것이다.

의 뜻대로 이루어지도록 하였으며, 창조사역과 같은 생명이 살아나고 복을 주시고 거룩하게 하시는 참 안식의 의미를 드러내도록 사역을 추구하셨다는 점이다. 그리스도는 서기관과 바리새인들에게 '사람이 양보다 얼마나 더 귀하냐'라고 답변하시면서 한 마리의 양과 한 인간 중에 어느 것이 더 중요하게 취급이 되어야 하는지를 가지고 참 안식일이 무엇인지 그 개념을 새롭게 재해석하였다.[213] 즉, 그리스도의 목회사역은 신학이나 교리를 드러내기보다는 그 신학과 율법이 사람을 살리는 사역을 하도록 이끄셨다. 그리스도의 사역은 신학적인 기초에 기인하고 있다. 당시 유대교 공동체에서 이해하는 그들의 사역과 그리스도가 계승하고자 하는 사역이 무엇인지를 성경적 선례를 들어 숙고하고 수정하여 계승하자는 것이다. 진정한 목회사역의 계승에 있어서 무엇이 계승이 되어야 하고 무엇을 검증이 되어야 하는지, 그리고 어떻게 새롭게 회복이 되는 계승을 해야 하는지를 보여준 것이다.[214] 그리스도의 목회사역은 제자들에게 계승되도록 이끄이는 사역이며, 훈련이셨다. 그러한 사역은 보편적으로 도시와 마을로 두루 돌아다니시면서 심방과, 여러 회당에서 가르치는 교육과, 하나님 나라의 복음을 전파하시며 전도와 병들고 허약한 사람들을 고쳐주시는 봉사자로 요약할 수 있을 것이다.[215] 우리는 더 나아가 그리스도의 진정한 목회사역의 계승이 무엇인지를 숙고해야 할 것이다. 무엇이 오늘날 우리의 목회사역에 계승이 되어야 하는지를 분별해야 한다.

---

213) 박요일(2007), "안식일 사건에 나타난 프락시스 개념으로서의 주일성수 제안", 신학석사논문, 백석대학교 기독교전문대학원, 46.

214) Heyns, 『실천신학 입문서』, 42~44.

215) 마가복음 9:35 참조.

그러므로 목회사역은 목회에 대한 신학이 반드시 있어야 하며 이 것을 계승해야 한다. 자신이 계승하고자 하는 교회공동체가 해야 할 바를 제시할 수 있어야 한다. 목회 계승자는 오늘날 교회와 세계 속에서 하나님이 무엇을 하셨으며 무엇을 하고 계신가를 분별하려는 그리스도의 관점을 통해 시도하고 계승하도록 해야 한다. 만약 그 비전이 분명한 것이라면 교회의 공동체를 통해서 하나님의 의도가 실행이 되도록 계승자가 세워지도록 관리되어야 한다.

그 이유는 그리스도의 목회사역이 대속을 통한 구원이라(마가복음 10:45)는 분명한 목적과 이유를 가지고 이 땅에 오셨기 때문이다. 그리스도의 목회사역을 계승하기 위해서 선택한 방법은 무엇인가? 그것은 십자가와 12명의 제자들이다. 예수 그리스도의 목회사역은 십자가를 바라보고 제자들을 양육하여 같은 십자가를 지고 따르는 제자가 되도록 그의 공생애를 보내셨고 집중하셨다는 점이다. 그리스도께서 사역을 시작하면서 제일 먼저 하신 일은 제자들을 선택하여 부르시는 것이었다(요한복음 15:16). 제자들로 부름 받은 그들은 그리스도의 사역의 계승 과정을 통하여 초대교회의 지도자들로 세워진다. 마태, 마가, 누가 그리고 요한은 그들이 기록한 복음서에서 하나같이 예수 그리스도께서 제자들을 선택하고 부르시는 상황과 과정을 비교적 상세하게 보도하고 있다.

예수님은 자신의 사역을 계승할 제자들을 부르실 때, 기도하시고 직접 찾아가셔서 영적 권위를 가지고 부르셨다. "말씀하시되 나를 따라오라 내가 너희를 사람을 낚는 어부가 되게 하리라 하시니"(마태복음 4:19)라고 하신 것처럼 그리스도의 사역은 제자들을 선택하실 때 세상의 기준이 아닌 하나님의 기준으로 세우셨다는 점이다.

이러한 부분에서 우리의 목회사역의 계승은 신중해야 한다. 이에 대해 박수암은 예수님께서는 모든 면에 부족한 자들을 세우신 것은 겸손과 온유를 염두에 두셨지, 용모나 학식, 능력 등을 보지 않으셨다고 분석한다.[216]

그리스도의 목회신학은 '선한 목자'로서 당시의 거짓 목자였던 바리새인들과 서기관들과는 대조되었다. 그리스도의 목회사역[217]은 거짓으로 인도하던 자들과 구별된 성경적 신학을 가진 목자의 사역을 보여준다. 목자는 양들을 치는 일을 하는 사람으로 자신에게 주어진 한 무리(공동체)를 영적으로 돌보는 일을 하는 사역을 보여준다. 랄프 네이버(Ralph W. Neighbour)는 목자 되신 그리스도가 이 땅에 오신 목적에 대해 자신의 일을 위한 것이 아닌 자신을 보내신 분의 뜻을 이루도록 하나님으로부터 한 공동체를 영적으로 돌보는 일을 하도록 임무를 부여받았다[218]고 한다. 이와 같이 그리스도는 그에게 주어진 공동체를 섬기기 위해 세상에 오셔서 양들을 돌보는 사역을 하셨다. 그들은 율법에 포함되지 아니한 죄인들로 연약함과 질병을 가진 자들을 위해 친히 질병을 대신 감당하시고 하나님의 사랑의 힘으로 그의 백성들을 목양하셨다. 그리스도의 목회사역은 아버지의 뜻이 이 땅에서 이루어지도록 이끄시는 사역이었고 그 사역은 형식적인 율법이 아닌 진정한 사랑이 드러나는 내적인 율법이었다. 모세에게 주신 원래의 율법은 고통받고 연약한 자들과 억울하게 누명을 쓰는 자들을 위한 살리는 법임을 드러내셨다. 그래서 예수 그리스도

---

216) 박수암, "성경에서 찾아보는 바람직한 세대교체 방법", 『목회와 신학』(서울: 두란노, 1994), 72.

217) 마태복음 9:35 참조.

218) Ralph W. Neighbour, Manual for Training Cell Leaders, 『셀리더 지침서』, 박영철 역(서울: 도서출판NCD, 2004), 29.

의 목회사역은 생명사역에 속한 것으로 죽이는 율법이 아닌 살리는 법이 되도록 율법의 의도를 새롭게 혁신한 것이다. 다시 말해서 예수 그리스도는 안식일의 사역을 새롭게 하신 것이다. 이러한 신학적 해석이 당시의 유대사회의 서기관들과 바리새인들에게는 혁신적인 해석이었으므로 그들과 신학적인 충돌이 될 수 밖에 없었다.

종합하면 예수 그리스도는 이전에 율법의 잘못된 계승에 대한 것을 바로잡아 주시는 사역을 하셨다. 또한 유대인의 전통으로 형식화된 신학을 예수 그리스도의 목회사역을 통하여 무엇이 올바른 하나님의 뜻인지에 대한 숙고와 연구를 하도록 사역하셨다. 그리스도의 사역은 오순절 마가의 다락방에 약속하신 대로 성령의 역사가 나타나게 되었다. 초대교회의 시대를 알리게 되어 기독교 문화가 형성되는 공동체 조직을 형성한 변혁을 주도하신 목회사역을 하신 것이다.

3. 교부시대의 목회사역

사도시대 이후에 가장 특징적인 것은 이 시대에 평신도와 성직자 간의 구분이 시작된다는 점이다. 제이(E. G, Jay)의 책『교회론의 역사』에 보면, 로마의 클레멘트 교황이 고린도교회에 보내는 서간 가운데 레위기에 나오는 법규를 인용하여 "평신도는 본문만을 하도록 법규로 정해져 있으며 고위 사제와 사제들에게는 특별한 임무가 부여되었다"고 하였는데 이것으로 보아 교회 내에 계급적 수직구조를 형성해가고 있음을 발견할 수 있다.[219] 주후 2세기 교회는 감독

---

219) 신약성경에서 찾아볼 수 있는 목회사역을 종합적으로 정리하면 다음과 같다. (1) 사도들은 전도를 통하여 개체교회를 세운 다음에는 타처로 가서 또 전도하여 교회를 설립하였다. (2) 사도들은 교회를 설립하고는 적당한 때가 오면 그 교회 회중 가운데서 장로를 선출하여 안수하여

(bishop)을 사도의 계승자로 보게 되면서 강력한 교계 제도 전통을 발전시켰다. 딕스(D. G. Dix)는 이러한 추세가 4세기까지 지속되면서 교회는 점점 더 "교회의 법과 교리에 관한 사색"의 시대[220]로 접어들게 되었다고 하였다.

초대교회 시대의 이러한 목회사역은 점점 발전하여 오면서 교회의 단결력을 강화하며 목회의 효과를 높여갔다. 안디옥의 감독이었던 이그나티우스는 112년경에 여러 교회에 편지를 보내어 장로들과 집사들은 교회의 인정된 교역자란 것과 감독에게 교인들이 순종할 것, 감독은 하나님 아버지의 대리자이고 장로들은 하나님의 산헤드린, 곧 사도들의 집회이고 감독 없이는 교회가 아무 일도 할 수 없음을 말하였다.[221]

콘스탄티누스 이후의 시기는 무엇보다도 콘스탄티누스 황제의 개종과 더불어 제국교회, 국가교회로서의 형태를 가지고 계승기로서 테오도시우스 이후에는 기독교가 로마제국의 국교로 수립된다. 그러므로 로마제국의 행정구조에 따라 교구교회가 생겨나고, 수도 지역에는 대주교제도가 확립되는 시기이기도 하다.

기독교가 자유를 획득한 이후 교역자 양성은 교회가 국가와 협력함으로써 물질적인 도움을 얻어서 제대로 되어갈 수 있었을 뿐만 아니라 교회가 일반교육의장, 곧 학교와 같이 되었다. 제3, 4세기에는

세웠고, 장로는 상주하면서 그 교회를 목회하였다. (3) 장로와 사도는 교회의 다른 직분의 상위에 있었다. (4) 장로는 오늘의 목사직과 같이 교회를 다스렸다. (5) 후대로 오면서 예언자, 방언자, 기적 행위자와 같은 직분은 없어져 갔다. (6) 장로들 가운데 한 사람이 감독직에 선출되었으나 감독도 신급은 장로였다. 이 장로 신급의 전통은 오늘날까지 살아 있어서 개신교의 목사나 로마 가톨릭의 신부도 신급은 역시 장로로 되어 있다.

220) Benjamin B. Warfield, The Plan of Salvation(Grand Rapids: Eerdmans, 1995), 52~68. (재인용) John. MacArthur, 『목회사역의 재발견』, 80.

221) 최명철, "목회 리더십과 오늘의 목회자상", (리폼드 신학교 박사학위논문, 2003), 32.

교리논쟁이 활발했던 만큼 신학의 학문정신의 각성을 보게 되었고 무엇보다도 이러한 시기에 교역자 계승후보자에 대한 철저한 교육의 필요성이 드높여졌으며 교역자 채용시험도 엄격하고 어려워졌다. 시일이 지날수록 교역자 서임식을 받았고 독신생활을 하며 삭발과 신부복으로 외부적인 표시를 내었지만 처음에는 예배의식 때만 사용했던 신부복을 평소에도 착용하게 되었다.[222]

이 기간에 감독제도는 제도로서 완벽하게 발전되어 갔다. 시골지방 단위와 도시와 그리고 국제적 대도시 단위로 단일감독제도가 확립되어 갔고 이 감독들을 주축으로 하는 교권적 위계제도가 강화되어 갔다. 그리고 이 제도는 지역별로 발전하여 전례된 5대(예루살렘, 안디옥, 알렉산드리아, 로마 및 콘스탄티노플) 교구의 대주교제도가 강화되어 갔다.

중세기 동안 기독교의 세계적 분포는 교회의 제도와 성격을 조금씩 달리하면서 형성되어 갔다. 국제적인 교회회의에는 모든 대교구의 대표들이 같이 참석하여 일에 협력해갔다. 하지만 로마교구의 수위성 주장이 노골화되고 유럽의 여러 나라의 교회가 로마교구에 편입되면서 교구의 교세가 막강한 것이 되어감에 따라 교권 및 신학적 갈등으로 확산되었다.

이와 같이 초대교회는 처음 몇 세기 동안은 주님의 몸소 보여주신 목회사역의 기능을 잃지 않았지만, 시간이 지나면서 단순한 초대교회의 형태에서 자주 이탈하여 제도화된 교회가 되어갔다. 그와 동시에 교회 안에서 목회 기능이 많이 약화되어 갔지만, 교회의 안과 밖에서는 깨어 있는 교부들을 통해 성경적인 목회가 강력히 촉구되었다.

---

222) 위의 책, 34.

4. 중세시대 목회사역

1세기 후반 교회 공동체의 핵심적으로 중요한 문제들은 예수 그리스도의 사역·죽음·부활에 관한 사건들을 통한 예수에 대한 이해의 문제였다. 그래서 초대교회 이래 그리스도인들은 신앙과 신학, 전도와 사역, 그리고 다양한 삶의 문제들에 관하여 성경에서 그 선례를 찾아왔다.[223] 성경의 중요성으로 점차 신약과 구약의 정경이 형성이 되었고 교회는 정경에 내포된 거룩한 책들을 그들이 하나님에 관한 지식을 얻는 원천으로 여기기 시작한다.

교회사적 관점으로 중세시대의 교회 이전인 초대교회 시대의 특성은 하나님의 아들이신 그리스도에 대한 이해 부족으로 교리적 정립에 의한 논쟁의 시기였다. 이단의 출현에 의한 그리스도에 대한 논쟁을 비롯하여 성경의 규명이 필요한 여러 논쟁은 교리적 투쟁이 되어서 그리스도교의 신앙을 신조화(信條化)하였으며, 또한 교리화(敎理化)하였다. 이 시대의 교회는 초대교회시대의 일로 속하는 교황제도의 발전이 점차 견고하게 굳혀진 것뿐만 아니라,[224] 오늘날 로마가톨릭교회의 예배(미사) 의식이 엄숙하고도 경건성을 둔 형식화된 것으로서의 모습으로 변화하는 데 일조하였다. 호켄다이크(J. C, Hoekendijk)는 이 시기를 "이완의 터널시대"라고[225] 명했다. 집사제도도 이 터널을 지나면서 일터로 들어갔으나 나올 때에는 거의 성직

---

223) 도널드 K. 맥킴 편저, 『성경해석자 사전』, 강규성·장광수 공역(서울: 기독교문서선교회, 2003), 3.

224) 이 시기는 종교회의가 절대화되므로 제도는 신성화라는 비호 아래 완성, 고정기에 도달하게 된다. 최명철, 119~134.

225) J. C. Hoekendijk, Church Inside Out, 『흩어지는 교회』, 이계준 역(서울: 대한기독교서회, 1979), 170~171.

자가 되어 거리를 떠나 제단의 앞자리로 옮겨간 변질된 목회사역 계승이 되어버렸다고 지적했다.

이로 인해서 그리스도교가 예배 의식(형식)화, 종교화로 되어가며 부를 축적하는 것으로 되어가는 한편, 이에 대한 반동(反動)으로 그리스도교를 명상하고 절제하는 것에서 신앙하는 것으로 만들어가 이원화된 모습을 띠게 되었다. 점차 이것도 일원화되어 가고, 이는 다시 개혁의 요인이 되었다.

변질된 중세교회에도 불구하고 이 시기의 특이할 만한 평신도 운동들이 일어났는데 그 대표가 '수도원' 운동이다. 그러나 이 운동은 출발 후 곧 교회의 계급적인 조직 속에 완전히 통합되어 평신도들이 정규적인 교직자가 되었다. 그리하여 많은 평신도가 영감을 받아 프랑스의 방랑 설교자들, 걸식수도회, 제3형제단, 프란시스 형제단이 형성되었다.

반면에 다른 각도에서 평신도 운동이 일어났는데 그것은 곧 카타르파, 왈도파, 롤라드파, 14세기 위클리프를 통한 반성직주의를 주장하며 성경으로 돌아가고자 주장한 것이다. 이것은 대규모 설교운동, 교회 개혁운동으로 발전하여 결국 종교개혁이라는 성공의 불씨를 제공하게 된다.

이와 같이 중세시대의 목회는 로마가톨릭교회의 세속화의 반항으로 수도원 운동으로 다소 위축되었으나 존 위클리프(John Wycliffe) 목사에 의한 은둔의 생활보다 회중을 향한 목회226)를 강조하는 사역으로 부르심의 소명을 잃지 않도록 하였다.

---

226) 존 위클리프(John Wycliffe, 1324~1384)는 '43가지 명제'에서 성경적 목회에 대하여 피력하였는데, 설교자의 권한을 성경 강해로 제한하고, 사제들은 본연의 기능, 곧 목회사역을 수행해야 하며, 수도원에서 은둔해서는 안 된다고 하였다. MacArthur, 『목회사역의 재발견』, 90.

5. 종교개혁시대의 목회사역

종교개혁은 목회사역 활동에 큰 변화를 가져왔다. 중세시대의 잘못된 제도에 대한 분별을 위해 성경적 선례가 필요하게 되었다. 지금까지 중세교회시대의 형식 논리에 묶여 있던 성경해석이 보다 자유롭게 성경을 접할 수 있도록 말씀 선포가 있었다. 교회의 말씀 전파의 사역은 갈급한 영혼들을 치료하기 위함이었으며, 신령한 계시의 선포는 공동체에 속한 교인들에게 그리스도의 자유를 주는 사역이었다.[227]

16세기 목회사역에 대한 학문은 동기와 태도에 중요한 관심을 기울였고 교회 역사의 성쇠기가 거듭됨에 따라 목회사역자들의 사고방식에도 변천을 거듭하여 사제주의인 목회, 사제 지상주의로 기울어질 때에 종교 개혁자들은 고백이나 선행에 앞서 믿음을 강조하였다. 16세기에 접어들었을 때 독일의 경우는 여러 가지 면에서 유럽의 나라들 중 가장 '교회적'이었다.

후기 중세시대에 만연했던 이단들의 요소는 성공적으로 봉쇄되었고 반(反)성직자주의는 거의 찾아보기 힘들었다. 평신도의 경건과 헌신은 종종 과도하게 나타나기도 하였지만, 아직도 전통적인 채널을 통해 그 맥이 흐르고 있다. 순례와 죽은 자들을 위한 미사가 어느 때보다 더 성행하여 성자숭배, 특히 성모 마리아와 그녀의 어머니 성안나에 대한 숭배가 극적으로 번창했다. 성자 유골의 수집이 차고 넘쳤고 면죄부의 판매가 격증하였다. 많은 새로운 교회의 채플과 부속 예배당들이 세워졌다. 큰 도시와 시의 경건한 평신도들은 정규

---

227) 김병원, 『목회학』(서울: 개혁주의신행협회, 1984), 35.

설교를 강화하기 위하여 특별 설교직을 위한 재정을 뒷받침하였다. 종교단체에 참여하는 것이 그 절정에 달하였다.

그러나 이러한 표면 아래에서는 강력한 불협화음과 불만이 있었다. 교회의 부패의 원인은 바로 교회의 재정 문제였고 복합적으로 성직 매매, 친족 등용, 성직 겸직, 부재 성직자, 축첩 등과 같은 도덕적 파탄을 초래하였다.[228]

이러한 시대의 상황 가운데 목회사역은 종교개혁에 대한 기대가 점점 고조되었고, 에라스무스의 영향으로 성경과 인문 교양서적을 지속적으로 가르침으로써 라틴 기독교계를 도덕적·영적으로 혁신시킬 것을 꿈꾸게 된 것이다.

루터(Luther)는 중세교회의 여러 가지 형식적인 권위, 즉 사제의 위계제도의 전통의 권위를 물리치고 만인사제원리를 회복시켰던 것이다. 그러나 루터는 특별한 성직으로서의 구별은 거절하였지만 교회 안에서의 공적 봉사자인 성직은 인정했다.[229]

루터는 교회의 형식적인 권위보다 영혼의 병 치료를 위하여 말씀 선포에 중점을 두는 사역을 계승하였다. 그 선례는 성경과 어거스틴에게로 돌아갈 것을 강조하는 목회였다. 루터는 그의 목회사역의 계승을 위해 성경을 번역했으며, 말씀의 권위에 순복하고, 죄의 일반적 고백을 제도화했고, 만인제사장직 사상을 고취하여 하나님의 의도를 계승하고자 하였다.

마틴 부처(Martin Bucer)는 목회사역에 관하여 5가지 범주를 정하

---

228) Williston. Walker, History of the Christian Church, 『기독교 교회사』, 송인설 옮김(서울: 크리스천 다이제스트, 2003), 475~476.

229) 루터는 고린도전서 4:1을 인용하여 "비록 우리가 다 같이 제사장들이기는 하나 그렇다고 우리가 다 공적으로 봉사하거나 가르칠 수는 없다. 아무리 우리가 할 수 있다고 할지라도 그렇게 해서는 안 된다"고 주장했다. 김홍기, 『종교개혁사』(서울: 지와사랑, 2004), 250.

여 계승하고자 하였다. (1) 그리스도에게서 떠난 자들을 불러들이는 사역, (2) 그리스도에게서 떠나 있던 자들을 인도하는 사역, (3) 죄에 빠졌던 사람들을 다시 원상으로 회복시키는 사역, (4) 약하고 병든 그리스도인들을 강하게 만드는 사역, (5) 건전하고 강한 그리스도인을 훌륭한 일에 전진케 하는 사역이다.[230] 부처는 공적으로 하기보다는 가정 방문을 통해서 개인적으로 해야 하고 목회자만이 아니라 모든 평신도도 사역하도록 주장했다.

루터(Luther)와는 달리 칼뱅(Calvin)은 목사와 장로의 직분을 구별하여 목회사역을 함에 있어서 목사는 사도적 직분으로서 설교하는 장로이고, 장로는 설교하는 장로가 아니되 목사의 동역 교정자로서 교회를 다스리는 일을 맡은 신성한 권위를 부여받은 직제라고 말하였다. 칼뱅은 목회사역 계승에 대해 설교와 교훈과 신자상담과 성례전 집행 등을 관장하게 하였고 목사 후보생은 필요한 시험을 거쳐서 시의 소위원회가 시민의 동의를 얻은 후 채용하였고 제네바 도시의 행정관들과 법에 순종할 것을 서약하였던 것이다.[231]

칼뱅의 목회사역 활동은 하나님의 주권을 강력하게 계승하려고 하였으며, 말씀의 선포와 교회의 권징에 중점을 두었다. 그는 하나님의 의도하신 선포된 말씀이 성도들의 삶의 현장 안에서 전달되었는지 알기 위해 가정 방문도 하였다. 또한 그는 다른 교회와 서신 연락도 하였고, 교회 간의 친교도 도모하는 사역을 하였다.[232]

---

230) John T. McNill, A History of the Cure of Souls(N.Y.: Harper and Bros, 1951), 178.

231) Calvin, Jean. Ioannis Calvini Opera Quae Supersunt Omnia, Vol. 10. G. Baum, E. Cunitz and E. Reuss, et al. Braunschweig, 1863~1900, 91~92. (재인용) 칼뱅, 『칼뱅 작품선집 VII』, 박건택 편역(서울: 총신대학교출판부, 2011), 641.

232) Calvin, John. Institutes of the Christian Religion, Translated by Ford Lewis Battles, Vols. IV, (Philadelphia: The Westminster Press, 1960), xii, 4~6.

종교개혁 시대에 이르러 칼뱅이 목회자 계승에 그 공동체 구성원들이 참여하는 것으로 회복하였다. 당회에 해당하는 장로회(Presbyterium)는 제네바 교회의 목사들과 장로로 구성되었다. 장로들 가운데 두 사람은 시의회의 임원회에 속해 있었으며, 네 사람은 60인으로 구성되는 시의회에 그리고 여섯 사람은 200명으로 구성되는 시의회 전체회의 의원이었다. 목사 계승자의 지명은 시의회의 임원회서 했으며, 후보자와 그 자격 문제는 목사들이 서로 의논해서 했다. 그리고 교회 교인은 누구나 목사의 지명에 대하여 이의를 말할 수 있었다.[233]

시의회는 모든 절차를 거치고 합당하다고 여기면 목사를 받아들이기로 하였다. 그리고 마지막으로 교회 공동체의 모임에서 동의를 얻어야 했다. 이 모임에서는 누구든지 이의를 말할 수 있는 권리를 가졌다.[234]

이와 같이 교회정치는 거의 사도시대와 같이 감독이 없고, 국가 간섭을 받지 않으며, 교회 직원은 목사, 교사(신학교 교수 포함), 장로, 집사이며, 설교를 담임한 목사는 교회에서 제일 중요한 지위를 가진 자로 사역의 질서를 세우려고 노력하였다. 그의 목회사역을 계승하도록 돕기 위해서 장로는 교회 정치를, 집사는 회계와 자선의 일을 관리하게 한 것이 오늘날 장로교 정치의 규범을 세우게 된다.

---

233) Calvin, Jean. Ioannis Calvini Opera Quae Supersunt Omnia, Vol. 10. G. Baum, E. Cunitz and E. Reuss, et al. Braunschweig, 1863~1900, 91~92. (재인용) 칼뱅, 『칼뱅 작품선집 VII』, 박건택 편역(서울: 총신대학교출판부, 2011), 641.

234) Otto. Weber, Die Treue Gottes in der Geschichte der Kirche, 『Calvin의 교회관』, 김영재 역(서울: 이레서원, 2001), 220~222.

6. 근세교회시대 목회사역

18세기 중엽에 프로테스탄트 교회에서 처음으로 사용된 '근세신학'의 용어가 사용된다. 미국에서 목회신학에 관하여 처음으로 책이 쓰인 것은 1847년 에녹 폰드(Enoch Pond)의 『목회신학 강의(Lectures on Pastoral Theology)』이었다.[235] 영국에서는 19세기에 이르러서야 비로소 목회신학이 신학적 학문의 영역에서 머리를 들게 된다. 그 근거는 18세기 말엽에 나온 영국의 신학 교재를 보면, 목사가 사역해야 할 일을 다음과 같이 기술하였기 때문이다. 곧 "설교, 기도, 성례, 집행, 병자심방, 일반 사람에 대한 관여, 특수한 사람에 대한 관여"[236]였다.

영국의 퓨리탄(Puritan) 목사 박스터(Richard Baxter)는 17세기에 『개혁교회목사(The Reformed Pastor)』라는 책에서 목사의 책임에 관한 사역을 소개하고 있다. 첫째, 교회의 개선을 주장하면서 주로 교회 내의 호구 방문을 체계적으로 사역하였다. 둘째, 목사들이 자기 교회 교인들에 대하여 어떠한 책임을 지고 있는지에 대하여 말하였고, 그런 책임감 없는 목사를 비판하였다. 셋째, 목사의 사역을 위한 영적 준비, 교인에 대한 자기 헌신을 강조하였다.[237]

찰스 스펄전(Charles H. Spurgeon) 목사는 일상 목회보다는 주로 설교의 황제로 알려졌으나, 그 역시 자기가 맡은 사람들의 영적인

---

235) Enoch Pond, Lectures on Pastoral Theology, (Boston Draper and Halliday), 1847. (재인용) 김득용, 『현대 목회신학 신강』(서울: 총신대학 출판사, 1978), 25.

236) 위의 책, 25.

237) Seward Hiltner, Preface to Pastoral Theology, 『목회신학원론』, 민경배 역(서울: 대한기독교서회, 1968), 55~56.

필요를 돌아보는 목회에 중점을 두면서 "사역자가 교회를 위해서 있지, 교회가 사역자를 위해서 있는 것이 아니다"[238]라고 말했고 목회에 대한 여러 저술도 남겼다.

이상에서 살펴본 것과 같이 구약시대로부터 현재에 이르기까지 교회의 역사 속에서 하나님이 친히 이스라엘의 목자로서 보여주신 목회의 제반 요소가 상실되지 않고 보존 발전되어 왔다.

7. 20세기 교회시대

18세기 중엽에서 19세기 중엽까지 목회신학을 조직적으로 연구하고 체계화시킨 학자들은 주로 독일 신학자들이었다. 당시의 독일신학이 좌경화되는 경향을 보임에 따라 목회신학도 예외가 될 수 없었다. 이들의 주장을 실제적으로 목회사역에 적용시켜 본 결과, 큰 효과를 거두지 못하여 19세기 말부터는 목회신학에 대한 연구열이 식어졌는데 20세기에 접어들면서 이 방면의 연구가 활기를 띠게 되었다.[239]

한국의 목회사역은 평양 신학교에서 목회학을 교수한 곽안련(C. A. Clark) 박사로부터 시작하였으며, 그는 36년간 목회학을 교수하였으며 그가 저술한 목회학 책은 한국교회의 적잖은 지침이 되었다.[240]

---

238) C. H. Spurgeon, Lectures to My Students, 『목회자 후보생들에게』(서울: 생명의말씀사, 1982), 31~58.

239) 퀼러(Tholor L. Cuyler)는 그의 저서 『목사가 되는 길(How to be a Pastor)』에서 목회사역자의 자질, 품성, 소명, 의식(儀式) 등에 대하여 설명하였다. 당시 목회사역 활동을 가리켜서 "자기의 열정(passion)"이라 말하면서 목사들에게 교인들과 직접 만나 접촉하는 일을 게을리하지 말라고 타이르고 있다. Hiltner, 『목회신학원론』, 63. 또한 영국 성공회의 주교 옥슈텐(Ashton Oxeuden)은 목회사역의 성품은 영혼에 대한 사랑, 개인 생활의 신성성, 자중성, 명랑하고 희망에 넘치는 기질, 슬기, 분별력, 친절, 자기부정, 일관성, 그리고 한 목적을 향한 전진 등 이러한 성품을 소유한 자가 '목사'라고 했다. 백동섭, 『새목회학』(서울: 성광문화사, 1981), 28에서 재인용. 이 부분은 목회사역의 계승을 위한 중요한 판단 기준이 될 것이다.

8. 한국교회

한국교회 목회 계승에 대한 지침을 교단별로 살펴보도록 하겠다. 우선 대한예수교장로교(합동), 대한예수교장로교(통합), 대한예수교장로교(백석), 한국기독교장로회 순으로 살펴본다.

1) 대한예수교장로회(합동 측 헌법)

한국의 장로교회 중 가장 큰 교단인 합동 측 장로교 헌법에 근거한 청빙을 다음과 같이 규정하고 있다.[241]

제1조 목사 자격

목사는 총신대학교 신학대학원을 졸업 후 총회에서 시행하는 강도사 고시에 합격되어 1개년 이상 교역에 종사하고 노회 고시에 합격되고 청빙을 받은 자라야 한다.

제2조 목사 선거

지교회에 목사를 청빙하고자 하는 경우에는 당회의 결의로 공동의회를 소집하고, 임시 당회장이 강도한 후 공포하기를, 교회에서 원하면 목사 청빙할 일에 대하여 투표할 것이라고 그 의견(意見)을 물어 과반수가 찬성하면 즉시 투표한다.

---

240) Hiltner, 『목회신학원론』, 58.
241) 대한예수교장로회총회, 『헌법』(서울: 대한예수교장로회총회출판부, 2004), 179~181.

제3조 청빙 준비

투표하여 3분의 2가 가(可)라 할지라도 부(否)라 하는 소수가 심히 반대하는 경우에는 회장은 교우에게 연기하라고 권고하는 것이 가하다. 투표가 일치하든지 혹 거의 일치하든지 혹 대다수가 양보하지 아니하는 경우에는 회장은 합동하도록 권면한 후 규칙대로 청빙서를 작성(作成)하여 각 투표자로 서명 날인하게 하고 회장도 날인하여 공동 의회의 경과 정형을 명백히 기록(반대자의 수와 그 사람들의 형편도 자세히 기록한다)하여 청빙서와 함께 노회에 드린다. 단, 청빙서에는 투표자뿐 아니라 무흠 입교인 과반수의 날인을 요한다.

제4조 청빙 서식

○○곳 ○○교회 교인들은 귀하께서 목사의 재덕과 능력을 구비하여 우리 영혼의 신령적 유익을 선히 나누어주실 줄로 확신하여 귀하를 본 교회 담임목사(혹 임시 목사)로 청빙하오며, 겸하여 귀하께서 담임 시무 기간 중에는 본 교인들이 모든 일에 편의와 위로를 도모하며, 주 안에서 순복하고 주택과 매삭 생활비 ○○를 드리기로 서약하는 동시에 이를 확실히 증명하기 위하여 서명 날인하여 청원하오니 허락하심을 바라나이다. (년 월 일 각 교인 연서 날인 증인, 공동의회장 서명 날인 귀하)

제5조 청빙 승낙

어느 목사나 강도사에게든지 청빙서를 드리면 그 교회가 원하는 줄로 인정할 것이요, 그 목사나 강도사가 그 청빙서를 접수하면 승낙하는 것으로 인정한다. 강도사가 청빙서를 받아 목사로 임직하게 될 경우에는 노회는 구애되는 것이 없으면 동시에 위임식까지 행한다.

2) 대한예수교장로회(통합 측 헌법)

한국의 장로교 중 두 번째로 큰 교단으로 다음과 같은 목사의 청빙에 관한 조항이다.[242]

제28조 목사의 청빙
1. 조직교회는 위임목사를 청빙할 수 있다.
2. 위임목사의 청빙은 당회의 결의와 공동의회의 출석회원 3분의 2 이상의 찬성을 얻어야 한다. 청빙서는 공동의회에 출석한 세례교인(입교인) 과반수가 서명 날인한 명단, 당회록 사본, 공동의회 회의록 사본, 목사의 이력서를 첨부하여 노회에 제출하여야 한다.
3. 임시목사의 청빙은 당회의 결의와 제직회 출석회원 과반수의 찬성을 얻어야 한다. 청빙서는 제직회 출석회원 과반수가 서명 날인한 명단, 당회록 사본, 제직회 회의록 사본, 목사의 이력서를 첨부하여 노회에 제출하여야 한다. 다만, 계속 청원은 당회록과 제직회 결의록을 첨부하여 연임 청원서를 대리당회장이 노회에 제출한다. 미조직교회는 파송된 당회장이 행사한다.
4. 부목사의 청빙은 당회의 결의와 제직회의 동의를 얻어야 한다. 청빙서는 제직회 출석회원 과반수가 서명 날인한 명단, 당회록 사본, 제직회 회의록 사본, 목사의 이력서를 첨부하여 노회에

---

242) http://wwwpck.or.kr. 총회본부, 2012년 11월 16일 접속.

제출하여야 한다. 계속 청원은 당회의 결의로 한다.

5. 기관목사의 청빙은 그 기관(이사회)의 결의로 대표자가 청빙서를 노회에 제출하여야 한다. 시무 기간은 그 기관이 정한다.

3) 대한예수교장로회(백석 측 헌법)

한국 장로교단으로 급부상하는 교단으로 다음과 같은 목사의 청빙에 관한 조항이 있다.[243)]

제36조 목사의 청빙

1. 위임목사, 임시목사, 부목사를 청빙하고자 하면 서식에 의하여 시찰장을 경유하여 노회장에게 제출한다.

2. 전도목사를 파송하고자 하면 서식에 의한 요청서를 작성하여 노회장에게 제출한다.

제37조 부목사의 연임 청원

1. 위임목사가 공석일 경우 임시 당회장은 이미 시무 중인 부목사를 연임 청원할 수 있다.

2. 부목사는 시무교회의 당회장(대리당회장)이 될 수 없고 제직회장도 될 수 없다.

---

243) 대한예수교장로회총회(백석) http://www.pgak.net/ 2013년 6월 1일자 접속. 백석총회는 이전에 (합동 정통 측) 알려진 교단이었으나 후에 (백석)교단으로 변경하여 오늘에 이르게 되었다.

제38조 담임목사 청빙

1. 지교회가 목사를 청빙하고자 청빙서를 제출할 때는 생활에 불편 없는 주택과 봉급, 수당, 상여금 등을 결정하여 청빙서에 명기하여야 한다.
2. 지교회가 부목사를 담임목사로 청빙하고자 할 때는 당회장이 원할 시는 당회장이 추천하여 공동의회 3분의 2 이상의 결의로 담임목사가 된다.

제39조 강도사가 목사로 임직받을 때 청빙

목사의 자격을 말함이 아니라 청빙을 말함이니 아래와 같은 경우는 각 청빙 방식이 다르다.

1. 담임목회 시에는 공동의회에서 3분의 2 이상의 의결한 목사 청빙서와 당회장이 목사 청빙 허락 청원서를 시찰장 경유 노회에 제출하여 허락을 받아야 한다.
2. 당회(준당회 포함) 밑에서 현재 강도 중인 강도사는 당회장의 목사 허락 청빙서를 시찰장 경유, 노회에 제출하여 허락을 받아야 한다.

4) 한국기독교장로회(기장 측 헌법)

한국의 장로교회 중에 가장 진보적인 기장 측 헌법에 따른 목사 청빙 규정은 다음과 같다.[244]

---

244) http://www.prok.org. 총회본부, 2012년 11월 16일 접속.

제22조 목사의 청빙

1. 조직 교회가 담임목사를 청빙하고자 하면 당회에서 후보인을 택한 후 공동의회를 소집하고 투표하여 출석 회원 3분의 2 이상의 찬성을 얻어야 한다. 교회는 재적 입교인 과반수가 날인한 '목사청빙서'와 '공동 의회록 사본'과 '수도권 이외지역 전임교역(전도사, 준목, 부목사) 경력증명서'를 첨부한 목사청빙 허락청원서'를 각 2통씩 작성하여 노회에 제출하고 교인 대표는 노회에 출석한다. 단, 미조직교회가 당회 조직을 허락받고 공동의회에서 장로가 피택되어 고시에 합격하였을 때는 담임목사를 청빙할 수 있다.

2. 미조직 교회가 전도목사를 청빙하고자 하면 공동의회에서 투표하여 3분의 2 이상의 찬성을 얻은 후에 입교인 과반수가 날인한 '목사청빙서'와 '공동 의회록 사본'을 첨부한 '목사 청빙 허락청원서'를 각 두 통씩 작성하여 노회에 제출한다. 미조직교회의 목사의 계속 시무청원은 제직회가 투표하여 과반수의 찬성을 얻으면 이를 공동의회의 결의로 간주하고 노회에 제출하여 허락을 얻는다.

3. 단, 군목과 전도목사로 청빙받는 자와 노회가 허락하여 교회를 개척한 자와 노회와 총회가 파송한 해외 선교 동역자로 2년 이상 교역한 자는 담임목사 청빙에 필요한 '수도권 이외 지역 전임교역(전도사, 준목, 부목사) 경력증명서'를 제외한다.

4. 부목사의 청빙은 담임목사의 추천으로 당회가 가결하고 제직회의 찬성을 얻은 후 노회의 허락을 받는다. 부목사의 계속 시무 절차는 이에 준하되 노회에 보고하는 것으로 한다.

5. 목사청빙서는 청빙받은 목사의 소속노회에 제출하고, 그 노회
   는 적법하다고 인정되면 청빙받은 목사에게 그것을 교부한다.

정리하면 장로정치제도를 채택한 교회들은 리더십 계승이 필요한
해당 교회가 자체적으로 후임리더십을 찾고 선정하지만 반드시 그
교회가 속한 상회의 승인을 얻음으로써 그 절차가 확정된다.

지금까지 2장에서는 목회사역 계승을 위한 일반적인 목회신학적
견해로 목회 계승의 정의, 목회신학의 중요성, 계승을 위한 신학적
이해와 역사적 이해를 살펴보았다. 이어서 3장에서는 목회신학 관점
에 입각한 리더십 계승을 위한 원리와 방법을 모색하기로 한다.

제3장

목회신학 관점에 입각한
리더십 계승의 원리와 방법

본 장에서는 목회신학 관점에 입각한 리더십 계승에 관한 원리를 살펴보고자 한다. 무엇보다 성경적 원리에 입각한 리더십 개념을 살펴보고 더 나아가 성경적 리더십의 중요성과 계승의 원리와 방법을 다루고자 한다.

리더십 계승에 대한 일반적인 이해

본 절에서는 성경적인 관점으로서 리더십이 무엇이며, 리더십 계
승이 무엇인지에 대한 일반적 이해를 돕고자 한다. 그리고 진정한
영적 리더십 계승의 중요성이 무엇인지 고찰하고자 한다.

1. 리더십에 대한 시대적인 요청

한국에 기독교가 소개되면서 한국교회의 놀라운 부흥은 전 세계
에 널리 알려져 있다. 그러나 현대교회는 사회적으로 지탄을 받는
연약한 교회가 되었다. 이러한 이유 중의 하나는 영적 리더십과 관
련이 있겠다.

수많은 리더들이 있지만 어떤 역경과 도전이 닥쳐와도 성공하는
리더가 있는가 하면, 매사에 실패와 어느 단계에 머물러 헤어 나오
지 못하는 리더가 있기 때문이다. 성장과 성공 잠재력의 DNA를 가
지고 있어도 관건은 훌륭한 리더십에 있다 하겠다. 그러나 성공한
리더의 요건에 관해 훌륭한 영적 리더십을 낳는 방법은 성경적 원리

에서 발견할 수 있다.

세상 속에 교회가 존재하듯이 세상 리더들과 영적 리더들이 비슷한 방법을 사용할 수 있겠으나 영적 리더십에는 세상 리더십의 추구하는 차원이 다르다. 세상의 리더십을 가지고 어느 정도 성공을 이룬다 하여도 거기에는 하나님이 없는 세속적인 리더십이기 때문이다. 예수님은 제자들에게 미혹하는 거짓 선지자들을 주의하라고 경고했다(마태복음 24:11). 이 말은 자칭 영적 리더들의 가면을 쓰고 성경적인 리더로 나타난다는 것을 경고하는 것이다.245) 요한일서 4장 1절은 "사랑하는 자들아 영을 다 믿지 말고 오직 영들이 하나님께 속하였나 분별하라. 많은 거짓 선지자가 세상에 나왔음이라"고 교회 안에 침투한 거짓 리더에 대한 경고를 한다.

따라서 이 책은 세속적인 교회 리더십의 계승을 위한 것이 아닌 영적 교회 계승을 위한 리더십을 위한 연구의 중요성이 시대적으로 요구된다는 것을 설명하려는 것에 있다.

1) 사회적 변화와 교회의 상황

1세기 동안 교회를 이끌어온 전임지도자들은 신학과정에서 목회사역을 위한 리더십에 대한 교육을 받지 못했고 현재까지도 목회자는 주어진 공동체를 이끌 지도자임에도 불구하고 준비되지 않았고, 복음에 대한 열정만으로 목양하였다.

사실 목회는 사역이다. 사역은 예수님의 사역과 동일한 하나님 방

---

245) 최근 교회는 다른 거짓 영들로 성경의 복음과 진리가 왜곡되게 해석되므로 매우 혼탁해져 있으며 많은 성도들이 미혹되어 교회가 큰 피해를 입고 있다. 한 예로 신천지 집단 추수꾼의 교회 침투로 인하여 전국의 교회들이 심각한 피해를 입고 있다.

식으로서의 사역으로서 자신에게 부여한 공동체의 지도자로 섬기는 사역이다. 단순히 설교만 하거나 가르치는 정도에 끝나는 것이 아니라 목회사역은 교사 이상이어야 하고 행정가 이상이어야 한다는 것이다. 이는 오늘날 갈수록 복잡해지는 사회에서 요청하는 목회사역으로서의 리더십을 요구하기 때문이다.

한국교회를 이끌어온 전임리더들의 시대의 리더십 유형은 가부장적(patriarchal) 또는 카리스마적(charismatic) 리더십이라고 볼 수 있다. 그 이유는 당시 유교와 불교 문화권에 속한 한국사회에 기독교가 정착되고 발전하는 데 필요한 리더십이었다.[246]

교회의 기독교는 지난 1960년대부터 1980년대까지 주목할 만한 교회 성장을 지속하였고, 1980년대 말에 와서는 교회의 외형적 규모가 전체 인구의 25%를 점유하는 천만을 헤아리게 되었다.[247]

이러한 시기에 권위주의 리더십이 극대화된 반면에 구성원들의 자율적 동기부여와 참여를 통한 과업 수행 등 조직 문화를 변혁시키는 데에는 한계가 있었고, 또한 리더와 구성원 간의 의사소통에 있어서도 쌍방 커뮤니케이션보다는 리더의 일방적 커뮤니케이션이 강화됨으로써 조직의 유기적 특성과 유연성이 저하되고 경직되는 현상이 나타나기 시작했다.

결국 1990년대 초 민간 정부가 들어서면서 한국사회는 세계화

---

246) 이러한 리더십이 한국교회에 형성될 수 있었던 주요 원인은 한국의 사회적·문화적 환경 때문이었다. 1) 한국문화의 근간을 이루고 있는 유교적 전통과 관습이 가부장적 리더십의 문화적 환경을 조성하였고, 둘째로 일본으로부터의 해방 이후 6·25사변, 4·19의거, 5·16군사혁명과 군부의 장기집권 등으로 야기된 혼란스러웠던 사회적 환경이 권위주의적 리더십을 형성시킨 원인이 되었다. 그러한 권위주의적 리더십은 한국사회의 정치, 사회, 경제, 종교에 이르기까지 각 분야에 파급되었으며 20세기 한국사회를 지배해온 가장 영향력 있는 리더십의 유형으로 정착된 것을 역사적으로 인식하고 있다.

247) 1991년 10월 21일 통계청 자료에 의함.

(globalization)와 탈권위주의(脫權威主義)를 표방하고 급속히 '열린사회'로 변화되어 가기 시작했다.[248] 이런 급변하는 시대적 상황 속에서 교회가 새로운 시대의 역사의식과 비전, 사회적 사명감을 가지고 지속적인 성장과 성숙을 계승해가기 위해서는 새로운 시대의 패러다임에 적응할 수 있는 변화와 혁신을 통해야만 했다.

사회학자들에 의하면, 한국과 같은 종교적 다원사회에서는 한 종교가 전체 인구의 25% 이상을 점유하기가 현실적으로 어렵다고 진단하고 있다.[249] 이 자료에 근거한다면 한국교회의 정체현상은 교회적 관점에서만 바라볼 것이 아니라 사회학적 관점에서 접근할 필요가 있다. 그러한 관점에서 보면, 한국교회의 성장 정체현상은 한국교회가 과거의 성장 지향적 단계에서 이제는 보존과 성숙의 새로운 단계에 진입하였다는 것을 의미한다.[250]

이러한 상황 속에서 오늘날 다수의 교회들은 변화를 갈망하면서도 여전히 현상유지에 머물러 있는 실정이며 이들이 변화 없이 목회사역을 계승하려는 시도로 세습에 대한 사회적 문제를 가져오고 있는 것이다.

21세기 세계화시대는 사회, 경제, 정치, 종교에 이르기까지 모든 분야에 있어서 새로운 변화와 혁신이 일어나고 다양화와 특성화가 급속히 확산되어 가고 있으므로 조직 목표의 성공적인 계승을 위해서는 변혁 지향적인 마인드를 가진 리더십이 필요하게 되었다.[251]

---

248) 이러한 변화를 주도한 것은 주로 정부 기관과 기업체들이었으며, 그 변화의 흐름 속에서 종교계 역시 새로운 시대에 적응할 수 있는 변화와 개혁의 필요성을 인식하게 된 시기다.

249) 그러한 현상은 북미, 특히 캐나다와 같은 문화 다원주의사회에서 잘 나타나고 있다.

250) 이성희, 『교회행정학』(서울: 한국장로교회출판사, 1997), 15~16.

251) 1990년대 들어가면서 21세기에 적합한 리더십 패러다임의 하나로 대두되고 있는 것이 변혁적 리더십(Transformational Leadership)이다. 1980년대 미국, 독일, 일본 기업을 중심으로 한 유럽

따라서 한국교회의 이러한 시대적 요청과 필요에 보다 복잡해지는 사회에 효과적인 계승을 위해서는 다각도로 준비된 리더십이 목회자에게 요구된다고 볼 수 있다.

2) 목회 리더십의 방향

교회에 '리더십이 없는 사람이 서게 되면 무엇이 문제인가'에 대해 김덕수는 『리더십 다이아몬드』에서 언급하기를 첫째, 무엇보다도 교인들이 방황하게 된다. 당회장은 있지만 인도할 리더가 없어서 교인들이 목자 없는 양과 같이 방황하고 고통받는다.[252] 둘째, 공동체를 이끌 목회 리더십의 부재로 서로의 주장에 따라 교회에 불화가 그치지 않는다. 셋째, 리더가 없는 교회는 목표가 없으므로 교회가 제대로 자라가기 어렵다. 마지막 넷째, 목회 현장에서 리더십은 필수적일 뿐 아니라 목회자 자신을 위해서라도 중요하므로 리더십이 없는 교회는 목회자가 탈진할 위험이 있다.[253]

그러므로 김덕수는 초기에 빠른 시일 내에 전도하고 성장시켜 많

과 아시아의 국가들의 강한 도전에 직면하면서 경쟁력 강화와 체질 개선을 위한 새로운 조직 관리의 패러다임의 필요성을 절감하게 된다. 그 과정에서 적합한 새로운 리더십의 필요성이 시급하게 대두되었고 경쟁력 강화를 위해서는 종래의 물량적 증대에서 질적 향상으로 방향 전환을 이루어야 하는데 이를 위해서는 구성원들의 조직 몰입이 필수적이다. 그러나 경쟁력을 강화하기 위해서는 조직 구조의 개편과 축소가 불가피한 경우가 많은데 이는 종종 구성원의 저항을 유발하게 되고 구성원의 조직 몰입을 저해하는 결과를 낳기도 한다. 그 때문에 변혁적 리더십은 바로 이러한 변화의 과정에서 발생하는 어려운 상황들을 해결할 수 있는 효율적 리더십 패러다임으로 제시되었다. 이러한 이론의 제안자는 배스(B. M. Bass)였다.

252) 성경적인 근거는 예레미야 50:6 "내 백성은 잃어버린 양떼로다. 그 목자들이 그들을 곁길로 가게 하여 산으로 돌이키게 하였으므로 그들이 산에서 작은 산으로 돌아다니며 쉴 곳을 잊었도다." 당시에 실제로 왕이, 제사장이, 목자가 없어서 그렇게 말하는 것인가? 아니다. 그런 사람들은 많지만 참 목자, 참된 지도자가 없음을 지적하는 것이다. "목자가 없으므로 그것들이 흩어지며 흩어져서 모든 들짐승의 밥이 되었도다"(에스겔 34:5).

253) 김덕수, 『리더십 다이아몬드』, 19~20.

은 제자를 가르치고 제자 훈련도 속히 마쳐야 하는 목회 효율성 (efficiency)을 중시했으나 10년 후 목회에서는 효율성보다 효과성 (effectiveness)이 더 중요하다는 사실을 언급한다. 그래서 목회사역을 통해서 사람과 교회와 세상에 어떤 영향을 끼칠 수 있는가, 이 사역이 어떤 효과를 보여줄 수 있는가를 고려하면서 목회의 본질을 충족시킬 수 있는 목회의 방향을 지향해야 한다.[254]

교회에 적합한 변혁적 리더십을 개발하기 위해서는 먼저 목표로 하는 새로운 리더십 유형이 지녀야 할 특성들을 고려하여 그 특성을 결정하는 리더십의 구성 요소들을 선택해야 한다.

---

254) 위의 책, 21.

리더십의 본질에 대한 새로운 접근

세상의 리더십 이론은 불변하는 성경 원리에 비추어 살펴보지 않고 거의 무분별하고 무비판적으로 수용하고 있다. 본 절에서는 리더십의 원리들을 성경 원리를 찾아 살펴볼 것이다. 성경은 2천 년이 넘도록 리더십의 표준으로 삼아왔다는 점에서 성경의 진정한 원리로 돌아가야 한다. 세상의 기업 리더는 부하 직원들을 '사랑해야 한다', '관리자는 섬기는 리더가 되어야 한다', '리더는 직원들에게 감정을 내보여야 한다', '기업 리더는 도덕적으로 깨끗해야 한다', '리더는 진실을 보여야 한다' 등을 통하여 마치 성경적인 원리를 적용하는 것처럼 보인다.[255] 교회 역시 세속화로 영적 리더십을 추구하기보다는 세속적인 리더십을 추구한 나머지 성경의 원리를 저버리는 경향이 많다. 무엇이 잘못된 것인가? 이 사회의 문제는 단지 리더가 부족한 정도가 아니다. 현대는 훌륭한 리더들은 많지만 진정한 리더가 없는 실정이다. 영적 리더십은 목사와 사역자에게만 국한된

---

255) Blackaby, 『영적 리더십』, 23~24.

것이 아니라 더 넓은 측면에서 하나님이 세상을 변화시키기 위해 쓰시고자 하는 모든 그리스도인의 책임이다.256) 그러므로 오늘날 리더는 불변하는 성경의 원리를 찾아 영적 리더십이 드러나도록 해야 한다.

1. 영적 리더십의 정의

워런 베니스(Warren Bennis)와 버트 내너스(Burt Nanus)는 *Leaders: Strategies for Taking Charge*『리더의 책임 전략』라는 책에서 자신들이 찾는 리더십의 정의가 850가지 이상이라고 밝혔다.257)

그동안 발표된 수많은 유익한 정의 몇 가지를 살펴보면 다음과 같다.258)

<표 5> 발표된 유익한 리더십 정의들

구분	리더십 정의
존 가드너	개인(또는 팀 리더십)이 자신의 목표나 아랫사람과 공유된 목표를 추구하기 위해 설득이나 모본을 통해 한 단체를 유도하는 과정이다.
제임스 맥그리거 번즈	특정 동기, 목표를 지닌 사람들이 경쟁이나 충돌 상황에서 추종자들의 동기를 유발하고 만족시키기 위해 제도적·정치적·심리적 및 기타 자원들을 동원할 때 수행된다.
오스왈드 샌더스	영향력, 즉 한 사람이 다른 사람들에게 영향을 미치는 능력이다.
조지 바나	그리스도인 리더란 사람을 이끌도록 하나님께 부름 받은 자(소명), 그리스도의 성품으로 이끄는 자(성품), 리더십을 위해 기능적 능력을 발휘하는 자(능력)다.
로버트 클린턴	리더십의 핵심 과제는 하나님의 목표를 향해 하나님의 사람들에게 영향을 미치는 것이다.

---

256) 역대하 16:9 "여호와의 눈은 온 땅을 두루 감찰하사 전심으로 자기에게 향하는 자를 위하여 능력을 베푸시나니"라고 한다. 하나님은 모든 그리스도인에게 적용하기를 원하신다.

257) Warren Bennis & Burt Nanus, Leaders: Strategies for Taking Charge(New York: HarperCollins, 1997), 4. (재인용) Blackaby, 『영적 리더십』, 30~31.

258) Blackaby, 『영적 리더십』, 31.

위의 표의 리더십 정의는 모두 리더의 역할에 중점을 두고 있다. 여기에는 영적 리더십과 일반적 리더십으로 구분된다.

번즈(James MacGregor Burns)는 지금까지 발표된 리더십에 관한 연구 논문이 5,000편을 상회하지만 리더십의 다양성 때문에 연구를 많이 하고 있음에도 불구하고 학문적으로 이해의 수준이 가장 낮은 분야라고 하였다.[259]

그러나 리더십에 관한 정의가 다양함에도 불구하고 대다수 학자들이 인정하는 리더십의 공통점인 요소들을 몇 가지로 요약하면 도표와 같다.[260]

<표 6> 대다수 학자들이 인정하는 리더십의 공통요소

리더십 공통요소들	
1	리더십은 두 사람 이상의 구성원들 사이에 나타나는 상호작용의 관계로서 리더와 구성원 간의 역할과 행동을 포함하는 집단 형성이다.
2	리더십은 조직의 목표 실현을 위해 리더가 구성원의 자발적인 행동을 유도하는 데 발휘하는 영향력이며, 이때 리더의 영향력은 리더에서 구성원에게로 작용한다.
3	리더십의 결과는 조직의 목적과 목표 달성을 통해 나타난다.

위의 두 가지 정의와 요소들을 종합하여 리더십을 한마디로 표현한다면 '리더는 변화를 주도하는 사람'이다. 이러한 측면에서 '영적 리더십'이란 하나님의 방법으로 사람과 조직을 이끌려는 리더를 통칭하는 것으로서 하나님의 사람들을 움직여서 하나님의 일을 하도록 변화를 주도하는 '변혁가'이다.

반면에 세상의 리더십은 하나님의 뜻과 하나님의 방법으로 인도

---

259) 박형순, 『변혁적 서번트 리더십』(서울: 쿰란출판사, 2004), 25.
260) 위의 책, 25.

하심이 없다. 물론 하나님 뜻과 상관없이 사람들이 목표 달성을 이끌 수 있으나 영적 리더십의 초점은 단순한 목표 달성이 아닌 그 이상에 속한 것이기 때문이다.

여러 정의 중에 헨리 블랙커비는 "영적 리더십은 사람들을 움직여 하나님의 일을 하게 하는 것이다"에 대해 최소 다섯 가지 진리가 들어 있다고 보았다.[261]

<표 7> 헨리 블랙커비 영적 리더십 정의

	영적 리더십의 최소 다섯 가지	
1	영적 리더는 사람들을 움직여 현재의 자리에서 하나님이 원하시는 자리로 가게 한다.	영적 리더십의 영향력으로 일단 하나님의 뜻을 알면 모든 노력을 기울여 사람들이 자기 스타일에서 하나님의 목표를 추구하는 삶으로 옮겨가게 한다.[262]
2	영적 리더는 성령께 의존한다.	하나님은 사실상 하나님만이 하실 수 있는 일을 하도록 영적 리더를 부르셨다. 궁극적으로 영적 리더는 사람들 안에 영적 변화를 일으킬 수 없되, 오직 성령만이 그렇게 하실 수 있다.[263]
3	영적 리더는 하나님께 책임진다.	영적 리더십에는 민감한 책임이 필수로서 사람들이 마땅히 할 바를 하지 못할 때 그들의 문제가 아니라 리더의 책임이다. 참된 영적 리더십은 사람들을 현재 있는 자리에서 하나님이 원하는 자리로 이끌기 때문이다.
4	영적 리더는 하나님의 사람들뿐 아니라 불신자에게도 영향을 미친다.	하나님은 지역교회, 지역공장, 경제시장 모든 영역에 적용된다. 성경에 나오는 요셉 이야기는 이방 국가를 동원하여 하나님의 계획에 반응하게 만드셨다.[264]
5	영적 리더는 하나님의 계획에 따라 일한다.	자신의 생각을 추구하는 자는 영적 리더가 아니다. 리더는 자신의 꿈과 목표를 이루지 않고 하나님의 나라를 세우는 것이다.

---

261) Blackaby, 『영적 리더십』, 35~39.

262) 사람을 움직이는 것은 강압적인 것이 아니라 가드너의 말처럼 리더들이 자기 사람들의 행동과 태도를 바꾸어 하나님의 목표 달성을 위해 전진하게 만드는 것은 '설득과 모본'의 과정이다. 영적 리더는 세상적인 방법이 아니라 영적 수단을 써서 사람들을 움직이거나 영향력을 행사한다는 것이 이 정의의 전제이다.

263) 출애굽기 3:7~8 "내가 애굽에 있는 내 백성의 고통을 정녕히 보고 그들이 그 간역자로 인하여 부르짖음을 듣고 그 우고를 알고 내가 내려와서 그들을 애굽인의 손에서 건져내고 그들을 그 땅에서 인도하여 아름답고 광대한 땅에 이르려 하노라"고 하나님이 모세에게 명하여 바로에게 '가라' 하셨을 때 주신 말씀이다. 그러나 이런 일은 하나님만이 하실 수 있는 일이다. "이

이러한 영적 변화를 주도하는 모델인 예수님은 세상 속(전통, 문화)에 들어와 하나님 나라의 백성으로 사는 문화를 형성하는 변혁자였다. 세상 속에서 예수님이 보여주신 확실한 영적 리더십의 모델은 리더십을 계승해야 할 우리의 과업에 속한다.

2. 영적 리더십의 모델로서 예수님

일반적으로 세상의 저자들도 예수님을 주목할 만한 리더십의 모델로 인정하고 그 원리를 설명하려고 노력한다. 여기서 예수님의 리더십을 연구해야 진정한 영적 리더십의 원리를 도출해낼 수 있기 때문이다.

그렇게 해야 일반적 리더십과 영적 리더십이 구분될 것이다. 이러한 관점으로서 예수님은 계획을 세우거나 비전을 내걸지 않으셨다. 그분은 아버지의 뜻을 구하셨고 자신과 제자들을 향한 비전이 있었지만 그것은 아버지께로부터 온 것이었다. 요한복음 6장 38~39절에 "내가 하늘에서 내려온 것은 내 뜻을 행하려 함이 아니요, 나를 보내신 이의 뜻을 행하려 함이니라. 나를 보내신 이의 뜻은 내게 주신 자 중에 내가 하나도 잃어버리지 아니하고 마지막 날에 다시 살리는 이것이니라"에서 보듯이 예수님의 채택하신 영적 리더십의 핵

제 내가 너를 바로에게 보내어 너로 내 백성 이스라엘 자손을 애굽에서 인도하여 내게 하리라"(출애굽기 3:10).

264) 하나님은 요셉을 이집트 바로 왕에게 보내 그를 보좌하게 하셨다. 하나님의 경고(7년 기근)를 요셉을 통해 해석하고 이방 국가를 동원하여 하나님의 계획에 반응하도록 만든 것이다. 겉으로 볼 때는 하나님의 일이 아닌 것 같은 사역들, 즉 곡물 창고를 짓고 식량 배급 제도를 정하는 것이 곧 하나님의 일이었다. 하나님은 당대의 전문 종교인들 대신 하나님을 경외하는 한 정부 관리를 택해 불신 사회에 자신의 뜻을 드러내셨다(창세기 41:1~57).

심은 아버지와의 관계였다. 아버지의 뜻으로 "때가 차매 하나님이 그 아들을 보내사 여자에게서 나게 하시고 율법 아래 나게 하신 것"(갈라디아서 4:4)이라 하셨다. 예수님의 변혁적인 구원 계획은 언제나 아버지께 속한 것이 특징이다. 예수님은 늘 아버지와 친밀한 관계를 유지하셨기에 큰 무리 속에서도 아버지의 움직임을 감지할 수 있었고 언제 어디서든지 아버지가 일하신 것을 보면 예수님도 즉각 나서신 것이다.

<표 8> 아버지의 뜻을 행하신 예수님

예수님의 사역	근거	영적 리더십
제자 선택	눅 6:12~13 요 17:6~7	열두 제자를 택한 것도 예수님의 생각이 아니라 아버지의 생각이었다. (기도하심으로 아버지의 뜻에 순종)
제자 가르침	요 6:49~50 요 14:10 요 15:15 마 16:17	예수님의 말씀에 근거하면 제자들에게 주신 가르침도 아버지에게서 온 것이다. (예수님의 역할=제자들과 아버지의 관계를 촉진시키는 것)
삭개오 부르심	눅 19:1~10	예수님은 큰 성 여리고에 들어가실 때 많은 무리가 그분을 보려고 거리에 몰려들었지만 그것은 예수님의 뜻으로 간 것이 아니라 아버지의 뜻을 이루기 위해서 삭개오를 만난다. 예수님은 아버지가 일하시면 즉시 아버지의 일을 수행하는 영적 리더였다.
십자가 처형	마 26:39	아버지의 뜻에 전적으로 자신을 맡긴다. (예수님 자신의 뜻이 아닌 아버지의 뜻)
예수님의 전체 사역의 특징	요 5:30	"내가 아무것도 스스로 할 수 없노라"는 고백 속에 예수님의 전체 사역의 특징이 들어 있다.

예수님의 영적 리더십을 요약하면, 예수님은 하늘의 열두 영을 불러 세상을 멸망케 하실 수 있는 자신의 권세가 있음에도 불구하고 자신의 뜻을 이루기보다 자신을 보내신 아버지의 뜻을 이루기 위해 죽기까지 순종하셨다. 예수님은 흔들림 없이 아버지의 뜻을 받아들

이셨고 또 자신의 미래를 결정할 권한도 아버지께 드린 것이다. 그는 자신의 리더십이 하나님께 달려 있음을 알았고, 단순히 사람들을 하나님이 정해주신 방향으로 이끄는 데 만족하지 않고 하나님이 자신을 통해 이 세대를 향한 목표를 실제로 이루시도록 수행했다. 이를 위해 예수님은 사람들을 움직여 현재의 자리에서 하나님의 원하시는 자리로 가게 했다. 이러한 예수님의 리더십은 전적으로 성령께 의존된 것이며 자신에게 주어진 리더십에 십자가로 책임을 다하므로 불신자들, 이방인, 온 세상에 영향을 주는 변혁적인 리더십의 모델이 되었다. 이러한 예수님의 리더십의 핵심은 하나님 아버지와 관계에서 기인한 것이며 또한 예수님의 사역을 통해 보다 더 구체적이며 성경적으로 영적 리더십에 대한 역할이 분명해졌다고 볼 수 있다.

3. 리더의 역할: 전적인 아버지의 뜻에 순종

예수님의 리더십을 연구하다 보면 어떤 방법적인 것이 아닌 전적인 아버지의 뜻에 대한 예수님의 절대적인 순종에 있다는 것을 발견하게 된다. 일반적인 리더십 이론을 보면 훌륭한 리더는 훌륭한 추종자임을 발견한다. 요한복음 4장 34절에 "예수께서 이르시되 나의 양식은 나를 보내신 이의 뜻을 행하며 그의 일을 온전히 이루는 이것이니라"와 같이 자신의 꿈과 목표를 위해 조직의 비전을 만들고 그 방향을 결정하는 것이 아닌 예수님의 리더십의 핵심 역할은 자신을 이 땅에 보내신 이의 모든 뜻을 온전히 순종하여 이루시는 것에 있다는 것을 발견한다.

예수님은 전적으로 하나님 아버지를 추종하고 따르는 리더다. 요한복음 20장 21절에 "아버지께서 나를 보내신 것같이 나도 너희를 보내노라"라고 하시고 "성령을 받으라"(22절)고 예수님은 아버지의 의도를 드러내셨다. 즉, 예수님의 비전은 자신을 보내신 아버지께 있었고 예수님은 자신을 따르는 제자들에게 자신의 꿈을 품거나 비전을 주장하지도 않았다. 다만 성령을 받아 아버지의 뜻을 수행하라고 하신다. 이렇듯 리더의 역할은 영적으로 수행되어야 한다.

하나님이 리더에게 계획을 보여주실 때 리더는 자신의 꿈과 욕구를 이루기보다는 자신을 보내신 아버지의 뜻과 의도를 발견하여 자기 삶을 조정함으로써 하나님 아버지께 영광이 돌아가도록 전적인 순종이 필요하다. 이것이 세상의 리더십과 영적 리더십의 다른 점이며 핵심가치다.

따라서 리더의 역할은 하나님 아버지의 뜻을 이루기 위해 십자가에 죽기까지 "나의 원대로 마옵시고 아버지의 원대로 되기를 원하나이다"(마가복음 14:36)와 같이 순종하는 역할인 것이다. 그러므로 리더의 말과 행동까지도 자신의 것이 아니라 하나님의 것이 되도록 그리스도의 제자의 삶을 요구하는 것이다. 마태복음 6장 10절에 "나라이 임하옵시며 뜻이 하늘에서 이룬 것같이 땅에서도 이루어지이다"라고 기도하신 예수님의 기도 내용이 오늘 예수님을 추종하고 따르는 리더들에게 요구되는 것이다. 영적 리더는 자기의 뜻과 야망과 욕구를 버리고 하나님이 보여주신 것에 철저히 순종으로 반응한다면 세상은 변혁될 것이다.

우리는 서로마제국의 멸망 이전 초대교회는 로마 문화의 영향 아래서 구조적이며 제도적인 부분을 형성하고 있었다는 것을 알고 있다. 이러한 초대교회 상황 가운데 로마 문화의 기능들이 초대교회의 그리스도인들의 영향으로 기독교 문화로 재사회화 되었다. 초대 기독교회는 당시 유럽과 서아시아 세계를 지배하고 있던 로마제국의 지역적·민족적·사회적 영역 안에서 성장하였다. 초대교회가 팔레스타인을 중심으로 한 유대민족과 유대교라는 지역적 특징을 가지고 시작 되었지만, 이미 이 지역은 주전 63년부터 초대교회의 탄생에 이르기까지 100년 가까이 로마제국의 지배 아래서 로마 문화의 영향을 받아왔었다.[265]

로마의 문화정책은 피정복민의 문화를 인정하면서도, 로마에서 속주에 이르는 길을 내고 사람들의 이동을 통하여 문화를 흐르게 하였다. 그 결과 상대적으로 높은 수준에 있었던 로마 문화는 문화적 열세에 있는 속주들을 로마 중심으로 재사회화시켜 나갔다. 특히 초대교회의 사회화를 이끌어내었던 로마 문화들은 나중에 결정적으로 70년에 있었던 예루살렘 파괴 이후 유대교와 기독교가 대립하기 시작하면서 예루살렘 기독교 공동체의 소멸이 기독교의 쇠퇴로 이어지지 않았고, 오히려 유대의 민족적·종교적 특징을 벗고, 로마 문화의 영역 안으로 들어가기 시작하였다.[266] 이후 사도 요한이 죽고 삼백 년이 채 되지 않은 기간에 당시 문명 세계를 대표하던 로마제

---

265) 당시 유대는 마카베오 가문의 후손(하스몬 왕조, Hasmonean dynasty)들인 히르카누스 2세 (Hyrcanus II)와 아리스토불루스 2세(Aritobulus II)가 서로 내전을 벌이고 있을 때, 로마 장군 폼페이우스 군대가 히르카투스 2세 편을 들어줌으로써 내전이 일단락되었고 폼페이우스는 예루살렘에 63년부터 주둔하기 시작했다. Albert A. Bell, Exploring the New Testament World(Nashville: Thomas Nelson Publishers, 1998), 70~71.

266) 사도행전 28장은 바울의 로마 도착을 기록하고 있다. 그래서 본 장은 바울을 로마로 보내 복음을 증거케 하신 하나님의 뜻이 성취되는 장으로 자신을 부르신 하나님은 로마에서 전도하게 하셨다. 비록 완결 부분이 아니지만 이방 선교의 무한한 가능성을 시사하고 있는 것이다. 본 장은 멜리데 섬에 도착(1~10절), 멜리데에서 로마로(11~15절), 유대인에게 변증하는 바울(16~22절), 바울의 강론(23~31절)으로 이루어졌다. 멜리데 섬에서 바울은 병든 자들을 치유하며 그들에게 그리스도를 증거하였으며, 로마에 2년간 머무르는 동안에는 유대인과 이방인에게 구원을 설파하였다.

국의 전체 인구가 명목상 기독교를 공인하게 된 것은 여러 가지 제한된 환경 가운데 있었던 기독교로서는 매우 놀라운 변혁적인 일이 된 것을 역사적으로 발견하게 된다.[267]

하나님 아버지의 뜻을 위해 순종하신 예수님은 이 땅에 계시는 동안 예배당 하나 짓지 않고 책 한 권 쓰지 않으셨지만, 제자들을 선택하시고 3년 동안 그들을 가르치고 훈련시키는 일을 하셨다. 그 결과 제자들은 복음으로 전 세계에 기독교 문화로 변혁시키게 되었다. 베드로는 마가를 길렀고, 바울은 디모데를 길렀으며, 요한은 폴리갑을 길렀고, 폴리갑은 이레니우스 등을 길렀으며 성령은 변혁자들을 세워 가신다.

결론적으로 리더는 성경적 세대를 지향하도록 변화를 주도해야 할 때 세속의 문화를 거부해야 할 것이다. 그러므로 지도자는 때로 패러다임 전환을 반드시 필요로 하기 때문에 리더는 변화를 주도하는 역할을 감당하기 위해서 자신의 욕구를 세우기보다는 아버지의 사역을 추구해야 한다.

그것은 '무(無)'로 돌아가는 것과 같다. 성경은 모든 사람이 변화

---

267) 사도행전 1장 15절과 2장을 보면, 이 당시 교회는 120여 명 정도로 시작되었다. 그런데 오순절 성령 강림 후 제자들의 숫자는 500여 형제(고린도전서 1:15)에서 3천 명으로 늘어났고(사도행전 2:41), 예루살렘 교회가 계속 성장하여 사도행전 4장 4절에 이르면 남자만 5천 명 이상이 되었다. 그 후 사도행전 5장 14절에 이르면 믿는 사람의 숫자가 너무 많아서 수를 헤아리지 않고 그냥 큰 무리라고 하였다. 사도 시대 말경의 신자 수는 대략 50만 명 정도로 추산한다. 이렇게 번져가는 무리들은 예루살렘에서 사마리아로, 또 지중해 동부 지역, 특히 안디옥 (Antioch)을 중심으로 서부 소아시아, 빌립보, 데살로니가, 베뢰아, 아덴, 고린도, 에베소, 로마, 서반아 등으로 계속 늘어갔다. 초대교회는 그토록 무서운 박해와 핍박과 순교가 계속되었음에도 불구하고 엄청난 수로 성장해갔다. 이렇게 복음의 역사가 힘차게 일어나게 된 요인은 물론 주를 경외함과 성령의 후원(사도행전 9:31)으로 말미암은 것이었지만, 영혼을 구원코자 하는 열정과 성령으로 충만해진 성도들이 고난과 박해 속에서도 인내하며, 일꾼을 키우고, 목숨을 걸고 복음을 전파했기 때문이었다. 박해 속에서도 교회는 형제애(兄弟愛)가 넘쳤고, 그리스도인들은 서로 격려하고 도움으로 신자가 오히려 증가하여 왕과 상류 계층들도 교회로 들어오게 되고, 소외되고 고난당하던 하류층 들이 대거 교회로 들어오게 되었다. 또 그리스도인들의 건전하고 고상한 영적 삶이 사람들 마음에 기독교에 대해 큰 호의적 반응을 불러일으켰다.

를 받아 하나님의 뜻을 알아야 한다고 명령한다. "너희는 이 세대를 본받지 말고 오직 마음을 새롭게 함으로 변화를 받아 하나님이 선하시고 기뻐하시고 온전하신 뜻이 무엇인지 분별하도록 하라"(로마서 12:2). 이렇게 명령하신 이유는 세상이 성경적인 방향으로 변화하지 않기 때문이다. 한 가지 분명한 사실은 우리 하나님은 변화의 주도자이시고, 성경과 복음의 이야기는 변화의 이야기로 채워졌다는 사실이다.

변화의 주도자(change maker)로서의 삼위일체 하나님은 창조주이시지만, 창조자이실 뿐 아니라 회복시키시는 분(the restorer)이시며 변화를 만드시는 분이시다(출애굽기 15:25, 시편 51:10 등). 성경은 히브리서 1장 10절에서 하나님은 성부 하나님과 같은 창조자로 소개하는 동시에 변화의 주도자로 묘사한다.[268]

지금까지 살펴본 것처럼, 우리의 주(Lord) 되신 하나님은 변화의 주님이시며, 하나님 나라는 변화를 일으키는 주체라면, 영적 지도자들에게 리더십이란 하나님의 뜻을 따라 하나님 나라의 완성을 향한 변화의 길을 인도하는 자로서의 순종을 요구하신다.

오늘날 대부분의 교회는 진정한 리더십의 부족으로 리더십의 위기를 맞는 현실이다. 목회 리더는 신학을 배웠더라도 실제로 목양을 하기 위해 영적 아비로 사람들을 인도하고 조직을 이끌 경건한 리더십을 준비하지 못한 채 설교만 잘하면 된다고 생각했고 진정한 리더십의 이해 없이 관리자와 같은 세속적 리더십으로 하나님 아버지의 일을 하려고 한다.

---

268) 예수님의 사역은 죄로 타락한 인간과 세상을 새롭게 하는 변혁자(transformation)로서의 사역이다(빌립보서 3:21).

그 결과 변화하는 시대에 뒤처진 교회가 되어 교인들이 방황, 불화 등으로 탈진할 위험에 처해 있다.

이제는 기존 관리자적인 리더십에 대한 새로운 패러다임의 전환을 모색해야 할 것이다.[269] 그렇다면 관리자적인 리더와 옳은 일을 하는 리더를 간략하게 비교하여 살펴보고 리더십 본질에 대한 새로운 접근 방법으로서의 리더십 유형을 살펴보고자 한다.[270]

<표 9> 일하는 방식: 관리자 & 리더

관리자가 일하는 방식	리더가 일하는 방식
관리 기술 중시-일을 옳게 하려고 함.	비전 중시-옳은 일을 하려고 함.
능률에 관심이 있음.	실질적인 성과에 관심이 있음.
행정가(개선에 관심이 있음)	혁신가
관리 지향적 (효율에 관심: 조직배치)	변화 지향적 (효과성에 관심: 방향, 정렬, 연합)
시스템과 구조를 강조	사람에 중점을 두고 핵심 가치, 공동 목표를 강조
통제에 의존함.	신뢰에 의존함.
명령 지향적(따르도록 의도함) '어떻게, 언제?'를 물음.	동기부여(따르도록 고무시킴) '무엇, 왜?'를 물음.
과학적이고 꼼꼼하고 합리적인 것을 중시	사람에게 감동을 주는 것에 관심
세부적인 계획과 시간표를 추구	비전과 장기 전략을 개발
예측 가능성과 질서를 추구	변화를 추구
위험을 회피	위험을 감수
기준을 따르도록 사람을 강압	사람이 변화도록 고무시킴.
직책 대 직책의 영향력을 사용함.	사람 대 사람의 영향력을 사용함.
조직의 규칙, 규범, 방침, 절차 내에서 일함.	조직의 규칙, 규범, 방침, 절차를 넘어서 일함.
주어진 직책에 안주	이끌기 위해 범위를 넘어서고 솔선수범함.

---

269) 관리자의 특성을 가진 사람은 지위가 올라갈수록 좀체 만나기 어렵지만, 참된 리더는 아무리 바빠도 가능하면 자신을 열어 만날 수 있게 해준다. 또한 관리자적인 사람은 결정을 회피하고 기회만 되면 자기광고에 급급하나 참된 리더는 힘들어도 결정을 내리려고 애쓰고 공적은 다른 사람에게 돌리며 문제에 맞서고, 솔직하고 자신의 실수를 인정할 줄 안다. 김덕수, 『리더십 다이아몬드』, 22~23.

270) 위의 책, 24.

위의 표를 보면 안타깝게도 대부분 교회 리더는 변화를 추구하기보다는 조직을 관리하는 정도의 지도자가 많다는 것을 알 수 있다. 그 결과 리더십 계승에 대한 문제도 그 영향을 받고 있다.

진정한 리더십은 하나님의 방식을 추구하는 리더이다. 그렇다면 어떻게 하나님의 방식으로 추구해야 하는가? 그것은 지도자가 변혁적 리더십(Transformational Leadership)을 성경적으로 이해하고 이끌 때 일어난다.[271]

변혁적 리더십(Transformational Leadership)은 거래적 리더십(Tran--sactional Leadership)과 대조되는 리더십이라는 용어의 개념을 바로 이해해야 한다.

---

271) 구약에서 살펴본 하나님의 사역뿐 아니라, 신약에서 만나는 예수님의 사역도 똑같은 특성을 보인다. 예수님은 죄인을 불러 새 피조물로 거듭나게 하신다. 구원에의 초대는 본질적으로 변화로의 부르심이다. 그러므로 영적 지도자의 역할은 사람을 변화시키는 사람이다.

리더십 본질에 대한 새로운
접근으로서의 변혁적 리더십 유형

리더십 본질의 새로운 접근으로서 박형순은 그의 책『변혁적 서번트 리더십』에서 변혁적 리더십이 추구하는 목적은 조직의 변혁을 통한 새로운 형태의 교회 성장을 추구하는 것이며, 그것은 또한 교회의 종교와 영성, 그리고 문화적 특성을 반영하려고 시도했다.

1. 변혁적 리더십의 본질과 신학적 요소들

캘러한(K. I, Callahan)의 리더십 구성 요소 중 '리더십의 본질'은 리더십의 유형을 결정짓는 리더십 특성적 본질을 의미한다고 보았다. 이 책은 리더십 본질 유형으로 변혁적 리더십 이론을 선택하기로 하였다.

이론의 제안자인 배스(B. M. Bass)와 그의 지지자들은 변혁적 리더십이야말로 변화와 경쟁의 시기에, 거래적 리더십의 한계를 극복하고 이를 대체할 수 있는 효과적인 리더십임을 강조하고 있다. 변혁적 리더십의 리더는 조직 목표와 비전(vision)에 대한 구성원들의 참여 의지를 높이고, 그들의 성장과 발전을 배려하고 힘을 실어주며 (empowerment), 기대 이상의 성과 달성에 대한 동기를 유발하고, 구성원들의 창의적이고 혁신적인 사고와 행동을 고무시켜 주기 때문이다.

제임스 번즈(James MacGregor Burns)는 『Leadership』에서 리더십에는 두 종류가 있음을 지적한 바 있다.[272] 거래적 리더십을 부정하기 보다는 오히려 변혁적 리더십이 거래적 리더십을 능가한다는 사실을 강조하기 위해 두 종류의 리더십을 비교했다.

<표 10> 거래적 리더십 & 변혁적 리더십 비교

거래적 리더십 (Transactional Leadership)	변혁적 리더십 (Transformational Leadership)
"내가 원하는 것을 해주면 어떠한 보상을 너에게 주겠다." 지도자-추종자와 (거래) 자본가의 자본과 노동자의 노동의 거래 (서로 돈을 받지만 더 이상의 의미 없음)	성경적 목표와 비전 제시로 자발적으로 노력하게 만드는 지도자 "우리가 세상을 변화시키자."
서로가 필요가 없으면 언제라도 남처럼 돌아설 수 있는 관계	서로가 필요한 비전 공동체 형성
규칙에 매여 일하게 함. (상황 속에서 일함)	더 큰 목적을 위해 규칙(전통, 문화)을 바꿈(상황을 바꿈).
결과: 근본적인 변화가 일어나지 않음.	결과: 다양한 조직 환경에서 거래적 리더십에 비해 장기적으로 매우 효과적으로 근본적인 변화를 가져옴.

위의 도표와 같이 변혁적 리더십과 거래적 리더십은 근본적인 대조를 가진다. 번즈는 '변혁적(transforming) 리더'란 사람들이 지도자가 원하는 비전을 성취시키고자 애쓰도록, 따르는 사람들의 마음과

---

272) 제임스 번즈(James MacGregor Burns)는 Leadership『리더십』에서 (재인용) 김덕수, 『리더십 다이아몬드』, 33.

생각을 변혁시키는 사람이라고 했다.[273) 사람들로 하여금 어떤 상황 속에 매여 일하는 것이 아니라(buying into), 자발적으로 노력하게 만드는 것이 변혁적 리더가 움직이는 방식을 말한다.

기업 경영에서도 지도자가 변화의 리더십을 가져야 함을 말하지만 목회 지도자는 소명과 해야 할 일이 모두 사람들의 마음과 생각의 변화를 일으키는 것을 기본으로 한다. 변혁적 지도자는 본질적으로 참된 가치, 도덕에 근거해 격려하고 가능성을 살리는 사람이며, 리더의 목적은 사람과 조직을 하나님의 뜻에 도달하도록 조직을 변화하는 것이다. 따라서 변혁적 리더는 사람들의 마음과 생각을 바꾸고 하나님의 비전을 확장하고 목표를 명확히 하고 행동과 믿음을 일치시키는 것이 진정한 목회 리더다. 과거의 전통을 답습하고 거래를 통해 현재를 관리하는 데에 그치지 말고, 현재를 변화시켜 성경적 이상이(Vision) 현실이 되도록 이끌어야 진정한 지도자의 본질이다.

변혁적 리더십 이론의 제안자인 번즈와 그의 지지자들은 변혁적 리더십이야말로 변화와 경쟁의 시기에, 지금까지의 거래적 리더십(transactional leadership)의 한계를 극복하고 이를 대체할 수 있는 효과적인 리더십임을 강조했다.[274) 변혁적 리더십의 리더는 조직 목표와 비전(vision)에 대한 구성원들의 참여 의지를 높이고, 그들의 성장과 발전을 배려하고 힘을 실어주며(empowerment), 기대 이상의 성과 달성에 대한 동기를 유발하고, 구성원들의 창의적이고 혁신적인 사고와 행동을 고무시켜 주기 때문이다. 이처럼 조직의 변혁을 중시하

---

273) 위의 책, 34~35.

274) 리더십의 핵심적 특징은 변혁과 혁신이다. 이러한 핵심적 특징을 위해서 효과적인 차세대 리더십 유형으로 인정받고 있는 번즈의 변혁적 리더십의 본질과 특성들을 전통적 거래 리더십과 비교하기 좋기 때문이며 현재까지 보다 번즈의 변혁적 리더십이 추구하는 가치관이 본질적으로 목회 리더십을 주요 연구 대상으로 삼고 있기 때문이다.

는 변혁적 리더십은 현대 리더십 이론의 주류를 형성해온 거래적 리더십 이론을 대체할 차세대 리더십 모델로서 주목받고 있으며, 주로 행정학과 경영학 같은 사회과학 분야에서 집중적으로 연구가 진행되어 왔는데[275] 변혁적 리더십의 이론적 특성을 살펴보면 목회 리더십의 주요 특성들과 매우 유사한 이론 체계를 지니고 있음을 알 수 있다. 그러므로 변혁적 리더십 이론은 일반 사회 기관이나 기업들뿐 아니라 교회와 같은 비영리조직에서도 조직의 변화를 통한 새로운 형태의 성장을 가능케 할 리더십 패러다임의 구성 요소로 매우 효과적인 기능을 발휘할 수 있다는 것을 보여준다.

오늘날 교회에서도 변혁적 리더십에 대한 연구는 서구와 마찬가지로 주로 사회과학 분야에 국한해 진행되어 왔으나, 실천신학의 목회 리더십 분야에서는 아직 이에 대한 본격적인 관심과 연구가 잘 이루어지지 않고 있다.

1) 목회 리더십의 구성 요소

목회 리더십의 구성 요소로 신학자 캘러한(Callahan)은 리더십을 전체적으로 이해하기 위해서는 리더십과 상관관계를 지닌 다음의 네 가지 요소를 고려해야 한다고 말했다. 그것은 리더십의 본질(nature), 교회의 신학, 영성(인생관), 문화적 경향의 네 가지 요소이다. 그에 새로운 리더십 패러다임 구성 요소는 이러한 목적과 특성

---

275) 이러한 변혁적 리더십은 주로 일반 사회단체나 기업계를 중심으로 변혁적 리더십이 활발히 적용되어 왔으며, 북미의 기업 경영자(CEO)들 사이에서도 그 효율성이 널리 입증되었다. 그러나 대부분 교회는 아직도 변혁적 리더십에 대한 개념으로서의 리더십을 이해하지 못하고 있으며 이를 계승하려는 시도를 하고 있어서 사회적인 세습문제가 불거지고 있다.

에 맞추어 설정되어 변혁적 리더십 패러다임의 구성 요소로 다음의
네 가지를 설정한다.276)

첫째, 리더십의 본질: 번즈의 변혁적 리더십

둘째, 리더십의 신학: 서번트 리더십, 평신도 신학

셋째, 리더십과 영성: 한국인의 영성과 심리적 특성

넷째, 리더십과 문화: 한국의 종교, 문화의 특성

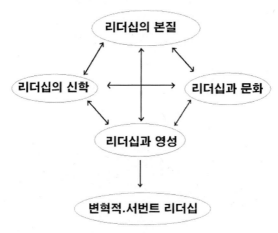

<그림 10> 리더십 요소들의 상관관계277)

위의 네 가지 구성 요소들에게서 나타난 것처럼, 새로운 리더십
패러다임은 한국적 목회 리더십 유형을 신학과 사회과학, 한국인의
영성과 문화적 측면의 특성을 모두 포함하여 그것을 목표로 하고 있다.

---

276) K. I., Callahan, *Effective Church Leadership*(San Francisco CA: Jossey-Bass Inc., 1990), 38. (재인용)
박형순, 『변혁적 서번트 리더십』, 16.

277) 박형순, 『변혁적 서번트 리더십』, 16~17. 박형순은 이 표와 같은 개념을 한국에 널리 소개된
미국 교회의 리더십 이론과 기업 경영 리더십 이론을 한국적 목회 상황에 무비판적으로 적용
하려는 잘못을 피하고, 교회의 조직 문화와 구성원의 특성적 장점을 극대화하고 약점을 보완
하여 새 시대적 모델을 제시하려고 한다.

<표 10>에서 제시한 리더십의 네 가지 구성 요소들은 서로 간에 아주 가깝게 맞닿아 있거나 관계나 연관성이 큰 상관관계를 형성하고 있다. 여기서 리더십의 기본 유형으로서의 본질은 리더십의 신학에 영향을 미치고, 리더십의 신학은 리더십의 본질에 밀접한 영향을 미치게 된다. 이러한 방식으로 리더십의 본질과 신학은 리더십의 대상이 되는 조직의 문화와 영성적 특성에 영향을 미치며, 반대로 조직의 문화와 영성적 특성은 리더십의 본질과 신학에 밀접한 영향을 미치게 된다. 그러므로 이 네 가지 요소는 리더십의 패러다임을 구성하는 데 있어서 동일한 가치와 비중을 지닌 요소들로서 다루어져야 하고 리더십 본질(가치관)이 어떠한가에 따라 그 구성 요소들의 상관관계가 네 가지로 분류되는데 그 패턴은 경영자(manager), 수장(boss), 협력자(enabler), 카리스마적(charismatic) 리더로 분류된다. 또한 이 네 가지 리더십의 본질과 유형에 따라 리더의 신학(교회관), 인생관(삶의 철학), 문화에 대한 이해 등에 영향을 끼쳐 나타난 리더십의 분류를 보면 다음과 같다.[278)]

<표 11> 리더십의 분류

구성요소 분류	리더십의 본질	영성(인생관)	교회의 신학	문화적 경향
제1분류	경영자 (Manager)	물질주의 (Materialism)	제도주의 (Institutionalism)	경제적 현상 (Economic)
제2분류	수장 (Boss)	계급사회 (Hierarchicalism)	성직계급 (Sacramental Hierarchy)	역사적 운명론 (Historic & Destiny Driven)

---

278) 박형순, 『변혁적 서번트 리더십』, 31~32.

제3분류	협력자 (Enabler)	개발 지향적 (Developmental-ism)	과정 (Process)	발전과정 (Developmen-tal Stages)
제4분류	카리스마적 (Charismatic Inspirer)	종말적 인생관 (Apocalypticism)	언약 공동체 (Covenant Community)	타락한 문화 (Fallen Culture)

위의 도표에서 알 수 있듯이 캘러한의 이론은 다양하고 복잡한 리더십의 본질을 더욱 명료하고 객관적으로 이해할 수 있도록 하여 구성 요소의 개념의 변화에 따라 다양한 리더십의 유형을 도출해낼 수 있는 가능성을 주고 있다.[279]

여기서 리더십의 본질이 리더십의 유형을 결정짓는 특성을 보여 주고 있으며, 그 본질에 따라 목회사역(신학)을 결정한다. 리더십과 영성은 리더십의 유형을 형성하는 데 있어서 결정적인 영향을 미치는 영역이다. 이 영역은 그들의 인생관이 신앙적인 원리의 영향을 통해 영성 표출로 인해 변수가 생긴다.

마지막으로 리더십과 문화는 그 리더가 사역하는 교회, 즉 한국적 목회 리더십을 목표로 하는 것이다. 그 결과 새로운 리더십 패러다임의 구성 요소들은 각각 밀접한 상관관계를 통해 리더십 패러다임 특성을 형성하여 아래 도표와 같이 나타나고 있다.[280]

---

279) 예를 들면, 물질주의적 인생관(영성)을 소유한 리더는 사회, 문화적 현상을 경제적 현상으로 간주한다. 그러므로 리더십의 본질 역시 경영자적 관점에서 보게 됨으로써 경영자적 리더십을 발휘하게 된다. 어떤 유형의 리더십 본질을 가지느냐에 따라 경영자, 수장, 협력자, 카리스마적 리더로 구분된다.

280) 위의 책, 38.

<표 12> 새로운 리더십 패러다임의 특성들

구성 요소	리더십의 본질	리더십의 신학	리더십과 영성	리더십과 문화
중심 주제	변혁적 리더십	서번트 리더십	한국인의 영성	한국의 토속 종교와 유교 문화

위의 도표에서 목회 리더십에 있어서 어떤 유형을 선택하는가의 문제는 목회의 방향을 결정짓는 중요한 사항이므로 새로운 리더십 패러다임의 특성을 고려할 때 변혁적 리더십이 보다 성경적인 리더십으로 드러난다는 결론이다.

지금까지를 종합하면 2절에서 리더십을 계승을 할 때 목회사역을 계승해야 함을 살펴보았다. 3절에서는 목회신학적 관점에서 목회는 하나님의 부르심으로만 되는 것이 아니라 그 비전을 이루기 위해서는 목자 그리고 행정가 이상이어야 함을 연구했다.

그것은 목회 리더십을 뜻하며 하나님의 사역을 이 땅에 이루기 위해서 성경적인 리더십의 본질을 찾아야 했다. 변혁적 지도자는 본질적으로 참된 가치, 도덕에 근거해 격려하고 가능성을 살리는 지도자로, 그 목적은 사람과 조직을 하나님의 뜻에 도달하도록 조직을 변화하는 데 있다.

따라서 변혁적 리더는 사람들의 마음과 생각을 바꾸고 하나님의 비전을 확장하고 목표를 명확히 하고 행동과 믿음을 일치시키는 것이 진정한 목회 리더임을 드러내고 이를 위해 변혁적 리더십의 한 모델로서의 리더십 다이아몬드 모델을 다음 4절에서 살펴보고자 한다.

제4절
리더가 갖추어야 할 리더십의 총체적 모델

다이아몬드는 동서양을 막론하고 가장 귀한 보석으로 꼽는 것처럼 "과연 어떤 리더십의 요소를 갖춰야 건강한 지도자로서 주님을 기쁘게 하며 사람들을 잘 섬기고 성경적 공동체를 세워갈 것인가"라는 질문에 대안으로 다이아몬드 모델을 통해서 김덕수는 다음과 같이 제시한다.

1. 리더십과 다이아몬드 모델

다이아몬드의 특성에서 아름답고, 귀하며, 강하고 단단하며, 헌신의 표시로 결혼 예물로 쓰이며, 곧 변치 않는 불변성을 지닌다. 또한 그 질에 있어서 흠이 없으면 값어치가 떨어지지 않는 특성과 투명성에 따라 가치가 달라지는데 그 원석을 어떻게 가공하느냐에 따라 값어치가 결정이 되며, 무엇보다도 이러한 특성이 나오기까지는 오랜 시간을 통과해서 나온 결정체라는 것이다.281) 그 이유는 하나님이 리더를 키우시고 준비하시는 방법과 비슷하다. 하나님이 리더를 준

---

281) 김덕수, 『리더십 다이아몬드』, 59~60.

비하시는 방법은 다른 방식으로 온전히 개발될 수 없는 자질을 다양한 문화 속의 역경을 통해 리더의 성품 속에 심어주시기 때문이다. 성경적 리더십의 여러 측면에서 살펴볼 때 하나님, 지도자 자신, 구성원, 상황(문화) 네 가지의 함수임을 발견한다.

리더십=f(하나님, 지도자 자신, 구성원, 상황)[282]

하나님께서 교회에 지도자를 주신 이유는 깨닫지 못하는 성도들의 은사와 사명을 잘 활용하도록 도우라는 점에서 리더십은 하나님과 성도 간의 살아 있는 관계성에서 나온다고 할 수 있다. 따라서 참되고 훌륭한 지도자는 사람들이 지도자를 따르는 것으로 판단할 것이 아니라 지도자가 섬기는 성도들이 하나님을 얼마나 잘 따르느냐로 판단되어야 한다.[283] 그렇다면 다이아몬드 모델을 살펴보자.

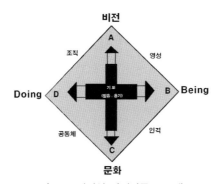

<그림 11> 리더십 다이아몬드 모델[284]

---

282) 여기서 'f'는 관계성이란 함수이다. 지도자와 하나님과의 관계성, 지도자 자신과의 건강한 관계성, 구성원과의 관계성, 그리고 지도자가 처해 있는 상황과의 관계성을 만들어가는 것으로 리더십이 표현된다. 위의 책, 41.

283) 위의 책, 41.

다이아몬드 모델의 특징은 그 크기에 따라 가치가 몇 배로 뛰듯이 영적 리더십의 크기가 그 지도자의 가치를 결정짓는다. 도표에서 보듯이 A(비전)는 미래에 대한 소망과 C=문화(현실) 사이의 간격이 크면 보통 사람은 좌절하고 직무의 불가능성을 말하지만, 지도자는 그 간격이 크기 때문에 자신이 할 일이 있고 존재 가치가 있다고 느끼며 도전을 받는다. 현실과 비전 사이의 간격이 없으면 리더십도 없기 때문에 리더는 그 역할의 크기로 아는 것이 지도자이다. 따라서 리더십 다이아몬드 모델에서 리더십의 크기는 영성, 인격, 공동체, 조직의 네 요소에 의해 결정된다. 특별히 이 그림에서 보듯이 리더십 다이아몬드의 중앙에는 십자가가 있고 그곳은 기도의 자리다. 리더십의 중심은 기도와 믿음이다. 즉, 하나님을 향한 믿음과 용기에 의해 리더십의 힘과 출발이 일어나는 곳이다.[285]

A(vision, 비전), B(being, 내면)를 잇는 면은 '영성'이다. 하나님의 관계가 어떠한지에 따라 영성의 측면이 크기가 달라진다.[286]

B, C(culture, 문화)를 연결하는 면은 지도자의 '인격, 성품'이다. 지도자의 안과 밖의 모습으로 지도자 자신과의 관계를 표현한다. 이 측면은 지도자가 되고자 하는 그리스도인의 모습으로 리더십의 모습이 만들어지며 지도자의 성품과 인격에 해당한다.[287] 그래서 지도

---

284) 위의 책, 61.

285) 위의 책, 61~62.

286) 이 영성 부분에서 지도자의 하나님의 의존성이 나타난다. 하나님과 진정으로 화해한 지도자만이 참된 영성에서 비롯된 변혁적 리더십을 발휘할 수 있다. 사람들이 알고 싶고 만나고 싶은 그리스도의 모습이 지도자의 측면에서 나타날 것이다.

287) 지도자의 성품과 인격으로 용기, 자기 절제, 사랑, 정직성, 조심성, 인내, 겸손, 자신과 하나님에 대한 두려움, 신사적이며, 부드러움 등의 항목이다. 이러한 항목은 그리스도와 진정한 참된 화해를 경험하지 못한 지도자는 성경적 기초가 없어 조만간 그 거짓된 인격과 기독교적이지 못한 성품을 드러낼 것이다. 그러면 비록 지도자로서 탁월한 능력을 가졌을지라도 성도들은

자는 이러한 측면을 연구하고 개발하여 지도자로서의 인격과 성품이 나타나도록 형성되고 다듬어져야 한다.

또한 C, D(doing, 실행 기술)로 구성된 측면은 '공동체'로 표현된다. 즉, 지도자와 문화 이해와 행동 기술이 결합될 때 실제적인 공동체가 만들어진다.[288]

지도자와 구성원은 상호의존적이어야 한다. 그것이 잘 표현된 곳이 공동체이다. 이것은 다른 사람과의 화해가 있어야 만들어질 수 있고, 또한 다른 사람과의 지속적인 화해 속에서만 만들어지는 것이다. 이곳은 다른 사람을 섬기는 우리의 모습 속에 나타나는 그리스도의 표출이다. 리더십이 현실이 되는 곳이다.[289]

D와 A, 즉 지도자의 실행 기술과 비전의 결합 결과는 공동체의 '조직성'이다. 따라서 뛰어난 리더십은 훌륭한 조직을 형성한다. 성경적 비전과 리더십 기술이 결합되어야 기독교적인 조직이 만들어지기 때문이다. 목회사역을 함에 있어서 성경적이고 목회신학적인 관점이 없이 만들어진 공동체는 기독교적인 특성을 갖지 못하고 세속적 조직처럼 움직이게 된다. 성경적 비전과 기독교적 행동 양식이 없다면 그 공동체를 이끄는 리더가 만들어낸 공동체는 세상의 조직이 될 것이고, 성경적 비전과 기술 역량조차 없다면 조직으로 사역을 완성시키지 못한다.[290]

실망할 것이다.

288) 이곳은 리더십의 사회학이라고 말할 수 있다. 다른 사람과의 관계성과 다른 사람에 대한 이해가 나타난다. 그리고 다른 사람과의 관계성 속에 나타난 우리 자신을 볼 수 있는 곳이기도 한다.

289) 위의 책, 63~64.

290) 많은 리더십 책들이 나오지만 지도자의 'Being' 측면을 충분히 다루지 않는데, 그리스도인들은 이 부분을 특별히 더 주목하고 계발해 나가야 한다. 요즘은 경영 분야에서 나오는 리더십 관련 도서에서도 점점 더 이 측면의 중요성을 강조하는데, 오히려 기독교적 리더십을 실행하는 교회가 이 측면에 신경을 쓰지 않고 있다고 혹자는 비평한다.

그러므로 변혁적인 지도자들이 신경 써야 할 리더십의 'doing' 측
면에는 리더십 행동 방식과 스타일, 파워와 임파워먼트의 사용, 문
화 해석과 조직 분석 기술, 커뮤니케이션, 가르치고 가치를 형성하
는 일, 자원을 관리하고 할당하고 팀을 만들어가는 기술들[291]이 있
다는 것을 리더는 인식하고 미래 지도자들에게 계승할 수 있도록 역
량을 개발하고 그 행동들을 통해서 비전을 더욱더 발전시키게 되어
공동체가 건강하게 형성될 수 있게 될 것이다. 또한 한 조직의 위대
함은 리더의 위대함과 정비례한다. 조직이 리더보다 위대해지는 일
은 드물다.[292]

<표 13> 결함이 있는 리더십 다이아몬드[293]

---

291) 김덕수, 『리더십 다이아몬드』, 65.

292) Blackaby, 『영적 리더십』, 48.

293) 김덕수, 『리더십 다이아몬드』, 66～69.

190 목회사역 계승 매뉴얼

도표와 같이 지도자 가운데 비전이 결여된다면 조직과 영성이 함께 결함이 있는 지도자가 될 뿐만 아니라 Being과 Doing 측면도 부족한 편이 될 것이다. 또한 다른 측면의 다이아몬드 모델의 Being 측면에 문제가 있는 리더는 지도자로서 커뮤니케이션 기술, 사람을 다루는 능력, 훈련시킬 수 있는 경험, 설교, 가르침, 회의 주재, 조직력 등 기술적 능력은 뛰어나고 비전을 말하지만 영성과 인격과 문화 이해나 현실감도 부족하여 성도들을 이해하지 못한다는 소리를 듣게 될 것이다.[294]

결함 없는 리더십을 키운다는 것은 일정한 기술이 개입되지만 궁극적으로 리더십이란 행위보다는 존재와 관련된 것이다. 리더십 개발은 곧 개인 성장이라는 뜻이다. 즉, 리더 한 사람이 자라면 동시에 지도역량이 자라고, 지도역량이 자라면 그가 이끄는 조직이 자랄 가능성도 커지기 때문이다. 그러므로 리더가 자기 조직을 위해서 할 수 있는 최선의 일은 곧 자신이 자라는 것이다.[295]

지금까지 3장에 대한 내용을 정리하면, 실제적인 목회사역을 계승함에 있어서 먼저 살펴야 할 것이 바로 '목회신학의 관점'을 계승해야 한다는 것이다. 특히 목회신학(Theology of Ministry)[296]이 없는 리더십은 방향을 상실한 배와 같다.

이에 3장에서는 리더십의 본질은 목회신학의 정립이며, 그 본질에 대한 성경적인 접근으로 영적 리더십의 최소 다섯 가지를 제시했다.

---

294) 김덕수, 『리더십 다이아몬드』, 67.

295) Blackaby, 『영적 리더십』, 48.

296) 지금까지 목회신학(Theology of Ministry)의 개념은 오늘날 전통적인 실천신학의 개념과 다르다는 점을 발견해야 한다. 이 개념은 마치 '이방인의 구원'에 대한 유대인의 전통적인 틀을 깬 신학적 혁신과도 같은 개념이다. 2장 '목회신학', '신학적 혁신' 참조할 것.

이러한 영적 리더십을 위한 모델로 예수님의 목회사역을 살펴봄으로써 우리가 무엇을 계승할 것인가에 대한 목회사역을 드러내고자 했다. 즉, 리더의 역할은 예수님의 영적 리더십의 개념을 이해해야만 한다.

영적 리더십은 자신의 리더십 방향으로 이끌기보다는 하나님이 자신을 통해 이 세대를 향한 목표를 실제로 이루시도록 수행하는 리더십으로 사람들을 움직여 현재의 자리에서 하나님이 원하시는 자리로 가도록 동기를 부여하는 자로 성령께 의존된 자이며 더 나아가 불신자들에게도 영향을 끼치는 변혁적 리더십의 개념을 가져야 함을 강조했다. 그 결과를 리더가 일하는 방식이 어떠해야 하는지에 대해 <표 9>에서 제시했고 성경적 리더십의 대안으로 변혁적 리더십의 유형으로 성경적인 본질과 신학적 요소로 표현하였다.

이 책은 리더가 갖추어야 할 리더십의 총체적 모델로서 성경적·신학적인 모델로서 김덕수의 '리더십 다이아몬드' 모델이 교회 계승을 위한 차기 지도자를 세우는데 도움을 줄 것이다.

3장 후반부에서 다이아몬드 모델의 결함을 다루면서 실제적으로 후임리더를 발굴하기 위한 효과적인 계승 계획과 관리적인 측면이 필요함을 서술하였다.

다음 장에서는 실제적인 목회사역을 위한 프로세스를 제안하고자 한다.

실제적인 목회사역 계승을 위한 계획과 후임 관리 실천 프로그램 제안

본 장에서는 실제적인 목회사역 계승에 따른 계획과 관리에 대한 문제 제시를 함으로써 '어떻게 목회사역 계승의 문제를 준비할 것인가?'를 다루고자 한다.

제1절

실제적인 목회사역에 따른
계획과 관리에 대한 문제

    현장 목회사역에 있어서 핵심 리더의 계승을 위한 계획에 대한 방법을 제시할 수 있다면, 해당 교회는 이미 다가올 미래를 준비하는 데 효과적인 계승 계획과 관리적인 면에서 프로그램을 운영하고 있다고 하겠다. 만일 준비되지 않고 있다면, 해당 교회는 반드시 하나님의 사역을 수립하도록 준비해야 한다. 성경에 의하면 하나님께서는 자신의 목적을 실행히기 위해, 자신의 뜻을 밝히고 계획을 알릴 사람(리더)을 선택[297]하시고 있다.

    출애굽기 3장에서 하나님은 떨기나무 불꽃 가운데서 모세에게 나타나, 그를 부르시고, 사명을 주셨다.[298] 그 후에는 하나님은 이렇게 선택된 자가 자신과 같은 뜻을 가지고 동역할 수 있는 사람들 사이

---

297) 최근 교회는 다른 거짓 영들로 성경의 복음과 진리가 왜곡되게 해석되므로 매우 혼탁해져 있으며 많은 성도들이 미혹되어 교회가 큰 피해를 입고 있다. 한 예로 신천지 집단 추수꾼의 교회 침투로 인하여 전국의 교회들이 심각한 피해를 입고 있다.

298) 출애굽기 3:8~10. "내가 내려가서 그들을 애굽인의 손에서 건져내고 그들을 그 땅에서 인도하여 아름답고 광대한 땅, 젖과 꿀이 흐르는 땅, 곧 가나안 족속, 헷 족속, 아모리 족속, 브리스 족속, 히위 족속, 여부스 족속의 지방에 데려가려 하노라. 이제 가라. 이스라엘 자손의 부르짖음이 내게 달하고 애굽 사람이 그들을 괴롭히는 학대도 내가 보았으니 이제 내가 너를 바로에게 보내어 너에게 내 백성 이스라엘 자손을 애굽에서 인도하여 내게 하리라."

에 있게 하시며 그들로 하여금 비전을 이끌어나갈 힘이 되도록 하신다.

효율적인 지도력은 반드시 비전과 연관되어야만 한다. 그 비전은 하나님의 의도를 반영하는 것으로 모든 교회가 품어야 할 비전을 담고 있다. 이러한 비전을 소명으로 부여받은 리더는 교회에서 지도자로 부르심을 받고 목회사역에 종사하게 된다. 그렇다면 어떻게 하나님의 사역을 할 것인가? 헨리 블랙커비는 그의 책『영적 리더십』에서 "영적 리더십은 사람들을 움직여 하나님의 일을 하게 하는 것이다"[299])라고 한다. 이스라엘 영적 지도자들은 많은 백성들이었음에도 불구하고 사람들을 움직이게 하여 현재의 자리에서 하나님의 뜻과 원하시는 자리로 가게 하는 방식을 추구하는 영적 리더였다. 이러한 리더십은 반드시 성령께 의존해야만 가능하다는 사실을 그들은 경험하였다.[300]) 성령의 인도하심에 대한 한 예로 신약에 나오는 바울 사도의 선교 여행이다. 사도행전 16:1~6에서 사도 바울은 아시아 사역에서 큰 성공을 거두었기 때문에 계속 아시아를 공략하려고 했으나 성령께서 막으셨다(6절). 이 때문에 사도 바울은 동쪽에 있는

---

299) Henry T, Blackaby, and Blackaby, Richard. Spiritual Leadership: Moving People on to God's Agenda, 『영적 리더십』, 윤종석 역(서울: 두란노서원, 2008), 35.

300) 애굽에서 나온 이스라엘 백성들이 가나안 땅까지 가는 길은 홍해 광야 길보다 블레셋 사람의 길이 훨씬 더 가까웠다. 넉넉잡고 한 달이면 갈 수 있었다. 부지런히 가면 보름이면 갈 수 있는 길이었다. 그런데 하나님은 그 가까운 길로 인도하지 않으시고 홍해 광야 길로 인도하셨다. 그 이유가 성경에 나와 있다. 출애굽기 13:17 "바로가 백성을 보낸 후에 블레셋 사람의 땅의 길은 가까울지라도 하나님이 그들을 그 길로 인도하지 아니하셨으니 이는 하나님이 말씀하시기를 이 백성이 전쟁을 하게 되면 마음을 돌이켜 애굽으로 돌아갈까 하셨음이라." 블레셋 사람의 길로 가게 되면 전쟁을 하게 될 텐데 전쟁을 만나면 그들이 애굽으로 돌아가지는 않을까? 하는 걱정을 하셨기 때문이다. 여기에서 우리는 하나님의 마음을 알 수 있다. 하나님은 이스라엘이 애굽으로 돌아가지 않고 가나안 땅에 들어가기를 간절히 원하셨다. 하나님의 간절한 마음은 이스라엘이 하나님이 약속하신 젖과 꿀이 흐르는 가나안 땅에 들어가서 그 축복을 마음껏 누리며 사는 것이다. 그런 하나님의 간절한 마음이 이스라엘을 광야 홍해 길로 나가게 했던 것이다. 하나님은 이스라엘 백성을 불기둥과 구름기둥을 통하여 가나안까지 인도하셨고, 광야에서 생수를 먹여주시고, 만나를 공급하셨다. 이러한 하나님의 인도하심은 성령 내주 역사하심의 결과이다.

브루기아와 갈라디아를 통과하여(6절), 서쪽에 있는 무시아를 향하다가 북쪽에 있는 비두니아로 가려고 했으나(7절), 성령께서 이것도 허락지 아니하셨다(7절). 결국 사도 바울은 무시아를 지나 드로아로 내려가게 되었다(8절). 드로아에 내려온 사도 바울은 환상을 통하여 자신이 진정으로 추구해야 할 새로운 사역지가 어딘지 확인하는 기회를 얻었다(9절). 복음전도는 사역자의 의지에 따라 이루어지는 것이 아니라 성령의 의지에 의해 이루어지는 것이다.[301] 이와 같이 리더는 하나님의 비전을 수행함에 있어서 성령의 사역을 분별해야 한다. 무엇보다 효과적인 비전을 수행하기 위해 리더십 계승에 대한 체계적인 계획과 조직 관리를 세워야 한다.[302]

모세는 자신이 물러나야 할 때를 알고 그의 사역을 여호수아에게 계승하도록 계획하고 준비하였다. 신명기 1장 38절에 "너의 종자 눈의 아들 여호수아는 그리로 들어갈 것이니 너는 그를 담대케 하라 그가 이스라엘에 그 땅을 기업으로 얻게 하리라"고 하였고 또 신명기 3장 28절에서 다시 언급하셨다. 그 후 모세는 하나님의 말씀대로 자신이 죽기 전에 여호수아에게 하나님의 뜻을 전했다. 신명기 31장 7절 "모세가 여호수아를 불러 온 이스라엘의 목전에서 그에게 이르

---

301) 목회와 신학편집팀, 『사도행전』(서울: 두란노아카데미, 2003), 310.

302) 비전을 제시하고 수행하는 리더십이 있는 지도자가 구성원들에게 공유하고자 할 때 리더십에는 인간관계와 비전 제시 두 측면 모두가 중요하다. 하지만 리더십을 통해 체계적이고 지속적인 혁신과 또 조직 시스템의 창조적인 활용 기반 마련, 즉 기도모임을 위한 계획, 진행사항 등을 공동체가 함께 공유하도록 운영되지 않는다면 보다 효과적인 공동체의 문화를 형성할 수 없기 때문이다. 성령의 분별은 하지만 얼마 후 모든 노력이 다 물거품으로 돌아가고 공동체 역시 비전에 대한 공유를 할 수 없을 것이다. 그런 측면에서 계획과 관리 프로그램의 용어를 사용하고자 한다. 사실 구성원들에게는 성령의 분별력이나 비전이 어디서 나왔는지, 어떻게 만들어졌는지는 중요하지 않을지도 모른다. 그들에게 정말 중요한 것은 비전이 공유되어 가는 과정이다. 공유하고 비전을 확장하려 할 때 그 비전을 참여하도록 관리와 같은 프로그램이 필요하다. 그 결과 사람들이 이해하고 참여하게 된다. 이때 지도자는 공동체 구성원들이 말하고자 하는 것을 들어주고, 그것이 힘 있게 명료화되도록 조직의 시스템은 갖추어져야 보다 효과적이며 투명하게 공유될 것이다. 한마디로 그 비전을 성취를 위한 전략이다.

되 너는 강하고 담대하라. 너는 이 백성을 거느리고 여호와께서 그들의 조상에게 주리라고 맹세하신 땅에 들어가서 그들에게 그 땅을 차지하게 하라"라고 한다. 모세의 리더십 계승은 하루아침에 갑작스럽게 계승되지 않고 하나님의 뜻을 알고 그 의도를 효과적으로 계승되도록 리더십에 대한 준비와 조언과 지도력을 이양되어 계승함으로써 여호수아는 모세의 의도를 그대로 받아 하나님의 비전을 이행하였다. 지도자는 물러나야 할 때를 알고 그때를 위해 계승 계획을 적절하게 대처하여 전임자가 이루지 못한 비전을 계승자가 완성하게 하는 것이 바람직한 지도자다.

오늘날 불행하게도 후계자를 양성하지 않은 일로 인하여 사회적으로 지탄을 받고 있는 교회의 모습을 보게 된다.

모세는 비록 80세에 부름을 받아 이스라엘의 지도자로 일을 시작하면서 곧바로 후계자 여호수아를 자신의 곁에서 하나님을 경험하는 일을 경험하도록 지도하여, 후계자를 양성하였다. 모세는 자신이 떠날 때를 알고, 자기의 사명을 후계자에게 넘긴 것을 통하여 알 수 있는 사실은 전임자 모세와 후임자 여호수아의 계승 계획은 세속적인 리더십이 아닌 영적 리더십 계승으로 자신을 부르신 하나님의 뜻과 의도와 동일한 사람들이었다는 것이다.

이처럼 성경적인 지도자라면, 그의 목표는 하나님의 뜻과 동일해야 하겠지만 동시에 자신들이 사역을 하고 있는 공동체의 목표와 일치하도록 해야 한다. 비전은 사역리더가 세상적인 방식으로서의 리더십이 아닌 하나님의 방식으로 자신에게 맡겨주신 공동체들에게 세상에서 감당해야 할 사명을 추구하도록 도울 때[303])를 말한다.

---

303) 김덕수, 『리더십 다이아몬드』, 42.

따라서 전임리더는 자신에게 주어진 비전을 위해 하나님의 뜻을 전하고, 그의 영적인 권위를 구체화하여 자신에게 부여하신 분의 뜻대로 이끄는 동시에 성도들의 필요를 채우려고 노력하는 사역을 후임에게 잘 계승되도록 하려면 교회의 분명한 전임리더를 세우기 위한 계획을 준비해야 한다.

이러한 측면에서 볼 때 교회는 앞으로 다가올 전임리더의 사역을 위한 계승과 관리를 위한 계획을 세우도록 기도로 준비해야 한다. 세상은 보이는 것으로 움직이지만 교회는 하나님의 계시로 움직여야 한다. 이러한 비전을 전임리더와 교회가 함께 공유되어야 하며, 하나님의 의도가 후임리더에게 계승되도록 다리역할을 준비해야 한다.

이렇게 하나님의 사역을 더욱 효과적으로 성취하기 위해서 리더십 계승 계획(succession planning)을 세우고 준비하는 일은 매우 중요한 사안이 되었다.[304] 보다 구체적인 계승 계획을 좀 더 설명하기 위해서 다음 장에서 언급할 것이다.

먼저 연구할 것은 목회사역 계승을 위한 계획과 관리는 리더의 갑작스러운 유고와 같은 비상사태를 위해서도 반드시 필요하다. 따라서 목회사역 계승의 필요성에 대한 계획과 관리의 중요성을 제시하기 위해 몇 가지 사례를 제시한다.

1. 일반적인 계승 사례

사례 1) 최고경영자(Chief Executive Officer, CEO) 비행기 사고

---

304) 공동체에게 주어진 하나님의 사역은 리더를 세우시기 위한 계획을 가지신다. 그리고 리더를 하나님의 방법으로 훈련과정을 통해 성령께 의존하도록 이끄신다. 그 결과 하나님의 계시된 일을 하게 하시는 방식과 같이 계승에 대한 계획 역시 하나님의 사역을 하도록 준비되어야 한다.

비행기 사고로 인해 갑작스러운 리더십 계승을 준비하지 못한 사례들이 있는데 워싱턴 연합뉴스(AFP)에 의하면 US 항공 보잉 737기는 1994년 9월 8일 미 펜실베이니아 주 피츠버그 인근에서 추락, 탑승객 132명 전원이 사망하였고 그들 중 피츠버그사 최고 경영자(CEO) 마셜 버크먼 암코의 사망이 그 한 예이다.[305]

최근 2012년 2월 3일에 미국 반도체 업체 마이크론테크놀로지는 스티브 애플턴 회장 겸 최고경영자(CEO)가 비행기 사고로 사망했다고 발표했다. 애플턴 CEO는 소형기를 직접 몰고 본사 근처인 미국 아이다호 주 보이지시를 비행하던 중에 사고를 당한 것으로 알려졌다. 향년 51세로 경영 정상화를 위해 엘피다 메모리와 자본 및 업무 제휴를 추진하다 갑작스러운 비행기 사망으로 경영의 손실을 가져왔던 사례[306]와 세계적 컨설팅 기업의 에이크미 엔지니어링(Acme Engineering)의 최고경영자 역시 비행기 사고로 사망하였던 사례는 리더십 계승 계획의 준비가 되지 못한 사례[307]로 볼 수 있겠다.

실제로 1996년 론 브라운 당시 미국 상무장관을 태우고 보스니아 상공을 날던 비행기가 추락해 탑승자 전원이 사망했는데, 이 비행기에 타고 있던 CEO 벡텔(Bechtel), ABB 등 세계적인 엔지니어 업체들은 뜻밖의 사고로 CEO의 부재로 인해 주가가 하락하고 내부적으로 CEO 계승을 놓고 혼란에 휩싸이는 등 한동안 어려운 시간을 보내야 했으나, 반면, 같은 비행기를 타고 있던 CEO 로버트 A. 휘태커가 갑자기 세상을 떠났음에도 불구하고 세계적인 엔지니어링 업체

---

305) "보잉-US항공, 추락사고 유족에 572억 원 보상키로", 1999.11.5. (재인용)
    yonhapnews.co.kr(http://media.daum.net/breakingnews/newsview?newsid=19991105100500597).
306) "美 마이크론 CEO, 비행기 사고로 사망", 2012년 2월 4일자 안희권 기자 argon@inews24.com.
307) Rothwell, 『효과적 승계 계획』, 46.

인 포스터휠러(Foster Wheeler)는 사전에 준비해놨던 CEO 계승 프로그램에 맞춰 이사회가 당시 발전시스템 그룹을 이끌고 있던 부사장 헨리 E. 바르톨리를 즉시 새 CEO로 임명함으로써 혼란을 최소화할 수 있었다.[308]

사례 2) 코카콜라, 맥도날드 & GE 회사

역사적으로 보더라도 한 명의 리더에게 의존하는 것은 심각한 위험을 초래할 수 있다. 만일 그 한 명의 리더가 은퇴, 사망, 혹은 어떤 이유로든 그 자리를 물러난다면 지속적으로 성공할 수 있는 능력을 잃게 될 것이다. 앨프레드 슬론 이후의 제너럴 모터스, 헤럴드 제닌 이후의 ITT, 에드윈 랜드 이후의 폴라로이드, 로베르토 고이주에타 이후의 코카콜라가 바로 그러한 예이다.[309] 코카콜라 회사는 1997년 당시에 CEO였던 로베르토 고이제타가 폐암으로 갑작스러운 사망을 했을 때, 이 회사는 후임자를 빠른 시간 내에 찾지 못해 상당한 기간 리더십의 공백으로 진통을 겪어야만 했었다. 그러나 반면에 맥도날드사의 경우, 회장이자 CEO인 짐 칸탈루포가 갑작스러운 심장 발작으로 새벽 4시에 병원에 도착한 지 한 시간도 못 되어 사망하고 말았을 때 맥도날드사인 이사들에게 즉각 이 비보를 전한 후 당일 오전 7시에 화상회의를 열었고, 당시 사장 겸 COO(Chief Operating Officer)인 찰리 벨을 맥도날드의 새 CEO로 선임하게 했다. 거대한 글로벌 기업의 리더십 계승이 불과 서너 시간 만에 이루어진 덕분에 맥도날드의 리더십에는 공백이 생길 틈이 없었고, 따라서 여러 투자

---

308) 위의 책, 34.

309) Warren. Bennis, *The Future of Leadership*, 『퓨처리더십』, 최종옥 옮김(서울: 생각의 나무, 2002), 237.

자나 연관 업체들 그리고 수만의 직원들은 안도할 수 있었다. 맥도날드가 이렇게 신속하게 CEO 유고라는 비상사태를 해결할 수 있었던 이유는 평소에 회사의 주요 리더들에 대한 후임자 계승 계획과 관리를 세우고 대비해왔기 때문이다.[310] 또한 GE 같은 회사에서는 '트럭 리스트(truck list)'라는 이름의 제도를 마련하여 말 그대로 회사의 주요 임원이 트럭에 치였을 때 그를 대신할 다음 사람은 누구이며, 또 다음 사람이 트럭에 치이면 또 누가 그를 대신할 수 있는지를 나열해놓은 명단을 확보해둔다고 한다. 일반적으로 GE의 관리자는 대개 자신의 후임자와 관련하여 다섯 명의 후보자를 두고 있다.[311]

사례 3) 태종의 계승

또 하나의 긍정적인 예를 들라면 태종으로부터 세종으로 이어지는 리더십 계승의 사례라고 할 수 있을 것이다. 조선 개국의 역사는 당시의 백성들에게는 이(李)씨 성의 한 무사 집안이 고려로부터 정권을 찬탈한 정도로 이해되었을 것이다. 이런 상황에서 조선의 개국 왕실은 속히 나라의 정통성을 세워 기틀을 잡고 백성을 편안하게 다스리기를 간절히 염원했을 것이다. 특별히 이런 점에 노심초사했던 인물이 바로 태종이었다. 개국시조인 아버지 태조 이성계를 따라다니면서 '말 위의 정치'를 해야만 했던 태종은 이제 자신의 후계자는 군사력에 의지한 철권통치가 아닌 '문화적인 정치'를 펼칠 수 있기를 기대했다. 태종은 이런 비전을 계승할 수 있는 후계자의 자질을

---

310) 박진석, 『리더십 바톤터치』(서울: 비전과 리더십, 2008), 34.
311) 위의 책, 35~36.

자신의 첫째 아들인 양녕대군이나 둘째 아들이 아닌 셋째 아들 충녕대군에게서 발견하게 된다. 태종은 적장자를 왕위 계승자로 택하는 왕가의 관례를 깨고 파격적으로 소위 어진 자를 골라 후계자로 세우는 택현(擇賢)을 명분으로 삼아 리더십 계승을 단행한다. 그뿐만 아니라 태종은 후계자 세종의 왕권에 장애가 될 수 있는 많은 세력들을 정리함으로써 세종이 강력한 리더십의 기반을 만드는 데 도움을 주었다. 부왕의 리더십 계승의 집요한 노력에 힘입어 왕위에 오른 세종은 재위 32년 동안 조선왕조 500년의 표준이 될 만한 수많은 업적들을 이룩할 수 있었다.[312]

결국 이러한 세종의 눈부신 업적은 그의 아버지 태종이 자신의 재임 기간 이후의 비전을 위해 노력한 덕분에 얻을 수 있었던 결과라는 것을 알아야 한다. 세종의 성공의 아버지 태종과 함께 이룬 공동의 작품인 것이다.

지금까지 사례를 요약 정리하면, 체계적인 CEO 계승은 기업의 존속을 좌우할 정도로 중요한 사항임을 발견하게 되었다. 리더십 계승의 중요성을 알고 있음에도 불구하고 대부분의 기업은 CEO 계승을 위한 준비를 제대로 하지 못한 기업은 위기를 맞았고, 반면에 리더십 계승을 체계적으로 계획하고 준비한 기업은 리더십의 계승이 효과적으로 이루어진 것으로 나타났다.

하버드 비즈니스리뷰에 의하면 1,380개의 글로벌기업을 대상으로 조사한 결과 60%가 "CEO 계승계획이 준비되어 있지 않다"고 했고, 오직 24%의 기업들만이 "CEO 계승계획을 철저한 준비하에 운영한

---

312) 박현모, 『세종실록 밖으로 행차하다』(서울: 푸른역사, 2007), 15~20.

다"고 한다.313) 반면, 한국의 경우 세계경영연구원(IGM)에서 최근 최고경영자(CEO) 105명을 대상으로 설문조사한 결과, 현재 대표로 있던 자신의 회사의 경우 후계자 계승 프로그램이 있는 경우가 13% 인 것으로 나타났다.314) 후계자 계승 계획에 있어서, 최종 후보자 선정은 현 CEO가 은퇴할 시점에서 적어도 3개월 전에는 이뤄져야 한다.315) 그렇지 않으면 탁월한 CEO가 물러날 경우 또는 갑작스러운 사고로 사망했을 경우 계승계획 및 관리가 이루어지지 않는 회사는 큰 위기를 경험하게 되었으나, 반면에 후임자 계승 계획이 준비된 기업은 위기 속에서 잘 극복하였다.

무엇보다도 계승계획의 수립은 유능한 CEO를 길러 안정적으로 경영권을 계승하므로 보다 기업지배구조도 저절로 투명해지며 리더십 이양에 대한 체계적인 관리가 만들어진다는 점이다. 이러한 자료에 근거한다면 리더십 계승은 반드시 체계적인 관리가 필요함을 보여주는 것이다.

위의 일반 기업의 사례를 조사한 결과 1950년대 과학적 관리 이론의 대두와 발전으로 사람의 공동체 생활이 하나의 거대한 기계로 인식되었으나 인간관계가 생산성에 중요한 영향을 끼치는 것을 알게 되었다. 그 결과 인간관계 중심의 행정 경영 이론들이 관심을 끌게 되지만 실효성이 명백히 입증되지 않았기에 보다 총체적이고 포괄적인 사고의 틀이 요구됨을 경영학자들은 깨달았다.

---

313) 이상헌, 『차기 CEO 후보 '이렇게 키워라' 3원칙』(서울: 세계경영연구원, 2009), 2009년 4월 28일자 경영리포트.

314) "CEO 3명 중 1명, 회사 물려줄 사람 없다", 정연우 기자, 『브레이크뉴스』, 2009년 3월 3일 작성, http://breaknews.com/sub_read.html?uid=97604&section=sc3.

315) 정동일, "[중소기업 맞춤형 전략] 최소 3년 동안 계승작업 준비하라", 『매일경제신문사』, 2010년 4월 14일 작성.

경제학자들은 인간관계 성숙과 조직의 목표 달성 성취가 각각 달성되며 또한 개인과 조직 모두의 발전을 도모할 수 있는 민주적이면서 개방적인 새로운 접근 방식, 즉 시스템적 사고가 필요하게 되었음을 인식하였다. 이는 말하는 통합적 인간 이해와 리더십 정신이라 할 수 있다. 그러나 오히려 교회가 이해하고 주장해야 할 것을 하지 못하고 관계 중심만이 기독교적이라고 주장하는 것은 안타까운 현실이다.

다음으로 목회 계승 사례를 살펴보고자 한다.

2. 목회적 계승 사례

교회 최고경영을 담당하는 리더, 즉 전임목사의 계승은 어떠한지를 교회에 대한 사례분석을 통해 살펴보고자 한다. 즉, 교회의 리더십 계승의 상황을 알아보기 위한 리더십 계승에 성공한 사례로 성실교회에 대한 사례분석과 리더십 계승에 실패한 사례로 C교회[316]를 사례 분석하고자 한다. 또한 사례분석 결과를 통해 목회 계승 계획의 중요성을 부각시키고자 한다.

사례 1) 성공 사례: 성실교회

교계 신문 등에 성실교회 계승은 성공 사례로 거론되었다. 성실교회[317]는 한국교회가 후계문제로 시끄럽고 시험에 들어 교회가 분열

---

316) 교회 명칭을 명확하게 표기하지 않은 것은 해당 교회에 부정적인 영향을 주지 않기 위함이다. 본 도서의 모든 표기를 C교회로 한다.

317) 성실교회(합동)는 서울시 강북구 수유 3동 221-49에 위치한 교회로서 1972년 12월 17일 현 위치에서 약간 떨어진 강북구 수유동 31-1에 위치한 중국집 이층 건물에서 고 우희영 목사와 14명이 첫 예배를 드림으로 시작되었다. http://seongsil.or.kr/

되는 현상들이 주변에 많은 가운데 아름다운 은퇴와 계승을 보여준 교회다. 성실교회 전임 우희영 목사는 신학교에 입학하기 전에 부흥 강사로 초빙될 만큼 젊고 은혜 충만한 20대 목사였다. 당시 1,500세대 철거민 촌이었던 지역에 도봉구의 주요 정부 기관이 들어오면서 교통 시설이 개발되고, 아파트 단지와 시장이 형성되면서 원주민들이 자연스럽게 중산층으로 변모하게 된다. 본래 군사시설 보호구역으로 통제가 심하고 도봉산을 배경으로 보수적인 불교 및 무교 문화권의 강세로 아직까지도 교회의 성장속도가 늦은 편이다. 성실교회는 지역사회의 개발과 더불어 교세가 확장되어 1976년에 300여 명의 성도들이 모이는 교회로 성장했고, 1992년에 대지 773평 위에 연건평 1,768평의 새 성전을 착공한 후 1993년 5월에 입당하여 오늘에 이르게 되었다. 교회 설립 20년 만에 주일 3부 예배 장년 출석 1,700여 명이 모이는 중대형교회로 성장했다.

2003년 10월 26일 당회에서 중대 사안 하나를 가결했다. 교회 설립 이후 30년간 교회를 위해 혼신의 힘을 다한 우희영 전임목사에게 1년간 안식년을 드리기로 가결하고, 수석 부목사인 김영복 목사가 담임목사 안식년 기간 1년 동안 무난하게 교회를 이끄는 모습을 본 우희영 목사는 은퇴 기간이 5년이나 남았지만 조기 은퇴라고 하는 중대 결심을 하기에 이른다. 조기 은퇴를 반대하는 당회원이나 교인들이 많았지만 이미 내린 결단을 번복하지 않았다.

우희영 목사는 평소 두 가지 소신을 강단에서 자주 밝혔는데, 첫째는 아들이 목사이지만 아들에게 교회를 절대로 물려주지 않겠다는 것이고, 또 하나는 조기 은퇴하겠다는 것이었다. 자기의 주장대로 2005년 2월 26일 성실교회는 우희영 목사를 원로목사로 추대하고, 후임목사로 20년 동안 부목사로 성실하게 훈련을 잘 이수한 김 영복 목사를 성실교회 2대 당회장으로 위임하는 위임식을 가졌다.

우희영 전임목사는 성실교회를 후임으로 계승할 김영복 목사를 잘 준비된 후임자로 세우도록 리더십 계승 프로세스를 진행한 것이다. 후임목사는 성실교회에 1982년 1월에 평신도로 등록하여 고등부교사로 충성하다 전임목사의 조언으로 교육전도사와 전임전도사, 강도사, 부목사, 동사목사의 과정을 거치는 동안 우희영 전임목사로부터 두터운 신임과 사랑을 받아온 전형적인 성실하고 충성을 다한 후임자다.

1991년 10월 전임목사는 김영복 후임목사에게 향후 자신의 거취에 대한 생각을 밝혔다. 전임목사는 앞으로 조기 은퇴를 하여 부흥사로 다닐 계획이 있으므로 큰 과오가 없는 한 부목사에게 성실교회를 맡기고 싶다는 전임자 생각을 후임자에게 전한 것이다. 그리고 전임목사 우희영 목사는 성실교회를 계승하는 후임자를 미리 선정하고 그에게 후임목사가 되기 위한 준비를 하도록 후원하고 지원하고 양육했다.

당시 교회가 건축 중인 어려움 속에서도 후임자를 준비시키기 위해 유학을 결정해서 1991년 12월부터 1994년 12월까지 필리핀으로 유학 과정을 보내주어 후임자를 준비시킨 것이다. 그리고 전임목사는 미래의 계승을 위한 준비를 하도록 후임자에게 멘토 역할을 감당했다.

전임목사인 우희영 목사와 후임 김영복 목사의 관계는 변함없는 영적 부자관계였다. 후임자가 전임목사의 임종 시까지 계속 함께했던 것을 보면, 마치 모세가 여호수아를 후임자로 준비시키고 훈련과정을 통해 지도자의 역량을 키우도록 했던 것처럼 여호수아는 모세의 죽음까지 보고 하나님이 모세에게 주신 비전을 계승받아 여호수아 자신이 수행자로 가나안 땅을 정복하는 단계와 같다.

다음은 후임자 김영복 목사가 들려준 아름다운 일화이다. 자신이 총신대 3학년이었을 때, "앞으로는 목회자들도 자가 운전을 해야 한다"면서 우희영 목사가 당시 전도사였던 김영복 목사를 직접 자동차 학원으로 데려가서 자신의 돈으로 등록을 시켜주기도 하고, 또 유학에 필요한 영어공부를 할 수 있도록 학원비를 제공하거나, 가끔 서점에 책을 사러 갈 때 일부러 데리고 가서 필요한 책을 사주셨다고 한다.

이와 같이 전임목사는 다른 세대를 계승할 차기리더를 발굴하는 데 역점을 둔 목사였다. 전임목사는 리더들을 발굴하여 14개 지역에 교회를 세워 지도자로 양성하는 변화를 주도하는 지도자의 모습이다.

이제 후임목사는 전임자의 사역을 계승하는 데 주력해야 한다. 성실교회는 전임목사와 공동체 구성원, 당회, 후임목사 간의 신뢰 가운데 계승이 된 사례이다. 구성원들은 후임목사를 오랫동안 봐왔기에 그의 신실성과 성실성을 검증하였고 후임목사 역시 전임목사와 당회와 교회 성도들 관계에 신뢰를 구축한 것이 계승에 이르게 되었다.

사례 2) 실패 사례: C교회

일반적으로 알려진 실패 사례 교회들은 참으로 많이 나오고 있으나 교회적으로 누(累)가 되지 않는 범위 내에서 자세한 사례는 언급하지 않기로 하였다.

C교회는 리더십 계승에 있어서 실패한 사례로 세간에 알려졌다. 한국교회 초기 교회 세습을 시도하여 사회적 문제를 일으켰던 C교회는 2013년 향년 95세로 별세한 K원로목사의 설립으로 시작했다.

평안북도 의주 출신인 고 K원로목사는 일제강점기에 신사참배를 반대하다 옥고를 치르고 5년간 만주에서 망명 생활을 했으며, 1948년 북한 공산정권의 탄압을 피해 남한에 내려와 1953년 서울 C지역에 C교회를 설립했다. 이후 G지역으로 이전한 C교회는 한때 출석교인이 4만 명에 이르는 국내 대표적인 대형 교회로 자리 잡았고, K 전 대통령이 장로를 지내면서 유명세를 타기도 했다. 고 K원로목사는 북한선교회 초대 이사장, 대한성서공회 이사장, 세계체육인 선교회 총재 등을 역임했으며 지난 1988년 국민훈장 동백장을 받았다.

그러나 고 K원로목사가 1987년 은퇴하면서 제3자를 C교회 담임목사로 청빙했다가 10년 만인 1997년 뒤늦게 목사안수를 받은 아들 K목사를 담임목사로 세우면서 사회적인 비난이 있었다.

서울 C교회 원로목사는 2012년도 기자회견을 통해 바람직한 계승에 대한 소견을 피력했고 앞으로 어떤 계승을 이루어야 할 것인지에 대한 후임목회자의 기본 성품에 대한 점검이 필요함을 삶의 체험으로 시사(示唆)하여 주었다.

K원로목사는 한국교회가 더 늦기 전에 성경적인 목회 계승이 절실히 필요함을 필역하였다. 사회적으로 모범이 되어야 할 공인된 대형교회 목회자로서 준비 없는 계승에 대한 무지로 계승 과정의 절차를 투명하게 실행하지 못한 부분에 대해 참회하는 마음을 드러냈고 무엇보다도 하나님 방식이 아닌 세상의 방식보다 못한 계승 과정을 다루었던 자신의 방식이 답습되지 않도록 계승의 문화를 세워야 함을 드러냈다.

C교회(K원로 아들목사)는 후임목사로 K목사(52)의 계승의 과정을 경험하면서 우리에게 계승의 선례를 보여주었다. 그 선례들은 계승

의 프로세스의 과정, 선정과정, 청빙 준비과정의 문제점, 계승 방법의 문제점, 계승 이후 은퇴의 문제점 그리고 이러한 과정을 통해서 나타난 우려의 문제점들이다. 현재까지 C교회는 리더십 계승에 대한 진통이 남아 있다.

여기까지 사례들을 간략하게 요약함으로써 이 책의 계승방향을 제시하고자 한다. 리더십 계승이 성공한 사례는 올바른 목회철학을 바탕으로 계승 계획이 체계적으로 준비되었고, 반대로 실패한 사례는 올바르지 못한 방식으로 계승 계획을 무리하게 진행함으로 인한 당연한 결과를 초래하였다. 그러므로 위의 사례를 통하여 바람직한 계승은 교회헌법에 근거한 성경적 목회사역 철학이 효과적으로 이루어지도록 계승 계획 및 관리를 해야 함을 말하고자 한다.

전임리더십 계승은 단순히 리더십의 바톤을 후임자에게 넘겨주는 정도의 일이 아니다. 그것은 전임자가 못다 한 하나님의 비전을 후임자가 계속 계승하여 이어갈 수 있도록 전임자의 영향력을 조직에 영원히 남길 수 있는 과정이기 때문이다. 이러한 이유로 리더십 계승을 위한 계획 및 관리가 이루어져야 한다는 결론에 이르게 되었다.

이 장에서 다루고자 하는 핵심은 리더십 계승을 위한 관리 프로그램을 통하여 조직의 핵심적인 직책에 대해 리더십의 연속성을 유지하기 위한 후임자를 사전에 발굴하거나 선정하고, 나아가 필요한 자질을 개발하는 체계적인 목적이 달성되도록 하는 데 있다. 이것은 체계적이고 의도적인 리더 발굴 및 개발 계획이 진행된다는 점에서 단순히 후임자를 지명해두었다가 유사시에 전임자를 대신하여 직책을 맡게 하는 단순한 리더 대체계획(replacement plan)과는 차별화되는 보다 종합적인 개념이라고 할 수 있다.

리더십 계승 관리 프로그램은 리더십을 개인 리더의 독주가 아니라 팀워크에 기초한 계주 경기로 이해할 때만 가능한 프로그램이어야 한다. 한 예로 2004년 아테네 올림픽 남자 육상 400미터 계주 경기에서 누구도 예상치 못했던 대 이변이 발생했다. 강력한 우승 후보였던 미국을 제치고 영국이 금메달을 딴 것이다. 그 이유는 영국은 100미터 결선에도 올라가 보지 못한 선수들로 개개인의 실력에는 미국에 부족한 선수였으나 팀워크가 중요한 계주 경기에서는 바톤터치가 잘 계획되고 준비되었으므로 영광스러운 승리를 역사적으로 이루었다.[318]

모세의 리더십이 여호수아에게로 바톤이 자연스럽게 넘어간 것처럼 리더십은 단순히 100미터 계주 경기가 아니라 하나님의 뜻이 세상 종말까지 이르러 완성해야 할 장거리 계주 경기와 같기 때문에 전임과 교회의 역할이 너무나 중요한 위치에 있다. 따라서 전임리더는 자신만을 위한 계주가 아니라 후임과 교회를 위한 계주 경기를 하듯 자신의 재임 기간을 넘어 보다 장기적인 하나님의 비전이 세워지도록 리더십 계승계획을 세우도록 관리해야 한다. 전임리더에게 있는 바톤(핵심 과업, 핵심 사명)에 집중하여 다음 후임리더에게 단계별로 계승하도록 한다는 사실을 핵심적이고도 필수적인 리더십 계승으로 받아들여지도록 계승 프로세스의 중요성을 부각시키고자 했다.

---

318) 박진석, 『리더십 바톤터치』, 20~23.

목회 계승을 위한 관리의 정의

우리 주변에 리더십 계승이 얼마나 중요한 사안인가를 알아보게 하는 일들이 많이 있다. 우리 역사에서도 최고 지도자인 대통령의 부재로 리더십 계승이 잘 되지 않아서 슬픈 역사가 벌어졌었다. 쿠데타와 같은 국가적 위기와 대국민의 혼란이 있었다. 사회에서도 기업의 CEO 리더십 계승이 시간적 계획과 관리가 없었거나 적절하지 못했을 때, 기업 자체가 흔들리는 경우가 있다.

4장 1절에서 언급했던 1996년 보스니아로 향하던 비행기 한 대가 산악지대에 추락하여 탑승객 전원이 사망했다. 탑승객 중에 ABB, 벡텔(Bechtel)사 등의 주요 리더들이 있었고, 그 결과 이 회사들이 리더의 공백으로 상당한 혼란과 어려움을 겪어야만 했다는 것[319]과 건축 회사인 포스터 휠러(Foster Wheerler)사의 경우는 갑작스러운 주요 리더들의 공백상태를 사전에 계획 관리하여 평소에 리더십 계승 계획을 준비하였기 때문에 큰 요동 없이 리더십 계승 계획을 할 수

---

319) 위의 책, 8.

있었다[320]는 것을 언급했다.

한국경제를 보더라도 대들보 역할을 한 중소·중견기업 사장들의 연령이 점점 높아지고 있다. 기업계승의 경우 대기업은 이미 2세대, 3세대로 계승이 이루어지고 있지만 중소·중견기업은 이야기가 다르다고 보겠다. 이들에게도 계승의 시기가 다가오고 있지만 제대로 된 계승을 위한 계획과 대책을 세우지 않아 일어나는 사건들이 많다. 만약 계승에 실패하게 되면 기업은 도산하거나 헐값에 매각이 된다.

이를 막기 위해서 계승 계획을 세워나가는 것이 세상의 실정이다. 세상의 기업에서도 이런 실정인데 교회와 목회사역에서는 어떠 해야하는가? 교회도 계승 계획을 세워서 전임자의 은퇴 시기와 계승 유형을 정하여 계승자를 결정하고 계속적으로 리더로 세울 수 있도록 관리 프로그램 되어 지속 가능한 전략을 수립하는 것이 중요하다. 이를 어떻게 계승 계획을 세우느냐에 따라 계승의 성공과 실패가 결정이 된다.

1. 관리의 정의

4장의 계승 성공과 실패 사례에서 살펴보았듯이, 리더십 계승이 중요한 사안임을 감안할 때 교회 역시 목회 계승의 목표를 효과적이고 능률적으로 달성하기 위한 전임과 후임, 그리고 교회의 역할이나 책임이 시급하다는 것이 관리의 정의이다. 목회 계승을 위한 관리란 목회 계승 계획을 효과적으로 이루기 위해 조직을 세우고 핵심 리더

---

320) 위의 책, 8.

는 지휘하고 조정하며 통제하는 것으로 관리를 정의한다.

그러므로 교회는 하나님의 비전을 품고 그 사역을 구체화시키는 전임리더의 직위를 채울 핵심 사역자 또는 단기적·장기적 대안을 위한 계획이 있어야 효과적인 계승을 달성할 수 있다. 이를 위해 교회사역을 위한 한 방편으로 경영적[321] 관리가 필요하다. 일반적으로 이러한 경영 관리는 '인재 보유의 안정성'을 확보할 책임이 있다고 앙리 파욜(Henri Fayol, 1841~1925)은 주장한다.[322] 파욜은 만일 고용안정이 무시될 경우, 핵심 직위가 준비되지 않은 사람들로 채워질 것이라고 말한다.[323] 계승 계획을 위한 관리는 전임과 후임 또는 직원의 사역 안정 확보를 지원하는 프로세스이다. 이것은 시간에 따른 핵심 리더를 개발하고 전임과 후임을 대체하는데 전략적으로 각 부서에 지속적이고 효과적인 계승을 보장하기 위해 계획된 모든 노력이라고 할 수 있다.

계승 계획은 계승을 준비하는 담당자와 전임(감독자)의 수준에서 그 공동체의 최고의 위치에 이르기까지 경영상의 핵심 위치를 확인하는 수단으로 정의되어 왔다. 또한 계승 계획은 리더들의 수평 이동에 최대의 유연성을 제공하며, 개인의 사역 연한에 따른 사역 관리 능력의 확대 계획에 따라 한 부서의 목표에 한정되기보다는 공동체 전체의 비전과 관련한 관리 능력을 높일 수 있도록 해준다.[324]

---

321) 여기서 경영이라고 표현한 것은 교회 조직의 구성원들이 하나님이 그 공동체에게 주신 공동목표를 효과적으로 달성할 수 있도록 계획·통제하는 과정으로서의 경영을 말한다.

322) 앙리 파욜(Henri Fayol, 1841~1925)은 보편적인 조직적 니즈의 인식에 관한 선구자 중 한 사람이다. 20세기에 처음 발표되어 오늘날까지도 널리 적용되는 파욜의 고전적인 14가지 관리 원칙 중 하나에 속한다. Willam J. Rothwell, Effective Succession Planning, 『효과적 승계 계획』, 49.

323) Willam, 49.

324) Norman H. Carter, "Guaranteeing's Future Through Succession Planning", Journal of Information Systems Management 3:3 (1986), 13~14. (재인용) Willam J. Rothwell, Effective Succession

그 이유는 리더십 계승이 일어나는 상황은 조직이나 기관이 겪을 수 있는 가장 큰 충격이요, 위기 중 하나이다. 새로운 리더로 교체됨에 따라 조직 내의 파워시스템, 문화, 일하는 방식, 구성원들의 역할 등 조직 전체에 엄청난 변화가 일어나기 때문이다.

그래서 어떤 사람은 리더십 계승을 심장 이식 수술에 비유하기도 한다. 이식 수술이 잘되면 조직이 건강을 되찾고 새로운 활력을 가질 수 있지만, 반대의 경우에는 조직 전체에 치명적인 결과가 초래될 수 있는 것이므로 계승을 위한 계획 및 관리는 교회의 중요한 안정 확보를 지원하는 프로세스와 같다.

대부분 교회 공동체 조직은 올바른 전략, 구조 및 가치를 보유한 리더가 반드시 필요하다고 생각한다. 그래서 그 공동체의 공통점은 '리더십'이라고 생각한다. 그래서 교회 공동체는 전임과 후임리더를 발굴해야 하며 이를 위해 체계적이고 효과적인 계승 계획을 위해 조직을 세우고 핵심 리더는 지휘하고 조정하며 통제하는 것을 기획해야 한다.

그러나 대부분 교회는 교회 계승은 전임리더 한 사람이 모든 것을 해결할 수 있다는 잘못된 생각으로 계승을 준비하고 있는데, 이러한 방법은 오늘날 지탄을 받고 있다. 따라서 훌륭한 리더만 있으면 훌륭한 조직이 가능하다는 주장은 옳지 않을 수 있다. 좋은 계승은 공통적으로 계승 전략 수립, 전략을 어떻게 수립할 것이며 그 전략을 어떤 방법으로 구축할 것인지에 대한 많은 담당 리더가 긴밀한 관계를 유지하면서 준비하는 것이 바람직하다.[325]

Planning, 『효과적 승계 계획』, 49.

325) Mark R, Sobol, and Philip J Harkins, and Terry. Conley, Best Practices for Succession Planning: Case studies, Research, Models, Tools, 『석세션 플래닝』, 딜로이트 컨설팅 리더십 그룹 옮김(서

따라서 위에서 보듯이, 계승 계획은 핵심 리더십 계승을 위한 단기적·장기적인 계승 계획을 위한 관리가 필요하다. 그러므로 관리란 교회가 계획적이고 체계적인 계승을 위한 준비를 통해 교회의 조직 내에서 핵심 리더(인재)를 양성함으로써 전임리더십 계승의 연속성을 유지하려는 보다 능동적이고 사전(事前)적인 노력이 있어야 한다는 것을 의미한다.

<hr />

올: 프리렉, 2000), 24.

목회 계승 계획 및 관리의 중요성

오늘날 많은 교회들이 계승의 문제로 인해 교회의 분열과 갈등의 소리가 많아지고 있는 실정이다. 앞에서 언급된 C교회 원로 K목사의 성명서 발표가 사회에 큰 충격을 안겨다 준 사례를 보아서도 알 수 있다.

교회연합신문 차진태 기자는 C교회를 시작으로 만연한 한국교회의 교회세습에 K목사의 참회는 한국교회의 계승에 대한 문제를 성경적이고 선한 방식으로 해결해야 함을 언급했다.[326]

그 이유는 교회세습의 근본적 원인은 목회자들, 특히 은퇴하는 목회자들의 무리한 욕심에서 기인하는 경향이 있기 때문이다.

또한 교회는 많은 목회 지도자를 배출하는 데 정작 세울 사람이 없다고 하는 이들도 있어서 계승을 위한 조언을 요청하기도 한다. 이러한 문제가 대두되는 것은 교회가 차기 계승자를 위한 리더를 훈련하지 않고 관리하는 지도자만 양성되기 때문이다.

---

326) 『교회연합신문』, 제898호, 2012.6.17: 1, 차진태 기자.

전통적으로 신학교를 졸업하면 목사안수를 통해 목회사역의 리더로서 세움을 받게 된다. 이러한 리더를 목회자라고 부른다. 그러나 신학을 배웠다 해도 실제로 목양을 하고 하나님 방식으로 사람들을 인도하고 조직을 이끌 경건한 리더십이 없이 순진하게 설교만 잘하면 된다고 생각하는 리더가 있다면 그것은 문제가 될 것이다.

김덕수는『리더십 다이아몬드』[327]에서 교회에 리더십이 없는 사람이 서게 되면 당회장은 있으나 진정한 목자 없는 양과 같이 갈 바를 알지 못해 교인들이 고통을 받는다고 지적했다.[328] 또한 리더십 부재로 인한 목회사역은 불화가 그치지 않고 각자의 주장에 따라 흔들리기 마련임을 강조한다. 사공이 많으면 배가 산으로 간다고 하듯이 진정한 목회사역을 위한 리더가 없으면 교회에 불화가 발생하기 때문에 목회사역의 계승이 중요하다. 성경의 선례에 고린도교회의 모습을 보면 다양한 문제 가운데 '시기와 분쟁'이 있었다. 그 이면에 세속적인 방식을 자랑하는 리더들이 있었다.[329]

그래서 바울 사도는 고린도교회에 편지하여 목회사역에 대한 측면으로 사역의 리더로 부르신 것은 하나님께서 '은혜'[330]로 부르신

---

327) 김덕수,『리더십 다이아몬드』, 19~20.

328) 예레미야 50장 6절의 말씀을 보면 "내 백성은 잃어버린 양떼로다. 그 목자들이 그들을 곁길로 가게 하여 산으로 돌이키게 하였으므로 그들이 산에서 작은 산으로 돌아다니며 쉴 곳을 잊었도다"라고 한다. 당시에 실제로 왕이나, 제사장, 목자가 없어서 그렇게 이야기했는가? 그렇지 않다는 것이다. 그런 사람들은 있지만 참 목자, 참된 지도자가 없음을 지적하는 것이다. 또한 에스겔 34장 5절에 "목자가 없으므로 그것들이 흩어져서 모든 들짐승의 밥이 되었도다"라고 한다. 이처럼 세상에는 참된 목자(리더)가 필요하다.

329) 당시 목회사역을 하는 리더들이 하나님 방식으로 사역을 하지만 그 내면에는 하나님 방식과 다른 것들이 나타났다. "형제들아 내가 우리 주 예수 그리스도의 이름을 너희를 권하노니 모두가 같은 말을 하고 너희 가운데 분쟁이 없이 같은 마음과 같은 뜻으로 온전히 합하라. 내 형제들아 글로에의 집 편으로 너희에 대한 말이 내게 들리니 곧 너희 가운데 분쟁이 있다는 것이라. 내가 이것을 말하거니와 너희가 각각 이르되 나는 바울에게, 나는 아볼로에게, 나는 게바에게, 나는 그리스도에게 속한 자라 한다는 것이니"(고린도전서 1:10~12)라고 교회 내에 시기와 분쟁으로 혼란을 가져왔다.

리더가 되어야 한다고 지적하였다.

참된 목회사역의 리더는 하나님의 방식을 취하는 하나님께로 나온 영적 리더임을 말한다. 계속해서 바울은 '어리석은 십자가의 메시지(고린도전서 1:18, 21)'로 리더를 부르셨고, 이로써 세상의 가치관을 전복시키셨음을 깨닫지 못한 결과라고 하였다(고린도전서 1:18~31).

따라서 고린도교회의 분쟁을 일으킨 리더들은 '육신에 속한 자들'[331]이었다. 하나님 방식에 따른 참된 리더라면 하나님의 생각을 알고 그에 따라 움직일 것이다.[332] 당시 분열을 초래했던 현상은 하나님의 방식과 지혜로 나온 성령의 사역이 아닌, 세속적 방식인 사람을 따라 움직이는 육적 형태라는 사실을 말한다(고린도전서 3:3). 이들은 목회사역에 부르심을 받았지만 아직 육에 속한 자들로서 성령의 일을 받아들이지 못하는 수준에 머물러 있었기 때문이다.

이렇게 고린도교회의 성도들이 각기 다른 지도자들을 빙자하여 분열되는 상황은 참된 리더의 문제로 기인된다고 보아야 한다. 이에 바울 사도는 참된 리더의 위치를 설명한다. 사역자(리더)들은 단지 곧 '섬기는 자',[333] 곧 종을 의미한다는 것이다.[334] 목회사역자들은

---

330) 고린도전서 2:12. "우리가 세상의 영을 받지 아니하고 오직 하나님으로부터 온 영을 받았으니 이는 우리로 하여금 하나님께서 우리에게 은혜로 주신 것들을 알게 하려 하심이라."

331) 고린도전서 3:2. "너희는 아직도 육신에 속한 자로다 너희 가운데 시기와 분쟁이 있으니 어찌 육신에 속하여 사람을 따라 행함이 아니리요."

332) 고린도전서 2:10~12. "오직 하나님이 성령으로 이것을 우리에게 보이셨으니 성령은 모든 것, 곧 하나님의 깊은 것까지도 통달하시느니라. 사람의 일을 사람의 속에 있는 영 외에 누가 알리요. 이와 같이 하나님의 일도 하나님의 영 외에는 아무도 알지 못하느니라. 우리가 세상의 영을 받지 아니하고 오직 하나님께로부터 온 영을 받았으니 이는 우리로 하여금 하나님께서 우리에게 은혜로 주신 것들을 알게 하려 하심이라."

333) 고린도전서 3:5~7. "그런즉 아볼로는 무엇이며 바울은 무엇이냐 그들은 주께서 각각 주신 대로 너희로 하여금 믿게 한 사역자들이니라. 나는 심었고 아볼로는 물을 주었으되 오직 하나님께서 자라나게 하셨나니 그런즉 심는 이나 물 주는 이는 아무것도 아니로되 오직 자라게 하시는 이는 하나님뿐이니라."

334) 마태복음 20:26; 23:11; 마가복음 9:35.

하나님 방식으로 일하는 종이므로 오로지 '주님께서 각각 주신 대로', 즉 하나님께서 지시하신 대로만 움직여야 한다는 것이다.

그리고 리더십이 없는 목회사역은 교회가 제대로 자라기 어렵고 하나님 방식으로 일하는 리더십이 없는 사역자는 비전이 없으므로 목표 없이 방황하는 목회를 하게 되며 또한 계승에 문제가 발생한다.

결국에는 세습의 문제나 교회를 매매하는 문제로 발전하게 될 것이다. 하나님이 교회를 세우신 목적이 있으므로 사역을 계승하는 리더는 세우신 분의 목적과 그분의 뜻을 따라 비전을 이끌고 가야 한다. 그러나 비전이 없는 리더는 목적 없는 열심과 같다. 그 결과 교회가 제대로 자라기 어렵기 때문에 목회사역을 위한 리더십 계승을 위한 중요성이 커진다.

더 나아가 리더십이 없는 목회사역은 목회자가 탈진할 위험이 있다. 목회사역은 혼자 하는 것이 아니라 사람과의 관계에서 나오는 리더십이며 리더십은 교인과 교회를 위해 필수적일 뿐 아니라 목회자 자신을 위해서도 중요하다.

하나님 방식의 리더십이 있는 비전의 사람은 탈진의 위험에 빠질 확률이 낮은 반면에, 리더십이 없는 목회사역은 자신뿐만 아니라 공동체와 양떼를 위험에 빠뜨리고 고통을 주게 된다. 많은 교회의 목회사역자들이 목회에 환멸을 느끼고 현상 유지를 하거나 교회 내에 문제의 원인이 되는 이유는 분명한 목회사역에 대한 리더십 결여에서 온 것이 허다하다.[335]

---

335) 왜 일부 목회자가 목회에 환멸을 느끼고 사임하게 되는가? 그토록 목회를 힘들게 하는 문제의 원인이 대부분 결국 자신의 리더십 결여가 있기 때문이다. 분명한 목회사역의 목적 없이 더 나은 목회자를 찾아 끊임없이 방랑하는 사역자들이 많다. 도시 선교에서 농촌 목회로, 노인 목회에서 공단 지역의 목회로, 힘들고 어려워질 때마다 이곳저곳을 방황하는 목회자라면 자신의 사역을 찾기 위해서라도 리더십이 필요하다.

교회가 제대로 움직여지지 않을 때 그것은 리더의 책임에 크다. 그 책임은 공동체와 사역을 위해 부름을 받고 위임받은 지도자가 가져야 할 몫이다. 그러므로 리더십을 효과적으로 실행하지 못하는 목회사역은 탈진할 위험이 크게 될 것이다. 따라서 목회사역의 계승을 위해 세상의 지도자는 세상의 일과 사람의 일을 하기 때문에 오직 하나님 방식의 영적 리더십을 수행하는 하나님의 사람만이 하나님의 일을 하게 될 것이다. 목회자라고 해도, 많은 경우 사람을 두려워하고 사람의 일을 하게 마련이다. 목회사 자신이 계획하고 자신의 꿈을 이루기 위해 하나님의 일을 한다고 생각하는 것은 착각이다.336)

그러므로 목회사역의 계승의 중요성은 더욱 확고해진다. 하나님의 이름을 빙자한 목회 계승이 아닌 성경적 리더십을 가진 영적 지도자만이 하나님 방식의 일을 수행할 수 있으며 그리스도의 몸 된 교회를 세우신 주님의 뜻을 이룰 수 있다.

따라서 계승 계획 실행을 해야 하는 중요한 이유는 교회 공동체를 이끄는 리더는 하나님의 진리의 말씀을 옳게 분별하여 자신을 추종하는 신자들의 생활에 실제로 적용하도록 하여 올바른 하나님의 방향으로 진행하도록 도와주는 것이다. 이러한 하나님의 의도와 그 뜻은 반드시 성경 말씀에 근거한 선례가 있어야 함을 강조했다.337)

오늘날 목회사역은 날마다 사역의 현장에서 하나님의 그 어떠한 의도를 드러내도록 하기 위해 교회는 성경적인 목회사역개발 계획

---

336) 김덕수, 『리더십 다이아몬드』, 21~22.
337) 논자는 하나님의 의도를 비전(Vision)이라고 표현하고자 한다. 이 비전은 모든 목회사역의 가야 할 하나님의 뜻과 소원이 담겨 있는 것이다. 따라서 목회사역의 현장에서 하나님의 의도가 드러나도록 실행해야 한다는 것이 필자의 주장이다.

을 가동하여 발굴해야 할 필요성을 가진다.

그러므로 위의 2절에서 언급한 계승 계획은 그 일을 이루기 위해 수행하는 조직의 최고 위치에 이르기까지 목회 경영상의 핵심 위치를 확인하는 수단으로 교회 전체의 목표와 관련하여 계승 관리 능력을 이루도록 해야 한다. 그러나 계승 계획 자체만으로는 효용성이 없으므로 반드시 역동적인 후임리더들이 세워지도록 개인의 발전을 북돋우는 계획적이고 체계적인 관리가 필요하다.

이러한 체계적인 계승 계획은 교회가 핵심 리더를 규명하고, 그 핵심 리더를 개발하여 장기적인 계승자를 확보하기 위한 구체적인 절차를 적용할 때 가능하다.[338] 이를 위해서 목회 계승 계획 및 관리를 통하여 전임자는 후임리더 확보를 위한 인재를 발굴하여야 한다.

1. 후임리더 확보를 위한 관리 프로세스 제공

계승 계획과 관리의 중요한 목표 중 하나는 교회의 현재 활용 가능한 핵심 사역자를 교회에 다가올 리더십 계승의 수요에 맞추는 것에 있다.[339] 또한 이러한 계승 계획과 관리 프로그램으로 팀 리더들을 적재적소에 배치함으로써 교회 조직의 전략 및 목회 운영의 문제들을 해소하는 데 도움을 주게 될 것이다.

---

338) Wilbur Moor, *The Conduct of the Corporation*(New York: Random House, 1962), 109. (재인용) Willam J. Rothwell, *Effective Succession Planning*, 『효과적 승계 계획』, 이재영 외 4인 옮김(서울: PSI컨설팅, 2009), 49~50.

339) 교회 공동체 안에서 현재 계승 가능한 핵심 리더를 다가올 미래에 필요한 핵심 리더 수요에 맞추는 기획을 해야 한다. 교회가 필요한 리더십 계승을 위한 사역을 기획하고 위원회가 서로 요청하되, 교회의 전체와의 조화를 잊지 말아야 한다. 교회 리더는 교회공동체에 주신 비전과 사역의 의미와 중요성을 잘 인식하고 은사별 리더십 계승이 효과적으로 이루어지도록 전략적이고 통합적인(holistic) 사역이 되도록 이끌어야 한다.

두 번째 목적은 교회 안에 구조적으로 적재적소에 차기리더를 배치함으로써 교회 조직의 전략 및 사역의 문제들을 실행하는 데 도움을 주기 위함이다.

이러한 측면에서 계승 계획의 중요성과 이를 관리하는 것은 교회 내의 인재 관리의 효과적인 도구가 된다. 그 결과 계승 계획 및 관리는 리더십과 리더의 자질을 갖춘 핵심 인재를 지속적으로 양육하고, 교회에 중요한 목회사역의 역할을 감당할 수 있는 한 가지 방법이라고 할 수 있다. 여기서 인재(人材)라는 단어를 인(人)재(材)로 이해하면 이 경우에는 사람은 재목이며 다듬고 개발하기에 따라서 얼마든지 좋은 재목으로 큰 역할을 감당할 수 있다. 이러한 의식하에서는 사람에 대한 리더십 계승 훈련과 체계적인 과정을 통하여 후임리더를 발굴하도록 관리되어야 한다. 그러나 인재는 자칫하면 나무가 타듯이 화를 불러일으킬 수 있으므로 사람에 대한 지나친 낙관론도 경계해야 한다.

잘못된 인재, 무능한 인재, 악한 인재가 중요한 직위에 위치하는 것만큼 조직에 큰 재앙을 가져오는 경우도 드문 것이다. 따라서 교회는 전임목회자의 계승을 위한 계획을 어떻게 준비시키느냐에 따라서 좋은 인재를 준비하게 될 것이다. 차세대 리더들은 조직의 미래를 위해 그리고 지속적인 성공을 위한 조직을 관리하도록 해야 한다. 그 전략을 세우려면 전임리더의 역할이 중요하다. 우리는 '황금알을 낳는 거위 이야기'를 알 것이다. 이 말을 인용하면 리더는 리더를 낳아야 한다는 것이다. 이를 위해 리더십 전문가 존 맥스웰(John Maxwell)은 수많은 리더들에게 그들이 리더가 된 이유가 무엇이었는지를 물어봤는데, 약 85%의 리더들이 "다른 리더들의 영향을 받아서"라고 답했다고 한다. 그 외에 리더로 세워지게 된 다른 요인으로 타고난 재능이 10%, 상황의 위기가 5% 정도였다고 한다.[340]

　일반적으로 유능한 인재가 배출되기 힘들도록 만든 요인들이 있다.[341] 그 이유는 교회의 현재 활용 가능한 핵심 사역자를 교회에 다가올 리더십 계승의 수요에 맞추지 못한 그릇된 계승에서 나타난다. 이러한 잘못된 계승 계획은 첫째로, 자기 사람 챙기기이다. 이것은 학연, 지연 등 우선으로 고려하여 사람을 챙기는 문화이다. 둘째는, 유능한 동료 죽이기다. 누군가 조직 내에서 앞서 가거나 인정을 받게 될 때 최고의 인재가 동료들로부터 견제나 헐뜯기를 당해 상처를 받고 떠나는 경우가 발생할 수 있다. 특히 "지나치게 튀거나 유능하면 제대로 크지 못하고 낙마하기 쉽다"는 식의 인식이 팽배해 있는 조직의 경우에는 유능한 인재라 하더라도 잔뜩 웅크리고 복지부동할 가능성이 크다. 셋째로, 잠재적 경쟁자 가지치기다. 조직 내에서 유능한 인재로 인정받고 차세대 주요 리더로 부상하게 될 경우 동료들뿐만 아니라 조직의 상위 리더들로부터도 심각한 견제를 받을 수 있다. 그 결과 호랑이 새끼가 커서 자기 위치를 넘보기 전에 작은 실수를 빌미로 과도한 책임을 묻기도 하여 좋은 인재를 떠나게 만든다. 마지막으로 편의주의적 조직 운영이다. 단기 실적을 지나치게 강조하다 보면 실력이 우수한 사람이 오히려 교육, 훈련의 기회를 박탈당하는 역선택의 문제가 발생하는 경우가 있다. 그 이유는 교회성장에 중점을 두어 진정한 하나님의 비전 중심이 아닌 인간 중심으로 전임리더가 사역을 할 때 가져오는 문제점일 것이다.

---

340) John Maxwell, *The 21 Irrefutable Laws of Leadership*, 『리더십 21가지 법칙』, 홍성화 역(서울: 청우, 2005), 196.

341) 진병채, "경영자 육성을 가로막는 4가지 요인", 『LG 주간경제』, 2005.10.12: 16~18.

따라서 리더는 이러한 문화의 폐허를 통찰하고 목회 계승 계획 및 관리를 통하여 전임자는 후임리더 확보를 위한 인재를 발굴하는 데 도움을 주도록 해야 한다. 이러한 목회 계승은 문화와 밀접한 관계가 있으므로 다음 절에서 설명하고자 한다.

2. 바람직한 목회 계승을 위한 문화 형성

혹자는 이 시대의 정치, 사회적인 특성이 인재를 적극적으로 개발하고 살려주는 문화라기보다는 인재가 제한되거나 견제되는 경향이 많았고 이를 교회 역시 답습하고 있는 경우가 많다고 한다. 인물의 개인적인 역량이나 능력보다도 그가 속한 출신, 계층, 지역적인 특성에 따라 파당이 나누어지고, 서로 견제하고 갈등하며 다투는 일들이 많이 있었다. 자기 또는 자기 혈족 중심의 집단주의는 내집단과 외집단으로 편을 가르게 하며, 같은 집단이나 그룹에 속하지 않은 경우에는 철저하게 견제하고 소외시키는 경향이 있었던 것이다. 참신한 인재들이 소신껏 활약할 수 있는 문화와 시스템을 제대로 마련하지 못했던 것이다. 이러한 역사 문화적 전통의 부정적 영향들은 현재까지도 우리의 사회와 교회 곳곳에 뿌리 깊게 드리워져 있다고 할 수 있다. 이렇게 침체되고 관료화된 조직일수록 리더가 자라나기 힘든 조직의 분위기와 토양을 갖고 있다. 효율적인 인재 개발 시스템과 제도 못지않게 중요한 리더가 자라날 수 있는 기초 토양으로서의 조직 문화가 요구된다.

목회 계승 계획 및 관리를 통하여 전임자가 후임리더를 확보하기 위한 인재를 발굴하는 데 있어서 교회가 처한 문화적 상황은 중요하다. 그렇다면 문화란 무엇인가? 웹스터 사전에서 문화의 정의는 생각, 언어, 행동과 유산을 포함한 모든 인간의 행동 양식에 내재된 것이라고 정의한다.[342] 이러한 문화가 일단 확립되면 자체의 생명을 가지게 된다.

문화는 한 세대에서 다음 세대로 전달되며, 그 기능은 인간이 사회 속에서 안전하게 생활하도록 하는 것이다. 이와 같이 문화는 단순한 반사적 반응에서 생활의 안정과 지속성을 보장하는 고도로 진전된 수단으로 발전하게 되는 것이다.

과거의 교회의 조직은 조직 속의 인간관계가 주종의 관계처럼 비교적 단순하였고 복종만이 강요되었고 상하관계의 계층도 비교적 소수였다. 따라서 한 지도자는 수많은 부하를 감독할 수 있었으며 전문가도 필요 없었다. 그러나 현대 조직은 그 인원, 예산, 기구 면에서 점차 대규모화되고 있다. 이와 같은 문화의 변화로 교회조직도 대규모화, 복잡화의 다양한 특징을 갖게 되면서 목회사역에 대한 계승의 문화도 세습의 문제가 중요한 문제로 나타났다. 오늘날의 조직문화에서 기존의 규범과 가치에 어긋나는 새로운 전략이나 프로그램을 실행하려 할 때 비로소 문화의 존재를 확인할 수 있다. 교회 역시 하나의 작은 조직을 갖추고 있으므로 조직 관리가 필요하다.[343] 오늘날의 문화는 전통적인 교회 계승에 대한 새로운 해석을 요구하고 있다. 그러므로 목회 계승을 위한 조직 관리의 중요성은 한국교

---

342) 웹스터사전.

343) 개신교의 경우 한국에 들어온 지 1세기 만에 세계교회 역사상 그 유래를 찾기 힘들 만큼 경이적인 성장을 하게 되었고 많은 다른 나라 사람들로부터 관심을 끌게 되었다. 교회의 이러한 성장은 곧 세련된 조직화를 요청하게 되었고, 교회는 점차 조직화, 제도화되어 갔다. 아울러 이러한 조직화, 제도화는 교회의 내부적 요청에 의해서뿐만 아니라 세계화, 지방화, 디지털미디어의 확대 등 외부적 요건에 의해서도 영향을 받았다.

회의 미래의 환경변화에 적합한 교회 계승 문화가 되도록 함에 있어서 중요한 사안이다. 그러므로 목회 계승을 통한 한국교회의 새로운 계승의 문화를 이끌어야 한다. 문화에 대해서 김덕수는 『리더십 다이아몬드』에서 다음과 같이 표현하였다.

> 문화란 사람들이 상호작용하는 방식이며, 표현된 가치관이며, 공유된 의미이고, 그룹의 행동 방식에 대한 기준이요, 게임의 룰이요, 삶을 이끌어가는 원칙들이며, 어떤 사실을 인지하고 생각하고 느끼는 방식이고, 기존 구성원이 새로 온 사람들에게 가르치는 것들이며, 새로운 외적 환경에 대해 적응할 때 사용하는 기본적 가정들의 패턴이며, 외적 위협 앞에서 하나가 되기 위해 반응하는 내적 통합의 패턴이고, 외부를 향해서는 독특한 경쟁력이요, 우리만의 분위기요, 풍토이고 감정이고 심미적 반응이다.[344]

문화의 개념은 다양하게 사용되어 왔고 통일되지 못하고 있으나[345] 다양한 학자들의 정의와 특징을 몇 가지 요소로 나누어 문화의 특징을 제시해보면 다음과 같다.

첫째로, 문화란 집단적으로 공유하는 것으로서 그 사회의 정체성이 무엇인가를 뚜렷하게 해주는 요소이다. 둘째로, 문화란 한 사회의 생활양식 혹은 생활의 세계라 할 수 있다. 셋째로, 문화란 사회 구성원들이 그들의 사회적·역사적·물질적 환경 속에서 생활하면서 학습하고 전승하며 창조해가는 것이다. 넷째로, 문화란 사회의

---

344) 김덕수, 『리더십 다이아몬드』, 278.

345) 1871년 타일러(E. B. Taylor)가 인간의 사회생활에서의 모든 행동적·정신적·물질적 산물에 적용하기 위하여 문화란 개념을 활용한 이래로 문화의 개념은 여러 학문 분야에서 다양하게 사용되어 왔다. 이러한 이유로 제 학문 간의 문화에 대한 통일된 정의가 내려지지 못했고, 이러한 개념상의 통일문제로는 크로버(A. L. Krober)와 클럭혼(C. Kluckhohn)이 164개의 정의를 나열한 데서도 드러나듯이 쉽게 해결되지 못하고 있다. A. L. Krober, and C. Kluckhohn, Culture: A Critical Review of Concepts and Definitions, (A Vintage Book, 1952), 77~142.

경험적 사실을 규정하며 가치와 윤리기준을 결정하며 개인의 행동에 영향을 미치고 개인의 적응기제로서 이용된다. 마지막으로, 어떤 사회나 집단이든 모두 보편적으로 문화를 갖지만 사회와 집단에 따라서 문화는 다양성을 갖고 있다.

그러므로 문화란 일단의 사람들에게 의해 공유된 가치로써, 시대가 바뀌고 사람이 바뀌어도 지속되는 더 깊은 내면에 존재하는 불가시적인 것이다. 따라서 모든 문화는 모든 행위를 결정하고 인도하는 기본인자요, 기본규범이라 할 수 있다. 어떠한 행위도 문화의 울타리를 벗어날 수 없고 문화의 냄새를 풍기고 있다. 전통적인 문화라고 해서 다 그런 것은 아니지만 그중에서 목회 계승의 발전을 저해하는 것이 우세하다면 그러한 문화 속에서 계속된 시도를 한다해도 본질적인 목표를 달성하기 힘들다고 한다.[346]

이러한 내용을 토대로 볼 때 모든 교회는 그 시대의 문화를 이해해야 한다. 더 나아가 성경적인 문화를 계승하도록 시대를 이끌어야 할 사명이 있어야 한다.

특히 목회 지도자로서 교회 계승의 발전을 위해 변화를 필요로 할 때 문화 이해는 필수적이다. 아무리 좋은 전략이라도 문화적 요소가 뒷받침해주지 못하면 실행이 안 된다. 목회자가 지도자로서 어떤 규정, 정책, 선언문을 바꾸려고 할 때 당혹감을 느끼게 되는데, 목회는 신학과 외적 조직만의 문제가 아니기 때문이다. 교회를 포함하여 어떤 조직이든 조직의 내적 심장부가 문화를 반영한다. 그런데 조직문화는 보이지 않는다는 것이 문제다. 그럼에도 이것은 비전과 가치를 형상화하는 데 필수적이다.[347]

---

346) 김봉식, "한국인의 사고방식을 통해 본 한국행정문화", 『한국행정학호』 2권, (1968), 343.

교회를 계승하는 영적 지도자라면 문화의 요소를 이해할 필요가 있는데, 이것은 문화의 각 단계를 문화의 속성을 분석함으로써 가능해진다. 가치관과 문화에 대한 이해를 위해 샤인(E. Schien)의 모형을 살펴보고자 한다.348)

<표 14> 조직문화의 의식적 수준

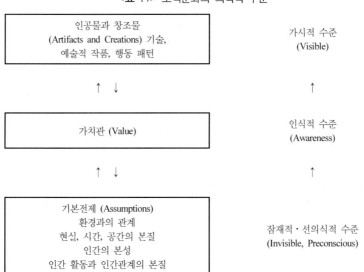

위의 그림을 통해서 샤인은 조직문화를 한 조직이 외부 환경에 대한 적응이나 내부 통합 문제의 해결과정으로 창조하거나, 발견하거나, 혹은 개발한 기본 가정의 양상으로 보았는데, 이러한 기본 가정은 그 유효성이 충분히 증명되어 새로운 구성원들에게 그러한 문제를 올바르게 지각, 사고할 수 있도록 가르친다고 언급했다.

<hr />

347) 김덕수, 『리더십 다이아몬드』, 281.

348) E. Schien, Organizational Culture and Leadership, (Jossey Bass: Publishers, 1985), 14.

또 다른 가치관과 문화에 대한 이해[349])를 3중 동심원으로 생각해
보자.

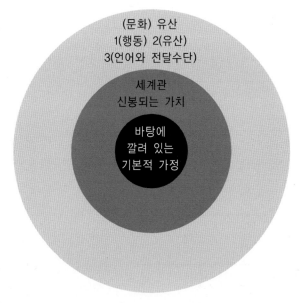

가치관: 문화에 대한 이해

<그림 12> 가치관: 문화의 이해[350])

김덕수는 "동심원의 가장 안쪽에는 우리의 기본적 가정이 있고,
실제로 신봉되는 가치가 그것을 감싼다. 가장 바깥 원은 우리가 가
지는 여러 유산으로, 바로 문화이다"[351])라고 한다.

위의 두 가지 도표와 그림을 통하여 알 수 있는 사실은 어떠한 목

---

349) 이 문화에 대한 내용은 본 도서 2장 4절 선교신학적 관점에서 '문화의 층'을 다룬 점을 참조하
면 더욱 이해가 될 것이다.

350) 김덕수, 『리더십 다이아몬드』, 283.

351) 위의 책, 283~284.

표를 표방하는 조직이든지 해당 조직의 문화는 환경적 요소로부터 자유로울 수 없다는 것이다. 즉, 교회의 모든 조직에 속한 문화는 거시적인 측면에서 조직문화의 영향을 받을 수밖에 없으며 조직문화는 일반문화에 내포될 수밖에 없는 속성을 가지고 있다는 것이다. 물론 일반문화의 하위문화인 모든 조직 문화적 요소들이 동일한 것은 아니며 조직문화의 하위문화인 교회조직문화와 기업조직문화가 완전히 동일할 수도 없다.

하지만 조직을 둘러싸고 있는 사회문화적 배경은 조직문화를 이해하는 데 있어서 없어서는 안 되는 필수불가결한 요소이다. 이 책은 이러한 점에 착안하여 교회가 역사적으로 오랫동안 유지해왔던 전통적인 요소를 통해 성경적으로 숙고해보고, 보다 기독교적 문화를 만들기 위해서 목회사역 계승이 효과적으로 실행되고 바람직한 문화가 정착할 수 있는 방법을 모색하고자 하였다.

지금까지 종합할 때 4장에서는 실제적인 목회사역이 계승될 수 있도록 하기 위해서 구체적인 계승 계획을 세워야 함과 그것을 조직적으로 관리할 수 있어야 한다는 내용을 제시하였다. 여기서 관리는 하나님의 목적을 실행하기 위해 알려주시는 계획을 구체적으로 이루어가도록 함에 있어서 '관리'라는 용어를 사용했다. 일반적인 계승 사례에서도 보듯이 어떻게 계승을 관리하느냐에 따라 조직의 목표 달성과 발전을 도모하여 교회 조직이 성경적으로 실행할 수 있다. 또한 성경적 실행을 위해 목회 계승을 위한 조직적인 관리가 필요함을 제시하여 그 결과 전임목사, 교회 구성원(당회, 성도), 후임목사의 준비와 역할이 필요하다는 결론을 얻을 수 있었다.

더 나아가 계승 계획으로 후임리더를 어떻게 확보할 것인가에 대한 구체적인 프로세스를 제공하는 기초를 마련한 것과 바로 이러한 연구 결과로 바람직한 계승 과정을 세움으로써 교회에 새로운 계승의 문화를 형성해야 함을 제안하였다.

제5장

실제적인 목회사역
계승 계획 실행

본 저서는 목회사역의 계승을 통하여 하나님의 의도하신 전임자의 사역이 후임자에게 흐르도록 하고자 할 때 오늘날 하나님이 하시는 사역이 무엇이며 어떠한 사역을 계승할 것인지에 대한 체계적인 계획이 필요하다는 것이다. 이를 위해서 교회 공동체와 전임목회자는 계승을 위한 준비를 충분히 준비하고 계획하고 실행해야 한다.

먼저 교회 공동체가 목회사역의 계승이 왜 중요한 것인지의 중요성을 인식하도록 프로세스 되어야 하며, 그 다음으로 목회사역 계승의 필요성의 증대로 계승을 위한 전략을 세워야 하는 것이다. 그 이유는 계승을 위한 비전의 내용이 계승자와 공동체 구성원과 함께 공유해야 하며 성령의 역사로 하나님께 영광을 돌리는 사역을 계승하도록 같은 비전을 공유해야 하기 때문이다.[352]

목회사역의 계승은 리더십 위임의 원리와 그 맥을 같이한다. 특히 전임사역자가 교회를 완전히 떠나는 경우는 예외이겠지만, 전임목회자가 원로로 교회에 남아 있는 경우는 리더십 계승에 있어서 가장 쟁점이 될 가능성이 높은 사안이 된다. 그러므로 목회사역의 계승을 위한 효과적인 지침이 필요하다.

박진석은 성공한 리더의 조건으로 후임자를 준비하는 사람이라고 이야기하면서 "참으로 노련하고 지혜로운 리더는 자기 당대의 업적과 성과에만 시선이 머물지 않는다"[353]고 주장한다. 이런 맥락에서 후임 계승 계획을 위한 관리가 없는 성공은 참된 성공이 아니다. 왜냐하면 성공을 계속 유지하고 지키기 위한 핵심 요소 중 하나는 탁월한 리더십이 계속해서 공급되는 것이기 때문이다. 결국 바람직한

---

352) 김덕수, 『리더십 다이아몬드』(서울: 두란노 아카데미, 2008), 93.

353) 박진석, 『리더십 배턴터치』(서울: 비전과 리더십, 2008), 9.

목회 리더십 계승은 성경적인 계승 계획과 그리고 어떻게 그 계승을 이룰 것인지의 관리가 중요하다.

이런 관점에서 클린턴(Clinton)은 리더십 계승을 리더의 핵심 역할이라고 말한다. "리더는 조직의 효율성과 영속성을 위하여 리더십을 반드시 다른 리더들에게 위임할 줄 알아야 한다고 한다."[354] 리더라면 적어도 리더십 계승의 모든 성패가 사람에게 있다는 사실을 알고 늘 사람들에게 집중하는 사람들이다. 리더는 계승을 위한 후임리더를 세우기 위해 후임리더들을 체계적인 과정을 통하여 발굴하고 그들을 개발하여 리더십 계승을 위임하는 데 언제나 일의 우선순위를 두고 있는 사람이다. 이러한 리더십 계승은 결코 한순간에 일어날 수 있는 일이 아니므로 많은 시간과 헌신과 다양한 관리와 노력이 요청되는 일이다.

그러므로 계승 계획을 준비한 리더들에게 후임 혹은 차기리더들을 발굴하는 것과 훈련을 시키기 위해서 준비하는 것은 하나의 일상적인 핵심 업무가 된다. 이런 의미에서 전임리더가 조직에 남겨줄 수 있는 최대의 유산은 어떤 경제적인 성취나 업적, 훌륭한 건물이 아니라 잘 준비된 후임리더를 계승하도록 관리해야 한다.

그 결과 목회사역 계승을 위한 부분으로 중요한 계승 계획을 위한 계획이 필요하다. 이것은 이 저서가 지향하고자 하는 궁극적인 의도이며 아울러 교회 공동체의 계승을 위한 지침이 되기 때문이다.

따라서 교회가 계승 계획 및 관리에 관심을 두어야 하는 것이다. 일반 기업에서도 수많은 조사에서는 체계적인 계승 계획 및 관리의 중요성을 강조하고 있기 때문에 최고경영자는 그 문제를 주요 관심

---

354) Robert J. Clinton, *Titus: Apostolic Leadership*(Altadena: Bamabas Publishers, 2001), 150.

사 중 하나로 언급하고, 오늘날 리더십 계승은 기업 이사회의 관심 사안으로 떠오르게 되었다.[355)]

리더십 계승을 결정하고 대표하는 당회 및 감독 또는 당회장, 그리고 제직으로 구성된 교회가 계승 계획 및 관리에 관심을 두어야 할 이유는 첫째, 하나님의 사역은 교회의 존립의 목적이므로 이러한 지상명령의 사역을 이끌어가기 위해서는 올바른 지도자를 세워야 한다는 것이다. 그러한 리더로 하여금 올바른 때에 올바른 사역지에서 올바른 사역을 하도록 지원하는 역할에 있음을 먼저 인식해야 한다.

이제는 전임리더에게만 계승의 기회가 주어지는 시대가 어려워졌다. 내부적으로 리더들을 개발하는 것을 무시한 결과, 핵심 리더 중심으로 후임리더를 찾는 것이 어려워진 시대가 되었다. 이제는 전통적인 세습방법들을 용인하지 않으려는 경향으로 가고 있다. 그러므로 교회는 핵심 인재를 충원할 대상자들을 교회 내 또는 합법적인 절차에 따라 발굴하고 개발하는 노력을 해야 한다.

둘째, 교회는 전략 없이 교회 내 사역(리더)자들을 세우거나, 갑작스러운 사임을 하지 않도록 기획해야 한다. 바로 이러한 계획 없는 결정으로 인해 핵심 인재 관리와 중간 관리자(팀 리더) 계층의 감소로 중요한 인재를 잃어버릴 수 있기 때문이다. 교회는 신중하게 준비하여 전임리더의 사역을 교회 내부에서 최고 리더층으로 이동하는 기회를 주도록 계획 및 관리해야 한다. 이는 유망한 후보자를 일찍 파악하려는 전략을 세우기 위함이다. 그 후 그들의 발전을 적극적으로 장려하여 교회에 적합한 후임리더로 세워지도록 관리되어야

---

355) 한국 기업의 상황 추가 "Long-Term Business Success Can Hinge on Succession Planning", Training Directors' Forum Newsletter 5:4 (1989), 1.

하기 때문이다. 마치 운동선수들이 주전에 소속하기 위해 사력을 다하는 시스템과 같이 교회 역시 중간 리더들을 세우고 교회 비전에 맞추어 사역할 수 있도록 기회를 주어야 한다.

교회는 스타 운동선수들을 영입하려는 방식이 아니라 모세가 여호수아를 다양한 방법으로 훈련을 통하여 모세의 사역을 계승에 이르도록 계획하고 관리하였던 것처럼 교회는 미래 리더십 연속성에 재난이 될 수 있는 문제를 방지하기 위해서는 중간 리더들의 사역을 확인할 수 있는 수직적 또는 수평적 경력 이동 사역을 통해 사전에 후임리더 후보자들을 변별하도록 관리 시스템을 구축하여야 한다.

셋째, 교회의 계승에 따른 관리가 과거와 같이 비공식적인 절차에 따라 비계획적으로 이루어지게 될 때 그 배경, 가치에 있어 자신들과 매우 유사한 후계자들을 파악하려는 경향이 있게 된다. 일반적인 관점에서 이러한 계승의 구조는 '관료주의적 동족 시스템'을 형성한다[356]고 한다. 이에 관하여 로사베스 모스(Rosabeth Moss)는 다음과 같이 설명한다. "기업 구조에 있어 관리자들이 처한 상황으로 인해, 사회적 유사성을 극단적으로 중요하게 생각하는 경향이 있다. 기업 구조는 관리자들이 자신과 동일한 유형의 사회적 개체를 복제하도록 이끄는 힘으로 작동된다. 결국 직원들은 자신과 같은 종류의 사람을 재생산한다."[357] 그 결과 전임리더의 배경을 보호하고 지원하는 계승자로 선택을 하게 된다. 마치 백인이 백인을 선호하듯이 하나님의 사역에 초점을 맞추기보다는 전임리더의 문제에 초점을 맞

---

356) Wilbur Moor, *The Conduct of the Corporation*(New York: Random House, 1962), 109. (재인용) Willam J. Rothwell, *Effective Succession Planning*, 『효과적 승계 계획』, 이재영 외 4인 옮김(서울: PSI컨설팅, 2009), 62.

357) Rosabeth Moss Kanter, *The Men and Women of the Corporation*(New York: Basic Books, 1877), 48. 9. (재인용) Rothwell, 『효과적 승계 계획』, 62.

추게 된다. 이를 방지하기 위해 교회는 사전에 계승에 관한 방안을 시행하도록 해야 한다.[358]

요약하면 하나님의 의도하신 전임자의 사역이 후임자에게 계승되도록 하기 위해서는 효과적인 계승 계획 프로세스가 필요하다. 따라서 교회 공동체와 전임목회자는 계승을 위한 준비를 충분히 준비하고 계획하고 실행할 수 있는 전략을 세워야 한다.

다음으로 계승을 준비함에 있어서 무엇을 고려하고 어떠한 역할을 준비해야 할 것인지에 대해 살펴보고자 한다.

---

358) 교회가 리더십 계승을 위한 계획과 관리 프로그램을 시행하면 (1) 각 중간 리더들에게 교회의 사역 방향에 대한 공감대가 형성하고, (2) 사역 리더의 개발과 훈련 계획에 참여할 수 있는 기반을 줄 것이다. (3) 교회사역의 이동에 대한 체계를 확립하게 되며, (4) 교회 조직에 관한 상향적이고 수평적인 대화가 이루어질 것이다. (5) 무엇보다 교회 내에 핵심 리더(인재)를 관리하는 기반을 가져오게 될 것이다.

리더십 계승의 고려 요소

리더십 계승에 관한 연구는 서로 다른 수준에서 상호작용하는 다양한 이해관계자의 관점을 고려해야 하는데, 계승에 영향을 미치는 주요 이해관계자는 교회를 계승하는 전임목회자, 후임자, 교회 구성원, 지역사회로 볼 수 있겠다. 계승 계획의 이해관계자 고려 요소를 정리하면 <그림 13>과 같다.

여기에서는 목회 리더십 계승을 위한 계획에 영향을 미치는 요소를 크게 현재의 교회사역을 책임을 지고 있는 전임목회자 관련 요인, 후계자 관련 요인, 교회 구성원의 관련 요인 그리고 지역 구성원의 관련 요인 등으로 파악하나 무엇보다도 전임, 후임, 교회 구성원 역할 중심으로 파악하고자 한다.359)

---

359) 이 그림의 출처는 김선화, 남영호, 가족기업의 승계 프로세스 관련 이해관계자별 영향 요인에 관한 문헌검토, 중소기업, 33권(통권 84호), 2011.29에 있는 그림으로 필자가 교회 계승에 영향을 미치는 이해관계자를 현 경영자에서 (전임목사)로, 후계자에서 (후임목사)로, 가족 구성원을 (교회 구성원)으로 비족 관리자를 (당회원)으로 재구성하였다.

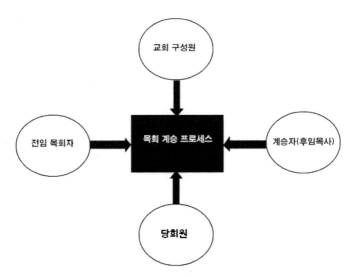

<그림 13> 리더십 계승에 영향 미치는 이해관계자

　교회 리더십 계승에 있어서 현 교회를 계승하는 전임목사와 후임목사, 교회 구성원 간의 좋은 관계는 성공적인 계승 과정을 결정짓는 핵심요인으로 본다. 좋은 관계란 높은 수준의 신뢰, 상호지원, 개방적이고 정직한 커뮤니케이션과 상대방의 사역에 대한 인정 등을 포함한다.

　건강한 교회 리더십을 계승하기 위해서는 계승의 중요성을 잘 이해하고 이를 실천에 옮기는 것이 성경적인 영속성과 발전에 매우 도움이 된다. 성공적인 계승을 위해서는 전임목회자와 후계자, 교회 구성원의 준비가 매우 중요하며 전임목회자는 장기간 소요될 수 있는 후임목회자를 위한 기초를 마련해두어야 한다.

　구체적으로 언제, 누구에게, 어떻게 계승할 것인가와 이때의 교회의 장기적인 발전계획이 포함된 전략적 계승 계획을 위해 사전에 기도와 관심으로 준비되어야만 한다. 또한 전임자는 사역 중에 계승을 위한 사전 준비가 되도록 항상 고심해야 한다. 성경적이고 합법적인 절차를 통하여 교회 계승이 성경적으로 이루어지도록 지도하며, 교회 구성원과 후임자가 함께 참여할 수 있도록 교량 역할을 해주어야 한다.

리더십 계승 준비 프로세스

지금까지 살펴본 바와 같이 교회는 후임자 문제가 교계에서는 물론, 일반 사회문제로까지 제기되고 있다. 21세기 이전 부흥을 주도했던 목회자들이 은퇴 혹은 정년을 앞두고 있어 담임목사의 세대교체와 리더십의 교체시기로 나타난 현상이며, 이는 중·소 교회들도 담임목사 은퇴뿐만 아니라 목회자 신상과 건강으로 인한 사임, 목회지 이동 등 여러 가지 이유로 담임목사의 교체를 경험하고 있다. 따라서 후임자 문제와 그 해법은 해당 교회뿐만 아니라 한국교회 전체의 문제로서 이제는 후임자 문제에 대한 제도적 장치가 요구되는 시점이다.

현시점에 담임목사 교체, 혹은 후임자 선정은 흔히 볼 수 있는 일이지만 교회의 성장과 안정에 직결되어 있어 매우 중요한 일이다. 담임목사 교체 후에 원로목사와 담임목사의 관계가 어떠한가에 따라 교회의 성장 여부가 좌우되기 때문이다.360)

---

360) 김서택, "교회의 심장 이식 수술", 두란노서원, 『목회와 신학』(2003, 10), 160.

그러나 교회를 새롭게 이끌어가기 위한 목회자 선정이 오히려 교회의 혼란과 분열을 가중시키는 경우도 있다. 새 담임목사 청빙 과정에서 내부 의견이 조율되지 않거나 이런 상태에서 새 담임목사가 취임해 갈등이 가중되는 경우가 있으며, 심한 경우 후임 선정 문제로 교회가 분열되는 경우도 있다. 또한 교체 이후에도 후임목회자가 새로운 성도와 목회지에 적응하지 못하고 떠날 때 혼란을 겪기도 한다. 이 때문에 은퇴를 앞둔 목회자나 후임자를 선정해야 하는 교회는 물론이고, 모든 개(個) 교회는 언젠가는 겪어야 하는 담임목사 청빙 문제에 대해 깊이 있게 고민하고 적절한 대안을 모색해야 한다.

이에 본 장에서는 목회사역 계승을 통한 건강한 교회를 만들기 위한 방법의 일환으로 전임목회자의 은퇴에 따른 담임목사의 역할과 담임목사의 부임으로 청빙 받았을 때 후임자의 역할에 대하여, 또한 당회와 성도의 역할과 더 나아가 전임목회자의 은퇴로서 은퇴 후의 목회 참여에 대한 연구를 통하여 본 연구의 대안을 제안하면서 후임목사와 원로목사의 이상적인 관계를 제시하고자 한다.

1. 전임목사의 준비

리더십 계승을 성공적으로 수행하기 위해서 핵심적인 인물이 있다면 전임목회자다. 계승을 위한 전임목회자가 리더십 계승에 대해 어떤 의식과 안목을 가지고 있느냐에 따라서 계승의 모든 과정에 영향을 가져온다. 전임리더의 리더십에 대한 철학, 리더십의 권력 기반이나, 비전, 영성, 문화 이해, 인격, 공동체의 조직성 등의 전반적인 이해에 따라 계승 과정이 변수가 생기기 때문에 상당한 혼란을 가져올 수 있기 때문이다.

기업 경영에서도 지도자가 변화의 리더십을 가져야 한다고 역설할 때 목회 전임자는 이들보다 성경적인 기본에 충실하도록 기도로 결단해야 한다. 그렇지 않으면 교회는 사탄의 역사로 세상 속에 지탄을 받고 처참하게 분열되기 때문에 전임목회자의 준비와 역할은 계승의 승패를 좌우할 수 있을 것이다. 그렇다면 전임목회자가 그의 사역 마지막 기간에 어떻게 리더십 계승을 준비할 수 있도록 할 것인가?

위에 리더십 계승 계획의 고려 요소에서 언급했던 내용을 건강한 교회 리더십을 계승하기 위해서는 계승의 중요성을 무엇보다 잘 이해하고 이를 실천에 옮기도록 해야 하는 역할이다. 목회사역의 의미와 정의, 그리고 진정한 하나님의 사역이 영속적으로 계승되어지기 위해서는 전임자의 역할이 매우 중요한 위치에 있다. 이를 위해 장기적인 안목을 가지고 후임자 선정을 위해 당회와 교회 구성원과의 관계를 지속해야 한다. 그리하여 차기 후임자를 발굴할 수 있는 기초를 마련해두도록 해야 한다.

전임목회자의 여건에 따라 당회에 은퇴를 알리고 당회와 전임은 구체적으로 언제, 누구에게, 어떻게, 계승할 것인가에 대한 장기적 발전계획을 가지고 신중하게 고려하여 성경적인 후임자를 발굴하도록 도모해야 한다.

1) 커뮤니케이션 및 가치 공유

전임자는 계승을 준비함에 있어서 좋은 관계를 지속해야 한다. 좋은 관계는 당회와 높은 신뢰를 바탕으로 개방적이며, 상호지원이 되는 정직한 커뮤니케이션이 이루어지도록 지속적인 관계를 하도록 해야 한다.

전임목사는 후계자 사이에 있어서도 존중과 이해, 상호보완적인 관계를 갖는 것이 성공 가능성이 높으며, 훌륭한 후임목사는 그렇지 못한 후임자들에 비해 현 전임목사와 좋은 관계를 맺고 있는 것이다.

목회 계승이 바람직하게 이루어지기 위해서는 전임목사, 후임자, 당회, 교회 구성원 간의 신뢰가 바탕이 되어야 하기 위해서는 개방적이고 정직한 커뮤니케이션이 신뢰를 형성하는 요인이 되므로 전임목회자는 다양한 방법으로 신뢰를 쌓아야 한다. 이를 위해 전임목사는 신학적이고 실천적이며 성경적인 가치관을 확립하고 이것을 당회와 교회 구성원들과 후임자에게 공유하도록 힘써야 한다. 이것을 공유하기 위해서는 계승 프로세스를 거쳐야 하는데 그 이유는 계승 프로세스를 세우지 않는 것보다 계승 프로세스를 세움으로 인해 얻는 효과가 매우 많기 때문이라고 할 수 있다.

잘못된 커뮤니케이션과 가치 공유는 서로 간의 계승과 비전에 대한 수준의 차이로 갈등 수준이 높아지기 때문이며 그러한 요인으로 인해 교회의 상당한 진통이 발생하기 때문이다. 그러므로 계승에 있어서 전임목회자는 당회원, 교회 구성원 간 가치의 공유 및 계승, 개방된 대화를 통한 후임자 및 교회 구성원과 밀접한 유대관계와 신뢰를 쌓아가도록 관리해야 한다. 교회의 가치와 공유, 신뢰 등을 위한 커뮤니케이션은 교회의 장기적인 성공을 설명하는 전략적 자원과 역량이 될 수 있게 된다. 한 예로 사회적으로 언급되었던 S교회 OH목사의 편지와 같다. 교회 내 당회를 설득했으나 구성원들의 오해에 대한 커뮤니케이션을 통하여 핵심 구성원들에게 OH목사의 진지하고 신뢰를 담은 편지를 통해 구성원들에게 계승의 취지와 목적, 가치 공유와 하나님의 교회의 영속성을 전하고자 하였다. 비록 완전한 계승이라고 보기 어렵지만 전임자로서의 커뮤니케이션 시도는 바람직한 과정이라고 보아야 할 것이다.

2) 리더십 계승을 위한 차기 지도자 발굴

전임리더의 역할 중에 중요한 항목은 차기 지도자 발굴이다. 리더십 계승에 있어서 후임자 선정은 전임목회자의 지원이 절대적으로 필요하다. 전임목회자는 당회원에 속하며 담임목회자로 교회 목회권을 통제하고 있는 교회 리더이므로 계승 계획의 통제자이며, 계승 계획에 대한 완급을 조절하는 데 절대적인 영향력을 미칠 수 있다. 그러므로 전임목회자는 계승 계획의 가장 큰 장애 요인이 되지 않도록 자발적인 은퇴계획을 미리 세워야 하며, 나아가 교회 공동체의 계승이 부의 계승이 아닌 진정한 종의 정신의 계승의 역할을 하도록 해야 한다.

오늘날 한국교회는 눈부신 성장의 신화를 낳아 교단별로 세계 최대 사이즈의 교회들을 갖게 되었으나 그릇된 세습으로 세간의 뉴스에 등장하는 지도자들이 있다. 그렇지 않은 교회들은 설립 목사가 물러나며 다른 교회나 신학교 그리고 외국에서 유명한 목사를 영입해 후임목사로 세우는 경우도 많다. 또 어떤 교회는 전임목사가 후임목사를 세운 후에도 계속 간섭하여 갈등을 겪기도 한다.[361] 이런 모든 일 뒤에는 뛰어난 지도자라고 믿었던 성공적인 교회의 지도자들이 차기 지도자를 세워놓지 못한 본질적인 문제가 있다.

그렇다면 왜 많은 지도자들이 차기 지도자를 계발하지 못하는 것인가? 대부분 지도자의 95%는 재생산을 못 하고 오직 5%만이 다른 지도자를 재생산하고 양육한다는 말이 있다.[362]

다음 <표 15>에서 차기 지도자를 세우지 못한 이유를 살펴보자.

<표 15> 차기 지도자를 세우지 못하는 이유들

1	불안함	불안한 지도자는 또 다른 지도자가 세워지기를 원치 않는다. 자신의 안전이 위협을 받을지 모른다는 두려움 때문이다.
2	추종자들에게만 관심을 쏟음	교인들, 추종자들과 함께 보내는 시간이 많고, 맡은 일을 하느라 바빠서 일꾼을 세우고 차기 지도자를 세우는 일에는 관심도 없다.
3	후임자 분별에 대한 어려움	추종자들은 어딜 가나 줄을 서 있으나 쓸 만한 리더는 찾아보기 드물다. 진정한 리더를 분별하지 못하기 때문이다.
4	지도자 계발의 가치 인식 부족	많은 경우 추종자들을 관리하고 더 많은 사람을 모으고 조직을 키우고 건물을 세우는 데 관심을 쏟고 있지만, 차기 지도자를 세우는 일이 얼마나 중요한지 잘 모른다.
5	후임자들이 협조자 아닌 경쟁자로 보기 때문	후임자를 경쟁 대상으로 대하기 때문에 리더를 양성하기보다는 자꾸 통제하고 제어하여 제한하고 막으려 든다. 그 결과 후임리더는 숨이 막혀 살 수가 없어 벗어난다.

그러므로 전임목회자는 차기리더를 세우는 일을 중요시해야 한다. 지도자가 태어나려면 지도자의 DNA를 가진 부모가 필요하듯이 관리자적인 생각에서 벗어나 지도자를 낳을 수 있는 DNA를 가져야

---

361) 전임은 후임이 마음에 맞지 않아 다시 내쫓고 다시 다른 후임자를 세워 서로 간에 갈등이 생겨 또다시 내보내는 악순환을 반복하기도 한다.
362) 김덕수, 『리더십 다이아몬드』, 391.

한다. 차기 지도자를 세우는 사람이 진정한 지도자다. 바로 그때 그의 리더십이 완성되는 것이다.363)

구약에서 모세는 가나안 땅에 들어가기까지 사역을 하고 싶어 했으나 오히려 하나님의 진정한 의도(*telos*)를 발견(*praxis*)하고 그의 후계자 여호수아에게 계승했다. 모세는 신명기 31장 1~8절에 "또 모세가 가서 온 이스라엘에 이 말씀을 전하여 그들에게 이르되 이제 내 나이 백이십 세라 내가 더 이상 출입하지 못하겠고 여호와께서도 내게 이르시기를 너는 이 요단을 건너지 못하리라 하셨느니라. ……모세가 여호수아를 불러 온 이스라엘의 목전에서 그에게 이르되 너는 강하고 담대하라 너는 이 백성을 거느리고 여호와께서 그들의 조상에게 주리라고 맹세하신 땅에 들어가서 그들에게 그 땅을 차지하게 하라" 하신 하나님의 뜻으로 리더십 계승을 해야 했다. 그러므로 리더십 계승은 전임목회자가 하나님의 뜻을 따라 그 시기와 계승의 방법을 결정해야 한다. 따라서 모세와 같이 하나님의 의도를 발견하고 준비하는 것은 참으로 바람직한 계승일 것이다.

우선 전임목회자 교체에 있어서 가장 중요한 것은 리더십의 공백이 없어야 한다. 급격한 리더십의 변화는 교인들의 혼란과 새 담임과의 갈등으로 이어질 수 있기 때문이다.

어떤 교회에서는 이런 문제를 해결하기 위해 동사목사(同事牧師)제도, 즉 후임자를 미리 선정해 전임목회자와 동역할 수 있는 제도를 만들기도 한다.364) 이 경우 교회의 전통과 분위기를 미리 익히고 기존 성도와 교회의 전반적인 상황에 대해 자세하게 알 수 있다는 것

---

363) 위의 책, 393.

364) 한명수, "한국교회 후임자 문제에 관한 나의 소견과 그 실제", 월간목회사, 『월간목회』(2005, 5), 66.

이 장점이다. 물론 이 경우에도 문제점이 없는 것은 아니다. 무엇보다 담임목사 청빙과 인사문제에 직접 관련된 당회의 신중한 자세가 필요하다.

일반적으로 담임목사를 청빙할 때 설교를 한두 번 듣고, 학력 등 이력서를 보고 후임자를 선정하는 경우가 많은데, 당회를 비롯해 인사를 담당하는 사람들의 객관적인 자세와 폭넓은 이해가 선행되어야 한다. 특히 인사 담당자들이 자신들의 원하는 유형을 고집하거나 박사학위 등 개인적인 이력에 이끌려 일방적으로 결정해서는 안 된다. 이와 함께 청빙 과정에서 투명하고 객관적인 절차와 구성원들의 내부 합의를 거치는 것이 아름다운 담임 교체의 필수 조건이다.[365]

그러나 때로는 갑작스러운 전임목회자 부재에 직면하는 교회들이 나타남을 방지하기 위하여 전임목회자는 미리 준비해서 목회자 유고 시 그 공백을 미리 준비하는 지혜를 가져야 할 것이다. 이를 위해서 교회는 계승을 위한 후임리더를 사전에 준비(관리)하는 것이 바람직하다. 물론 거기에 따른 장점과 단점을 감안해서 성경적인 리더를 발굴하는 방식을 추구해야 한다.[366]

---

365) 이용원, "담임목사 교체의 유형별 분석", 11월 『목회와 신학』(서울: 두란노서원, 1996), 74.

366) 합동 측의 경우 헌법 판례에 개(個) 교회의 분립을 방지하기 위해 교회 내 부목사는 전임이 될 수 없다는 조항이 들어 있다. 원래는 담임목회자를 보호하기 위한 조항이었으나 문서상으로 해석할 때 교회 내 사역자는 후임목사가 될 수 없도록 사용되고 있다. 이런 근거로 교회 내 후임리더를 발굴하는 데 문제를 둘 것이 아니라 부교역자 사임 이후를 위해 진정한 리더를 양성해야 한다. 법적으로 개(個) 교회의 사임 후 1년으로 두고 있음으로 차후에 교회가 후임리더로 세울 수 있겠다.

3) 계승의 핵심 : 훌륭한 계승 계획의 준비

계승을 위한 핵심 항목 중의 하나는 후임자 발굴을 위한 훌륭한 계승 계획이라고 할 수 있다. 효과적인 계승 계획을 위해서는 우선적으로 하나님으로부터 온 소명의식이 확실하고, 리더로서의 은사가 분명하며, 지도자로서 영향력을 행사할 수 있는 능력 있는 후임자를 선정해야 한다. 전체적으로 교회 공동체에 대한 비전과 지도력을 소유하였으며, 부르심에 흔들리지 않고, 당회와 구성원들 사이의 원만한 변혁을 이끌어내어 형성할 수 있는 능력 있는 후임자를 선정하도록 계획을 세우는 것이 중요하다. 그리고 후임자가 하나님이 부르신 일을 하도록 기술과 전반적인 실행 능력도 필요하기에 전임자는 후임자에 대한 계승 계획을 세우는 것이 중요하다.

따라서 이러한 후임자가 되어 교회사역의 연속성을 계승하기 위해 절대적으로 신실하고 정직한 믿음이 충실한 후임자가 절대적으로 필요한데 여기서 믿음이란 능력과 의지를 포함하는 것을 말한다.

계승을 위한 후임자는 계승 프로세스에 합법적으로 참여하여 자기의 의견과 주장과 요구를 관철할 수 있도록 훈련되어야 한다. 후임자가 계승 후 처음 몇 년 동안은 현재 교회의 모든 영역에 영향을 미치기 때문에, 전임자와 당회와 구성원들은 후임자가 교회의 핵심 사역을 계승하도록 계획을 세워야 한다.[367]

따라서 계승 프로세스 중 가장 중요한 것은 후임자를 잘 준비시키고 리더를 발굴하도록 계획하는 것에 있다. 만약에 계승이 필요한

---

367) 후임자 역량 부족이 발생하지 않도록 리더로서의 자질을 키우고 난 뒤에 사역에 들어갈 수 있도록 충분한 기술과 능력 등을 통과해야 한다.

교회가 계승에 필요한 특별한 계획을 세우지 않고 있다면 효과적으로 다음 세대에 이전할 수 없다는 것을 알아야 한다. 전임목회자에게 있어서 이러한 지식과 전략의 비전을 이루는 직관은 현장에서의 시행착오를 통해 얻게 되는데, 이러한 내부지식은 후임자가 실무 기반의 과정을 통해 분별할 수 있게 된다.

계승 프로세스의 한 측면으로, 성경적인 리더를 발굴하는 방식으로 풀러신학대학원의 로버트 클린턴(Robert Clinton) 교수의 이론이 있다. 그는 하나님께서 어떻게 그의 지도자를 준비해 가시는지를 오랫동안 연구했는데 그것을 '리더십 부상이론(Leadership Emergent Theory)'라고도 한다.[368]

<표 16> 리더십 부상이론(Leadership Emergent Theory)

1단계	2단계	3단계	4단계	5단계
하나님 부르심	은사 주심	지도자 영향력	중복 확인	세움 받는 리더 됨
지도자로서 운명을 만들어가는 과정 시작 (destiny processing)	은사를 받고 인식하고 확인하고 증명함.	영향력을 본인, 주변사람 인정하고 증명받게 함.	부르심에 흔들리지 않는 확신을 갖게 하심.	하나님의 일을 위해 세움을 받는 리더임을 확인해주심.

위의 도표를 중심으로 지도자로 세우시는 하나님의 과정을 단계별로 살펴보면 다음과 같다. 마치 다이아몬드 원석이 만들어지기까지 오랜 단계가 필요하듯이 하나님께서는 어떤 사람을 지도자로 세워가시는 '과정'을 이해하는 것은 매우 중요하다.

다음 <표 17> 리더십 지도자를 세우는 과정을 살펴보자.[369]

---

368) 김덕수, 『리더십 다이아몬드』, 394.
369) 위의 책, 395~398.

<표 17> 지도자로 세우시는 과정

1 단 계	정지단계	부름받기 전 거듭나기 전부터 주께서 가정, 환경, 사건을 통해 지도자로 기초과정을 놓으신 것으로 분명한 회심, 헌신의 체험이 있게 된다.
2 단 계	인성 계발단계 (성장단계)	성장단계로 이 과정에서 영적 지도자로 부르심을 받은 사람은 여러 가지 훈련을 받고 테스트를 겪게 된다. 이때 지도자가 하나님의 음성 듣기의 중요성을 배우게 되면, 여러 가지 형태로 리더십의 잠재성을 판명받는다. 그것을 위해 다른 사람에 비해 갖은 시험 당함을 허락받고, 성품 개발이 일어난다. 그때 경건하고 합당한 반응을 보이면 교훈을 얻게 된다. 그러나 배우지 못하면 다시 시험을 거치게 될 것이다. 이 테스트를 통과할 때 사역의 확장이 일어나고, 더 큰 책임이 있는 지도자로 세워지게 된다. 이때 성품 검증을 받게 되는데, 거기에는 성실성 검증, 순전성 검증(integrity check), 순종 점검(obedience check), 말씀 검증(word check) 등을 통과해야 한다.
3 단 계	사역단계	인성계발 단계를 통과하면 사역 단계로 들어간다. 이때 비정규직 훈련 기회를 통해 사역에 성장이 일어나게 된다. 비록 열매가 있어도 아직 하나님께서 그를 지도자로 본격적으로 쓰시는 단계는 아니다. 그러나 미숙한 지도자는 자신이 대단한 주의 종이라고 착각하게 될 것이다. 이 단계에는 지도자는 다른 사람에게 기여를 하게 된다. 사실 신학적으로 좀 부족해도 효과적인 사역을 할 수 있기 때문이다. 훈련을 받으며 많은 활동, 일, 사역에 참여하게 된다. 이 단계에서 중심으로 보시는 것은 열매가 아니라 사역을 통해 (은사)를 파악하고 (기술)을 어떻게 효과적으로 사용하는지 방법을 배우고, 상호관계를 체험하며 그리스도의 몸이 무엇인가 이해하게 된다.
4 단 계	성숙단계	일뿐 아니라 생의 성숙이 일어난다. 이 단계에 들어설 때 비로소 사역은 기술보다 리더십 다이아몬드의 Being으로 이루어짐을 이해하게 된다. 지도자의 사역 중 만족을 주는 성령의 은사가 파악되고 사용된다. 지도자는 이제 안목이 넓어져서 무조건 열심히만 일하지 않고, 받은 은사를 효과적으로 사용할 길을 파악하기를 시도하고, 또한 우선순위를 알게 된다. 이 과정에서 (사역의 모델)을 보여주신다. 그리고 지도자는 신학적 주장만이 아니라, 하나님에 대한 체험적 이해가 발전하게 된다. 즉, 주님과의 깊은 교제와 교통의 필요성을 느끼고 그에 대해 노력함으로써 리더십이 본질적으로 발전하게 된다.
5 단 계	수렴단계	지금까지 이런저런 일을 다 하며 사역을 키워왔지만, 이제는 하나님의 인도를 받아 자신의 은사, 경험, 기질에 맞는 역할을 수행하게 되는 단계. 지도자의 은사에 적합하고 사역 경험에 맞는 역할로 주께서 그를 인도하셔서 그의 사역이 극대화된다. 리더는 자신의 최선의 것을 사역에 활용하게 되고, 자신에 적합하지 않은 사역은 하지 않아도 된다. 은사가 없음에도 해야 하는 일이라서 사역하던 부담에서 자유스럽게 되고, 최선의 것을 주께 드리게 된다. 이 단계는 소수의 지도자만이 경험하게 된다.
6 단 계	회상단계 (후광단계)	매우 소수만이 회상 또는 후광의 단계를 경험한다. 일생의 사역 열매와 성장이 하나로 융화되어 인정을 받는 시기이다. 이 시기는 성공한 리더로서 광범위한 영향력을 행사하는 시기다. 이 사람이 움직이지 않아도 그 명성만으로도 영향력을 행사하는 시기다. 이때에 지도자는 비로소 본격적으로 하나님께 영광을 돌리게 된다.

위의 도표에서 알 수 있듯이 하나님은 지도자 만들기 과정을 거쳐서 지도자를 세우신다. 이러한 방식을 적용할 때 전임리더는 그 공동체 안에서 하나님께서 부르시는 차기 지도자를 떠올라야 한다. 또한 어떤 지도자가 어느 단계에 있는가에 대한 이해가 있어야 차기 지도자를 발굴하는데 어려움이 없을 것이다.

리더십의 계승에서 중요한 것은 적절한 계승의 타이밍을 찾는 것이다. 적절한 리더십 계승이 이루어지기 위해서는 전임목회자를 포함하여 당회원들은 교회 공동체를 위한 차기리더를 발굴하는 데 합의하도록 이끌어야 한다. 왜냐하면 리더십 계승에 대한 타이밍에 대한 합의가 없이 갑작스럽게 진행되는 리더십 계승은 실패할 확률이 높을 뿐만 아니라 조직의 분위기에도 상당한 영향을 줄 수 있다.[370] 따라서 리더십 계승을 위한 적절한 타이밍을 찾기 위해 가장 중요한 것은 리더십 계승을 진지하게 준비하려는 전임목회자의 열린 마음과 당회원들의 용기 있는 의견개진이 필요하다.[371]

그러나 후임 준비를 못한 채 매매 형식으로 진행하려는 성실하지 못한 전임목회자가 있는 교회는 심각한 후유증을 낳을 수 있기 때문에 이것을 방지하기 위해서 사전에 리더십 계승을 위한 교회 정관을 개정해야 한다.[372] 교회 정관에 리더십 계승을 위한 준비와 그 역할 및 방법까지 협의하여 개정하면 가장 바람직한 계승을 준비하는 것

---

370) 전임목회자가 너무 빨리 은퇴를 하는 경우에는 후임목회자가 충분히 준비하지 못한 채 교회를 맡게 되어 후유증이 생길 수 있다. 만약 전임목회자가 리더십 계승 과정에서 기쁨으로 협조할 수 있는 상황이라면 전임목회자는 후임목회자의 멘토로서 후임자가 공식적으로 담임목회자로 취임하기 전에 충분히 대화하고 조정할 수 있는 기간을 갖도록 협의하여 최적의 타이밍에 후임자가 취임하도록 해야 한다. 이를 위해 각 지교회 상위기관(시찰, 노회, 총회)은 건강한 교회를 세우도록 법적 하자가 발생하지 않는 범위 안에서 지도해야 한다.

371) 박진석, 『리더십 배턴터치』, 102~103.

372) 교회 정관에 잘못된 리더십 계승이 되지 않도록 사전에 교회법을 개정하는 것이 바람직하다.

이다. 다음 부분에서 다루겠지만 당회는 계승을 위해 구체적인 기준을 세우도록 준비해야 한다.

그러한 질문들을 정리하면 <표 18>과 같다.

<표 18> 리더십 계승 위한 준비 질문들

1	리더십 계승 위한 전임목회자의 역할 범위를 어떻게 규정할 것인가?
2	후임자가 갖추어야 할 자질들을 어떻게 설정할 것인가?
3	리더십 계승 위한 당회의 역할 범위를 어떻게 규정할 것인가?
4	후임자 리더는 어떤 방식으로 할 것인가?
5	미래의 도전과 교회의 핵심 과업을 어떻게 설정할 것인가?
6	교회의 핵심 사명은 어떻게 이해할 것인가?
7	최종 후보자에 대한 인터뷰 항목들은 어떻게 결정할 것인가?
8	누가 어떤 식으로 후보자들을 인터뷰할 것인가?
9	인터뷰 결과들을 누가 정리하여 보고할 것인가?
10	후임자 선정 방법, 기한을 어떻게 정할 것인가?
11	후임자 선정 이후 후임자의 적응 과정을 어떻게 도울 것인가?
12	후임자 선정 과정에 교회 내부의 여론을 어떻게 반영할 것인가?
13	후임자 선정 과정에 교회 외부의 여론을 어떻게 반영할 것인가?

이러한 질문을 활용하여 교회 계승에 관한 정관을 개정하여 보다 세부적인 교회 계승 방안을 모색하면 전임목회자와 당회, 그리고 교회 차원에서 수월하고 투명한 계승 계획을 준비할 수 있다.

리더십 계승에 있어서 또 한 가지 중요한 것은 교회가 안정적이고 오래된 역사가 있고, 현 담임목회자의 리더십에 대한 의존도가 낮은 교회일수록 후임목회자를 결정하는 것은 당회원들에게 더 많은 역할과 책임이 주어진다는 것이다.

그렇기 때문에 무엇보다 전임목회자의 역할이 중요하다. 위에서 언급했던 것처럼 전임목회자는 건강한 리더십 계승을 위해 준비하고자 한다면 이러한 질문들을 사용하여 당회원 또는 청빙위원회에 제시하여야 한다.

이런 준비와 과정이 요청되는 리더십 계승과정은 베일 속에 감춰진 채로 한 두 사람이 감당하기에는 너무도 막중한 일이기에, 가능하면 최대한 객관적인 자료에 근거하여 공정한 절차를 마련하는 것이 필요하다.

이를 위하여 리더십 계승과 관련된 합의 사항이나 사전 조사 사항들과 지침을 문서화하는 것이 필수적이다.

2. 후임목사의 준비

하나님은 준비된 사람을 사용하신다. 준비되지 않은 사람은 사용받지 못한다.[373] 전임목회사역을 계승하는 기회는 우연히 얻어지는 것이 아니라 마땅한 대가를 치르고 계승하는 것이다. 그러기 위해서 계승을 위한 목사는 하나님의 뜻을 하나님의 방법으로 실행하는 방법을 배워야 한다.

오스왈드 샌더스(J. Oswald Sanders)는 『영적 리더십』(*Spiritual Leadership*)이라는 저서에서 하나님의 궁극적인 목적에 합당한 자질을 갖추는 과정을 다음과 같이 묘사하고 있다.

> 영적인 지도자는 선거나 지명을 통하거나 사람들이나 다른 사람들의 어떤 조합을 통하여, 또는 집회나 종교회의를 통하여 만들어지지 않는다. 단순히 중요한 자리를 차지하고 있다고 해서 한 사람의 지도자가 세워지는 것도 아니며, 리더십 과목을 수강한다

---

373) Richard Baxter, The Reformed Faster, 『참 목자상』, 박형용 역(서울: 생명의말씀사, 1970), 44.

거나 지도자로 선출하려고 결의안을 채택한다고 해서 지도자가 만들어지는 것도 아니다. 유일한 방법은 지도자가 되기 위한 자질을 갖추는 것이다. 종교적인 직위는 주교와 이사회에서 이양될 수 있지만, 기독교적인 리더십에서 가장 본질적인 부분인 영적 권위는 그렇게 할 수 없다. 그것은 종종 영성과 훈련과 능력과 성실성을 통하여 어린 시절부터 지도자가 될 만한 가치가 있다고 스스로를 증명한 사람들에게 자연스럽게 찾아온다. 그것은 '자신을 위해서는 위대한 일을 추구하지 말라'는 명령에 주의를 기울이는 사람들에게 뜻하지 않게 찾아온다. 그 대신에 그들은 먼저 하나님 나라와 그분의 의를 구한다. 영적 리더십은 성령의 일이며, 하나님 한 분만을 통해서 수여된다. 하나님이 찾으시는 눈길이 합당한 자질을 갖춘 한 사람과 마주칠 때, 하나님은 그에게 성령의 기름을 부으시고 구별된 사역을 위하여 그를 성별하신다.[374]

후임목사는 인간적인 방법으로 된 것이 아닌 하나님의 방법에 의해 부르심을 받은 사람이어야 한다. 하나님의 사람으로 세워진 리더는 하나님의 방법으로 지도자가 되는 자질을 갖추는 과정에 의해 만들어지므로 후임으로서의 자질을 점검해야 한다.

1) 후임목사의 자질 점검

성경적인 지도자들은 사역을 어떻게 마무리했는지에 대해 살펴볼 때 우리는 목회사역을 계승하는 목사로서 갖추어야 할 자질을 발견하게 된다. 여기에 풀러신학교에서 리더십을 가르치는 로버트 클린턴 박사가 성경의 뛰어난 지도자들의 사역을 어떻게 마무리했는지

---

374) 오스왈드 샌더스(J. Oswald Sanders), 『영적 리더십』, *Spiritual Leadership*, (Chicago: Moody Press, 1989), 25~26. (재인용) Richard Clinton, and Paul. Leavenworth, *Starting Well-Building A Strong Foundation for A Life Time of Ministry*, 『평생사역을 꿈꾸는 리더』, 임종원 역(서울: 진흥, 2006), 30~32.

분석한 연구 결과[375])는 계승을 준비하는 후임목사에게 좋은 지침을
준다.[376])

<표 19> 사역 종결 유형

유형구분	사역 종결 유형	사역자
예정보다 일찍 사역을 중단하는 사람	이런 지도자들은 암살을 당하거나, 전쟁에서 살해되거나, 선지자들의 비난을 받거나, 자리에서 쫓겨나서 지도자의 위치를 예정보다 일찍 상실했다.	아비멜렉, 삼손, 압살롬, 아합, 요시야, 세례 요한, 야고보
사역을 깔끔하게 마무리하지 못한 사람	이런 지도자들은 사역 후반기에 내리막길을 걸어갔다. 이것은 하나님과 맺은 개인적인 관계를 반영하는 것일 수도 있고, 개인적인 자질의 관점에서 생각할 수도 있다.	기드온, 삼손, 엘리, 사울, 솔로몬
대충 사역을 마무리하는 사람	이런 지도자들은 사역에서 어느 정도 성과를 거두기는 하지만 죄 때문에 나름대로 한계를 벗어나지 못한 사람들이다. 그들은 개인적으로는 하나님과 동행하는 삶을 살았을지 모르지만 하나님께서 의도하신 계획을 제대로 완수하지 못했거나, 그들의 삶과 사역 주변에서 어떤 부정적인 가지가 뻗어나고 있다.	다윗, 여호사밧, 히스기야
사역에서 유종의 미를 거둔 사람	이런 지도자들은 일생을 마감하는 순간까지 하나님과 동행하는 삶을 살았다. 그들은 높은 수준에서 하나님의 목적에 헌신했다. 그들은 하나님께서 자신에게 의도하신 모든 것을 성취했다.	아브라함, 욥, 요셉, 여호수아, 갈렙, 사무엘, 엘리야, 예레미야, 다니엘, 예수님, 요한, 바울, 베드로

클린턴 박사도 이와 같은 자료가 결정적인 것은 아니라는 점을 인
정하지만 부정할 수 없는 결론으로서 성경의 극소수의 지도자들만
이 사역에서 유종의 미를 거두었다는 것이다. 10명 중에 3명만이 유

---

375) 클린턴 박사는 성경에 다양한 종류의 수많은 지도자들이 묘사되고 있는 것을 찾았다. 구약시
대에는 족장 지도자, 군사 지도자, 세속 지도자, 공식 종교 지도자(제사장들), 비공식 종교 지
도자(선지자들), 카리스마적인 지도자(사사들)이 있다. 신약시대에는 예수님(메시야), 사도들,
선지자들, 복음 전도자들, 목사들, 교사들과 같은 주요 형태의 지도자들이 있다. 100여 명 정
도의 뛰어난 지도자들 가운데, 단 49명에 대해서만 어떻게 그들이 자기 삶과 사역을 마무리하
는지 분명히 알 수 있을 정도로 충분한 정보가 제공되고 있다. 클린턴 박사는 그러한 지도자
들의 사역 종결 유형을 분석하는 데 매우 유용한 몇 가지 범주를 개발한 내용이다.

376) Clinton, 『평생사역을 꿈꾸는 리더』, 35～38. 클린턴 박사의 사역 종결 유형의 분석임을 밝힌다.

종의 미를 거두었다는 점을 생각할 때 오늘날의 사역도 이와 같다는 것을 밝히고자 한다.

사역에서 유종의 미를 거둔 사람들에게서 나타나는 여섯 가지 특징들[377]을 보면 계승을 위한 후임목사가 갖추어야 자질을 알 수 있다.

<표 20> 성경에서 유종의 미를 거둔 여섯 가지 특성들

1	하나님과 맺은 관계	생명이 다하는 순간까지 개인적으로 하나님과 생생한 올바른 관계 유지한다. (친밀함, 순종, 신실함을 통해 확인)
2	배우려는 자세	적극적으로 배우려는 자세를 유지하는 삶, 다른 사람, 문헌과 같은 다양한 원천으로부터 배우는 자세로 모든 삶의 영역으로부터 교훈을 얻을 수 있다.
3	그리스도를 닮은 성품	그리스도의 닮은 성품을 증거로 보여주면서 성령의 열매로 그것을 표출한다. 이런 지도자의 삶은 사랑과 희락과 화평과 오래 참음과 자비와 양성과 충성과 온유와 절제로 특징지을 수 있다.
4	일관된 확신과 믿음을 유지함.	하나님께서 자신에게 계시하신다는 일관된 확신과 믿음에 기초한 삶을 살아간다. 신앙과 결단을 통해 받은 하나님의 약속이 그 기초를 이루고 있다.
5	하나님의 목적을 달성함.	하나님을 영화롭게 하는 삶을 증거하는 궁극적인 헌신이나 유산을 남기고 죽는다. 그중 수많은 유산들이 이런 지도자가 걸어갔던 길과 살았던 삶의 방식과 성취를 잘 보여준다.
6	운명을 올바로 성취함.	자신의 궁극적인 목적의식을 점점 더 깊이 깨닫는 가운데 살아갔으며, 일평생 그것이 대부분 혹은 전부 성취되는 것을 보았다. 이런 지도자는 일평생 하나님께서 자신에게 예비하신 것들을 성취하는 방향으로 나아가고 있다는 것을 점점 더 깊이 의식했다. 수많은 선택과 결단이 이런 궁극적인 목적의식을 기초로 이루어졌다.

이러한 여섯 가지 특징은 계승을 준비하는 후임목사에게 반드시 필요한 항목들이다.

---

377) Clinton, 『평생사역을 꿈꾸는 리더』, 35~38.

2) 후임목사의 리더십 개발

이 책의 제3장 4절에서 리더가 갖추어야 할 리더십의 총체적 모델을 제시한 바 있다. 따라서 리더십을 빛나게 하는 다이아몬드의 모델의 특징으로 후임목사 리더십 개발을 소개하고자 한다.[378]

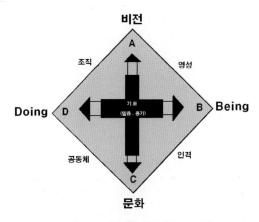

<그림 14> 리더십 다이아몬드 모델

아름다움, 귀함, 강함, 단단함, 투명함은 다이아몬드의 특징으로 그 크기에 따라 값어치가 달라지듯이 지도자의 삶도 얼마나 깨끗하고 투명한가에 따라 지도력의 가치가 판단되는 것이다. 무엇보다도 다이아몬드가 형성되기까지 오랜 시간이 걸려 만들어지듯이 영적 지도력도 목사안수를 받는다고 단번에 만들어지는 것이 아니다.

다이아몬드는 원도 아니고 정사각형도 아니며, 각 면과 면 사이의 각도가 중요하고 어떤 모양으로 만들어지고 어떻게 가공되느냐에

---

378) 김덕수, 『리더십 다이아몬드』, 61.

따라 아름다움과 가치가 결정된다.379) 여기서 살필 것은 네 가지로 비전, 문화, 내면(being), 실행기술(doing)이다. 그 네 꼭짓점의 각도에 따라 리더십의 모양이 달라진다.

리더십 다이아몬드에서 리더십의 크기는 영성, 인격, 공동체, 조직의 네 요소에 의해 결정된다. <그림 14>에서 보듯이 리더십 다이아몬드 중앙에는 십자가가 있고 그곳은 기도의 자리다. 리더십의 중심은 기도와 믿음이다. 즉, 하나님을 향한 믿음과 용기에 의해 리더십의 힘과 출발이 일어나는 것이다.380)

(1) 영성 훈련

리더십 다이아몬드에서 비전(vision)과 내면(being)을 잇는 측면은 영성형성이다. 이곳은 리더십의 신학으로 리더와 하나님과의 내면적 관계를 엿볼 수 있을 것이다. 비전(vision)과 내면(being) 측면 사이에서 영성 측면은 성경적 리더십이 창조되는 곳이다. 즉, 성경적인 리더십은 지도자의 영성에서 나온다. 그것은 지도자가 얼마나 하나님께 의존하느냐에 따라 영성이 깊어진다. 사람들은 비전과 내면적으로 하나님과 깊은 교제가 있는 리더를 알고 싶고, 만나고 싶어하며, 그리스도의 모습을 지도자에게서 발견한다. 여기에서 영적 카리스마가 나타나게 된다.

그 결과 영적 지도자는 그가 속한 공동체가 어디로 가야 하는가(비전)를 제시하고 구성원들에게 동기부여하고 설득하여 하나님이 의도하시고 뜻하신 약속의 자리에 가도록 이끄는 것이다. 지도자는 영

---

379) 보다 자세한 내용은 3장 4절을 참조할 것.
380) 위의 책, 61~62.

적 훈련을 통해 비전을 분명히 함으로써 공동체의 존재 이유와 가야 할 방향을 설정하여 움직이도록 가치를 추구하는 리더십(Value-Driven Leadership)을 발휘해야 한다.

지도자는 삶과 사역의 여러 다양한 분야에서 끊임없는 자기 훈련을 해야 한다. 특히 영성 훈련이라는 영역에서는 더욱 그러하다. 현 자에 들어 한국교회 사이에서 지도자들의 잇따른 실패에 비례하여 하나님과 친밀함에 대한 갈망이 높아짐으로 말미암아 생기는 현상이 영성과 관련된 것이다. 이런 영성 훈련은 하나님과 맺는 친밀함을 높여주는 수단에 해당된다.

유진 피터슨(Eugene Peterson), 달라스 윌라드(Dallas Willard), 리처드 포스터(Richard Foster)와 같은 저자들은 영성 훈련을 탐구하고 경험하기 원하는 개신교 그리스도인들에게 그 길을 인도하고 있다.[381] 후임목사가 사역을 성공적으로 수행하기 위해서는 하나님과 관계를 맺는 영성 훈련을 게을리하지 말아야 한다.

영성 훈련을 실행하는 일은 후임목사로 하여금 경건한 우선순위에 초점을 맞출 수 있도록 할 것이며, 자기 자신을 함정으로 몰아넣을 수 있는 여러 행동과 태도들을 삼갈 수 있도록 도울 것이다.

사도 바울은 자신의 생애를 마감할 즈음에 디모데에게 스스로 강건함을 유지하라고 권면한다. "……오직 경건에 이르기를 연습하라 육체의 연습은 약간의 유익이 있으나 경건은 범사에 유익하니 금생(今生)과 내생(來生)에 약속이 있느니라"(디모데전서 4:7~8). 그러므로 후임목사는 수시로 자기 훈련 상태를 항상 점검해야 한다.

리처드 포스터는 이와 관련하여 영적 훈련과 성장에 도움을 지원

---

381) Clinton, 『평생사역을 꿈꾸는 리더』, 45~46.

하고 있으며[382] 달라스 윌라드(Dallas Willard)의 책『영성훈련』[383] 역시 매우 유용한 책이다. 후임목사는 영성에 대한 훈련을 실행하는 일이 습관으로 자리 잡을 수 있도록 함으로써 담당한 교회사역에 유종의 미를 거둘 수 있는 역량을 길러야 한다.

(2) 인격과 성품을 준비

지도자로서 성장은 일평생에 걸쳐 이루어진다. 하나님께서는 환경, 사람, 상황을 사용하여 지도자를 빚으시는 활동을 주도하면서 여러 가지 다양한 방식으로 지도자를 개발하신다. 이러한 과정에서 하나님은 지도자가 그리스도의 성품을 닮아가기를 원하신다. 또한 하나님께서는 지도자 과정을 통해 하나님 나라에 섬기고 사역하는 데 필요한 기술을 배울 수 있게 되길 원하신다. 그리하여 하나님의 의도와 원리를 이해하며, 그 원리에 따라 살 수 있는 지도자를 원하신다.

다이아몬드 모델에서 내면(being)의 깊은 영성은 C(culture, 문화)를 잇는 측면으로 지도자의 인격이요, 성품이라고 한다. 이것은 리더십의 심리학이라 말할 수 있으며 지도자와 그 자신과의 관계를 표현해주는 항목이다. 즉, 지도자의 안과 밖의 모습이다.

사람은 그리스도 안에서 참된 자아와 화해하면서 진정한 인격을 형성하게 된다. 따라서 그리스도와의 참된 화해를 경험하지 못한 지도자는 성경적 기초가 없어 조만간에 그 거짓된 인격과 기독교적이지 못한 성품을 드러낼 것이다.[384] 그러면 탁월한 능력을 가졌을지

---

382) Richard J. Foster, *Celebration of Discipline*,『영적 훈련과 성장』(서울: 생명의 말씀사, 1995) 참조할 것.
383) Dallas Willard, *The Spirit of the Disciplines*,『영성훈련』(서울: 은성, 1993) 참조할 것.

라도 성도들은 실망할 것이다.

이 측면은 우리가 되고자 하는 그리스도인으로서의 모습이다. 세상을 변화시키는 변혁적 리더십의 기초는 단순히 능력이나 원활한 인간관계보다는 신뢰성(credibility)이다.[385]

과거에는 조직과 관료주의적 규정과 절차가 족벌주의, 편향주의, 부패와 같이 반신뢰적 요소를 막아주었으나 지금은 그런 시대가 아닌 네트워크 시대, 즉 통제보다는 협력에 의존하는 시대로 신뢰를 바탕으로 한 사회가 되었다. 이전의 계급 구조가 사라지고 사람들이 연결에 의해 움직이는 현대의 네트워크 사회에는 신뢰가 자원으로 토머스 스튜어트(Thomas A. Stuart)는 수평적 계급 구조와 네트워크화된 관계를 잘 설명하고 있다.[386]

교회는 리더십을 발휘해야 하는데 그 리더십을 발휘하기 위해서는 영적 권위가 반드시 필요하다. 그런데 그 영적 권위는 구성원과의 관계 속에서만 가능한데 그것은 오직 신뢰에 기초한 관계다. 후임목사가 계승을 받는 교회와 당회, 구성원들은 후임목사와 신뢰 관계를 원할 때 후임자는 그 신뢰를 보여줄 수 있어야 한다. 이러한 신뢰를 보여주는 표시로 세 가지 방식을 제공한다.[387]

---

384) 김덕수, 『리더십 다이아몬드』, 63.

385) 한국교회가 리더십을 발휘하는 데 장애가 되는 것은 신뢰에 대한 바른 이해가 부족하기 때문이다. 단순히 신뢰를 서로 친하고, 우호적이고, 좋아하는 느낌이 아니라 신뢰는 상대방이 약속을 지킬 능력과 의지가 있다고 확신하는 것이다. 신뢰는 자신의 취약점을 다른 사람이 악용하면 득보다 실이 더 큰 상황이며 자신이 행동을 통제할 수 없는 사람에게 자신의 취약점을 선뜻 털어놓는 것이 진정한 신뢰이다. 이때 나의 취약점을 악용당하지 않으리라는 믿음이 그 기초에 깔려 있는 것이 신뢰다.

386) 워렌 베시스, 『퓨처 리더십』, 109.

387) 김덕수, 『리더십 다이아몬드』, 122~123.

<표 21> 신뢰 형성

구분	신뢰 형성
정보 제공으로 신뢰 형성	후임자는 거짓의 정보를 알리지 말고 사실을 알리고, 솔직한 대안과 판단을 밝히고, 그 의도를 드러내어 구성원들에 대한 신뢰를 보여주어야 한다. 정보를 주지 않는다면 구성원들은 정보부족으로 신뢰를 하지 않게 된다.
영향력(변화) 으로 신뢰 형성	후임자는 자신의 결정에 다른 사람들과 함께함으로써 신뢰를 나타낸다. 신뢰를 주는 리더는 혼자 하지 않고 구성원들이 목표설정, 개념 수립, 계획 세우기, 기준 만들기, 그리고 공동체가 가지는 자원 사용에 사람들이 영향력을 가지고 들어올 수 있도록 하여 변화를 함께 이루어갈 수 있게 함으로써 신뢰를 표현한다.
통제(수락) 방식을 통해 신뢰형성	뛰어난 지도자는 다른 사람에게 의존함으로써 신뢰감을 보인다. 그러나 불신의 지도자는 남을 믿지 못할 사람으로 여기고 <통제>하려고 한다. 구성원들의 행동을 규제하고 제한하는 방식은 불신을 가져온다.

후임목사는 구성원들에 대한 신뢰를 확실하게 보여줄 때 그 공동체는 건강해지고, 구성원들도 지도자를 신뢰하게 되어 변화의 시너지 효과를 보게 된다. 따라서 후임목사는 각 항목에 대해 연구하고 리더 스스로 하나님 앞에 신실해야 한다. 후임목사는 신뢰를 만드는 원칙들[388]을 알아야 한다.

첫째, 신뢰를 쌓을 수 있는 가장 혁신적인 방법은 진실을 말하는 것이다. 진실이 최선이다.

둘째, 지도자 자신의 욕심을 버리는 것이다. 지도자가 욕심을 부리면 진실하지 못한 불신의 말을 유포하게 된다. 그러나 지도자가 욕심을 버린 모습을 보여주면 모두가 서로 신뢰하게 된다.

셋째, 리더는 좋을 때뿐 아니라, 어렵고 힘들 때도 변함없는 신뢰를 보여주어야 한다. 그러나 관리자는 일이 어렵게 되면 통제하려고 하기 때문에 신뢰할 수 없게 된다. 그러므로 후임목사는 관리자가

---

388) 김덕수, 『리더십 다이아몬드』, 124.

아닌 신뢰를 보여주는 변화를 주도하는 리더가 되도록 역량을 키워야 한다. 이를 위해 후임목사는 첫째, 신뢰를 위한 모든 삶과 사역, 재정에 투명성을 갖도록 해야 한다. 둘째, 적극 포용하고 지원하는 자세를 개발해야 하며, 셋째, 적절한 보상 체계를 시행할 때 구성원들은 지도자를 신뢰한다. 성과와 성취를 인정해주고, 열심히 일하면 성과에 따라 보상해주는 문화를 만드는 것이 교회와 같은 공동체에서도 중요하다.

기독교는 성과에 대해 매출이 아니라 봉사와 기여를 통해서 봉사자를 귀하게 대하도록 해야 한다.[389] 교회는 물질로 보상을 하기보다는 사람들이 기여한 부분을 적절하게 인정해주고, 알아주어야 한다.

특히 교인들의 봉사와 달리 사역 스태프와 직원에게는 급여 체계와 휴식의 기회와 더 나은 직무 제공으로 보상해야 한다. 이때 중요한 것은, 경쟁 보상 체계를 버리고 통합 보상 체계를 세우는 것을 하도록 해야 한다. 넷째, 지도자는 공정성을 가지도록 해야 한다. 기여한 만큼 보상하는 것도 있고, 절차상에 따라 얻는 것이 더 성숙하다. 후임자는 어떤 일을 할 때 질서상, 절차상 모든 일에 일관성 있는 공정성을 유지해야 한다.

마지막으로 후임목사가 갖추어야 할 신뢰는 자신의 의도와 동기를 잘 밝혀야 한다. 지도자는 구성원이 지도자의 행동을 이해하지 못해도 그 동기를 잘 밝히면 이해와 신뢰를 갖게 된다. 이러한 신뢰의 역량을 준비하는 지도자는 사역(업무), 능력(doing 측면), 관계성(relationship), 인격(being 측면 중 하나)의 세 가지 토대를 갖추도록 한다.[390]

---

389) 위의 책, 129.

결론적으로 후임목사에게 요구되는 것은 역량(doing)도 있어야 하지만, 인격과 성품과 내면(being, 영성측면)이 있어야 하고, 그의 행동은 믿음과 생각과 말이 진실하고 신실함으로 일치하여 믿음과 신뢰를 주는 리더가 되어야 한다. 이를 위해 후임자는 자신의 성품 개발을 쉬지 않고 해야 한다.

(3) 효과적인 의사소통의 문화 형성

여기 다이아몬드 모델 그림에서 문화(culture)에서 하나님의 비전을 실행(doing 실행기술)하는 장소는 후임목사가 사역을 해야 할 교회(당회, 구성원, 전임목사, 지역사회)의 공동체 현장이다. 그래서 후임목사는 하나님의 사역을 드러내기 위해서는 이들의 문화를 정확히 파악하고 이해하고 있어야 올바른 실행(doing)기술을 펼칠 수 있게 된다.[391]

리더로서 목회자는 하나님 나라의 비전을 회중에게 선포하는 중요한 사명을 가지고 있는데 그 사명이 목회적 커뮤니케이션이다.[392] 그러므로 후임목사는 자신이 계승을 받는 교회의 구성원들과 상호 의존적인 문화를 형성해야만 한다. 이것이 잘 표현되는 장소가 바로 '공동체'로 표현된다. 후임목사가 공동체 문화 속에서 만나는 것이 바로 사람과 관계를 다루어야 하기 때문에 후임목사 리더십이 현실이 되는 곳이기도 하다.

인간은 사회적인 존재로 혼자서 살 수 없고 필연적 여러 형태의

---

390) 위의 책, 130~131.

391) 위의 책, 63~64.

392) 조성종, 『목회자 리더십론』(서울: 도서출판kmc, 2012), 342.

인간관계를 맺을 수밖에 없다. 그래서 인간은 사회적 존재, 즉 인간 관계적 존재이다.[393] 교회는 예수님을 믿는 자들, 즉 성도들의 모임 으로 인간관계를 바탕으로 형성된 조직이기 때문에 인간관계가 원 만하지 않을 때 한 몸이라는 공동체 의식이 사라지게 된다. 그 결과 교인들 간의 관계에 문제가 생겨 교인들 간의 상호관계 고립으로 소 외의식, 비협조, 이기주의, 저항 등의 문제가 발생하게 될 것이다. 결 국 교회 안의 인간관계가 폐쇄성, 형식주의, 무관심 등의 문제점들 이 생긴다.[394] 이러한 교회조직체 내에서 일어나는 인간관계의 갈등 도 여러 가지 원인 중에 효과적인 의사소통의 결여 때문에 나타날 가능성이 크다. 인간관계는 하나님의 창조 때부터 지금까지 의사소 통에서 시작되고 발전되어 왔기 때문에 의사소통의 문제는 너무나 중요하다. 그러나 후임목사가 효과적인 의사전달이나 표현의 미숙으 로 인해 교회의 오해와 갈등의 어려움을 가져오는 경우가 있으므로 효과적인 해결점을 찾아야 한다.

교회 공동체 문화 속에서 구성원들을 만나 사역을 실행(doing)하 기 위해서는 기술이 필요한데 그 기술은 의사소통을 통해서 이루어 진다. 그러나 잘못된 의사소통은 하나님의 일을 수행하지 못하게 한 다. 성경에 하나님은 그의 백성을 인도하실 때 커뮤니케이션을 통해 서 하셨다. 그러므로 효과적인 의사소통을 하지 못하는 지도자는 맡 겨진 사역을 제대로 해낼 수 없고 아무런 변화도 이끌어내지 못한 다. 의사소통은 지도자에게 맡겨진 변화의 직무를 위한 기술이요, 도구와 같다.

---

393) 이형득, 『인간관계 훈련의 실제』(서울: 중앙적성출판사, 1982), 11.
394) 백장흠, "교회 내의 인간관계연구", (미간행 석사논문: 계명대 대학원, 1976), 16.

리더는 비전을 만들어내는 능력뿐만 아니라 조직을 이해하고 조직이 기능하는 방법을 만드는 '사회적 건축가(social architect)'가 되어야 한다. 이것은 누가, 누구에게 무엇을 말해야 하고, 어떤 행동을 해야 하는지를 결정한다. 사회적 구조는 사람이 행동하는 방법을 지배하고 집단과 개인에게 민감하게 전해지는 가치관과 규범이며, 교회 공동체 내에 구속과 결속력을 가져오는 무형의 자산과 같다[395]고 한다.

종합하면 리더십 측면에서 후임목사의 주 기능은 공동체를 위한 비전을 형상화하고 구성원에게 효과적으로 전달하도록 소통의 은사를 개발하는 것이다. 커뮤니케이션의 주된 목적은 비전과 가치 실현을 위한 지원을 획득하는 것에 있다.

(4) 변화 위한 조직 형성: 지도자 발굴을 위한 조직

후임목사는 리더십을 계승함에 있어서 지도자는 비전(vision)을 이룰 수 있는 실행기술(doing)과 결합되어야 한다. 그 결과 훌륭한 지도자는 자신에게 주어진 공동체의 구성원들에게 신뢰를 바탕으로 실행을 하여 기독교 가치관을 형성하는 조직을 형성한다. 변화를 위한 조직을 형성하기 위해서는 성경적인 리더십의 기술이 있어야 하는데 그 기술은 반드시 하나님의 의도에서 나온 성격적인 것이어야 한다. 후임자가 목회사역을 함에 있어서 성경적이고 목회신학적인 관점이 없이 만들어진 공동체는 기독교적인 특성을 갖지 못하고 세속적 조직처럼 움직이게 되어 관리자로 전락하게 될 것이다. 그러므

---

395) Warren Bennis, and Burt. Nanus, *Leaders: Strategies for Taking Charge*, 『리더와 리더십』, 김원석 역(서울: 황금부엉이, 2003), 141.

로 성경적 비전과 기독교적 행동 양식이 없다면 그 공동체를 이끄는 리더가 만들어낸 공동체는 세상의 조직이 될 것이고, 성경적 비전과 기술 역량조차 없다면 조직으로 사역을 완성시키지 못한다.[396] 이를 위해 후임목사는 특별히 신경 써야 할 'Doing' 측면에서 리더십 행동 방식과 스타일, 권력과 임파워먼트의 사용, 문화 해석과 조직 분석 기술, 커뮤니케이션, 가르치고 가치를 형성하는 일, 자원을 관리하고 할당하고 팀을 만들어가는 기술들을 충분히 인식하고 다룰 수 있는 역량을 개발해야 한다. 그러나 후임목사는 처음부터 보다 큰 그림을 가지고 조직을 키워야 하는데 마치 다이아몬드의 크기와 사이즈를 키워야 가치가 달라지듯이 조직을 키우도록 리더 자신의 역량을 키워야 한다. 자신의 역량을 키우는 곳은 리더십 다이아몬드의 면을 형성하는 영성, 인격, 성품(신실성, 진실성), 공동체, 조직이다. 이러한 측면을 개발하면 다이아몬드 크기가 전체적으로 확장이 되는 것이다. 그 이유는 한 조직의 위대함은 리더의 위대함과 정비례한다[397]는 원리가 있기 때문이다. 조직이 리더보다 위대해지는 일은 드물다는 원리이다. 그래서 후임목사는 자신의 리더십 역량을 개발하여야 한다. 이것은 성경적인 계승이 영속적으로 지속되는 조직(기독교 문화 공동체)이 되기 위해 차기리더를 발굴하는 조직문화공동체를 형성하기 위함이다. 즉, 또 다른 다이아몬드를 재생산하기 위함이라고 볼 수 있다.

---

396) 많은 리더십 책들이 나오지만 지도자의 'Being' 측면을 충분히 다루지 않는데, 그리스도인들은 이 부분을 특별히 더 주목하고 계발해 나아가야 한다. 요즘은 경영 분야에서 나오는 리더십 관련 도서에서도 점점 더 이 측면의 중요성을 강조하는데, 오히려 기독교적 리더십을 실행하는 교회가 이 측면에 신경을 쓰지 않고 있다고 혹자는 비평한다.

397) Blackaby, 『영적 리더십』, 48.

(5) 배우려는 자세

추가적으로 후임목사는 하나님이 빚으신 손길에 반응해야 한다. 하나님의 손길에 어떻게 반응하느냐에 따라 성장하고 성숙하는 정도가 결정된다. 그러므로 지도자는 적극적으로 배우려는 자세가 필요하다. 하나님과 그분의 의도(뜻)에 대하여 항상 배우(분별)는 자세가 필요하며 자기 자신과 독특성에 대해 배우는 것이 필요하다. 리더는 하나님을 영화롭게 하는 방법으로 다른 사람들과 관계 맺는 법을 배워야 한다. 여기 리더십 다이아몬드의 중심부에 십자가의 표시가 있는데 그 안에 기도(믿음, 용기)라고 표시된 것이 있다. 리더십의 모든 핵심은 기도(영성)이다. 자신을 부르신 하나님을 전적으로 신뢰하고 믿고 확신을 가지고 용기 있게 갱신하는 사람이다. 후임목사가 철저하게 하나님 앞에서 진실하고 성실하고 신실하게 임하기를 결단하면 그의 영성은 더욱 깊어지며 그의 인격은 그리스도의 인격을 닮아가게 될 것이다. 그러한 리더십의 영향력은 구성원의 문화인 공동체에게 실행으로 나타날 것이다. 구성원들은 영적 지도자의 모습을 통해 그리스도의 인격을 보고 신뢰하며 그의 권위에 순종할 것이다. 이를 위해 후임목사는 매사에 배우려는 자세로 겸손하게 하나님 앞에 있어야 함을 배워야 한다.

리처드 클린턴은 그의 책 『평생사역을 꿈꾸는 리더』에서 배우는 자에게 다음과 같이 지적했다.

> 정체기에 빠지지 않도록 하는 가장 중요하고도 유일한 해독제는 잘 발달된 학습 자세를 익히는 것이다. 어떤 지도자가 다양한 근원으로부터 지속적으로 배우려고 한다면, 하나님께서는 그에게 새로운 열정, 비전, 생각을 풀어놓는 다양한 기회를 허락하셔서

계속해서 발전할 수 있도록 커다란 도움을 주실 것이다. 지도자는 배우려는 자세와 기술을 익혀야 한다. 삶 자체가 위대한 교사이기도 하다.[398)

(6) 후임 교회 조직의 역사 연구

후임목사가 되기 위해서는 반드시 사역지에 대한 교회 조직의 역사를 공부해야 한다. 그 이유는 후임자가 부임하고자 하는 교회는 그 지역에 속한 문화에 영향을 받기 때문이다.

후임 교회 조직의 역사를 연구해야 하는 이유는 지도자가 조직의 문화를 이해하고 그에 맞는 사역 방식을 만들어내고 공동체의 문화를 새롭게 창조하기 위해서는 자신이 부임하고자 하는 교회 조직과 지역의 문화가 다르다는 점을 알아야 한다. 이것은 어느 조직에나 중요하지만 교회, 기독교 학교, 자선단체 등 영적 조직일 경우에 특히 필수적이다. 조직에 새 리더를 세우는 중요한 이유 중의 하나로서 새로운 초점이 필요하기 때문이다.

그러나 현명한 리더라면 조직이 어떻게 현재의 자리까지 왔는지 파악하기도 전에 당장 새 방향으로 뛰어드는 충동을 억제해야 한다.

성경 속에서 발견할 수 있는 리더들은 자신이 현장에 등장하기 전부터 하나님이 해오신 일을 깊이 인식하며 행동했다. 이삭은 자기를 인도하시는 하나님이 아버지 아브라함도 인도하셨음을 알았으며(창세기 26:24), 야곱은 자신의 하나님이 '아브라함과 이삭의 하나님(창세기 35:12)'이셨음을 알았다.

요셉은 자기 인생을 향한 하나님의 역사가 조상 '아브라함과 이삭과 야곱(창세기 48:15)'을 통해 일해오신 일을 바탕으로 세워졌음을

---

398) Clinton, 『평생사역을 꿈꾸는 리더』, 47.

알았다. 하나님은 모세에게 이스라엘 백성을 구해내라고 명령하셨을 때 모세는 하나님이 어느 순간 갑자기 새 일을 시작하신 것이 아니라는 사실을 알게 되었다(출애굽기 3:15).

하나님은 진공 상태에서 일하시지 않는다. 그분은 시간을 시작하신 이후로 줄곧 당신의 계획을 펼쳐 오신다.[399] 리더가 오기 전에도 조직에는 긴 선배들의 역사가 있었다. 리더가 마치 이력도, 역사도 없는 조직인 양 결정을 마음대로 내린다면 그것은 잘못된 역사의식이다.

후임목사는 자신에게 맡겨진 조직은 하나님의 구원의 경륜에 어느 일부분을 이끌도록 맡기신 특정 시기에 대한 계획이라는 사실을 알아야 한다. 바로 이러한 사실을 후임목사가 알 때 이것은 비전에 해당된다.

그러므로 후임자는 부임 전에 더 큰 책임감을 가지고 자신에게 맡겨진 교회 조직에서 이루어진 하나님의 이전 활동의 증거를 최대한 빨리 찾아야 한다. 한 예로 신임 목사가 이전 교회의 회의록을 읽으면서 교인들이 현시점까지 어떻게 하나님의 인도하심을 느꼈는지 살펴보아야 한다. 또는 오래된 교인들과 대화하거나 교회 역사를 읽어보는 것은 지금까지 하나님이 교회를 어떻게 인도해오셨는지 파악하는 데 도움이 된다. 그런 행동에는 지금까지 교회에서 이루어진 모든 일을 새로운 목사가 경솔하게 팽개치지 않는다는 것을 교인들에게 보여주는 의미도 있다.

때로는 기울어가는 교회에 초빙되어 뭔가 새로운 활력의 인상을 주고 싶은 경우도 있을 것이다. 때로는 단지 차별화 자체를 위해 전

---

399) Blackaby, 『영적 리더십』, 222.

임자와 다른 식으로 사역하려 하는 신임목사도 있다. 그러나 이들은 자신의 계획이 하나님이 이미 해오신 모든 일과 어떻게 맞아떨어질지 생각조차 해보지 않고 교회의 계획과 방향을 미리 정해 임지에 부임한다.

하나님이 사람과 조직을 이끄시는 방식에는 뜻이 있으며 점진적 특성이 있다. 따라서 새로운 리더가 올 때마다 하나님의 마음이 바뀌는 것이 아니다. 하나님은 처음과 끝을 알고 계시며 그 계획들을 진행하시는 분이시며, 후임목사는 자신의 뜻을 펼치기보다는 하나님의 초점에 맞춰 교회를 이끌어야 할 것이다.

그러므로 현명한 리더는 하나님의 전체적인 계획에서 자신이 있어야 할 자리를 잘 파악하는 자이다. 그리고 자기를 과시하는 유혹과 이기적이고 경건치 못한 동기를 모두 버리고 하나님의 계획에 만족할 줄 아는 사람이다.

과거에 하나님께서 어떻게 인도해 오셨는지 알면 리더는 어떠한 결정에 확신을 얻게 된다. 따라서 지금까지 하나님이 조직을 향해 말씀해오신 모든 내용과 완전히 어긋나 보이는 결정이라면 조심스레 재고하는 것이 현명하다.

3. 교회의 준비

본격적인 리더십 계승을 앞두고 교회 내에는 스트레스와 긴장, 희망과 기대감 등 다양한 감정과 생각들이 표출될 수 있다. 이에 리더십 계승 과정에 있어서 실제로 실무자로 참여하고 일을 감당하는 것은 대부분 청빙위원회, 즉 당회원들의 몫이며 역할에 해당된다. 또한 성도들의 성경적인 계승을 위해 하나님의 의도와 뜻을 최우선으로 하는 공동체가 되도록 서로 지지해주도록 당회는 협력해주어야한다. 따라서 이를 위해서 교회가 준비해야 할 구체적인 방안을 제안하고자 한다.

1) 리더십 계승을 위한 선정 방법 결정

대한예수교장로회 헌법 제4장 제1조에서 "목사란 노회의 안수로 임직을 받아 그리스도의 복음을 전파하고 성례를 거행하며 교회를 치리하는 자니 교회의 가장 중요하고 유익한 직분"[400]이라고 목사 직의 의의를 밝히고 있다. 그러므로 목사는 요람에서부터 무덤에 이르는 모든 영역의 사람들에게 예수 그리스도의 이름으로 복음을 선포하고 말씀을 가르치는 고귀한 직분을 맡은 자들이다. 목사는 참으로 다양한 사람들의 인생 과정을 함께 경험하게 된다.

성도들이 겪는 기쁨과 슬픔, 건강과 와병(臥病), 성공과 실패, 희망과 절망, 환희와 비탄 등 모든 정황 중에 있는 성도들과 함께 인생의 고락을 함께 나눈다. 그뿐만 아니라 유아세례와 입교, 결혼식과 임직식, 그리고 장례식 등 믿음의 순례 길을 동행하면서, 모든 어린이와 어른들과 더불어 주 안에서 맺어오는 목회관계는 이미 한 가족이라고 할 수 있을 것이다. 적어도 이런 관계는 20년, 혹은 30, 40년 지속된다. 그러나 언젠가 이러한 가족적인 관계를 정리하고 떠나야 할 때가 오게 될 것이다. 이때 서로가 겪게 되는 안타까운 심정을 어떻게 다 표현할 수 있겠는가? 사도행전 20장에는 바울이 자신이 삼

---

400) 『헌법』, 154.

년간이나 혼신의 힘을 다하여 목회했던 에베소 교회의 장로들을 밀레도로 청하여 간곡한 말로 그들에게 부탁하며 에베소 성도들을 주께 부탁하고 눈물로 석별의 정을 나누는 모습이 나타나 있다(사도행전 20:17~38). 하물며 한 교회에서 은퇴하기까지 수십 년을 목회하고 은퇴하게 될 때 목자와 양 무리들은 목양 관계의 종결로 인하여 많은 아쉬움과 석별의 정이 있을 것이고 때로는 이런 감정이 후임목사에게 부담으로 작용할 수도 있을 것이다. 또한 목회를 마무리하는 목사는 자신의 미래의 은퇴와 함께 후임을 결정해야 하는 많은 과제를 떠안게 된다. 그러나 교회의 지도자에게 주어진 최종과제는 아름답게 끝내야 하나 안타깝게도 지도자 가운데 아름다운 끝맺음을 한 분들이 많지 않다는 것이다. 아름다운 은퇴를 위해서는 무엇보다 선배들의 경험이나 책을 통한 공부를 통해 배워야 한다.

교회의 계승은 지속 가능한 성장을 위해 단기적·장기적인 올바른 성경적 비전과 핵심 사역을 수행할 수 있는 유형의 리더를 정해야 한다. 그 유형으로는 아래의 유형을 참고하여 선정하면 된다.

<표 22> 교회 계승 유형

구분	교회 계승 유형
유형 1	담임목사 세습유형
유형 2	후임목사 양성하는 유형
유형 3	전임리더십의 추천을 통해 청빙하는 유형
유형 4	공개적으로 모집하는 유형
유형 5	외부 추천을 통한 유형

이를 위해서 교회는 바람직한 계승을 위해 계승분과위원이나 당회에 협의하여 전임자의 역할과 범위를 위해 진실한 계승을 공유하

도록 이끌어야 한다. 따라서 교회는 전임자의 퇴직금제도 방안 및 위임 후 사역 참여에 대한 경계선을 규정하기 위해서 교회 정관에 대해 개정 계획을 미리 세우되 교회 위원회와 협의 하에 성사되도록 이끌어야 한다.

리더십 계승에 한 가지 중요한 것은 후임목회자를 선정하는 방법이다. 교회는 담임목사의 선정과 청빙, 은퇴에 있어서 여러 문제점을 안고 있다. 이에 한국교회의 특수성에 비춰 담임목사 청빙 유형과 문제점, 대안과 새로운 유형에 대해 논의하고자 한다.

2) 계승의 유형 결정

전임목회자의 자리가 공석이 되는 원인은 여러 가지가 있다. 그 원인들을 살펴보면 <표 23>과 같다.

<표 23> 전임목회자의 공석 원인들

구분	전임목회자의 공석 원인들
1	각 교단의 규정에 따른 전임목회자 정년으로 은퇴하는 경우이다.[401]
2	전임목회자가 어떤 사유로 사임을 하였을 때이다. 흔히 볼 수 있는 사례는 다른 사역지의 청빙을 받아 사임하는 경우이다.[402]
3	타의에 의한 사임의 경우이다.[403]
4	사고 및 질병으로 인한 경우이다.[404]

---

401) 합동 측의 경우 한 교회에서 20년 이상 시무한 목사가 연로(年老)하여 노회에서 시무 사면을 제출하려 할 때에 교회에서 명예적 관계를 보존하고자 하면 공동 의회를 소집하고 생활비를 작정하여 원로목사로 투표하게 하여 과반수로 결정한 후 노회에 청원하면 노회의 결정으로 원로목사의 명예직을 준다. 『헌법』, 157.

402) 더 나은 사역지에로의 이동이 그 원인인 셈인데, 이는 목사의 기대치가 너무 컸든지, 아니면 그 교회가 목회자의 기대에 미치지 못한 것이 그 원인이다.

403) 목사 자신의 뜻과는 무관하게 사임하지 않으면 안 되는 형편에 처하게 되는 경우이다. 예를 들어, 건강의 악화로 도저히 목회사역을 더 이상 정상적으로 감당할 수 없게 되었든가, 어떤 문

그렇다면 교회 리더십 계승은 어떻게 이루어지는가?

(1) 세습형

한국의 근대화에 개신교가 막대한 영향력을 행사하였다는 것은 독립운동뿐만 아니라 여러 사회 운동에서 쉽게 찾아볼 수 있다.[405] 개신교 초기의 이러한 변혁의 에너지는 사회를 변화하는 데 긍정의 역할을 수행했지만 교회 안에 가족주의가 뿌리내리는 것을 막을 수는 없었다. 이미 성도들은 가족화된 교회 생활에 큰 만족을 느끼고 있기 때문이다. 조사한 보고에 따르면 개신교로 개종할 의사를 가지고 있는 조사 대상자들 중 다수가 출석하기 희망하는 교회 특성으로 가족 분위기가 나는 중소형 교회라는 사실에서 드러났다.[406] 그 결과 교회 성도들은 자신이 속한 교회를 사사로운 가족 집단으로 생각하고 있으며 스스로를 가족주의 전통 아래 위치시키고 있다. 이것의 결과는 외부 세계에 대한 무관심과 배타성으로 나타난다.[407] 교회의 세습이 가능하기 위해서는 집단의 구성원이 강하게 결속되어 사회 자본이 상당히 축적되었을 때만 가능하기 때문이다.

제로 인하여 교회의 일부 또는 전체가 목사의 계속 사역을 거부하는 경우이다. 때로 목사 자신이나 그 배우자의 커다란 실책이 그 주요 원인으로 대두되기도 한다. 교회와 전임목회자 사이의 관계가 원만하게 조화를 이루지 못함으로 인하여 자의로든 타의로든 전임목회자가 교체되지 않으면 안 될 상황에 이르는 교회가 흔히 있다. 이용원,『목회와 신학』, 70.

404) 주위 교단 규정보다 먼저 조기 은퇴하신 경우를 보면 건강의 악화로 인한 조기 은퇴를 볼 수 있다. 이 부분은 한국교회 계승을 위해 연구되었으면 좋겠다.

405) 이화학당이나 배재학당 등에서 신앙과 신교육을 받은 이들은 기존의 유교사회의 전통과 이데 올로기에 정면으로 도전하고 변화를 추구하는 혁신적인 사회를 바꾸는 데 큰 역할을 담당하였다. 또한 세브란스 등 교회가 운영하는 사회복지시설은 사사로운 영역을 뛰어넘어 공공 영역의 사회 역할을 대중의 가슴에 깊게 심어주었다. 박영신,『새로 쓴 변동의 사회학』(서울: 학문과 사상사, 1996), 253~279.

406) 자세한 조사 결과는 한미준,『한국 개신교인의 교회활동 및 신앙의식 조사 보고서: 타종교 및 비종교인과의 비교분석』, 한국갤럽 역(서울: 두란노, 1999), 46~47.

407) 노치준,『한국의 교회조직』(서울: 민영사, 1995), 40.

세습이 진행 또는 진행될 가능성이 있다고 판단되는 교회[408]의 특성을 살펴보면 대부분 1세대 목사가 개척한 교회이며, 또는 전임 목사의 강력한 지도력과 지배 양식이 교회 세습과 밀접하게 관련이 있는 공통점이 있다.[409]

우리말 사전에 의하면 세습(世襲)이란 '한 집안의 재산, 신분, 명예, 업무 등을 대대로 물려받는 일'이라고 정의하고 있다. 그리고 세습 재산은 대대로 물려받은 재산을 의미한다. 세습 재산이 법률 용어로 쓰일 때는 대대로 한 집안의 계승자가 물려받기는 하나, 자유 처분, 채권자의 강제 집행을 할 수 없는 재산이라는 뜻을 가지고 있다.[410]

이러한 세습의 발단 과정은 한국교회가 갑작스럽게 성장했던 1970년대에 30~40대였던 목회자들이 향후 5~10년 안에 모두 은퇴를 맞이한다는 현실에서 야기되었다. 또 다른 사회 현실은 목사 안수를 받은 이들은 계속 넘쳐나는데 정작 목회를 할 교회가 부족하다는 사실에서도 기인한다. 여기에 오덕호는 명예나 권세의 자리로 인식하려는 잘못된 교회의 직위에 대해 지적한 후 교회의 직분은 십자가를 지고 섬기는 길이라 했다.[411]

어떤 무명의 목사는 세습에 대한 견해를 다음과 같이 인터넷에 남겼다.

---

408) 이미 세습에 성공한 교회로는 G교회(K목사)와 C교회(K목사) 그리고 S교회(S목사) 등 서울에 위치한 교회와 지방에 위치한 G교회, D교회, DS교회, InCh교회 등이 부자 세습의 과정 중에 있다고 보도했다. http://www. kehcnews.co.kr

409) 유동식, 『한국교회 성령운동의 현상과 구조: 순복음중앙교회를 중심으로』(서울: 대화출판사, 1981), 9~21, 101~231.

410) 편집주, 『동아 신크라운 국어사전』(서울: 동아출판사, 1983).

411) 『기독교신문』, 2000.7.9.

첫째는 세습의 도덕성 문제이다. 20~30년 전만 해도 혈연 세습은 미덕으로 여겨졌고 찬사를 받았다. 그러나 경쟁 사회로 변한 오늘의 목회 현장에서는 심각한 도덕성 문제가 야기된다. 둘째는 교회 세습이 목회 생산성 문제와 결부되어 있다. 즉, 기득권 보호와 현상 유지를 위한 목회이냐 혹은 교회 갱신과 성장을 위한 목회이냐의 갈림길에 선 교회가 선택의 기로에 서 있다. 셋째는 교회 세습은 성직 계승의 영성에 어긋난다. 어떠한 이유로든지 전임자의 후임자 선택권은 성경적·기독교적 영성에 어긋난다. 물론 전임자의 의견을 존중할 수는 있어도 후임자 선택은 회중의 몫으로 되어야 한다. 넷째는 교회 세습은 에큐메니칼 차원에서 지지할 수 없다. 성직 계승의 세계성은 아무리 한국교회의 독특성을 존중하더라도 간과되어서는 안 된다. 원로목사가 평생 봉직하던 교회를 떠나야 한다는 것이 인간적으로 측은하다고 할지 모르겠으나 후임자와 교회를 위하여 전임자가 십자가에 달게 지고 가야 할 것이다.412)

담임목사직의 세습은 한국교회에 만연해온 물량주의와 특정 목사에 의한 강단권 독점이라는 잘못된 관행이 낳은 결과 속에 종교의 세속화에 대한 우려를 담고 있다.413)

한편 목회세습을 정당화하는 논증을 살펴보면 첫째, 절차의 합법성을 들고 있다. 아버지 목사가 직권을 남용하거나 압력을 행사한 것이 아니라, 교인들이 절차를 밟아 자발적으로 아들 목사를 후임목사로 청빙했다는 것이다. 둘째, 아버지 목사와 아들 목사의 목회철학의 공통점과 친밀한 관계가 대형교회의 성격상 교회의 지속적인 성장과 하나 됨, 그리고 안정을 유지하는 데 매우 유리하게 작용한다고 주장한다. 셋째, 아들이라고 해서 후임자가 될 수 없다는 구체적인 성경적 근거가 어디 있느냐는 것이다. 넷째, 세습의 성공 사례 등을 제시하고 있다.414)

---

412) 무명의 목사, http://gisang.clsk.org/
413) 『중앙일보』, 2000.6.30.

결론적으로 세습형은 전임자가 정년 은퇴 또는 원로목사로 추대되는 경우에 그 목사의 아들이나 친인척을 그 후임으로 청빙하는 형태이다. 이런 경우는 대체로 군소 교회보다 중대형 교회인 경우가 많고, 또 오랜 기간 그 교회에서 목회를 함으로써 퇴임하는 전임자의 영향력이 큰 경우가 많다. 이때 퇴임하는 목사가 자신의 친인척을 후임자로 선정하고자 하는 의지가 굳어지면 세습형으로 되는 것이 보통이다. 그러나 목회세습은 다음과 같은 문제가 발생할 수 있다. 후임 결정 과정에서 교회의 의견이 일치되지 않음으로 교회 내에 갈등 요인이 팽배할 수 있다. 특히 후임자로 거명되고 있는 사람의 자질이 문제가 되는 경우, 그 문제는 더욱 심각할 수 있다. 심지어 은퇴하는 목사가 자신의 아들의 진로를 열어주는 수단으로 후임 결정을 서두른다는 말도 들을 수 있다. 이렇게 되면 최악의 경우 전임자가 일생 동안 닦아온 인격에까지 치명적 타격을 줄 수도 있다.[415] 예수님이 가르쳐주신 복음의 핵심은 혈연주의를 넘어선다. 성경은 혈연이나 지연, 학연과 같은 인간적인 관계를 넘어서 그리스도의 사랑 안에서 모두 하나님의 자녀라고 부른다(요한복음 1:12~13, 요한일서 3:1~2).[416]

그러므로 인위적인 인연이나 혈연에 의해 후임자가 결정되기보다는 그 공동체에 성령께서 부르시는 리더가 세워져야 한다[417]는 소리가 높아지고 있다. 여기서 세습의 찬반을 논하자는 것이 아니라 교회의 성직은 성령의 부르심에 기초하여 있다는 것을 강조하려는 것

---

414) 권상석, "담임목사의 목회철학과 교회성장", (박사학위논문: 풀러신학교, 2002), 6.

415) 이용원, 71.

416) 송광석, "내가 세습을 반대하는 이유", 『복음과 상황』(2000, 11), 44~45.

417) 김명용, "목회자의 세습에 대한 7가지 신학적 비판", 『복음과 상황』(2000, 11), 53.

이다. 그것은 어떤 방법이 하나님의 원하시는 계승의 방법인가는 놀랍게도 모든 방법이 가능하다는 것이다. 왜냐하면 지금 우리가 알고 있는 방법들이 모두 성경에 직접적으로 또는 간접적으로 나타나 있기 때문이다.

세상의 모든 방법이 그러하듯 리더십의 계승을 이루고자 하는 방법들은 각기 장단점으로 모두 존재한다. 그것이 목사직, 장로직, 감독직이나 집사직이든 성령의 부르심이 핵심이다. 중요한 것은 담임목사를 모실 때에 인간이 행하는 모든 절차들은 성령의 활동을 도와드리는 기능을 해야 한다는 것이다. 만일 몇몇 사람들이 인간적인 꾀를 내어 무리하게 자신들이 원하는 어떤 사람을 담임목사로 모셨다면 이는 이미 성령의 활동을 역행하는 행위가 된다.

(2) 후계자형

후계자의 사전적인 의미는 어떤 일이나 사람의 뒤를 잇는 사람을 일컫는다. 계승 계획 프로세스에 적합한 유형으로 전임목회자와 후임자 간에 좋은 관계를 형성하는 데 중요한 유형에 속한다. 그 이유는 은퇴하는 목사 또는 그 교회가 일찍부터 전임목회자 교체를 예측하고 그 후임을 물색하고 육성하여 때가 되었을 때 청빙해옴으로써 이루어지기 때문이며 필요한 경우, 국내외에서 공부하는 것과 기타 훈련을 받도록 지원하기도 한다. 이런 방법을 통하여 높은 수준의 신뢰를 확인할 수 있고, 상호지원을 통하여 더욱더 전임과 후임자 간의 개방적인 성향을 파악할 수 있기 때문이다. 후계자형은 전임과 후임자 사이의 존중과 이해, 상호보완적인 관계를 갖는 경우 계승의 성공적인 가능성을 높일 수 있는 유형이라 볼 수 있다.

한 사례로 인천제이교회는 본 교회 출신 부목사가 후임으로 계승한 특별한 전통을 가지고 있다. 1대 담임목사가 소천한 후 부교역자였던 분이 2대 담임목사가 되어 은퇴 후 부교역자로 있던 L목사가 3대 목사가 된 사례이다. 교회에서 후임으로 결정된 후 인천제이교회는 L목사 가족을 3년 동안 유학을 지원하고 후임자의 학비와 생활비를 지원한 경우다.

이런 형태의 전임목회자 교체의 장점으로는 은퇴하는 목사와 후임목사 간의 관계가 원만하게 이루어지기 쉽다는 점을 들 수 있다. 은퇴하는 목사는 일찍부터 그 후임자의 사람됨과 자질을 관찰하여 그 장점들을 개발, 육성하는 일을 도왔을 것이다. 그러므로 비록 혈연으로 이어지지는 않았으나 바울이 디모데를 믿음의 아들이라 부른 것과 같이 대할 수 있고, 후임자는 그 전임자를 아버지처럼 모실 수 있을 것이다.[418]

이 유형의 장점은 전임의 신중한 판단으로 후임이 결정이 되었다면 오래전부터 교회는 그를 위하여 기도해왔을 것이고 또 여러 면에서 직접 지원해왔기에 그 관계는 사랑의 끈으로 묶어진 관계라고 할 수 있다.

그러나 이런 경우에도 문제가 발생할 수 있다. 교회와 목사, 그리고 전임자와 후임자 서로 간의 기대치가 너무 크거나 상이하여 조화를 이루지 못할 수도 있다. 예를 들어, "내가 그를 이만한 위치로 끌어올리기 위해서 얼마나 많은 희생을 치렀고 노력을 해왔는데 그가 내게 이렇게 할 수 있느냐?" 라는 작은 의혹에서부터 서로를 의심할 수 있는 관계가 되어버린다면 매우 문제가 심각할 것이다. 후계자는 계승을 위해 전임자와 당회와 교회 구성원들이 원하는 능력이나 리

---

418) 이용원, 72.

더십 영향력의 실행 기술 면에서 신뢰를 받을 수 있도록 정당성을 확보해야 한다.

(3) 추천을 통한 청빙형

사전적으로 추천이란 어떤 조건에 적당한 대상을 책임지고 소개한다는 뜻이다. 그래서 민주주의에서 후보 추천은 매우 중요하며, 대부분 목회자의 은퇴나 사임의 경우 흔히 볼 수 있는 형태로서 은퇴하는 전임목사가 자신의 후임목사를 물색하여 교회에 추천하고, 당회는 그를 청빙하는 경우이다. 그러나 전임자가 어떤 기준을 적용하느냐에 따라 다양한 형태까지 영향을 미치게 된다. 후보 추천방법은 누가 누구를 어떻게 후보로 추천 또는 지명하는가 하는 문제이다. 일반적으로 후보 추천에 참여하는 대상을 정하는 것으로 전임목사가 할 것인지, 아니면 교회의 실세인 당회가 할 것인지, 또는 공동의회에서 할 것인지에 대한 대상을 선정하는 것이다. 또한 어떤 자격으로 추천자가 되어야 하는지에 대한 정당성이 있어야 한다.

이때의 장점으로 전임목사는 누구보다 그 교회를 잘 알고 있으므로 그 교회에 가장 적합한 목사를 추천하게 된다. 사실 그 교회에서 목회한 목사만큼 그 교회를 잘 아는 사람은 없다고 할 수 있다. 그러므로 전임목사에게 신뢰받는 목사라면 그가 추천하는 후임자가 그 교회에 적합한 목사라고 할 수 있을 것이다.[419]

『목회와 신학』(1990년 5월호)에 실린 신학생들이 겪는 갈등과 관련한 표본조사에서 그들이 겪는 교회 안에 갈등을 겪는 인물을 보면, 31.6%가 담임목사이고, 다음이 교회 원로나 제직으로 28.6%이

---

419) 김서택, 『목회와 신학』, 165.

다. 또 담임목사와의 갈등 요인으로 첫 번째는 담임목사의 권위적인 태도나 간섭이 27.9%이고, 두 번째가 목회 방법이 달라서 20.5%이며, 그리고 신앙관 자체가 너무 다르므로 18.6%와 담임목사의 신앙과 생활의 불일치가 13.2%를 세 번째와 네 번째 이유로 들고 있다.[420]

제이콥슨(Wayne Jacobson)은 교역자 사이에 생기는 갈등의 주요 원인으로 ① 세대차이, ② 신학적 견해차이, ③ 의사소통(커뮤니케이션)이 원활하지 못함, ④ 관점과 의견의 다양성을 수용하지 못함, ⑤ 유대관계가 친밀하지 못함, ⑥ 목회에 있어서 우선순위의 충돌, ⑦ 교회 질서와 자유에 대한 견해차이 등 일곱 가지[421]를 말한다. 이러한 자료에 근거할 때 담임목사와 후임자 사이에 일어나는 갈등의 가장 근본적인 원인은 정체성(identity)의 문제라고 할 수 있다. 담임목사와 후임자가 자기의 역할이 무엇인지를 잊어버릴 때에 존경심과 신뢰감을 잃어버리게 된다. 여기에 담임목사는 교회의 대표자의 위치에 있으며 그 교회의 모든 면을 돌아보고 책임을 져야 하는 사람이다. 또한 마지막 책임을 져야 하는 사람이다.

종합하여 본다면 결국 전임자는 후임자와 원활한 계승이 어렵다는 점이다. 전임목사가 그 교회를 잘 알고 있다고 하더라도 그가 추천하는 후임목사를 그만큼 잘 알기는 어렵다는 점이다. 잘못하면 추천한 사람이나 추천받는 교회가 모두 실망하게 되는 경우도 있을 수 있다. 또한 이렇게 추천을 통해 청빙받은 목사가 목회에 상당한 창의력과 아이디어를 발휘하여 성급히 자기 목회와 교회에 변화를 주려 할 때, 전임자와 교회의 반발과 갈등을 빚을 수 있다. 또 다른 갈

---

420) 윤순희, "신학생들이 갈등 속에 표류한다", 『목회와 신학』(1990, 5), 104~113.

421) Wayne Jacobson, "교회 내 교역자 간의 갈등", 『교회 내 병적 요소를 치료합시다』(서울: 나침반, 1996), 89~111.

등의 소지는 전임목사가 추천한 목사를 그 교회가 수용하지 못하는 경우를 들 수 있다. 전임자가 적임자라고 생각한 목사를 교회는 기대에 미치지 못하는 인물이라고 판단했을 경우이다. 이때 전임자와 그 교회의 관계는 상처를 입을 수 있다.[422] 그 이유는 전임목사가 후임자에 대한 다양한 검증을 할 시간이 부족하기 때문이다. 전임목사는 후임자 선정에 있어서 주도적인 역할을 하거나 절대적인 역할과 결정권을 가진다. 추천 방식의 장단점을 잘 고려하여 교회 상황에 맞는 계승의 유형을 선정해야 한다.

(4) 공개 모집형

사전적인 뜻으로 공개(公開)란 어떤 사실을 여러 사람 앞에 널리 드러냄을 뜻하는 말로 대부분의 교회들이 공개모집이라는 방법으로 담임목사를 청빙한다. 가장 공정한 청빙의 형식이 공모라고 할 수 있다. 왜냐하면 담임목사로 자격을 갖춘 인물에게 형평성 있는 공정한 기회를 줄 수 있고, 적합한 인물을 청빙할 수 있는 선택의 여지가 있기 때문이다.[423]

공개모집을 시작하면 적게는 수십 통이, 많게는 수백 통의 이력서가 제출된다. 문제는 그 많은 사람들을 모두 선별하고 그 가운데 하나님의 뜻에 합당한 사람을 찾는 것은 쉬운 일이 아니다. 그러나 공개모집을 통한 새로운 후임자는 기존 교회의 급격한 변화를 가져온다. 오랜 전통과 관습으로 정체되어 있는 교회라면 새로운 후임자를 계승하려는 것도 좋은 방법이다. 이러한 방법으로 리더가 바뀌면 그것은

---

422) 이용원, 73.

423) 이성희, "담임목사 선정 및 청빙", 제8회 신촌포럼(2000), 15~16.

분명 변화를 가져오게 된다. 전임자와 전혀 다른 성향의 다른 환경에서 자라온 후임자가 전임자와 같을 수 없기 때문이다. 이러한 변화는 교회의 성장과 하나님의 나라의 궁극적인 바람을 불어올 수 있다.

부정적인 측면은 공개모집이 요식 행위로 그치기 쉽다는 것이다. 신문에 청빙 공고가 나지만 청빙 공고는 형식적이고 실제로는 이미 결정해놓은 사례를 흔히 볼 수 있다.[424] 공개모집으로 접수된 모든 사람을 자세히 점검할 수 없다는 점에서 단점이다.

성경은 일반적으로 임명(designation)을 통하여 어느 개인에게 지위가 주어지고 그 지위와 함께 역할을 수행하는 것으로 나타난다. 자신이 준비되고 자격이 갖추어져 있다고 하나님께 요청하는 것이 아니라, 하나님의 절대적 권한으로 자격이 부여되는 것이다. 성경의 예로 선지자나 사사가 하나님의 절대적인 권한으로 세워졌고, 왕의 경우는 세습의 형태였지만 사울이나 다윗의 경우 하나님의 선택에 의한 임명이었다.

3) 후임자 선정 방식 결정

보통 전임목회자 청빙에서 추천 방식이 가장 흔한 사례로서 교계의 원로들이나 신망 있는 인물들로부터 추천받는 방식이다. 해당 교회를 잘 이해하는 존경받는 인물의 천거는 가장 바람직하고 권위 있는 청빙의 형식이 될 것이다.[425]

성경에서도 추천의 경우를 볼 수 있다. 바울이 겐그레아 교회의

---

424) 권상석, 7.
425) 이성희, 16.

자매 뵈뵈를 로마교회에 추천하였다(로마서 16:1). 물론 로마교회의 담임목회자는 아니었지만 바울이란 믿을 만한 사도의 추천은 많은 효과가 있었을 것이다. 또한 고린도교회에는 당대의 가장 지적인 아볼로 사역자를 고린도교회에 청빙하려고 바울에게 의뢰한 흔적이 나타난다. 고린도교회는 아볼로를 원했고 아볼로는 당장은 갈 수 없지만 기회가 되면 갈 것이라고 하였다(고린도전서 16:12). 고린도교회는 바울이 아볼로를 추천하고 그에게 권고해주기를 원했던 것이다. 그 후에 아볼로는 바울의 권고를 받아들여 고린도교회의 목회자로 부임하게 되었다.

추천의 방법은 현재도 많이 이용되는 청빙의 방식이며, 가장 용이하고 권위적인 방편일 수 있다. 그러나 후보자에 대한 추천자의 주관적 판단이 절대적 영향을 미칠 수 있고, 추천자가 판단하는 후보자의 자질이 교회의 정서나 성격에 맞지 않는 경우가 있다. 또한 권위 있는 다수의 추천자의 추천들이 오히려 선택에 혼란을 발생시킬 수도 있다.[426)]

그러나 저자의 견해는 추천 방식과 후계자형 방식으로 하여 후임자의 자격을 검증할 수 있는 방안을 모색하는 것이 바람직하다고 여긴다.

후임목회자 선정 방법은 크게 4가지로 나눌 수 있다. 아래의 구분은 일반 기업의 후계자 선정 방식을 연구자가 교회의 상황에 적용하여 정리한 것이다.[427)]

---

426) 권상석, 8.

427) 노용진, "100년 기업의 성공 토대, 리더십 파이프라인", 『LG주간경제』, 2007.7.25, 10~13.

<표 24> 후임목회자 선정 방법

후임목회자 선정 방법	각 선정 방법의 특성
담임목사가 인정 하는 후임목사 1인 선정방식	① 현 담임목회자가 후임목회자를 일찍 선정하여 육성하는 방법이다. ② 후임목회자 후보는 1인이며, 후임목회자는 자신이 후임목회자라는 사실 을 알고 있는 상태에서 자기 계발을 위한 다양한 기회를 제공받는 방법 이다. ③ 이 방법이 성공하려면, 전임목회자의 리더십이 충분히 지지를 받아야 하 며 선정된 후임목회자가 점진적으로 교회 내·외부에서 지지를 받을 수 있어야 한다.
담임목사가 인정 하는 복수 후임 자 경쟁 방식	① 현 담임목회자가 후임목회자 신임에 깊이 관여하지만 복수의 후임목회자 를 선정하고, 이들이 일정 기간의 경쟁을 통하여 평가해서 최고점을 받은 사람은 새로운 후임목회자로 세우는 방식이다. ② 이 방식은 최종 선정된 후임목회자의 정당성이라는 측면이나 이해관계자 들의 수용도 측면에서 우수한 리더십 계승 방법이라고 할 수 있다. ③ 때로는 오랜 경쟁을 통한 검증에도 불구하고 적임자가 선정되지 못하여 결국 외부에서 후임자를 영입해야만 하는 경우가 발생할 수도 있다.
당회 중심적 1인 추천 방식	① 현 담임목회자의 후임목회자 선정에 대한 관여는 최소화하고 당회가 중 심이 되어 1인 후임목회자를 추천해 후임목회자 선정이 진행되는 방식이다. ② 비교적 단기간에 후임목회자를 선정하여 진행하는 방식이어서 충분한 내· 외부 이해관계자들의 동의를 얻기가 비교적 어렵다고 할 수 있다. ③ 이 경우에 중요한 관건은 당회가 얼마나 공정하게 교회의 사명과 비전에 부합하는 인물을 추천하느냐에 달려 있다.
당회 중심적 복수 경쟁 방식	① 현 담임목회자는 후임목회자 선정에 거의 관여하지 않고 당회가 주로 관 여하여 외부에서 복수의 후보자를 물색하여 그중에서 적임자를 신청하는 방식이다. ② 교회의 변화와 발전 등을 고려하여 적합한 요건을 갖춘 사람을 우선적으 로 후보로 선발하게 하는 방식이다. ③ 원래 의도한 기준에 비추어볼 때, 완벽한 후임자를 찾기가 거의 불가능할 경우가 많기 때문에, 선발 기준이 몇 번씩 변경되거나 장기간 동안 리더 십 공백을 초래할 수 있는 위험성이 있다.

후임목회자 선정 방법은 교회의 특성과 전임목회자의 영향력의
크기, 당회를 포함한 리더십 그룹의 신뢰도 등을 감안하여 결정할
수 있다. 담임목사가 인정하는 후임목사 1인 선정 방식은 기존의 목
회 전략과 정책을 계속 유지해나가는 것이 필요한 경우 유리할 것이

며, 담임목사가 인정하는 복수 후임자 경쟁 방식은 교회의 연속성보다는 변화된 환경에 신속하게 대응하며 변화를 추진하기를 원하고, 리더십 계승을 위하여 주어진 시간도 많지 않은 경우에 바람직한 방식이다. 후임목회자 양성을 위한 충분한 시간과 여건이 주어져 있는 상황이라면 경쟁을 통하여 후보자를 세우는 당회를 중심으로 한 복수 경쟁 방식이 유리할 것이다.

이제까지 현실적으로 교회가 직면하고 있는 문제 가운데 하나인 담임목사 청빙 유형을 몇 가지로 나누어보고 장단점을 기술해보았다. 그러나 어느 유형이 가장 이상적인 형태라고 단언할 수 없다. 왜냐하면 이것은 진리에 관련된 문제가 아니라 그 교회가 당면하고 있는 현실적인 문제이며, 문화적이고 상황적인 문제이기 때문이다. 단지 몇 가지 유형을 살펴봄으로써 교회가 이것을 하나의 참고 자료로 삼아 계승을 준비하는 교회에 가장 적합한 형태의 담임목사 교체를 이룸으로써 교회가 지도력의 공백이나 혼란을 겪지 않으면서 좀 더 건강한 교회로 발전할 수 있다고 본다.[428]

4) 청빙 기준 결정

담임목사 청빙의 과정에서는 추천하여 채용을 할 것인가? 그리고 경쟁을 시킬 것일까? 등 몇 가지 방식이 있겠으나 후임목사 청빙을 위한 체계적인 계획을 오랜 안목을 가지고 준비하는 것이 바람직하다고 본다. 그렇지 않으면 많은 청빙에 대한 문제점들이 나타날 수 있다. 담임목사 청빙이 채용될 수 있고, 지나친 경쟁이 오히려 좋지

---

428) 이용원, 74.

않은 결과를 초래할 수 있기 때문이다.

여기서 가장 중요한 요소는 청빙의 기준이 성경적이어야 하며, 올바른 목회신학에 중심을 둔 교회관을 갖추어야 한다는 사실이다.

청빙 기준을 결정함에 있어서 교회의 특성과 전임목사의 영향력의 크기도 비례할 것이다. 바람직한 계승은 목회신학(Theology of Minister)을 정립한 전임목사의 목회 전략과 정책의 연속성을 계승할 수 있도록 하는 방안으로써 생각을 하려면 담임목사 추천 방식이 좋을 것으로 보인다. 따라서 현 담임목사가 후임목회자를 리더십 과정을 통해 선정하고 발굴하여 육성하는 방법이 좋을 것이다.

이를 위해 담임목사가 인정하는 복수 후임자 경쟁 방식도 나쁘지 않다. 그 이유는 후임리더를 발굴하기 위해서는 오랜 시간을 통해 담임목사가 지명하여 여러 단계의 리더십 점검 과정을 거쳐야 하기 때문이다. 서로 경쟁을 통하여 그들의 신앙 점검, 성실성 점검, 진실성 점검, 순전성 점검, 말씀 점검, 믿음 점검, 사역기술 점검, 리더십 훈련, 사역기술, 은사 점검, 권위통찰력 점검과 경쟁사역을 통하여 사역의 갈등 속에 위기를 어떻게 극복하는지 능력을 점검해보아야 하기 때문이다.[429]

---

429) 지도자 점검을 위한 도움으로 J. Robert. Clinton, The Making of a Leader, 『영적 지도자 만들기』, 이순정 역(서울: 베다니출판사, 2008)을 참고하면 된다.

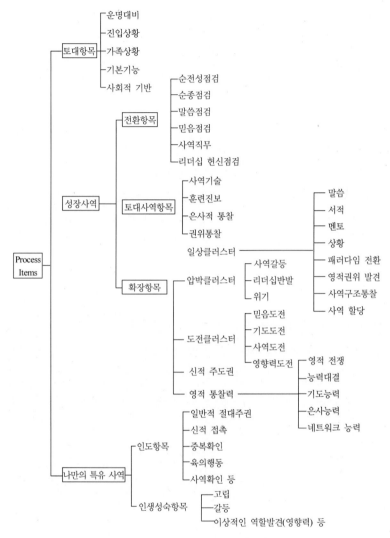

<그림 15> 지도자 세우는 단계별 과정[134]

---

430) Process Items는 항목별 지도자를 세우는 프로세스 과정을 살펴본 것이다. 이 도표는 R. Clinton
이 제시한 것으로 하나님께서 리더를 만들어가는 과정을 변형 수정한 백석대학교 기독교 전문
대학원 실천신학 김덕수 교수 강의안에서 참고한 내용임을 밝힌다. 계승을 하는 전임목사는
후임리더를 세우고 발굴하기 위해 지도자를 세우는 전 과정을 알고 있어야 한다.

위의 지도자를 세우는 과정을 통하여 전임목사는 여러 지도자 계승 프로세스를 관리하여 후임자의 믿음에 대한 도전을 주기도 하고, 영적 통찰력을 점검하여 사역 성장을 점검하는 기간이 필요하다. 이런 계승에 대한 프로세스 관리를 통하여 전임목회자의 의도를 파악하지 못하고 진실하지 못하거나 성실하지 못한 후임자는 선별되도록 기획하여야 한다.

그러므로 바람직한 후임자 선정 방식은 계획을 가지고 오랜 기간 준비하는 과정이 바람직한 계승 관리 프로그램이라고 본다.

계승 관리 프로세스 과정을 통해 발굴된 후임목사가 선정되면 전임목사는 후임목사에게 공식적인 리더십 계승에 대한 위임 단계를 통해 공식화해야 한다.[431] 그리고 후임자 자신이 계승 사역자임을 알고 있는 상태에서 자기 계발을 위한 다양한 기회를 제공받도록 리더십 계승을 준비해야 할 것이다.

'청빙'이란 사전적으로 '부탁하여 부름'이라고 정의한다. 청빙은 개개 교회가 목사를 모셔오는 제도로 고용하는 '채용'과 다른 개념이다. 바람직한 청빙은 조건을 보지 않고 하나님의 부르심에 순종하는 것이다. 애굽 땅에서 노역하며 곤고하게 살던 노예들을 끌어내어 이스라엘을 건설하는 것이 모세의 사명이었듯이 자신의 욕구를 채우기 위해 청빙의 기준을 주장하기보다 한 공동체를 이끌어가라고 말씀하시는 하나님의 복된 소명을 갖추도록 확인해야 한다. 또한 후임자를 찾는 리더는 목회신학적인 교회관이 없는 후임자를 세우지 말아야 하며, 전임목사가 진실하지 못한 리더라면 더욱더 신중하게 후임자를 결정해야 한다. 그러나 한 공동체의 목자요, 리더로 부르

---

431) <표 34> 구체적인 임파워먼트 방법과 <표 35> 위임하는 순서를 참조할 것.

심을 받기 위해 결정이 되었다면 목회신학과 목회 리더십의 역량을 갖추도록 준비해야 한다.

5) 목회사역 계승에 관한 설문지(샘플) 준비

대체로 담임목사가 부임을 해서 한곳에서 무난히 목회 정년을 마칠 때까지 목회를 한다면 적어도 이십 년 이상의 목회를 해야 하고, 건강상에 문제가 없다면 만 70세에 은퇴를 하게 된다. 이 경우 반드시 그런 것은 아니지만 대체로 목사의 고령화로 인해 교회가 침체되거나 활력이 떨어져 보일 확률이 높다. 젊었을 때는 열정적으로 설교하고 심방도 했지만 나이가 들면서 체력의 열세로 인해 모든 일을 부목사나 다른 사람들에게 맡김으로 교회의 행정이나 예배가 느슨해지는 상황도 생기게 된다.[432] 이럴 때에 후임목사가 부임하게 되면 젊은 성도들은 대체적으로 후임목사에 대해 많은 기대를 하게 되고 변화와 개혁을 요구한다. 하지만 전임자의 목양에 익숙해진 성도들은 조심스럽고 우려하는 마음이 들게 된다. '기대와 우려'라는 두 가지 감정을 가지게 되는 것이다. 결국 이것은 후임목사가 목회적 상황에 따라 판단하고 결정해야 할 문제이다. 대부분의 경우 성급한 결정으로 인한 개혁은 치명적인 독이 될 가능성이 높다. 지나치게 시간을 단축해서 교회를 자기중심의 체제로 전환시키려고 하는 조급함은 문제를 어렵게 만들 수 있다. 대부분의 성도들은 새로운 목사님이 자기들의 신앙 컬러를 존중해주고 자신들을 많이 바꾸지 않기를 바라는 우려가 있기 때문이다. 따라서 새로 부임하는 후임목사

---

432) 김서택, 『목회와 신학』, 161.

는 조급함으로 전임자의 모든 것을 부정하고 깨뜨려버릴 때 기존 성도들은 후임목사에 대해 불신의 감정을 가지게 될 것이다. 그렇다고 해서 너무 모든 것을 과거의 관행으로 그대로 답습한다면 무능하고 참신성이 떨어지는 것으로 여겨져서 성도들에게 실망을 안겨주게 될 것이다.

따라서 세대교체와 관련하여 생길 수 있는 부작용들은 무엇인지 알아보아 효과적인 세대교체를 이루기 위하여 무엇을 준비해야 하는지에 대한 설문조사를 해야 한다.

(1) 전임교체와 관련하여 생길 수 있는 부작용

<표 25> 세대교체 부작용 조사(설문샘플)

(질문 1) 목사의 정년은 70세 대해 어떻게 생각하십니까?[433]

① 줄여야 한다.	
② 적당하다.	
③ 잘 모르겠다.	

(질문 2) 은퇴(원로) 목사 은퇴 지원에 대한 당신의 생각은?

① 교회 규정을 정하여 지원해야 한다.	
② 최선을 다해서 교회가 지원해야 한다.	
③ 잘 모르겠다.	

(질문 3) 오늘날 세대교체가 잘 이루어지고 있다고 생각하십니까?[434]

① 아니다		② 그렇다	
③ 문제가 많다.		④ 잘 모르겠다.	

---

433) 사회적으로 은퇴가 빨라지고 있는 현상과 맞물려 담임목사의 결단으로 조기 은퇴를 실천하고 있는 목회자들이 늘어나고 있는 추세이다. 일반적인 조사에 성도들의 의식도 과거와는 달리 아직까지는 70세 정년이 적당하다고 응답한 답변이 약간 우세한 것으로 나타나지만 정년을 단축하자는 의견이 40%를 넘고 있음은 주목해야 할 일이다.

434) 목회사역을 마치고 은퇴하는 은퇴목사의 은퇴 후의 목회 참여는 각 교단의 전통에 따라서 다르고, 같은 교단이라고 할지라도 각 교회가 처한 상황과 은퇴목사의 목회적 리더십이나 철학

(2) 갈등의 책임소재와 원인 조사 설문지

<표 26> 갈등 원인 조사(샘플)

(질문 1) 세대교체에 대한 교회의 갈등의 주된 책임은 누구에게 있다고 생각합니까?

① 전임목사(은퇴)		② 후임목사	
③ 장로(당회)		④ 교인들	

(질문 2) 전임과 후임목사의 갈등의 원인은 무엇이라고 생각하십니까?

① 은퇴(원로)목사는 은퇴하지 않고 계속 영향력을 발휘하기 때문	
② 후임목사의 무리한 변화의 시도 때문	
③ 은퇴목사에 대한 합당한 처우를 하지 않기 때문	

(질문 3) 교인과 후임목사의 갈등의 원인은 무엇이라고 생각하십니까?

① 교인들이 후임목사보다 은퇴(원로)목사를 더 따르기 때문이다.	
② 후임목사가 모든 것을 너무 성급하게 바꾸려고 하기 때문이다.	
③ 후임목사가 기대치에 미치지 못하기 때문이다.	
④ 교인들을 편애하기 때문이다.	

대부분의 선행 연구에서 세대교체를 통해서 경험하게 되는 갈등의 원인을 원로목사와 후임목사에게서 찾았으나 설문응답자의 다수가 장로와의 갈등을 원인으로 꼽는 교회도 있다. 따라서 교회의 설문을 통해 바른 진단이 필요하다.

이 세대교체의 과정은 그동안 쌓아올린 목회를 더욱 견고케 하고 교회의 안정과 성장의 기회가 되기도 하지만 때로는 갈등과 분열의 씨앗이 되어 한평생 쌓아올린 공동체를 무너뜨리는 결과를 초래하

에 따라 각기 조금씩 다르다. 한국교회의 목사 은퇴는 교단에 따라 다소 차이가 있으나 일반적으로 70세가 정년이며 이는 공직자와 회사원에 비하여 높은 셈이다. 교회는 후임목사를 선정하기 전에 전임자의 은퇴문제를 우선적으로 처리해야 한다. 그렇지 않고 후임자의 문제를 먼저 해결하려고 한다면 순서가 바뀐 것이다. 선임자의 은퇴문제를 원만하게 해결하지 못했을 경우에 자연히 후임목사를 모시는 일에 잡음이 돌아갈 수 있기 때문이다. 김광식, "후임목회자를 위해 교회가 대비해야 할 일", 『월간목회』(2001.1), 65.

기도 한다.

담임목사의 교체로 말미암아 교회가 갈등과 위기 상황에 놓이게 되는 이유는 여러 가지가 있겠지만 그중 하나는 후임목사의 조급함에서 비롯된다고 할 수 있다. 즉, 부임하자마자 자기 체제로 전환하려고 하는 성급한 처신이 불화를 야기시키는 원인이 되는 것이다.

후임목사가 받게 되는 가장 큰 유혹은 삼사십 년 동안이나 목회한 전임자의 그림자를 한순간에 지우려고 하는 것이다.[435] 가령, 사전에 충분한 상의나 협의 없이 갑작스럽게 강대상의 위치를 바꾸거나 주보를 바꾸는 일 등이다. 그러나 강대상 위치나 주보를 바꾸었다고 해서 전임자의 그림자를 지울 수 있는 것은 아니다. 왜냐하면 아무리 무능한 목사라고 할지라도 한 교회에서 수십 년을 목양했다면 그곳에 전임자의 그림자는 깊숙이 배어 있게 마련이기 때문이다. 그것을 부인하고 일순간에 지우려고 하는 시도는 어리석은 처신이다. 이런 태도는 전임자의 감정을 상하게 할 것이고, 결국 전임자는 후임목사를 비방하고 후임목사는 전임자를 비방하는 갈등의 양상이 전개될 것이다. 여기에 그치지 않고 후임목사는 전임자와 가까운 성도들과 불편한 관계가 될 것이고 후임목사는 그들을 목회 동반자로 여기지 않고 멀리하게 됨으로 교회가 갈등관계로 휩싸이게 되는 것은 자명한 일이다. 이 같은 관계는 갈등관계로 끝나지 않고 교회성장을 멈추게 하고 심해지면 교회분열의 양상으로 나타나기도 한다.

---

435) 이정익, "목회 후임자의 바른 자세는 어떤 것인가", 월간목회사, 『월간목회』(2005.5), 79.

(3) 효과적인 세대교체를 위한 준비 설문 조사지

<표 27> 설문샘플(세대교체 준비 설문)

(질문 1) 담임목사 은퇴를 교회가 어떻게 준비하는 것이 바람직하다고 생각합니까?

① 담임목사의 은퇴 전에 미리 준비하는 것이 바람직하다.	
② 담임목사가 은퇴 후에 하면 된다.	

(질문 2) 담임목사가 퇴임하기 전에 후임을 결정해야 한다면 얼마 전에 결정하는 것이 바람직하다고 생각하십니까?

① 1년 전	
② 2년 전	
③ 3년 전	
④ 기타	

(질문 3) 어떤 방식으로 후임자를 선정하는 것이 효과적이라고 생각합니까?

① 목회전문가인 담임목사에게 맡기는 것이 좋다.	
② 담임목사가 추천하고 당회와 교회가 결정하는 것이 좋다.	
③ 청빙위원회를 구성하여 결정하는 방식이 좋다.	

'세대교체를 언제 준비할 것인가?' 라는 것은 매우 중요한 질문에 해당된다. 따라서 눈앞에 닥쳐서 준비하는 것이 아니라 미리 준비해야 함에는 전혀 이견이 없을 것이다. 그렇다면 담임목사가 은퇴하기 이전에 언제부터 준비해야 하는가? 에 대한 문제에 있어서는 교회 설문을 참조하여 준비하는 것이 바람직하다고 본다. 또한 추가적으로 후임목사가 갖춰야 할 자격으로서 중요하게 생각하는 것이 무엇인지 예를 들어, 신앙인격, 설교, 신학, 경력, 나이 등을 통하여 교인들이 원하는 후임자에 대한 의견도 수렴하면 좋을 것이다.

박희민는 '우리 교회가 바라는 후임자상'이라는 글에서 후임자의 가장 중요한 첫 번째를 '복음적이고 영성이 풍성한 목회자'[436]로 내

세웠다. 지성과 덕성, 그리고 인성뿐 아니라 영성이 풍부한 지도자를 원하고 있다. 영적 지도자에 대하여 기도와 말씀 묵상과 연구, 경건과 사랑의 실천이 뒤따르는 복음적인 영적 리더십을 갖추는 것이 중요하다고 본 것이다. 즉, 이것이 신앙인격이라는 말로 통용될 수 있을 것이다.

신앙인격이 사역의 가장 중요한 기초가 될 때, 원만한 인간관계를 기대할 수 있고, 또한 문제와 갈등을 대화로 풀어나갈 수 있을 것이다. 둘째로 중시하는 것이 설교이다. 아현감리교회 원로인 김지길 목사는 '후임자가 될 부교역자들에게'라는 제하의 글에서 후임목사가 되기를 원하는 목사는 '말씀의 전문성'[437]을 요구하였다. 따라서 후임목사는 부임 후 5~6년 동안 급격한 변화를 시도하기보다는 먼저 설교와 심방에 집중하여 교회에 믿음의 덕을 끼치고 교회성장을 이루는 것이 우선적이라고 하겠다.

(4) 효과적인 세대교체의 대안조사 설문지

성경적으로 건강한 세대교체를 위해서 어떤 유형의 후임목사를 세울 것인가를 질문하고 가장 바람직한 유형을 제시함으로써 대안을 찾고자 할 경우 설문조사 방법이다.

---

436) 박희민, "우리 교회가 바라는 후임자상", '월간목회', 2001.1, 53.
437) 김지길, "후임자가 될 부교역자들에게", '월간목회', 2001.1, 70.

<표 28> 설문샘플(세대교체 대안조사)

(질문 1) 후임목사를 청빙함에 있어서 어떤 방식이 가장 효과적이라고 생각합니까?

① 세습형	
② 후계자형	
③ 추천을 통한 청빙형	
④ 공개청빙형	

(질문 2) 세습형의 계승목회에 대해 어떻게 생각하십니까?

① 좋지 않게 생각한다(바람직하지 못하다).	
② 원로목사의 사역이 그대로 계승된다는 점에서 볼 때 괜찮다.	
③ 법적 하자가 없다면 동등한 기회가 주어져야 한다.	
④ 상관없다(잘 모르겠다).	

(질문 3) 사역과 인격이 검증된 부목사 출신 중에서 후임목사를 세우는 방법에 대해서 어떻게 생각하십니까? 바람직하다면 가장 큰 장점은 무엇이라고 생각하십니까?

① 바람직하다. (1번일 경우에 아래 장점은?)		
② 바람직하지 않다.		
장점	은퇴하는 목사와 관계가 원만할 것이다.	
	교인들과 이미 알고 있기 때문에 쉽게 적응할 수 있다.	
	목회철학과 비전을 가장 잘 계승할 수 있을 것이다.	

(질문 4) 신문 등에 광고를 낸 후, 선발하는 공개 청빙형의 방식에 대해서 어떻게 생각하십니까?

① 모든 교역자에게 기회를 주는 민주적인 방식이다.	
② 한두 번의 설교로 결정하는 방식이므로 사역과 인격을 신뢰하기가 어려울 것이다.	

　　교계의 일부 담임목사의 교체는 의료의 심장 수술과 같은 위험한 일임에 반해 사전에 철저한 준비 없이 이루어짐으로써 많은 갈등과 서로 간에 상처를 남기는 일들이 있어왔다. 교단신문지상에서 흔히 볼 수 있는 후임목사를 구하는 광고를 보면, 그 자격이 정규대학교와 교단신학대학원을 졸업한 자, 나이는 대체적으로 40~50세, 그리고 기타 목회계획서이나 비전, 건강진단서 등인데 이렇게 신문광고로 후임자를 선임해서 성공한 사례는 실제적으로 드물다.[438]

세대교체를 위한 설문을 통해 어떤 유형의 계승을 원하는지를 사전에 조사하여 세습형에 대한 반대가 많은지 또는 찬성을 원하는지에 대한 조사를 하여 수렴하도록 해야 한다. 투명하고 효과적인 계승을 위해 더욱더 구체적인 계승이 되도록 설문을 작성하도록 해야 한다.

한편 본 도서는 후계자형을 효과적인 세대교체 방안으로 제시하였다. 후계자형은 전임자가 퇴임 전에 후임자를 결정하고 유학을 포함하여 필요한 훈련의 과정을 거치게 하거나, 부목사 혹은 동사목사의 과정을 통해서 리더십의 혼란 없이 자연스럽게 목회를 계승하는 방식이다. 후계자형의 후보군은 타 교회의 목사일 수도 있으나 사역과 인격이 검증된 본 교회 부목사 출신으로 후임을 세우는 구체적인 방안을 생각할 수 있다.

그러나 이 문제를 해결하기 위해서는 합동 측의 경우 '부목사는 시무교회의 당회장(대리 당회장)이 될 수 없다'고 하는 법의 개정이 필요하다. 결국 담임목사직의 효과적인 교체는 단순히 잡음 없이 은혜롭게 교체되는 것만을 말하지 않을 것이다. 전임목사의 목회 철학이나 마인드, 그리고 교회의 사명과 비전 등이 함께 계승되는 것을 포함시켜야 한다.

그러므로 담임목사의 교체는 계승이라는 관점으로 발전시켜야 할 것이다.

---

438) 최기채, 56.

(5) 세대교체 이후를 위한 설문 조사지

<표 29> 설문샘플(세대교체 이후 설문조사)

(질문 1) 은퇴(원로)목사는 후임목사가 부임한 이후 어떻게 처신하는 것이 바람직하다고 생각하는가?

① 멀리 이사 간 후 일절 관여하지 말아야 한다.	
② 행사 등 교회의 요청이 있을 때만 오시는 것이 좋다.	
③ 정기적인 출석과 설교를 해주시는 것이 좋을 것이다.	
④ 후임목사를 도와 은퇴 후에 할 수 있는 특수사역(노인사역, 선교사역, 기도원사역 등)에 참여하는 것이 바람직하다.	

(질문 2) 원로목사와 담임목사의 관계가 어떻게 되는 것이 가장 바람직하다고 생각합니까?

① 전임자와 후임자 관계		② 형제관계	
③ 아버지와 아들의 관계		④ 선후배와 같은 관계	

(질문 3) 후임목사가 해야 할 가장 시급한 일이 무엇이라고 생각하십니까?

① 시대에 뒤떨어져 있는 예배 스타일을 바꾸어야 한다.	
② 낙후된 예배 환경을 개선해야 한다(강대상, 주보 등).	
③ 시간을 가지고 기다리면서 교회성장에 주력해야 한다.	

　　은퇴한 원로목사가 어떻게 처신해야 하는가를 묻는 질문을 통해서 성도들의 생각을 읽을 수 있어야 한다. 위에서 언급했던 미국 장로교회에서 실시하는 것처럼 은퇴한 목사는 '그 교회와 성도들로부터 완전히 떠나는 것'을 원하는 요구도 있지만 일평생을 바쳐 헌신한 교회를 완전히 떠나도록 요구하는 것은 원로목사에게 큰 고통일 것이고 정을 중시하는 민족성을 생각할 때 현실적으로 힘든 부분일 것이다.

　　원로목사와 후임목사 둘 다 하나님을 사랑하는 종들이기 때문에 서로의 장점을 잘 모은다면 교회를 위해 시너지 효과를 낼 수 있다고 생각한다. 물론 여기에는 원로목사와 후임목사 사이에 철저한 존경과 신뢰의 관계가 형성되어야 한다는 전제가 따른다.

은퇴를 한 원로목사가 월 1, 2회의 주일설교를 하면서 일정량의 사례를 받으면서 목회활동의 한 부분을 담당하고 있는 사례도 있다. 이건영 목사가 시무하는 인천제이교회나 이훈복 목사가 담임으로 있는 창훈대교회 등이 시행하고 있다.

물론 어떤 교단도 이를 법으로 규정하고 있지는 않고 관례와 예우의 차원에서 교회별로 시행하고 있다.[439] 그러나 때로는 예우의 차원을 넘어서 원로 목사실을 만들어놓고 매일 출근을 하면서 목회적인 참견을 하는 경우도 있다. 결국 이런 지나친 예우는 은퇴목사와 후임목사 사이에 불편을 일으키기도 하고, 분쟁의 초점이 되기도 한다. 사실상 이런 예우와 관례는 한국교회에만 있는 특수한 사례로 가부장적인 관습과 정으로 맺어진 인간관계의 유형으로 나온 관행이라고 보인다.[440]

---

439) 박종렬, "원로목사의 갈등을 이렇게 극복한다", 『월간목회』(1998.1), 110.
440) 박승신, "원로목사와 후임목사의 관계"(석사학위논문, 성결대학교 신학전문대학원, 2005), 48.

리더십 계승 역할 프로세스

이 책의 5장에서 실제적인 목회사역 계승 계획 실행으로 1절에서
리더십 계승의 고려 요소로 계승에 영향을 미치는 주요 이해관계자
의 요소를 살펴보았다. 리더십 계승의 주요 이해관계는 전임목사,
교회 구성원(공동체), 당회원, 계승(후임목사)으로 정리한 후 리더십
을 계승하는 전임목사의 준비 프로세스를 성공하기 위해서는 잘 준
비된 커뮤니케이션 및 가치가 공유하도록 전임목사의 준비가 있어
야 함을 말했다. 무엇보다 전임목사는 리더십 계승을 위한 차기 지
도자 발굴을 위해서 절대적인 준비를 해야 된다고 하였으며 좋은 리
더 발굴을 위해 준비할 수 있도록 리더십 부상이론 5단계를 제공하
여 준비하도록 제안했다. 그리고 다음 단계로 후임리더가 발굴이 되
면 어떻게 지도자를 세울 것인가에 대한 6단계 지도자 세우는 과정
을 제안했고 기타 리더십 계승을 위한 준비 항목 13가지를 제공하여
철저한 리더십 계승 준비 과정을 살펴보았다.

제3절에서 전임목사와 당회에서 리더십 계승을 구체적으로 논의
하는 순간부터 리더십 계승의 과정이라고 볼 수 있다. 단계별로 후

임목회자를 발굴하여 위임 단계를 통해 변화를 주도하는 차기리더에게 임파워먼트를 실행함에 있어서 전임자의 역할이 무엇보다 중요하다.

1. 전임목사의 역할

전임목회자는 리더십 계승을 위해 차기 후임목사를 발굴하여 구체적인 계승 프로세스를 통해 변화를 주도하는 리더를 세우도록 역할을 다해야 한다. 이를 위해 전임목회자는 정보를 서로 공유하는 역량을 가지고 후임리더와 구성원 간의 정보가 효과적으로 처리될 수 있도록 중재 역할을 잘 감당해야 한다. 전임자는 은퇴를 준비함에 있어서 하나님의 비전을 공유하는 중요한 역할을 잊지 말아야 한다.

1) 좋은 마무리(은퇴 : 물러남의 역할)

은퇴를 앞두고 있는 목사는 마음이 바쁘고 준비해야 할 일이 많지만 자신의 목회를 이어서 교회를 계승 발전시켜 나갈 후임목사를 잘 세우는 것만큼 중요한 일은 없을 것이다. 흔히 일평생 목회를 잘하고 은퇴하면서 후임을 잘 세우지 못해서 어려움을 당하는 경우들을 발견하게 된다. 그러므로 목회를 마지막까지 잘 마쳤다라는 표현 속에는 좋은 후임을 세우는 것까지 포함될 것이다. 그러나 효과적인 세대교체를 위해서 교회 상황 등을 종합적으로 고려했을 때 모두가 만족할 만한 좋은 후임을 찾는 것이 말처럼 그리 쉬운 일은 아니다.

따라서 은퇴를 앞둔 목사의 마무리 사역 중에 가장 중요하고 최우선 되는 사역이 있다면 그것은 전임목회자직의 은혜로운 계승이라고 할 수 있을 것이다.

건강한 교회를 위한 세대교체를 이룬 몇몇 교회들을 살펴보면 은 퇴를 앞둔 목사와 교회가 앞으로 다가올 일에 대해서 미리 준비했다 는 공통점을 발견하게 된다. 각 교회가 좋은 후임자를 찾는 일에 애를 먹는 것은 지금까지 한국교회가 사람을 세우는 목회를 하지 않았기 때문일 것이다. 한 사람의 좋은 리더가 세워지기까지는 많은 시간과 노력이 필요하다. 그 이유는 리더십은 마치 농사와 유사하기에 시간과 정직한 땀을 쏟아 부은 후에 전능자 하나님의 복과 도움이 있어야 한다. 그럼에도 우리는 마치 땀 흘려 농사하는 일에 참여하지 않고 농부가 잘 키워놓은 열매를 땀 흘리지 않고 거두는 것처럼 행동한다. 이런 행태에 대해 김진홍 목사는 다음과 같은 일침을 가했다.

> 한국교회의 대형교회에서 당회장이 바뀔 때마다 요란을 떨지 않았던 교회가 있었는가? 그 이유는 교회를 크게 성장시키는 일에 열중하느라 일꾼을 기르지 않았기 때문이다. 그렇게 큰 교회당 건물 짓는 열성에 십 분의 일만큼의 정성이라도 기울였다면 후계자 문제로 그런 낭패를 겪지는 않았을 것이다. 사람을 길러 훗일에 대비하는 일은 교회가 해도 되고 안 해도 되는 그런 일이 아니다. 반드시 해야 하는 일이다. 그것이 그리스도의 명령이요, 하나님 나라를 이 땅에 세워나감에 있어 반드시 해야 할 일이다.[441]

결국 성장하는 교회와 성장을 멈춘 교회의 차이점은 '사람을 세우

---

441) 김진홍, 『비전 있는 교회』, (서울: 두레, 1997), 91.

는 일'에서의 차이라고 말할 수 있을 것이다.[442] 은퇴를 앞둔 목사의
마무리 사역 중에 가장 중요하고 최우선되는 사역이 있다면 그것은
전임목회자직의 은혜로운 교체와 계승이라고 할 수 있을 것이다.

그러므로 은퇴하는 목사에게 있어 빼놓을 수 없는 전임목사의 역
할은 일선 목회 현장에서 떠났다는 현실을 명백하게 인정하고 마음
을 비워야 하는 것이다. '원로목사를 은퇴목사'라고 하는 이유가 거
기에 있다. 만약 은퇴예배를 드린 다음에도 미련을 버리지 못한 결
과 성도들을 통하여 교회소식을 듣지 못할 때 잠이 오지 않는다면
그것은 진정한 은퇴가 아닐 것이다. 또한 정들었던 성도들이 찾아와
서 새롭게 시작되는 교회의 체제와 예배 문화를 부정적인 시각으로
보고할 때 역정을 내며 동조한다면 좋은 은퇴목사가 되기를 포기한
것이다.[443] 물론 일평생을 바쳐서 이룬 교회를 완전히 잊는다는 것
은 결코 쉬운 일이 아닐 것이다. 그러나 분명한 선을 긋지 않는다면
결국 교회의 목회자는 둘이 되는 꼴이 될 것이고 교회는 혼란에 빠
지게 될 것이다. 이에 은퇴를 앞둔 목사들은 사역의 때가 얼마 남지
않음을 예감하고 고백했던 바울의 고백을 생각해야 한다. "나는 선
한 싸움을 싸우고 나의 달려갈 길을 마치고 믿음을 지켰으니 이제
후로는 나를 위하여 의의 면류관이 예비되었으므로 주 곧 의로우신
재판장이 그 날에 내게 주실 것이며 내게만 아니라 주의 나타나심을
사모하는 모든 자에게도니라"(디모데후서 4:7∼8).

---

442) Christian A. Schwarz, *Natural Church Development*, 『자연적 교회성장』, 정진우 역 외(서울: NCD,
    2005), 22.
443) 이건영, 『아름다운 동행』, 83.

2) 은퇴 후의 역할 이해

앞에서도 언급하였거니와 한국교회의 목회구조에서 보면 각 교단의 전통과 규칙에 따라 약간의 차이는 있겠으나 경우에 따라 전임목회자의 은퇴는 '은퇴와 은퇴 후의 사역을 혼합한 은퇴의 형태'를 많은 교회가 선택하고 있다는 점이다. 곧 은퇴를 한 전임목회자가 월 1회 내지는 2회의 주일예배 설교를 하거나 일정량의 사례금이나 보너스를 받고 목회활동의 한 부분을 팀 목회 형식으로 담당하고 있다. 어떤 교단도 이를 법으로 규정하고 있지는 않으나 관례와 예우의 차원에서 교회별로 시행하고 있다.[444] 그러나 때로는 예우의 차원을 넘어서 원로 목사실을 만들어놓고 매일 출근을 하면서 목회적인 참견을 하는 경우도 있다. 결국 이런 관례와 예우는 은퇴 교역자와 현직 교역자 사이에 불편을 야기시키기도 하고, 분쟁의 초점이 되기도 한다. 사실상 이런 예우와 관례는 한국교회에만 있는 특수한 사례로 가부장적 관습과 정으로 맺어진 인간관계의 유형으로부터 나온 관행이라고 보인다.

지금까지 은퇴한 원로목사들을 연구해보면 한국교회 은퇴 유형에는 세 가지가 있다.[445]

---

444) 박종렬, 『월간목회』, 110.

445) 임윤택, 『소망교회 이야기』(서울: 베드로서원, 2001), 228.

<표 30> 한국교회 은퇴 유형 세 가지

1	은퇴한 후에는 전혀 후임자나 교회와 연관을 맺지 않고, 목회를 깨끗하게 정리한 유형이다.
2	은퇴 후에도 항상 공식 예배에 출석하는 유형으로 후임자에게 관대해서 후임자가 잘 모실 수 있는 유형이다.
3	교인들의 기대와 바람에 따라 은퇴 후에도 한 달에 한 번씩 설교를 하는 등 교회에 원로목사 사무실을 따로 두고 모두에게 섬김을 받는 유형이다.

이 세 가지 모델 중에서 일반적으로 한국교회 목회자들에게는 세 번째 유형이 좋아 보였다. 그래서 교단을 초월해서 은퇴하는 대부분의 모든 목회자가 이 같은 유형을 따르고 있다. 그러나 은퇴 후 정기적으로 본 교회에서 설교를 하고 은퇴목사가 본 교회에 사무실을 따로 둘 필요가 있는가? 이것은 완전한 은퇴가 아니다.[446]

미국 장로교회에서 시행하고 있는 은퇴하는 목사와 교회 및 후임목사와의 일반적인 관계의 면모를 간략하게 소개하려고 한다.[447]

<표 31> 미국 장로교회 은퇴목사 & 후임목사 관계

1	교회시무를 사임하였거나, 혹은 은퇴한 목사는 그 교회로부터 완전히 떠나는 것이다.
2	일단 교회를 떠난 전임목사는 전임교회의 교우들로부터 완전히 떠나야 한다. 할 수 있는 대로 교신까지도 삼가며, 전임한 교회와 지금 시무 중인 후임목사에 관한 화제에 전혀 개입하지 않는다.
3	은퇴한 목사는 그의 후임목사나 전임교회의 당회로부터 목회상 자문을 공식으로 요청받았을 때는 지혜롭게 응한다.
4	원로목사 혹은 명예목사로 추대받음은 명예를 부여받았을 뿐이지 전임한 교회에 대하여 어떠한 권한을 부여받음이 아님을 인정하며 행동한다.
5	은퇴한 목사는 목회하던 교회가 소재하고 있는 동일한 도시에 거주하게 되는 경우에도 그가 시무하던 교회에 출석하지 않는다.

---

446) 권상석, 21.

447) 김득렬, "미국교회에서 배우는 지도자 계승방법", 두란노서원, 『목회와 신학』(1996, 11), 99.

6	전에 목회하던 교회의 교인으로부터 그 교회에서 행하는 결혼식이나 장례식의 주례를 청탁받게 되었을 때는, 그것을 먼저 현재 시무 중인 그의 후임목사에게 직접 말하게 하고, 그의 후임자가 그렇게 하는 것을 좋게 여긴다면 그의 후임목사로 하여금 은퇴한 선임목사에게 직접 청탁을 하게 한다.
7	은퇴목사 혹은 원로목사는 그의 후임목사로부터 그의 전임교회의 특별한 회합이나 행사에 참석하여 달라는 제의를 받게 되었을 때 선별적으로 수락하되, 그의 후임목사의 입장을 항상 고려하여 수락하는 것이 덕스럽다고 여기고 있다.
8	은퇴목사는 그가 소속된 노회의 회원으로서의 의무를 계속 수행하며, 그의 후임목사를 비롯한 동료 목사들과 원만한 동역자적 관계를 유지한다.

은퇴하는 목사는 정성을 다하여 섬겨온 주님의 몸 된 교회에 소명을 받고 부임하는 그의 후임목사를 진심으로 아끼고 존경하는 덕을 행하여야 한다. 또한 후임목사로 하여금 순조로운 목회를 행할 수 있도록 최선의 협조와 배려를 아끼지 않아야 할 것이다. 그리고 교회를 향해서는 앞으로도 계속 그 교회가 성장하고 성숙되어 가는 데 힘이 되도록 세심한 관심을 기울여야 한다.[448] 사회적으로 계승의 문제가 있었지만 S교회 OH전임목사는 건강한 계승을 위해 교회 구성원들에게 다음과 같은 편지로 자신의 계승을 피력했다.

> 4년 전부터 한 가지 깊이 생각해온 것이 있었습니다. 어떻게 하면 S교회가 담임목사와 함께 늙지 않고 다음 세대에도 지금의 영성과 젊음과 비전을 유지하면서 주님의 뜻을 이 땅에 계속 펼 수 있을까 하는 것이었습니다. …… 교회는 흥하고 OH목사는 쇠하는 것이 하나님께서 가장 기뻐하시는 일이라고 확신합니다. 제가 기도하면서 얻은 결론은 교회가 늙기 전에 후계자를 세워 리더십을 물갈이해 주어야 한다는 것입니다. 그렇게 하기 위해서는 제가 조금 빨리 물러나야 합니다. 장로교가 정한 법적인 시무기간은 만 70세이지만 거기에 구애받을 필요 없이 5년 정도 앞당겨 제가 물러나주면 새로운 젊은 지도자와 함께 S교회는 다음 세대에 다시 한 번 도약할 수 있을 것이 틀림없습니다.[449]

---

448) 김득룡, 『목회와 신학』, 98.

그러므로 전임목회자는 은퇴의 유형을 미리 이해하고 기도하여 주님의 몸 된 교회의 영광을 위하여 '무(無)로' 돌아가야 한다. 모세가 여호수아에게 사역을 계승한 후 완전히 위임하고 자신은 사라졌던 것처럼 전임목회자는 철저한 하나님의 인도하심을 의지하고 결단하는 리더십을 발휘해야 한다.

은퇴란 지금까지 수행해온 과업과 그에 따르는 권리와 책임과 지위로부터 물러나는 것이다.[450] 한국교회가 은퇴의 본래적 의미대로 은퇴의 경계선을 긋지 못하는 근본적 이유는 정으로 맺어진 인간관계에 치중한 나머지 복지적 배려가 미비하기 때문이다. 하지만 은퇴는 어떤 형태로든 완전한 은퇴가 바람직하다. 은퇴 후에도 자신이 담임했던 교회에서 공식 업무를 수행하는 것은 은퇴에 반하는 것이다.[451] 왜냐하면 은퇴한 후에도 계속 참견한다면 은퇴할 필요가 없기 때문이다.

그러므로 은퇴에 대한 분명한 선을 그어야 한다. 그렇지 않으면 한 교회에 담임목사가 둘이 되는 꼴이 되고 결국 혼란과 분열을 초래할 것은 자명한 일이 될 것이다. 이런 분명한 법적인 그리고 목회적인 인식과 경계선이 세워지고 난 다음에 후임목사의 목회를 돕는 보조사역자로서의 사역은 가능하리라고 생각된다.

그렇다면 은퇴 후의 목회 참여는 가능한 것인가? 가능하다면 어떤 형식과 내용이 되어야 하는가? 세실 폴(Cecil R. Paul)은 노인기의 은퇴 전환점(retirement transitions)에 나타나는 변화와 상실을 세 가지

---

449) OH목사, "사랑하는 교우들에게." http://johnoak.sarang.org
450) 김성렬 외, "원로목사와 담임목사 무엇이 문제인가", 『월간목회』, (1992.3), 50.
451) 권상석, 22.

로 적고 있다.[452]

<표 32> 노인 은퇴 전환점에 나타나는 변화와 상실 세 가지

1	신체적 변화	건강 상실, 에너지 상실, 기동력 상실, 예민성 상실, 용모 상실이 여기에 해당된다.
2	환경적 변화	직업 상실, 역할 및 기능 상실, 주거 상실, 경제적 상실이 여기에 해당된다.
3	사회적 · 문화적 변화	가족 상실, 자녀, 배우자, 확대가족 상실, 사회적 집단 상실, 공동체 상실이 여기에 해당된다.

목회자도 예외 없이 위의 세 가지 변화를 겪게 되면 위기의식에 휩싸이게 되어 당황하거나 위축감을 느끼게 된다. 신체적 변화는 우울증, 무력감을 유발시키고, 환경적 변화는 적응능력을 떨어뜨리고 삶의 연속성을 단절시킨다. 사회적 · 문화적 변화는 가족관계를 하나 둘씩 퇴거시키고, 교회와 교단과 동역자들과의 관계를 축소시키기 때문에 소외와 고독감을 증폭시킨다. 그러므로 은퇴기의 교역자에게는 노인복지적인 대응책이 요청될 수밖에 없다.[453]

노인기 목회 참여는 이런 인간적인 한계점을 충분히 고려하면서 교회의 상황과 기능의 특성에 따라 목회에 참여할 수 있는 가능성을 모색해볼 수 있다.

외국의 사례에서는 흔히 대교회의 담임목사나 유능한 목회자들이 은퇴 후에 다른 지역의 다른 교회와 계약을 맺고 부교역자나 특수한 영역을 담당하는 보조교역자로 사역을 계속하는 경우를 볼 수 있다. 이러한 시도를 위해서는 우선 담임목사와 은퇴목사 상호 간에 기본

---

452) Cecil R. Paul, *Passages of A Pastor*(Grand Rapids: Zondervan, 1981), 81.

453) 박영호, "노인 복지에 대한 성경의 이해", 한국복음주의 실천신학회, 『복음주의 실천 신학논총』, 제4권(2002.11), 10.

적인 신뢰관계가 이루어져야 한다.[454)

은퇴한 목사가 후임목사의 사역을 돕는 사역을 한다고 했을 때, 이는 어디까지나 계약직이고 담임목사의 보조자 역할이다. 그러나 한국적 상황에서는 인간관계의 위계질서가 이를 수용하지 못한다. 그래서 은퇴 후의 목회 참여는 기능으로 가늠하지 않고 예우로 처리하게 된다.

그러나 새 시대의 목회상황은 다원화시대라는 점을 감안할 때, 또 회중의 다양한 욕구에 부응하기 위해서라도 은퇴목사의 지혜와 경험을 적절하게 활용하는 것도 목회적 대안이 될 수 있을 것이다.[455) 이를 위해서는 개(個) 교회적인 차원을 넘어서 노회나 총회 등 거시적이고 종합적인 차원의 제도적 장치가 필요하다.

이러한 관점에서 은퇴 후의 목회 참여에 대해 몇 가지 방안을 제시해볼 수 있다.

<표 3.3> 은퇴 후 목회 참여 방안

1	은퇴목회자의 포럼을 개설	이는 은퇴교역자들의 활성화된 친교와 교제를 통해 교단과 교회, 선교와 교육, 교회일치운동 등에 관한 의견을 협의를 거쳐 원로들의 의견을 개진하는 조직적 채널의 목회이다. 이런 채널은 교역자 세대 간의 대화의 창구도 되고, 은퇴 교역자들의 자기표현의 기회를 제공할 수 있다.
2	노인 특수 영역의 목회를 감당	이는 현직 시절의 교회와 지역을 달리하는 상황에서 계약에 의해 특정한 목회를 수행하는 목회 참여이다. 노인들의 지혜와 경험을 필요로 하는 상담 분야의 사역, 소외감과 우울증으로 인생의 무상한 시기를 통과하고 있는 노인 회중을 위한 노인목회, 한국교회의 전통과 영성적 강점으로 부각된 노인 중심의 새벽기도 사역 등 담임목사의 사각지대에 속하기 쉬운 틈새를 메워주는 보조적 목회를 개발, 수행할 수 있다.[456)

454) 윤남중, "은퇴는 사역의 종말이 아니다", 두란노서원, 『목회와 신학』(1996.11), 94.
455) 박승신, 49.

3	사회봉사 목회	이는 현대의 조직사회가 미처 배려하지 못하는 분야를 봉사의 차원에서 수행하는 목회이다. 자연환경보존과 생태학적 운동, 자살방지를 목적으로 하는 상담센터에서의 봉사, 세대를 뛰어넘는 청소년 보호나 교육 등의 분야에서 봉사적 목회에 참여할 수 있다.[457]
4	범교회적인 차원에서의 목회사역을 감당	이제는 한국교회가 은퇴한 목사에 대한 예우로 정기적인 사례를 하고, 한 달에 한 번 정도의 설교나 축도를 하던 소극적인 자세에서 벗어나 건강이 허락하는 한 그동안의 경륜과 경험을 바탕으로 순수하게 봉사할 수 있는 기회가 제공되어야 한다. 그러나 은퇴 후의 사역은 노인기의 잠재력과 지혜와 경험을 교회 공동체와 나눈다는 관점에서의 접근이다.[458]

은퇴와 은퇴 후의 사역은 모두가 건강하게 노인기를 소화하면서 노인들의 가능성과 잠재력을 창조적으로 활용하는 노인복지의 시각에서 고려되어야 한다. 따라서 은퇴는 완전한 은퇴이어야 하며, 은퇴 후의 사역은 노인기의 잠재력과 지혜와 경험을 교회 공동체와 나눈다는 관점에서 합리적으로 수행되어야 한다. 따라서 원로목사가 본 교회를 위해 해야 할 가장 중요한 것 중의 하나는 교회를 위해 부단히 기도하는 모습일 것이다.[459]

2. 후임목사의 역할

후임목사는 계승할 교회를 관리하는 일을 하기보다는 변화를 일으키는 역할로서의 지도자로 부르심을 받았다. 따라서 후임자는 전임자와 당회와 구성원 간의 사이에서 변화를 주도하는 역량과 그 역

---

456) 윤남중, 95.

457) 박승신, 50.

458) 권상석, 110.

459) 박종렬, 『월간목회』, 111.

할(기술)을 갖춰야 한다. 이러한 변화는 자동적으로 일어나지 않는다. 조직의 삶은 외부의 힘을 받지 않는 한 움직이지 않기 때문에 리더는 개입하여 움직임을 만들어낼 어떤 변화의 주체 역할을 감당해야 한다.

1) 변화를 주도하는 역할

지도자는 변화의 주체로서 개입하고, 변화의 리더다운 기능을 해주어야 한다. 마치 자동차가 움직이려면 시동을 걸어주어야 가동이 되듯이 후임목사는 그 조직의 변화를 주도하는 역할로 부르심을 받은 사람이다.

이때 변화의 주도자는 교회 구성원들, 당회, 전임목사 사이에 신뢰를 얻어야 보다 효과적인 변화를 주도하게 될 것이다.[460] 변화는 기존의 방식을 단순히 발전시키는 것만으로는 문제가 해결되지 않으므로 근본적인 변화를 주도하도록 이끌어야 할 역할이다.[461] 변화를 시도할 때 구성원들의 문화와 가치관의 충돌을 가져오기 때문에 위험하므로 근본적인 변화는 조금씩 변화를 주도해 가야 한다.

후임목사의 역할은 인간중심으로 세속화된 구성원들을 기독교 세계관을 형성하는 자리에 오도록 이끄는 것이다. 후임목사는 기업을 관리하고 이윤을 창출하는 것이 아니라 기독교 복음으로 사람을 변

---

460) 변화를 주도하기 위해서는 신뢰의 바탕이 필요하다. 이러한 신뢰는 교회 구성원, 당회, 전임목사 사이에 필요한 커뮤니케이션이 중요하다. 보다 자세한 사항은 2장 4절 '선교학적 관점'을 참조할 것.

461) 한 예로, 가나의 혼인 잔치에 물이 포도주로 변화하는 것은 근본적인 변화로 반드시 성부, 성자, 성령의 역사가 개입해야만 한다. 이러한 변화는 지도자의 뜻이 아닌 하나님의 뜻과 의도에 합당한 절차를 추구해야 한다. 변화의 주체는 하나님이시다.

혁시키는 변혁가이다. 예수님의 사역의 시작은 성전과 회당의 개혁의 시작이었으며, 이스라엘 신앙의 갱신이었다.

예수님의 복음 선포는 구약신앙에 대변혁을 통하여 신약신앙으로 갱신됨으로써 정치, 종교, 문화, 사회구조와 조직에까지 근본적인 변화의 시작이었다. 이는 예수님의 십자가와 부활승천 이후 예수님의 약속대로 성령이 오셔서 교회를 세우신 복음은 땅 끝을 향하여 퍼져나갔기 때문이다. 그러므로 진정한 교회 구성원의 회심은 거듭남을 통해서만 가능한 것으로 이것은 점진적인 변화가 아니라 근본적인 변화를 가져오게 해야 할 것이다.[462]

그러나 변화에는 반드시 저항이 있다. 사람들은 점진적인 변화를 원하며, 근본적인 변화를 거부하는 경향이 있다.[463] 그러나 지도자는 분명한 변화의 단계를 알고 있어야 하며 그 과정을 통과해야 한다. 예수님이 부활의 영광 이전에 반드시 골고다 십자가의 과정이 있다는 사실을 알고 대가 지불을 두려워하지 않는 지도자가 되어야 할 것이다. 결국 변화의 아픔과 고통을 두려워하는 후임자는 진정한 하나님의 부르신 목사라고 보기 어렵다. 그 이유는 목회자는 교회 구성원들을 하나님이 원하시는 자리에 가도록 창조적인 변화를 주도해야 하는 영적 지도자이기 때문이다. 따라서 이런 변혁적인 리더십이란 교육과 개선과 다르다.

교육이란 어떤 것을 흉내 내기 위한 지식을 전달하는 것이며, 발

---

462) 복음서에 예수님의 사역은 사람을 변화시키는 사역이다. 삭개오를 찾아가서 아브라함의 자녀로 변화시켜 주심으로 삭개오의 근본적인 변화를 가져왔다(누가복음 19:1~10).

463) 느헤미야와 예수님의 삶에서 볼 수 있듯이, 변화에는 고통이 수반될 뿐 아니라 많은 시간, 돈, 노력이 들며 위험까지 감수해야 한다.

전이란 점진적 향상을 통해 개선을 이루어내는 것이다. 그러나 갱
신이란 현상 타파를 통해 일종의 창조를 이루어내는 과정이다. 따
라서 갱신이나 변화는 항상 약간의 열기를 만들어내기 마련이다.[464]

지도자는 변화에 대한 저항을 회피하고 뒤로 물러날 것이 아니라
부드럽지만 단호한 자세로 전진해나가는 자이어야 한다. 변화의 시기
는 대면이 회피보다 훨씬 나은 선택임을 알고 변화를 주도해야 한다.
그렇다면 이런 변화와 갱신은 언제 일어나는가? 전적인 갱신은 과거
의 질서와, 지금까지 해오던 목회 방식이 붕괴될 때만 일어난다.[465]
만약 교회가 성장의 정점에 올랐을 때 변혁을 시도하지 않는다면,
오히려 성장의 고지가 곧 정체의 하양 지대로 내려가게 된다. 그러
므로 지도자는 변화와 갱신의 프로세스 과정에 대한 충분한 이해가
있어야 한다.[466] 그 결과 후임목사는 계승을 앞두고 교회를 변화와
갱신을 시켜야 할 역할로서 책임을 다해야 한다. 교회는 살아 있는
유기적 생명체이기에 성장하지 않는다면 어딘가에 문제점이 있다는
것이다. 따라서 후임목사는 계승하는 교회를 철저히 종합 진단해야
한다. 여기서 진단에 따라 건강한 교회, 갱신할 교회, 갱신이 어려워
재구성해야 할 교회, 그리고 개척할 교회 등으로 진단하여, 준비하
는 분별이 있어야 한다.
건강한 교회로 진단이 내려졌다면 교회의 사명을 새롭게 하며 계
속 성장해갈 것이다. 만약 재구성해야 할 교회로 진단되었다면 일부
성도들의 극렬한 반대나 환경과 여건이 불가능할 때 성도들을 재구

---

464) 김덕수, 『리더십 다이아몬드』, 316~317.
465) 김덕수, 『Cell Church』, 222.
466) 김덕수, 『리더십 다이아몬드』, 318~319.

성하여 갱신하는 방법을 취해야 하는 방법이다. 마지막으로 교회개
척은 성도들과 환경에 의하여 갱신이 불가능하다고 진단되면 교회
를 새롭게 세우는 경우이다.[467]

2) 일꾼(변화를 주도)을 세우는 임파워먼트 역할

후임목사는 창조적인 변화를 일으키는 리더로 세상에 보내심을
받는 자이다. 그러나 후임 받은 교회는 다양한 이유로 변화를 혼자
서 일으킬 수 없는 상황이 대부분일 것이다. 이때 리더는 함께 일하
는 사람들을 신뢰하지 못한다면, 교회를 갱신하지 못하고 관리 기법
에 근거해 통제 수단을 사용하게 될 것이다.

공동체 또는 조직 구성원이 능동적으로 자신의 역할 수준을 재정립
하고, 맡겨진 일을 보다 의미 있게 느끼고, 자율적으로 공동체에 헌신
하여 사역과 일을 추진해갈 수 있도록 만드는 것이 후임목회자가 해
야 할 역할이다. 그래서 중요한 것이 바로 임파워먼트(empowerment)
이다.[468]

사람의 능력은 경험을 통하여 많은 역량과 기술을 발휘하게 되어
있다. 따라서 리더는 변화를 주도하는 이들에게 더 많은 능력을 발
휘해볼 기회를 제공해주어야 한다. 즉, 지도자는 구성원을 편안하게

---

467) 그러나 에스겔 골짜기의 메마른 뼈들이 생기가 들어감으로 하나님의 군대(에스겔 37:1~17)와
    같이 하나님의 성령이 역사하시면 능치 못할 것이 없으므로 모든 교회는 갱신의 가능성을 열
    어두어야 한다. 후임자는 하나님이 일하시도록 갱신의 역할을 수행해야 한다.
468) 김덕수, 『리더십 다이아몬드』, 198. '임파워(empower)'의 사전적인 의미는 '권한을 부여하다
    (give authority to)'와 '능력을 부여하다(give ability to)'의 두 가지이다. 따라서 임파워먼트란
    사람들의 사역 또는 업무 수행 능력을 제고시키고, 지도자가 지니는 권한을 담당자에게 이양
    하여 그들의 책임 범위를 확대해주며, 동시에 사역이나 일을 할 수 있는 자원을 지원함으로써
    구성원들의 보유한 잠재 능력 및 창의력을 최대한 발휘하도록 하는 방법을 말한다.

해주는 사람이 아니라 능력을 발휘하게(enable) 해주는 역할을 하는 것이다.

영적 지도자라면 사람들이 주께로부터 받은 은사대로 일할 수 있는 일꾼이 되도록 하며 자신에게 주어진 일을 잘해낼 수 있도록 교육하고 훈련시켜야 한다. 이런 일이 후임목사가 해야 할 중요한 역할이다. 이미 구성원들이 없는 어떤 능력을 부여하거나 위임을 통해서 일어나는 것이라기보다는 이전부터 구성원들이 가진 잠재력의 능력을 신뢰하여 그것이 흘러넘치도록 풀어주는 역할을 해야 한다. 이것은 후임자가 철저하게 구성원들의 신뢰를 바탕으로 능력을 키워주는 모든 방법이다.

후임목사는 교회 구성원에게 자유롭게, 책임성 있는 행동을 제약할 것이 아니라 그러한 제약에서 해방시켜 주는 역할을 해야 한다. 진정한 리더십의 역할은 사람들을 이끌어가려는 것보다는 더 나아가 본질적인 리더십으로서 팀원들이 스스로 자신과 맡은 사역을 감당하는 셀프리더십을 갖도록 임파워하는 것이다.[469]

그러므로 후임목사는 반드시 갱신을 위하여 임파워먼트를 해야한다. 만약 그렇지 못한 이유라면 사람을 신뢰하지 못하기 때문이라고 할 수 있으며 그러한 리더의 말에 사람들은 따르지 않을 것이다. 따라서 뛰어난 지도자는 능력 있는 사람을 찾아 위임하는 자이다. 능력 있는 사람이 없으면 시간을 투자해서라도 사람을 개발하여 위임하는 역할을 해야 한다. 그리고 위임을 할 때는 공개적으로 하는 것이 좋다.

임파워먼트가 제대로 시행되지 않는 이유는 지도자의 역량 부족에

---

469) 위의 책, 197~198.

서 나타난다. 그러므로 후임목사는 반드시 리더십 역량과 기술을 익혀야 한다. 그리고 이를 위해서 많은 책과 훈련과정을 거쳐야 한다.

후임목사가 해야 할 중요한 역할은 영적 지도자로서 그 역할을 훌륭히 수행하고 대부분의 시간은 일꾼 육성에 할애하도록 해야 한다. 좋은 일꾼은 훈련된 자들이다. 후임목사와 함께 주어진 사역을 감당해내기 위해 필요한 기초 역량이 무엇인지를 알아내고, 그 일을 할 수 있도록 실제적인 훈련을 시켜주어야 한다.

임파워먼트가 제대로 일어나지 않는 이유 중의 하나는 조직 문화의 문제, 교회 문화의 문제 그리고 징계 문화때문이라고 할 수 있다. 이런 문화에는 항상 현상 유지를 하려는 타성이 강하여져서 변화나 위험을 감수하고 갱신을 하기보다는 현재의 상황을 유지하려는 경향이 강하다. 이들은 책임을 지려고 하지 않기 때문에 변화를 주도할 수 없게 된다. 그러면 어떻게 해야 후임목사는 구성원들의 임파워먼트를 잘할 수 있는가? 그 방법에 대해 후임목사는 반드시 이해하고 있어야 한다.

3) 구체적인 임파워먼트 방법 이해

후임목사는 구성원들을 임파워하기 위해 의도적으로 노력하는 자이어야 한다. 지도자는 구성원들이 자신보다 더 큰일을 할 수 있는 자라는 사실을 기대하고 임파워시켜야 하는데 변화를 주는 리더는 구체적인 임파워의 과정을 숙지하고 있어야 한다. 이를 위해 그 방법을 모색한다.

구분	구체적인 임파워먼트 방법
정보 공유	정보가 차단되면 소외가 되어 주도적인 변화를 일으킬 수 없기 때문에 구성원들이 정보에 쉽게 접근할 수 있고 정보를 효과적으로 처리할 수 있게 해야 한다(교회나 공동체의 주요 결정과 중요한 사항들을 나누어야 한다). 핸드폰, 인터넷, 다양한 방법으로 정보 공유
비전 공유	교회의 비전을 공유하게 됨으로 꿈을 갖게 되고 장래에 대한 믿음이 생기게 될 때 진정한 자신감이 생기게 된다. 이때 공동체(조직)의 비전과 전략 방법이 명확하게 제시되어야 한다. 그럴 때에 구성원들이 이러한 이해를 바탕으로 최고 지도자의 허락이나 지침을 기다리지 않고 자기 스스로 업무를 수행하며 조직 성과와 개인의 능력을 잘 발휘하게 할 수 있다(영속적이고 가치 있는 비전 제시와 사역 위임).
권한 이양	가장 좋은 방법은: 구성원들을 의사 결정에 참여시키는 것이다. 각 사역 담당자가 책임을 지고 자신의 일에서 신속한 결정을 내리고 섬기게 해야 한다. 모든 일을 담임목사의 허락이 떨어질 때까지 기다리게 해서는 안 된다. (※ 재량권의 한계를 정해주고, 자신들이 가진 재량권의 한계가 어디까지인지를 확실하게 인식시켜 주는 것이 현실적이다) 이러한 가이드라인이 없다면 사역자들은 자신들이 임파워먼트되었다고 느끼기보다는 오히려 혼란을 느끼게 된다.
신뢰	어느 정도까지 신뢰를 보여주는 것이 지도자가 할 일이다.
조직문화 구축	인적 자산을 중시하는 문화를 형성해야 한다. 교회나 조직이 자신들을 귀하게 여기고 임파워먼트시키기 위해 노력하는 것을 느낄 수 있는 구체적인 일을 해야 한다(구성원들은 그들의 일과 소속한 공동체에 대하여 긍지를 느껴야 한다). 리더-구성원-당회가 함께 일한다는 사실을 통해 동료애를 느낄 수 있어야 한다.
실패에 대하여 격려하는 문화	임파워먼트는 새로운 아이디어를 생각해내고 과거의 관행에 얽매이지 않고 새로운 행동 방식을 실험해나가는 것을 권장하기 때문에 모험이 수반된다. 따라서 구성원들이 이러한 위험을 감수하고 맡겨진 업무를 주도적으로 추신하는 동안 발생하는 실패에 대해서는 그것을 인정하고 격려하는 문화를 가져야 한다(만약 강력한 제재가 가해지면 새로운 시도를 하지 않게 된다).

4) 구체적인 위임 순서 역할이해

후임목사는 구체적인 임파워먼트를 숙지했다면 어떠한 프로세스를 통해 구체적인 위임을 할 것인지를 알아야 한다.[470]

---

470) 위의 책, 212.

<표 35> 위임하는 순서

구분	위임 내용
위임 순서	① 지도자 자신이 해야 할 리스트를 작성한다. ② 리더로서 꼭 해야 할 일을 제외하고 나머지를 다른 리스트로 옮긴다. ③ 남은 리스트에는 없지만 많은 시간을 소요하는 일에는 어떤 것들이 있는지 찾아본다. ④ 지금까지 해왔던 일 중 자신이 꼭 해야 할 일을 제외한 일을 잘할 수 있는 사람을 사역 스태프 중에서 선정하고 자신의 의도와 신뢰를 알린다. ⑤ 위임받을 자를 훈련시킨다(반드시 같이 일을 하면서 업무 훈련을 시킨다). ⑥ 위임 계획을 확정한다. ⑦ 위임 예정일, 사역 추진 일을 점검한다. ⑧ 장애 요인을 제거해준다. ⑨ 맡겨진 일에 부담이 너무 크거나 기술 및 지식 부족 등으로 인해 감당하기 어려워할 수도 있다. 하지만 어떤 방해 요소와 장애물 때문에 못 한다면 그것을 해결해주는 것이 지도자의 역할이다(함께 일하면서 주어진 권한과 자원을 함께 제공해야 한다). ⑩ 한계에 대한 가이드라인을 함께 알려줘야 한다(ex, 소요예산 범위 설정). ⑪ 위임 사항을 타 부서에 공고한다(협조). ⑫ 필요시 대외적으로 공고한다. ⑬ 위임받아 일을 하는 그 사람을 꾸준히 모니터하며 인내해야 한다(적극적 격려와 책임 인식 필요함).

5) 후임목사가 해야 할 변화 프로세스 역할

후임목사는 하나님의 계시에 의한 비전을 확실하게 받았을 때 그것을 구체화하고 성취시키기 위해 데이터 수집을 해야 하겠지만, 그 순서가 바뀌면 효과적일 수 없다. 이제는 그 비전을 좀 더 구체화하고 명료화해야 한다. 후임자는 교회 갱신이 환상으로 끝나지 않고 실현하는 공동체로 만들어가는 것이 지도자의 역할이다.

아래 도표는 단계별 갱신을 위한 프로세스를 제공하고 있다.

<표 36> 7단계 변화 프로세스

단계	단계별	변화 프로세스
1	교회 진단	① 현재에 대한 불만족을 느끼도록(현 사역 문제점) 인식 ② 문제인식 후 주변 사회를 연구조사 ③ 교회 갱신 위한 교회 진단(설문조사-분석-평가-갱신-변화의 문화를 교회가 주도)[471] ④ 교회 이미지 객관적 여론 조사도 병행 ⑤ 현실에 거룩한 불만으로 '과거 문화와 작별' 분위기
2	비전 확인단계	후임자는 당회, 구성원, 전임목사와 깊은 커뮤니케이션을 통해 신뢰를 바탕으로 비전을 제시할 수 있어야 한다. 자신의 비전이 하늘로부터 온 비전임을 확인시키는 역할로 비전을 주도해야 한다. ① 비전제시: 구성원들이 비전이 명확하도록 이해시킴. ② 비전을 변화시키는 팀 구성 ③ 확신시키는 전략적인 방안 모색 연구
3	변화 계획 사전에 세우는 단계	후임목사에게 전권을 가지고 따르게 하면 갑작스러운 변화에 갱신할 수 없는 반대에 부딪힌다. 따라서 후임목사는 미리 교회를 파악하여 잘 준비된 계획을 가지고 있어야 한다.[472]
4	실행 단계	3단계까지 준비했다면 실행 없는 계획은 소용이 없다. 실행하기 위한 후임자의 역할이 중요하다. 실행 위한 세심함과 기간설정, 속도조절, 실행단계 조정에 따른 장애물을 만날 때 극복하는 방법을 알고 있어야 한다.[473]
5	프로세스를 평가하고 굳게 세우기	변화를 실행하는 과정에는 여러 가지 일들이 발생하게 된다. 이런 과정에서 피드백과 평가가 상당히 중요하다. ※ 모든 과정이 바르게 진행되고 있는지 확인한다.
6	새로운 문화 확립 단계	피드백, 평가, 변화된 상황을 하나씩 동결해나가는 과정이 중요하다. 변화의 문화가 자리 잡도록 제도화해야 한다.[474]
7	변화 지속 단계	보통 변화 주도자는 5단계에서, 조금 유능한 변화의 지도자는 6단계에서 멈출 것이다. 그러나 만일 변화가 다음 차세대까지 계승되기를 원한다면 마지막 7단계가 필요하다. 인간의 속성은 조금만 기회가 생기면 다시 편안한 옛날로 돌아가려는 특징을 보이기 때문에 지속적인 변화를 확인해야 한다.

---

471) 자세한 사항은 <표 37> 1단계: 교회진단 표를 참조하라.

472) <표 39> 3단계: 미리 변화 계획을 세우기 표를 참조하라.

473) <표 40> 4단계: 장애물 극복 표를 참조하라.

474) 효과적인 변화를 위해 갱신의 문화를 만들어가야 한다. 전통적인 유교 문화에서 기독교 문화를 만들어야 하듯이 변화단계를 통하여 변화를 추구하는 문화가 형성하도록 물을 얼리듯이 동결(refreezing)시켜야 한다. <표 41> 6단계: 새로운 문화 확립하기 표를 참조하라.

먼저 교회 진단은 어떻게 교회 변화의 목표를 이루어갈 것인가에 대한 구체적인 노하우(knowhow)를 묻는 것이다. 현재의 상황 속에서 미래의 이상적 상황으로 전진하면서 누가, 언제, 어디서, 무엇을, 어떻게, 왜 해야 하는가를 구체적으로 질문하고 그 질문에 해답을 찾아나서는 것으로 교회 갱신을 시작해야 한다. 진단을 시작하려면 현재에 대한 불만을 인식하여 시작하는 것이 바람직하다.

<표 37> 1단계: 교회 진단

조사구분		(1단계) 교회 진단
조사 범위	광역조사	그 도시 또는 농어촌, 산촌 지역의 특성, 인구, 정치, 경제, 문화적 상황 등을 조사하여 통계자료를 비치한다.
	지역조사	교회 주변에 관공서, 숙박시설, 체육시설, 관광시설, 공업단지, 상업지구, 주거형태, 생활수준, 교육수준, 교통상황, 인구밀도, 지역정서 등을 분석한다.
교회상황조사	교회 외부에 끼치는 영향력 조사	교회적으로 교회 설립과 배경, 교회의 역사와 교회가 외부에 끼치는 영향력으로 (1) 긍정적인 면과 (2) 부정적인 면을 정확히 조사한다.
		교회의 지명도 조사
		위치적 평가(무엇이 문제인지 조사)
		교회건물의 문제점 조사
		교회조직의 문제점 조사
	교회 내부에 끼치는 영향력 조사	교인들의 구성에 대한 분석조사
		교인들의 연령층 조사(이유, 문제, 해결방안)
		교인 직분 점유율 조사
		교인 생활수준 조사
		교인 교육수준 조사
교회상황조사	교회 내부에 끼치는 영향력 조사	교인들의 신앙의 척도 조사
		교회의 충성심 조사
		성도들의 의식, 가치관, 세계관 조사
	갱신 부분 집중 조사	구체적 상황은 교회에서 변화와 갱신을 하고자 하는 부분을 집중적으로 분석하고 연구하도록 조사해야 한다. 교회 구조와 조직, 목회와 소그룹, 예배와 제자훈련 등 어느 부분에 장애가 되고 있는지 구체적인 진단을 하도록 해야 한다.

교회 진단이 이루어지면 각 교회의 상황과 여건에 따라 교회가 변화를 추진하는 부분에 대한 연구를 통하여 교회 비전을 개발하여야 한다. 비전은 교인들이 설문조사를 통하여 그들의 의식과 경향을 파악하고, 교회진단을 통하여 그 처방에 따라 비전을 개발해야 한다. 또한 비전은 그 공동체에 주신 분명한 하나님의 의도를 드러내도록 이끌어야 한다. 분명한 비전을 공동체 구성원들에게 확실히 보여주고 교회의 갱신의 동기를 부여하는 것이 성패를 좌우한다.

비전선언문은 자세하고 사람들을 격려하여 사역의 가능성을 완수하도록 하는 데 있다. 비전은 보는 것이며, 가야 할 곳을 알려주고 사역이 미래에 어떻게 되어야 한다고 믿음대로의 그림을 정확하게 제시하는 것이다. 이것은 어떤 교회가 되기를 바라는 것과 관련있으며, 교회조직에 필수적인 것이고 환경과 조건에 따라 변화될 수 있다.

<표 38> 2단계: 비전 공유

구분	(2단계) 비전 공유	
비전 공유	교회 진단 후 처방에 따른 비전 개발 후 전 교인 공유	
	기도회	철야기도, 20일 특별 새벽기도 등으로 동기부여와 기도로 후원과 참여 모색
	설교	설교를 통한 교회 비전 공유 중심으로 교회 본질 회복 참여 의식 고취
	세미나	이론, 실천사례를 중심으로 커리큘럼을 만들고 2박 3일 집중적으로 이해와 관심 유발
	커리큘럼	교회본질, 교회사명, 교회갱신이론, 셀 사역 등 비전 공유와 해당 훈련시행
	교회견학	성공교회 중심으로 한 1박 2일 사례연구 및 견학, 체험, 수강, 도전, 비전, 동기부여
	홍보지	주보, 교회 소식지를 통한 홍보한다. 교회 비전을 제작하고 교회 출입문과 광고판, 예배당 전면에 게시한다.
	전성도	비전 공유를 통한 교회, 직장, 사회에 실제로 적용하여 교회 갱신 추진하여 공유함.

교회 갱신은 목회자 혼자 하는 것이 아니다. 따라서 교회갱신은 잘 준비되고 조직되어야 한다. 교회 갱신을 실행하기 위해서는 갱신에 참여할 위원들을 조직하고 교회 갱신을 위한 안건으로 목회계획을 세우고 당회와 공동의회의 인준을 받아 전 성도가 참여하는 갱신이 되도록 해야 한다.[475)]

<표 39> 3단계: 변화 계획 미리 세우기

구분	(3단계) 변화 계획 세우기	비고
변화 위한 사전 질문	우리는 왜 변화해야 하는가?	교회진단 결과 참조
	우리는 무엇을 바꾸려는 것인가?	
	우리는 어떻게 변화해야 하는가?	
	우리가 도전해야 할 것들은 어떤 것들인가?	
	우리가 노력을 기울이는 초점은 무엇인가?	
	우리가 원하는 변화-사역-결과-능력의 개선을 성취하는 데 어떻게 도움이 되는가?	
	우리는 이런 노력 가운데 어떻게 지원을 얻어낼 수 있는가?	
	변화를 위해 어떤 자원들을 사용할 수 있는가?	
	우리가 건너야만 하는 강(한계선)은 무엇인가?	
구체적 전략 계획	교회 진단 결과(상황적 요인, 환경적 요인) 분석	
	분석에 대한 팀(그룹리더)의 이해를 사람들과 나눔.	
	실행 위한 동기부여(분명하고 강력한 비전가치 제시)	
	변화 과정에 많은 훈련이 필요함을 인식시킴(훈련과정).	
구체적 전략 계획	구성된 변화 리더팀이 사전에 알도록 정보 제공	
	갱신 과정에서 새롭게 야기되는 일의 양을 항상 계산할 것	
	전환 과정 중에 주어진 일들이 어떻게 할당되어야 할지 주의 깊게 정의(갈등의 원인)	
	의사소통을 위한 대화와 자문은 일찍부터 시작되어야 함.	
	관심 있는 사람들을 모두 개입시키고, 다른 부서들의 관심사와 이권문제들도 함께 고려하여야 함(중요).	
	상황의 변화에 따라 계획을 변경하기는 하지만 변화를 완성할 목표 시점은 분명히 잡혀 있어야 함.	
	만일 전략을 바꾸게 되면 관계된 모든 사람에게 알려야 함.	

475) 김덕수, 『리더십 다이아몬드』, 321~322.

교회 변화를 주도하려고 하면 반드시 갱신 속도에 따라오지 못한 성도들과 반대 세력들이 있기 마련이다. 그렇다고 리더십을 발휘한다고 몰아치는 것을 말하는 것이 아니라, 잘 조정하며 합당한 기간에, 서서히 그리고 세심하게 사랑으로 이끌어가는 지혜를 가져야 한다. 그럼에도 불구하고 변화에 대한 불만을 주도하는 장애물을 만나게 될 것이다. 따라서 리더는 그 장애물을 어떻게 대처하느냐에 따라 변화의 성패를 좌우한다. 이를 위해 4단계 장애물 극복을 어떻게 해야 하는지를 이해해야 한다.

<표 40> 4단계: 장애물 극복

구분	(4단계) 실행단계: 장애물 극복
변화 실행 장애물	변화에 대한 대가 지불을 두려워하지 말아야 함.
장애물 처리 방법	(1) 설득으로 함께 가도록 함. (2) 끝까지 방해할 때: 몸 전체를 위한 제거 (3) 제거 불가능 시: 변화 프로젝트로부터 분리시킴. ※ 변화되고 달라지기를 막연하게 기대하며 끌려 다니는 리더는 사랑이 많은 리더라기보다는 리더십의 부족함을 증명하는 것이다. 관리자일 뿐이다. - 심각한 환자에게 외과 수술이 필요함에도 수술하지 못하는 의사는 사랑이 많은 것이 아니라 의사로서 자격이 문제가 된다.
장애물 해결 방식	(1) 저항하는 사람들과 마주하여 솔직한 현실 나눔. (2) 스스로 결정할 수 있도록 시간을 주도록 함. (3) 결정 기간은 짧게 선택하도록 함(불평방지). ※ 우유부단함으로 인한 팀과 다른 리더에 영향을 주며 일부 소수의 이익을 위한 교회라는 인식으로 부정적이 되므로 모두를 위한 더 큰 이점과 큰 비전을 중시하는 분위기가 되도록 머뭇거리지 말고 믿음으로 가야 한다.

변화를 추구하면 새로운 문화가 자리를 잡을 수 있도록 갱신의 문화를 만들어나가야 한다. 이러한 갱신의 문화가 자리 잡을 수 잡도록 제도화해야 가능하다.

<표 41> 6단계: 새로운 문화 확립

구분	(6단계) 새로운 문화 확립
문화 기구화 조직화	사역 철학을 문서발행으로 알리는 문화
	모든 구성원에게 영향 미치는 문화
	불필요한 문제들과 회의 줄이는 문화
	변화에 필요한 힘의 근거 마련하는 문화
	한 개인에게 새로운 라이프스타일을 형성해주는 문화

만일 변화가 하나의 라이프스타일이나 공동체의 시스템으로 자리를 잡지 못하면, 우리가 모르는 사이에 언젠가 변화는 더 이상 효과를 발휘하지 못하게 될 것이다.

6) 교회성장에 진력

전임자의 그림자와 성도들의 전임자에게로 향하는 시선에 마음을 두지 말고 교회성장에 진력해야 한다. 후임자가 부임하면 새 목사에 대한 신선도는 대략 5~6년 정도 유지된다. 그 기간 동안 교회를 급변하도록 성장시켜 놓아야 한다. 그 기간이 지나버리면 새 목사에 대한 신선도가 떨어지기 때문에 성장이 어려워질 수 있다. 후임자가 부임한 후 5~6년이 지났는데도 전임자가 목회하던 수준에서 맴돌고 있다면 그 후임자는 이미 권위를 인정받기 어려워진다.

목회자의 권위는 교회를 성장시킨 만큼 인정된다. 목회자가 아무리 유능해도 전임자를 능가하는 능력을 발휘하지 못하면 후임자의 목회 기반은 공고할 수가 없다. 그러므로 후임자는 부임한 후 5~6년 동안은 교회성장을 이루는 데 전념해야 한다. 일단 부임 후 성장된 모습이 나타나야 한다. 그래야 말없이 자신의 입지가 세워지고 권위를 인정받아 자연스럽게 자신의 체제로 소리 없이 변화를 이루게 된다.[476]

그럼에도 불구하고 후임자들이 그런 중요한 수순을 무시한 채 하루 아침에 전임자의 그림자 지우기에 집착하고 모든 체제를 자신의 구조로 성급하게 바꾸려고 한다. 그럴 경우 곧바로 갈등이 유발되고 전임자와의 심각한 불화를 일으켜 교회성장에 쏟아야 할 모든 관심을 불필요한 곳에 쏟게 되어 결국 목회는 실패의 길로 빠져들 것이다.[477]

목회는 예술과 조화로서 그 지혜를 발휘할 때 목회현장은 따뜻해지고 감동이 있고 하나님의 역사가 나타난다. 거기서 인격이 변화를 이루고 영혼이 새롭게 거듭나는 역사가 일어나며 구원받는 사람들이 날마다 늘어날 것이다.

7) 전임자에 대한 예우

후임목사는 리더십 계승 이후에 낯선 사역지에서 가장 큰 후원자가 될 수 있는 사람은 전임목회자라는 사실을 기억해야 한다. 인생의 선배로서, 특히 목회자의 선배로서 전임목회자 혹은 원로목회자는 후임목사에게 있어서 정보와 함께 진심 어린 조언을 얻을 수 있는 통로다. 그러므로 전임목사와 관계를 조심스럽게 잘 만들어가야 한다. 특별히 전임자가 사임한 이후에도 교회에 계속 남아 있거나 많은 영향력을 미칠 수 있는 경우에는 더욱 신뢰 관계가 중요하다. 양자의

---

476) 최기채, 58.
477) 이정익, 81.

관계는 전임목회자의 후임목회자 모두의 노력을 필요로 하는 것이지만, 역시 후임목사가 보다 더 적극적으로 노력해야 한다.[478]

목회자에게는 항상 전임자가 있고, 후임자의 성공은 전임자에게 많은 빚을 진다. 아무리 느리게 성장한 교회라도 그 교회가 그만큼 성장한 것은 전임자의 숨은 노고가 있었기 때문이다.[479] 그러므로 후임자는 전임자의 무능을 비난하거나 폭로하려고 하기 전에 겸손히 전임자의 노고를 인정해야 한다.[480] 그리고 전임자에게 최선을 다해 예우하는 일을 잊어서는 안 된다. 전임자를 높여주고, 존중해주고, 인정해주고, 그리고 대우해주어야 한다. 그러면 그것이 결국 모두 자신에게로 돌아온다는 것을 잊지 말아야 한다.[481]

(1) 충분한 대화

은퇴하는 목회자에게 가장 힘든 것은 은퇴 후에 찾아오는 허탈감일 것이다. 후임자는 그 부분을 인정해야 한다. 한순간에 일터와 인기와 자신만 바라보던 시선들을 상실하게 된 전임자의 입장을 고려해야 한다. 그 허전함과 허탈감이 후임자에게 분노와 간섭, 갈등으로 나타날 수도 있기 때문이다.

원로목사의 말씀을 귀담아 듣다 보면 그분들이 주시는 조언 속에 하나님의 뜻이 담겨져 있어 후임목회자나 교회 지도자들에게 좋은 이정표와 나침반이 되기도 한다.[482] 그러므로 원로목사를 정기적으

---

478) 박진석, 『리더십 배턴터치』, 41.
479) 박승신, 36.
480) 권상석, 18.
481) 이정익, 76.
482) 이건영, 『아름다운 동행』, 64.

로 만나 충분히 대화하는 것이 좋다. 그리고 교회의 실정을 자세하게 말해주고, 상의하려고 노력하면 오고 가는 사람들에게 듣고 곡해되고 오해되었던 것들이 충분히 이해될 것이고 교분이 깊이 쌓이게 된다.

(2) 전임자의 그림자 인정

후임자는 전임자가 목회하던 방법이나 제도를 조급히 바꾸지 말아야 한다. 후임자는 서서히 자기의 목회적 비전을 심어나가야 한다. 그런 목회의 철학을 가지면 언젠가는 자신이 뿌린 그 씨앗이 결실되어 수확할 때가 온다고 본다.[483]

30~40년 한곳에서 목회한 전임자의 그림자가 교회 전반에 배어 있고, 스며 있다는 것을 인정하고 그 그림자들을 한순간에 뜯어고치려는 성급함에서 여유를 가져야 한다. 전임자의 그림자는 몇 년이 지나야 조금씩 없어지기 시작한다. 조급성은 현대인의 특성이기도 하다.[484] 한순간에 자신의 체제로, 자신의 방법으로 만들겠다는 처세가 전임자와의 갈등을 유발하는 가장 큰 원인으로 꼽힌다. 부임하자마자 체제를 바꾸고 환경을 바꾸고 강단과 주보와 계획과 구조를 한순간에 바꾸려는 것은 우매한 행동이 아닐 수 없다. 후임목사는 여유를 가지고 평생 목회할 생각을 해야 한다.

(3) 전임자와의 신뢰 관계

전임자와 후임자의 관계는 바울과 디모데 관계처럼 믿음 안에서

---

483) 최훈, "원로목사와 담임목사 무엇이 문제인가", 월간목회사, 『월간목회』(1992.3), 54.
484) 전요섭·황미선, 『행복한 우리 집』(서울: 한국가정상담연구소, 2004), 86.

부자관계일 때 이상적이고 성공적이 된다. 인간관계나 대인관계에서 가장 친밀하고 행복한 것이 부자관계이다.[485]

목회자는 윤리를 지켜야 한다. 때로 전임자의 비윤리적 행동과 처신으로 인하여 후임자가 본의 아니게 어려움을 겪는 경우도 있으나, 할 수만 있으면 전임자와의 관계를 부모와 같이 유지하는 것이 좋다. 실제로 전임자는 부모와 같은 관계라고 할 수 있다. 전임자는 후임자에게 스승이고 선배이고 부모이고 영적 선배라고 할 수 있다. 얼마든지 존중하고 상담하고 예우하고 존경하면 그 모습은 또 교우들에게 가장 아름다운 모습으로 보일 것이다.[486]

(4) 교회 구성원과의 신뢰 관계

후임목사가 부임할 때, 성도들은 목사에 대한 기대와 우려라는 두 가지 감정을 갖게 된다. 우선 성도들은 후임목사에 대해서 참신성과 변화에 대한 기대를 가지게 된다. 그러면서도 성도들은 후임목사가 자신들의 신앙의 전통을 존중해주고 많이 바꾸지 않기를 바라는 우려가 있다. 그래서 후임목사는 아주 짧은 시간 안에 자신이 참신하고 유능하다는 믿음을 성도들에게 심어줄 뿐 아니라 성도들을 사랑해서 그들의 소중한 것을 함부로 깨뜨리거나 바꾸지 않는다는 것을 보여주어야 한다. 이러한 방법으로 원로목사나 혹은 그의 목회하던 방법이나 제도를 너무 조급히 바꾸지 말아야 한다.[487]

많은 경우 후임목사는 의욕이 앞선 나머지 과거의 모든 것을 부정

---

485) 림인식, 『월간목회』, 58.
486) 이건영, 『아름다운 동행』, 40.
487) 김성렬, 『월간목회』, 54.

하고 무시해버릴 때 신자들은 후임목사에 대하여 깊은 불신을 가지게 된다. 그렇다고 모든 것을 과거의 관행으로 그대로 답습한다면 무능하고 참신성이 떨어지는 것으로 여겨져서 실망을 안겨줄 수도 있다. 특히 전임자가 원로목사로 있는 경우에는 신자들에게 신뢰와 믿음을 주는 것이 대단히 중요하다. 왜냐하면 신자들의 마음속에는 전임자가 영적인 아버지로 위치를 차지하고 있을 것이며, 전임자의 수고가 없었다면 그 교회가 현재의 모습으로 세워질 수도 없었을 것이기 때문이다.[488]

후임목사는 교회의 영적인 상태를 잘 진단할 수 있어야 한다. 교회가 오래된 경우는 교회 자체가 전통에 움직이며 과거 지향적이다. 또한 전임목회자가 좋지 않은 일로 물러난 경우에는 신자들의 마음속에 목회자와 다른 교인들에 대한 깊은 불신이 있을 것이다.

후임자는 이것을 정확하게 잘 진단하되 절대로 신자들이나 다른 사람에게 발설해서는 안 된다. 왜냐하면 후임목사에게 좋지 않은 판단을 받고 기분 좋을 신자는 아무도 없기 때문이다. 자신이 개척한 교회가 아니고 청빙을 받아서 부임한 교회이기 때문에 그 교회의 좋은 점들은 할 수 있는 한 바꾸거나 깨뜨리지 말고 살려야 신뢰감을 얻을 수 있다.

요사이 새로운 목회 유형들이 많다 보니 후임자가 새로 부임하는 교회에 이런 유형의 목회 방식들을 도입했다가 성공한 경우보다는 실패한 경우가 훨씬 더 많다.[489] 왜냐하면 자신이 개척한 교회가 아니기 때문에 목회 방식을 바꿀 때에는 신자들과 합의가 되어야 하는

---

488) 김서택, 『목회와 신학』, 162.

489) 김성렬, 『목회월간』, 54.

것이다. 이러한 합의를 통하여 목회자가 자기 야망을 위하여 교회를 이용하려고 하는 것이 아니라 정말 교인들을 위하여 희생하러 왔다는 믿음을 주어야 하기 때문이다.[490] 따라서 누구든지 어느 공동체에 속했든지 말과 행실이 일치하지 않으면 존경받지 못하게 된다. 그러므로 후임목사의 언행은 신앙 공동체의 공인이요, 책임자로서의 언행이기에 더욱 조심해야 한다.[491]

또한 목회자에게는 자신이 잘할 수 있는 하나님이 주신 은사가 있다. 그것을 무기로 삼아야 자신 있게 목회를 할 수 있고 교회가 부흥될 수 있는데 그런 점에 대해서는 신자들에게 솔직히 이해를 구하고 변화를 일으켜야 한다. 그러면 신자들이 얼마든지 목사를 믿고 따라오게 된다. 그러나 대체로 후임목사와 교인들 사이에 의사소통의 통로가 잘 되어 있지 않기 때문에 이런 점에 어려움이 있는 것이다. 후임목사는 신자들의 기대를 채워주면서도 그들이 가지고 있는 소중한 것을 깨뜨리지 않고 아끼는 사랑이 있어야 한다. 이것이 성공하면 그 목사와 신자들은 성공적인 심장 이식 수술을 하게 된다.[492]

어떤 경우에는 처음에는 기대를 많이 채워주다가 나중에는 힘들어지면서 새로운 갈등이 일어나는 경우도 있다. 새로 부임한 교회에 피차간에 실패하지 않기 위해 후임자가 유의해야 할 사항이 있다.

첫째, 설교중심의 목회를 지향하는 것이다. 이것은 담임목사 교체로 인한 부작용을 가장 적게 할 수 있는 방법이다. 기독교는 역시 교회의 중심이 설교에 있고 말씀에 있기 때문에 성경적이고 바른 설교

---

490) 김서택, 『목회와 신학』, 162.
491) 이건영, 『아름다운 동행』, 153.
492) 김서택, 『목회와 신학』, 162.

를 하는 것이 목사나 신자들이 빨리 하나가 되고 성경적인 공감대를 갖게 되는 길이다.

둘째, 신자들을 편애해서는 안 된다. 대개 후임목사가 오면 신자들은 호감을 가지고 좋은 관계를 맺고 싶어 할 것이다. 그런데 앞서서 후임목사에게 인정을 받으려는 신자가 있는 반면에 뒤에서 비판하는 부정적인 신자들도 있다. 흔히 사람들의 심성에 자기를 좋아하는 사람을 좋아하게 되어 있고, 비판하는 사람을 싫어하게 되어 있다. 그러나 비판하는 사람은 옛날의 교회 방식을 좋아하는 사람이고 적응이 늦은 사람이다. 목사는 자기를 비판하는 사람을 끌어안아야 교회가 안정되고 오래 묵은 신자들과 새 신자들이 하나가 될 수 있다. 대개 후임목사들이 실수하는 것이 자기와 같은 성향, 이른바 '코드'가 맞고 잘 통하는 사람들만을 잡고 목회를 하게 되는데 그러면 결국 교회가 분열된다. 그래서 후임자는 절대로 좋아하는 교인과 싫어하는 교인을 차별해서 교인들을 분열시켜서는 안 된다.

셋째, 돈을 너무 쓰는 목회는 하지 않는 것이 좋다. '돈을 쓰는 목회'라고 하는 것은 외모를 많이 바꾸고 의욕적으로 새로운 사업을 많이 하는 것을 말한다. 그러나 이런 의욕적인 목회에 대해 교인들 중에 좋아하는 사람들도 있지만 좋아하지 않는 교인들도 있다. 그리고 대개 후임목사와 당회가 충돌을 일으키는 것은 돈을 쓰는 문제때문에 부딪히는 경우가 많다. 이때 후임목사가 당회에 불평을 하게되면 결국 당회와의 관계가 어려워지게 된다. 후임목사와 당회의 관계는 경쟁적인 관계가 아니라 협력적인 관계로 발전시키는 것이 중요하다. 그리고 당회원을 볼 때에 장로 한 사람이라고 생각해서는 안 된다. 왜냐하면 장로는 한 사람이라 하더라도 그를 지지하고 그와 비슷한 생각을 가지고 있는 사람은 적어도 20~30명은 있다고 생각해야 하기 때문이다.

넷째, 시행착오를 반복하지 않는 것이 좋다. 대개 처음 부임한 목사가 의욕이 많으면 새로운 프로그램을 자주 도입하게 된다. 그리고 그것이 잘 통하지 않으면 새로운 프로그램을 또 도입하게 되는데, 그렇게 되면 결국 교인들의 열심히 식어져서 냉소주의에 빠지게 된다. 교회가 금방 부흥이 되지 않아도 목사가 확신을 가지고 말씀중심으로 나가면 결국 교회는 부흥하게 된다. 어떤 경우에는 교인들의 기대를 만족시켜 주기 위해서 자주 부흥회나 특별집회를 하게 되면 나중에 부흥회나 특별집회 중독이 걸리게 된다.

다섯째, 목사가 지나치게 외부 설교나 강의를 나가지 않는 것이 좋다. 많은 경우 목회자들이 교회 안에만 있는 경우 답답함을 느끼고 외부의 초청을 받아서 많이 나가게 되는데 그렇게 되면 아무래도 교회를 자주 비우기 때문에 교인들은 목회자가 자기들을 소홀하게 생각한다는 인상을 받게 된다.[493]

하나님은 일을 진행시키실 때 언제나 사람을 사용하신다. 방주를 지을 때 하나님은 노아 한 사람을 선택하셨다(창세기 6:8). 애굽의 왕 바로에게서 자신의 백성을 구출하실 때도 하나님께서는 한 사람(모세)을 선택했다(출애굽기 3:1~10).

이처럼 어떤 중요한 일을 수행할 때마다 하나님은 그 일에 적합한 사람을 선택하신다. 인간들은 외적인 요소들, 즉 그 사람이 어떻게 보이느냐를 기준으로 선택한다. 하나님은 내적인 요소들, 즉 그 사람의 인격을 기준으로 선택하신다.[494] 하나님이 사용하는 목회자가

---

493) 김서택, 『목회와 신학』, 164.

되는 준비가 무엇보다 중요하다는 것을 발견하게 된다.

3. 교회의 역할

목회사역을 계승함에 있어서 실제로 실무자로 참여하고 일을 감당하는 것을 대부분 청빙위원회, 즉 당회원들과 교회의 역할이 중요하다. 만약 당회나 또는 교회 안에서 전임자의 의견이 상충될 시 상당한 진통을 겪게 되기 때문이다. 그러므로 교회 구성원은 계승을 위해 올바른 목회신학에 충실한 성경적 계승이 이루어지도록 자신에게 주어진 역할에 충실해야 한다.

1) 성령의 뜻을 따라 순종하는 역할

교회(당회원, 구성원)는 실제적인 계승을 위한 실무적인 일을 감당함에 있어서 전임목사의 의도와 뜻이 하나님의 뜻과 일치하도록 지혜롭고 은혜롭게 이끌어야 한다. 이를 위해 교회는 하나님의 인도하심을 구하는 일이 최우선의 일이 되도록 하기 위해서는 교회를 세우신 성령의 뜻을 따라 순종하는 역할에 충실하도록 훈련되어야 한다. 교회는 후임자를 선정함에 있어서 각종 서류를 받거나 확인하고 분류하고 평가하는 등 각종 많은 일을 하기 위해 모일 때 성령의 인도하심을 따라 분별력을 가지고 실행해야 한다. 기도는 만사를 변화시키고, 기도 외에는 다른 역사가 나타나지 않는다는 말씀을 믿고

---

494) Howard Hendricks, *Standing Together*, 『사람을 세우는 사람』, 박경범 역(서울: 디모데, 1995), 43.

모든 일에 기도와 간구로 교회가 구할 것을 올바르게 선별하고 결정할 수 있도록 역할을 준비해야 한다.

교회 구성원들은 후임목사의 청빙으로 교회가 현재의 자리에서 하나님이 원하시는 자리로 이끌 수 있는 창조적인 리더를 위해 간절한 성령의 이끄심을 따라야 할 것이다. 이를 위해 자신들의 이권을 위해 움직이는 당회나 구성원들이 아니라 하나님 말씀이 역사하는 교회가 되기를 추구해야만 한다. 그래서 교회의 역할은 후임목사를 통하여 하나님만이 하실 수 있는 일을 하는 리더가 세워지도록 힘을 써야 한다. 왜냐하면 성령은 종종 사람을 도구로 사용하여 다른 사람들에게 영적 성장을 일으키시기 때문이다.

하나님이 모세에게 명하여 바로에게 가라 하셨을 때 모세도 그 역설에 부딪혔다(출애굽기 3:11~22). 그런데 모세는 하나님의 부르심에 이끌려 이스라엘 백성을 구원하여 애굽(이집트)에서 가나안으로 이끌어내는 지도자로 가게 된 것은 전적인 성령의 역사다. 그러나 인간 편에서는 하나님의 역사하심의 이유가 "내가 애굽에 있는 내 백성의 고통을 정녕히 보고 그들이 그 간역자로 인하여 부르짖음을 (듣고) 그 우고를 (알고) 내가 내려와서 그들을 애굽인의 손에서 건져내고 그들을 그 땅에서 인도하여 아름답고 광대한 땅에 이르려 하노라"(출애굽기 3:7~8)라고 한 것처럼 하나님이 모세를 준비하시고 보내신 것은 그의 백성들이 부르짖음과 이들의 기도 이전의 하나님이 아브라함에게 언약(창세기 12:1~3)과 기도한 결과물로 "이제 내가 너를 바로에게 보내어 너로 내 백성 이스라엘 자손을 애굽에서 인도하여 내게 하리라"(출애굽기 3:10)라고 말씀대로 실행된 것이다. 이것이 당회와 교회가 할 역할이다.

교회가 추구하는 일은 하나님의 일을 하도록 그 공동체에 부르시는 리더를 위해 간절히 성령의 역사를 추구하는 것이다. 만약 성령의 뜻대로 기도하였다면 교회는 걱정하지 말고 하나님이 이끄시는 것을 목격해야 한다. 하나님은 결코 실수하지 않으시고 우리가 믿고 구한 대로 책임져 주시기 때문이다. 여기에 교회는 책임이 따른다. 학생이 배우지 못하면 수학 문제를 풀 수 없듯이 교회 구성원들은 성령의 뜻에 전적인 순종하는 역할을 배워야 할 것이다.

2) 서로 세우는 역할

성령이 하시는 일에 순종하는 교회는 하나님의 계획에 따라 일한다. 성령이 주관하지 않는 교회의 문제점은 하나님의 뜻을 구하지 않고 자신의 생각을 추구하는 것이다. 본격적인 리더십 계승을 앞두고 교회 내에는 각종 루머와 이야기들로 스트레스와 긴장, 희망과 기대감 등 다양한 감정과 생각들이 표출될 수 있다. 특히 안정성이 떨어지는 교회일수록 교회의 분위기가 크게 떠오르게 될 것이다. 이렇게 교회의 분위기가 안정적이지 못하고 어려워질 수 있는 시기에 교회의 핵심 청빙팀은 교회의 분위기를 성령께 의존하는 방향으로 움직이도록 기획하여야 한다.

하나님은 세상 사람들을 찾는 것이 아닌 하나님의 일을 수행해 나가는 교회를 찾으신다. 그러므로 교회는 하나님의 뜻을 구해야 하며 그 뜻이 교회를 통하여 이루어지도록 리더를 세우는 역할을 해야 한다. 하나님은 그의 뜻을 펼치시기 위해 사람을 세우신다. 예를 들어, 예수님의 사역이 시작할 때 열두 제자들을 부르신 것처럼 하나님의 일을 하는 일꾼을 찾으신다.

교회는 하나님의 계획에 따라 구성원들을 하나님이 원하시는 자리로 지혜롭게 이끌 수 있는 영적 리더를 세우는 역할에 충실해야 한다.

예수님은 하나님께서 세상에 보내주신 계시된 말씀이다. 하나님의 보내심을 받은 예수님은 자신의 계획을 세우거나 비전을 내걸지 않으셨다. 오직 예수님은 자신을 세상에 보내주신 하나님 아버지의 뜻을 추구하셨다. 예수님 자신과 제자들을 향한 비전은 모두 아버지께로부터 온 것이었다.

예수님의 리더십은 열두 명의 제자들을 훈련시키는 데 주력하신 리더십이라는 사실을 발견하게 된다. 교회는 후임목사가 하나님이 보내주신 교회의 구성원들을 하나님의 방법대로 이끄는 리더를 세우도록 서로 뜻을 같이해야 한다. 교회는 그리스도의 몸이요, 성전과 같이 한 몸을 세워야 한다. 그리스도의 머리를 세우기 위해서 몸 된 교회는 서로 세워감으로 뜻을 같이해야 한다.

3) 정직과 신실함

최근 들어 각종 이단, 특히 신천지 추수 전략으로 침투한 교회 삼키기 작업으로 교회마다 각종 이단이 기본 5년 이상 침투하여 교회의 계승이나 문제가 생길 때 삼키도록 준비하는 상황에 있음으로 교회 계승은 반드시 각종 루머와 문제들이 일어나게 된다는 사실을 인식해야 한다.

이단(異端)은 처음과 끝이 다른 것이 이단이다. 그러므로 교회 안에 침투한 이단들은 거짓의 영들에 속한 자들이다. 이들의 특징은 양의 탈을 쓴 이리와 속이는 자들이다. 그러므로 교회는 교회 내에 부정적으로 조작하는 자들을 색출해내기 위해서는 서로 진실하고 정직한 분위기를 조성하는 문화를 세워야 한다.

정직과 신실함은 하나님의 속성이므로 세계 어디에도 통한다. 그것은 진리의 영에 속한 속성이므로 교회 구성원들은 철저히 정직으로 신실하게 함께하는 역할에 동참해야 한다. 정직과 신실함을 소유하려면 교회는 하나님과의 만남이 있어야 한다. 성령이 아니고서는 주를 시인할 수 없듯이 예수님을 닮아가려고 하지 않으면 절대로 정직하거나 진실하지 못할 것이다.

진실함과 성실함은 사람의 의도에서 시작된 것이 아니라 하나님과 맺는 생생하고 친밀한 관계에서 비롯된다. 교회는 성령 공동체가 되어 진실한 사역, 정직한 사역, 신뢰를 주변에 나타내는 사역을 하도록 역할을 감당해야 한다. 그러므로 당회와 교회는 정직함과 진실함에 이르도록 점검해야 한다.

하나님 앞에서 어떤 교회가 될 것인가? 놀기 위해서, 즐기기 위해서, 서로 돈놀이 목적으로 모이기 위해서가 아닌 하나님의 일을 하는 교회의 정체성을 회복하는 역할을 추구해야 한다. 영적인 교회는 우연히 만들어 지지 않기 때문에 교회는 갱신을 위한 경건에 힘써야 한다. 그래야 하나님이 그 공동체에 준비된 진실한 지도자를 보내시기 때문이다.

4) 은퇴목사 예우

은퇴를 앞둔 목사에게 있어 좋은 후임목사를 선정하여 목회를 계승하는 것 이상으로 염려가 되는 일은 자신의 은퇴에 따른 예우일 것이다. 은퇴목사는 이미 노인이라는 점을 감안할 때 노후를 걱정하지 않을 수 없다. 그러므로 원칙적으로 교회는 노후생활을 하는 데 걱정스럽지 않도록 예우해야 한다. 사회적으로 살펴봐도 직장에서 20, 30년 이상 일하면 퇴직금이나 연금제도 등을 통하여 노후가 보장되는 것이 통상적이기 때문이다. 물론 이것이 교회나 새롭게 목회를 시작하려는 후임목사에게는 큰 부담이 될 수도 있다. 그래서 어떤 교회는 원로목사를 추대하는 것을 원치 않아 특별한 사유 없이 은퇴를 앞둔 목사에 대해 배척하는 분위기를 만드는 경우까지 생겨난다. 은퇴 후에도 생활을 보장해야 하는 이것은 원로목사에 대한 과민반응이라고 할 수 있다. 교회의 입장에서 보면, 명예는 존경할 수 있고 공로는 인정할 수 있는데, '지금부터 5년이 될지 20년이 될지 모르는' 미래까지 계속 보장해야 한다는 것은 여간 부담되는 일이 아닐 것이다.[495]

어떤 교회에서는 원로목사가 별세하신 후에 원로목사가 살아 계실 때 드리던 생활비의 80%를 사모가 생존하시는 동안 드리는 것으로 결의하여 실천하고 있다. 물론 재정적인 여건이 되는 중대형 교회는 가능할지 모르나 재정적인 자립도가 낮은 교회나 농촌교회는 심각한 고민이 아닐 수 없다. 앞으로 교회가 은퇴하는 목사의 생활비를 부담해야 한다는 것을 계속 고집한다면 원로목사에 대한 반론

---

495) 림인식, 『월간목회』, 55.

을 일으키는 것이고 근본 뜻을 훼손시킬 수 있을 것이다. 따라서 이에 대해 여러 가지 대안을 찾아야 한다.

개(個) 교회 차원에서 전임목회자에 대한 은퇴 이후의 생활에 대한 문제를 장기적인 안목을 가지고 대비해야 한다. 교회가 적정선에서 미리 다양한 방법으로 저축하게 하는 것도 한 방법이 될 수 있을 것이다. 이를 위해 노회나 총회 차원에서의 은급제도의 적극적인 활성화가 필요하다.

제4절

전임(담임)목사 교체 시 주의사항

앞에서도 언급하였거니와 담임목사 교체의 이유는 다양하다. 즉, 정년이 되어 은퇴하거나, 목사 신상의 이유로 사임하거나 또는 새로운 목회지로 옮기는 경우 등에 해당 교회는 새로운 목회자를 청빙하게 된다. 그런데 종종 담임목회자가 교체되는 것에 대한 의미나 중요성에 대해 충분히 생각하지 못하는 경우가 많다. 의료적 비유로 설명하자면, 담임목사의 교체는 매우 위험한 수술과도 같다. 많은 경우 지역교회는 이 교체가 얼마나 위험한 수술인지 잘 이해하지 못함으로 인해 인간적인 많은 욕심을 부리다가 결국 이 일로 인해 피차간에 커다란 상처를 남기고 실패로 끝나는 경우를 보게 된다.[496] 그래서 어떤 교회는 이런 부작용을 두려워한 나머지 안전한 길을 찾으려고 은퇴하는 목회자의 아들을 담임목사로 모시기 때문에 세습이라는 비난을 듣기도 하고, 또 어떤 경우에는 잘 아는 부목사를 담임목사로 모시기도 한다. 또 다른 경우의 교회는 담임목사 교체로

---

496) 김서택, 『목회와 신학』, 160.

인해 공동체 안에 갈등과 분열로 오랜 분쟁을 겪고 있기도 한다.

사례 1) 전임자가 고령으로 은퇴한 경우

담임목사가 은퇴하게 되면 교단의 규정에 따라 그 담임목사의 자리가 공석이 된다. 한 교회에서 일정 기간 이상 목회를 한 경우 원로목사로 추대되는 것도 여기에 속하며, 가장 정상적인 방법으로 담임목사가 교체되는 형태이다.[497] 이런 경우 다음과 같은 문제들이 생길 수 있다.

첫째, 은퇴하는 목회자가 그 교회를 개척했거나 젊음을 다 바치고, 전 재산을 다 바쳐서 예배당을 건축하고 교회를 지켜온 경우가 있다. 이때 전임자의 그 교회에 대한 애착과 미련 그리고 집념은 아무도 따라갈 수 없다. 예배당 어느 한구석도 그분의 손이 닿지 않은 곳이 없다. 그러다 보니 후임자가 하는 일마다 만족이 안 되어 사사건건 간섭하게 되고, 또 자기가 해놓은 일들을 후임자가 개혁을 앞세워 뜯어고치게 될 경우 마찰은 피할 수 없게 된다.[498] 이것은 시어머니가 새로 시집온 며느리에 대해 갖는 감정과 비슷하다. 결혼한 후에는 아들의 마음이 아내에게 쏠리게 될 때 어머니는 소외감을 느낄 수밖에 없다. 그리고 '자신이 어떻게 키운 아들인데 이 아들의 마음을 한순간에 며느리에게 빼앗긴다'는 생각이 들 때 인간적으로 허전한 마음이 드는 것은 어쩔 수 없다. 이와 같이 은퇴하는 목회자가 명목상으로는 물러나지만 실제로는 배후에 남아 간섭하고 싶은 경우가 많다.

---

497) 이용원, 69.
498) 최기채, 58.

둘째, 성도들은 은퇴하는 목회자와 오랫동안 동고동락했기 때문에 이미 신앙의 체질 자체가 은퇴하는 목사에 익숙해져 있다. 그래서 새로 온 목사의 목회 방식에 대해 거부반응을 느끼게 된다. 특히 성도들 중에는 그렇게 하는 것이 은퇴목사에 대해 의리를 지키는 것이라고 생각하는 사람도 있다. 단순한 예로 어떤 성도들은 교회 시설 어느 것 하나도 손대지 못하게 하기도 한다.

사례 2) 담임목사가 좋지 않은 일로 물러난 경우

담임목사가 이성적인 문제나 금전적인 문제로 교회에서 물러나는 경우가 있다. 이런 경우에는 교회가 이미 심한 진통을 겪고 새로운 목사를 맞이하는 상황이기 때문에 교회가 마치 큰 병을 앓고 난 뒤처럼 후유증이 남아 있을 수 있다. 이러한 이유로 신자들의 마음속에는 깊은 상처와 불신이 있게 되는데, 후임자가 이것을 치료하지 못하면 어려움에 직면하게 된다.[499]

성도들은 이미 전임목회자에 대해 심한 인격적인 실망을 했기 때문에 후임자에 대해서도 '너도 별 수 있겠느냐'는 식의 깊은 불신을 갖기가 쉽다. 그 결과로 후임목사의 모든 말을 의심하며, 잘 믿으려 하지 않게 된다. 또한 전임목회자가 잘못한 것이 아무리 많아도 그럼에도 그 목회자를 좋아하는 신자들이 있기 때문에 성도들 중에는 후임목사를 지지하는 편과 비판하는 편으로 나뉘어 깊은 불신의 골이 형성되기 쉽다. 그래서 성도들이 후임목사를 만나기만 하면 다른 교인에 대해서 좋지 않은 이야기를 하게 되는데 이것은 분별하기가

---

499) Tim La Haye, *If Ministers Fall, Can They Be Restored*, 『목회자가 타락하면』, 황승균 역(서울: 생명의 샘, 1990), 37.

어렵다.[500] 결국 소문이 교회 밖에까지 퍼져 믿지 않는 사람들도 교회를 좋지 않게 생각하고 결과적으로 전도의 문이 막힐 뿐 아니라 교회가 진통을 겪는 과정에 재정적으로도 어려움을 겪게 된다.

지금까지 제5장을 간단히 요약하면 실제적인 목회사역을 계승함에 있어서 교회 구성원, 당회, 전임목사, 후임목사 등의 조직을 관리하기 위한 체계적인 계획이 필요하다는 점을 살펴보았다. 목회사역을 계승하기 위해서 그 중요성을 인식하도록 하기 위해서는 구체적인 계승의 프로세스를 거쳐야 하기 때문에 관리가 필요하다는 것이다.

리더십 계승을 하기 위해선 고려될 요소가 있는데 그것은 전임목사, 교회 구성원, 후임목사, 당회원 등의 이해관계자가 있음을 살폈다. 따라서 실제적인 사역이 성공적으로 계승되도록 서로의 준비와 역할이 필요함을 알게 되었고 전임목사, 후임목사, 교회의 준비와 역할을 구체적으로 살펴보게 되었다. 전임목사는 후임목사를 발굴하고 세우도록 준비하기 위해서는 갖추어야 할 관리 프로세스 과정으로 리더십 부상이론(Leadership Emergent Theory)을 제시하였고 그 방안으로 지도자로 세우는 과정을 구체적으로 참고하도록 단계별로 사역의 단계를 제시하였다.

더 나아가 구체적인 계승의 질문들을 활용하도록 하였고 후임목사는 어떻게 리더십 자질과 역량 기술을 점검하고 갖추어야 할 것에 대한 대안으로서 리더십 다이아몬드 모델을 제시하였다.

리더십 다이아몬드 모델을 세부적으로 조사하여 리더로서 갖추어야 할 영성훈련, 인격과 성품 개발로 지도자로서 안과 밖의 모습을

---

500) 김서택, 『목회와 신학』, 161.

갖추도록 시도하였고 보다 효과적인 계승을 위해 의사소통의 중요성을 이해하도록 다양한 측면으로서 지도자를 세우는 과정들을 다루었다. 교회는 바람직한 계승이 이루어지도록 그 역할과 준비를 하도록 각종 계승의 가이드를 제공하였으며 계승 조사를 위한 설문지(샘플)를 통하여 어떻게 준비할 것인지에 대한 이해를 도와 새로운 리더십 계발 문화를 형성하도록 차기 지도자를 세우는 문화를 구체적으로 프로세스 과정을 제시하였다.

다음은 본 글의 마지막 결론 부분으로 요약과 이 책의 결론, 그리고 제언을 다루고자 한다.

제6장

결론

제1절

연구 요약

　본 도서는 한국교회가 새로운 사회 변화에 적응, 성장을 위해 변혁을 요구받고 있으므로 성경적으로 건강한 교회 계승의 방안에 대해 목회신학적 관점으로 리더십 계승을 연구한 것이다.

　20세기를 마감하던 시기에는 극적인 변화와 사회적 동요의 나날들이 이어지고 있다. 이와 같은 극적인 변화 및 사회적 동요와 더불어, 많은 사람들에게 이 세상이 위기에 처해 있다는 사실이 점차 커다란 경각심으로 다가왔다.

　이런 경향은 무엇보다도 과학기술의 발달로 정치, 경제, 사회, 문화 그리고 인간의 의식 등 삶의 전 영역에서 일어나고 있는 빠르고 다양한 변화에 대처해나갈 수 있는 리더십을 요구하고 있기 때문이다. 이 시대는 정치, 경제, 사회 그 어디서나 '지도자'라는 말이 가장 중요한 화제가 되고 있으며, 이는 곧 지도자 자질이 심각하다는 것을 말한다. 그러한 원인은 오늘날 리더십의 부족으로 세상이 고통을 받고 있다는 점을 시사한 것이다.

　이러한 흐름은 교회 안에서도 예외가 아니다. 각 교회의 목회자나 구성원들도 시대적 변화에 대하여 인식하지 못하고 있다는 점이다. 그 이유는 교회가 어떻게 대처해야 할지 잘 알지 못하는 것에 있다. 그러므로 저자는 시대적으로 변화를 요구받는 교회를 주도하는 역할이 목회자에게 있기 때문에 우리 사회와 교회가 겪고 있는 문제의 원인은 리더십과 이 리더십을 어떻게 계승할 것인가에 있다는 진단을 내렸다.

이것은 교회가 없는 것을 새로 만들자는 것이 아니라 하나님께서 교회 갱신에 필요한 모든 것을 이미 주셨다는 전제로 교회가 적절하게 사용할 수 있도록 제시하려는 것이다. 그래서 바람직한 세대교체를 이루기 위해 그 과정에서 일어나는 부작용들을 어떻게 목회신학적 관점으로 세워갈 것인지에 대한 구체적인 방안과 실천 프로세스를 제안하려는 것이다.

이러한 계승을 위해 중추 역할을 담당하는 전임목사와 계승을 준비하는 후임목사가 무엇을 준비하고 그 역할을 감당해야 하는지 또한 교회 구성원들은 어떻게 준비해야 하는지를 구체적으로 연구하였다.

제1장 서론에서는 세상에서 하나님의 나라를 나타내는 교회가 건강하게 성장하지 못하고 퇴보하고 있는 원인은 생명력을 잃은 리더십의 부족으로 고통받고 있음을 지적하고 올바른 목회 리더십이 계승되어야 함을 간략하게 리더십의 문제점을 지적하였다. 한국사회도 일반 중견·중소기업 경영자들의 큰 고민은 기업 승계이다. 세대교체를 준비하는 기업들은 인재 양성에 앞서 인재 확보 자체가 어렵다고 호소한다. 교육을 통해 인재를 양성하기엔 시간이 많이 걸리고,

외부 인사를 영입하면 내부 반발에 부딪히는 문제로 어려운 기업들이 많아졌다는 이유다. 한국교회 역시 1970~1980년대 교회 부흥을 이끌었던 1세대 지도자들이 은퇴하기 시작하면서 21세기를 지도해 나갈 지도자들을 충분히 준비하지 못해서 리더십의 공백기를 맞고 있다. 이런 상황 가운데 어떻게 세속적인 방식으로 계승하지 아니하고 하나님의 방식으로 계승할 것인지에 대해 서론에서는 계승에 대한 문제 제기와 선행 연구, 연구 방법과 그 한계, 그리고 제안으로 이 책의 목적을 제시하였다.

제2장에서는 교회가 리더십을 계승함에 있어서 무엇을 계승할 것인지에 대한 이론적인 기초를 세웠다. 리더는 목회사역을 계승할 때 어떤 개념의 목회사역을 계승할 것인지에 대한 목회의 정의와 관련된 용어들과 개념들을 정리해놓았다. 일반적으로 목회와 관련된 몇 가지 용어에 대한 개념 정의로 시작하여 목회, 목회 돌봄, 사역, 목회학, 목회신학 등 일반적인 정의를 살핀 후 보다 세부적으로 목회의 개념에 대한 정의를 유형에 따라 연구하여 정리하고자 하였다. 그 결과 2절에서 목회에 대한 진정한 사역을 고민하고 목회신학으로 중요성을 심도 있게 다루어 목회 리더십 계승의 중요성이 무엇인지 그 기초를 세운 후 3절에서 우리가 세운 목회사역은 우리의 일이 아니라 하나님의 의도와 뜻을 드러내는 사역이 선행되어야 함을 도출하게 되었다. 즉, 하나님의 목회사역을 세우기 위해 사역과 신학의 관계로 신학은 하나님의 의도를 해명할 임무가 있음을 드러냈다. 교회사역은 하나님의 진정한 의도가 흐르도록 성경적으로 그 선례를 증명하려고 시도했다. 목회사역의 의도를 찾으므로 신학적 분별력으로서의 목회사역이 어떻게 다른 것인지 형식적 논리(Formal

Logic)와 내적 논리(Inner Logic)의 비교를 통하여 목회사역의 참뜻을 드러내도록 연구했다. 내적 논리의 개념으로 목회사역 계승은 일반적인 세속적 리더십의 개념과 다른 신학적 혁신으로서 하나님이 주신 방법(비전)을 공동체 구성원들에게 어떻게 적용하고 계승할 것인지가 분명해지도록 연구했다. 4절에서는 보다 내적 논리의 개념으로서의 목회사역이 무엇인지에 대한 연구로 신학적 이해를 위해 기독론, 교회론, 성령론, 선교학, 그리고 하나님의 나라의 관점으로 이론과 실제(*praxis*)에 있어서 접목을 하였다. 그리고 5절에서 역사적으로 목회사역 계승에 대한 이해를 구약부터 신약 그리고 오늘날에 이르기까지 진정한 목회사역의 개념을 이끌어내고자 시도했다.

제3장에서는 목회신학 관점을 내적 논리의 개념으로 계승하기 위한 작업으로 먼저 리더십의 일반적인 이해를 살펴보고 사회적 변화에 따른 시대를 이끄는 리더십의 방향을 모색했다. 2절은 목회사역을 계승하는 리더십의 본질에 대한 새로운 접근으로 세속적 리더십과 영적 리더십의 정의와 공통 요소를 비교한 후 영적 리더십의 개념을 찾게 했다. 그리고 영적 리더십의 한 모델로서의 예수님의 리더십을 성경적인 근거로 진정한 리더의 역할이 무엇인지 찾도록 했다. 예수님의 리더십은 자신을 이 땅에 보내신 아버지의 뜻에 순종하는 방식으로 오늘날까지 혁신을 가져온 영적 리더십임을 증명한 결과 얻은 결론은 오늘날 변혁적 리더십의 한 모델이 적합함을 발견했다. 3절에서 예수님의 리더십의 모델을 근거로 리더십의 본질에 대한 새로운 접근으로서의 변혁적 리더십의 유형을 조사하여 목회 리더십의 구성에 필요한 요소들이 있음을 발견했다. 어떤 리더십의 요소들은 리더십의 패러다임을 구성하는 데 있어서 그 가치관이 어

떠한가에 따라 리더십의 본질(가치관), 영성(인생관), 교회관(신학), 문화에 대한 특성들이 목회의 방향을 결정짓는 중요한 사항임을 발견하고 4절에서 최종적으로 리더가 갖추어야 할 리더십의 총체적 모델로서의 다이아몬드 모델을 리더십의 훈련과정으로 소개했다. 리더십 다이아몬드 모델의 특징은 다이아몬드의 크기에 따라 가치와 모양이 다르듯이 어떻게 리더가 다듬어지느냐에 따라 리더십의 역량이 다르다는 점을 제안했다. 교회 조직은 리더의 위대함과 정비례하기에 조직이 리더보다 위대해지는 일은 드물다는 전제를 두었다. 그러므로 교회 조직을 키우는 비결은 반드시 리더를 키워야 하는 결론으로서 그 대안으로 리더십 다이아몬드 패러다임을 제시하고자 하였다. 결함이 없는 다이아몬드의 가치가 결정 나듯이 흠이 있는 다이아몬드는 가치를 상실하기 때문에 차기리더는 흠이 없는 리더로 다듬어져야 함을 강조하려고 하였다.

　제4장에서는 실제적인 목회사역 계승을 위한 계획과 그 실천 프로세스를 제안하였다. 1절에서는 교회가 목회사역을 계승할 수 있다면 또는 다가올 미래를 준비했다면, 해당 교회는 효과적인 계승 계획을 잘 관리해야 함의 중요성을 제안하였고 더 나아가 일반적 리더십 계승 사례들의 문제와 성공과 실패 사례를 통하여 교회들의 유형을 제시하므로 목회 계승을 위한 관리의 중요성을 부각시키려고 하였다. 2절에서는 그렇다면 무엇을 관리할 것인가? 리더십 계승이 중요한 사안임을 감안할 때 교회 역시 목회 계승을 효과적·능률적으로 달성하기 위한 전임과 후임, 그리고 공동체(구성원)의 준비와 역할과 책임이 시급하다는 관리의 정의를 살핀 후 3절에서 관리의 중요성을 보다 구체적으로 설명했다. 관리의 이유는 후임리더 확보를

위해, 보다 바람직한 계승을 세움으로 교회 내 인재를 발굴하는 문화가 정착하도록, 그 결과 새로운 차기리더들이 발굴되는 문화가 자리 잡도록 문화에 대해 접근하였다.

제5장에서는 실제적인 목회사역 계승이 구체적으로 계획되고 실행되도록 전임목사, 후임목사, 구성원(교회) 간의 준비와 역할 과정을 전략을 세우고 진행하도록 제안했다. 그 결과 하나님이 의도하신 전임자의 사역이 후임자에게 영적 리더십이 계승되도록 효과적인 계승 프로세스가 이루어지는 장이다. 1절에서는 리더십이 이루어지는 장소는 서로 복잡한 상호작용과 이해관계자의 관점이 있음을 발견하고 계승에 대한 고려 요소를 찾아내고, 2절에 리더십 계승의 준비 과정으로 들어가 전임목사의 준비가 무엇인지, 무엇을 공유해야 하는지, 어떻게 차기 지도자를 발굴해야 할 것인지, 세우지 못한 이유는 무엇이며, 세우기 위해서 어떤 프로세스를 거쳐야 하는지 지도자로 세우는 과정을 도표화해서 하나님이 지도자를 어떻게 만들어 가시는지 과정을 이해하도록 구성했다. 이를 위해 리더십 계승을 위한 준비 질문들을 제공하므로 보다 실제적인 전임목사가 준비할 수 있도록 기획했으며 그 후에 후임목사의 준비로 더욱 세부적으로 다루었다. 후임목사의 자질을 어떻게 점검하고 준비할 것인가를 후임목사의 리더십 계발을 위한 다이아몬드 모델을 구체적으로 제시하였고, 후임자가 리더십 역량을 발휘하기 위해서는 전임과 교회 당회, 구성원과 후임 사이에 신뢰를 형성하는 방법을 제공했다. 무엇보다 후임자는 영적 리더십으로 변화를 위한 조직을 형성하도록 제안했고 그 결과 차기 지도자 발굴을 위한 교회 문화를 형성하도록 성경적인 리더십 개념을 이끌어내도록 하였다. 이를 위해 후임지도자는

항상 배우는 자세를 갖도록 할 것과 전임과 교회(당회, 구성원)를 이해하기 위해 후임이 될 교회의 조직의 역사를 연구할 것을 구체적으로 제시했다. 그리고 교회의 준비로 후임 선정 방법을 어떻게 결정할 것인지, 계승 유형을 제시하여 결정할 수 있는 길을 제시했고 여러 계승 유형들을 연구하여 후임자 선정 방법의 특성과 청빙 기준 및 청빙에 도움이 되는 설문지를 참조하도록 이미 조사된 자료를 근거하여 제시했다. 3절에서 리더십 계승 과정의 중요한 프로세스의 역할로 전임목사의 역할, 후임목사의 역할 그리고 교회의 역할을 구체적이고 세부적으로 제안하여 교회의 갱신을 일으키도록 이끌었다. 특히 후임목사의 역할에서 변화를 주도할 수 있는 방법들을 제공하였고, 구체적인 임파워먼트, 위임 순서 이해, 후임목사가 해야 할 단계별 갱신 프로세스(교회진단, 비전확인, 변화 전에 세우는 단계, 실행단계, 평가하고 새로운 갱신 문화 세우는 단계, 변화 지속 단계)를 제시하고 보다 구체적인 내용으로 설명을 단계별로 제시하였다. 끝으로 4절에서는 전임목사의 은퇴준비를 어떻게 해야 하는지 전임자, 후임자, 교회의 역할을 제공하여 은퇴 후 교회와의 관계까지 관리하도록 방안을 제공하였다.

제6장은 결론 부분으로 이 책에 대한 요약과 결론, 그리고 제언으로 결론을 맺었다.

제2절

연구 결론

　본 도서의 연구 결론은 한국교회가 당면한 목회사역의 리더십 계승의 문제의 원인은 교회 계승에 대한 전통적인 방식을 선호했다는 점이다. 따라서 건강한 교회 계승을 위해서 교회는 성경적인 교회관 및 목회신학(Theology of Ministry)을 기초로 새로운 리더들을 발굴하는 문화로 갱신되어야 한다는 결론에 이르게 되었다.

　마치 전통교회를 셀(cell) 중심 교회로 전환할 때의 그 개념(목회 패러다임) 자체가 다른 것과 같을 것이다. 또는 성령을 체험한 사람과 체험하지 못한 사람들의 신앙생활이 다른 것과 같다. 한 교회 안에 있는 같은 교인이지만 그들의 세계관이 상이할 경우 결과물이 달라지는 것처럼 오늘날 목회사역에 대한 계승의 문제 역시 목회신학(Theology of Ministry)으로 정립된 성경적인 계승이라기보다는 세속적인 계승으로 변질되었다는 점에 동의할 것이다.

　사실 한국교회 안팎에서 많은 이들은, 지금 한국교회가 보여주고 있는 문제들로 인해 한국 개신교가 120년 역사상 가장 심각한 위기의 시대라고 말한다. 교회신문마다 '한국교회의 위기 타개할 새로운 방향설정', '이단 사이비와의 전쟁선포', 'C교회 세습목회 실패고백', '한국교회 재앙 <세습목회>', '교회분열로 패망한 기독교 역사' 등의 헤드라인이 교회 신문을 장식한다. 또한 인터넷 사이트에 '교회' 검색을 하면 교회에 대한 싸움과 비방과 각종 이단들과 목회자의 성폭행사건과 대형교회 고발, 교회 불법운영, 교회 불법건축, 교회 탈세 등 교회가 시대적 지탄을 받고 있다.

한때 1,200만 이상을 자랑했던 기독교가 이제는 800만[501] 성도로 하향되었고 지금은 더 많이 떨어진 추세다. 그 이유는 바로 교회 전체적인 책임을 맡고 있는 담임목사의 리더십의 문제가 있기 때문이다.

그러므로 지금까지 본 내용에서 살펴보았던 계승에 대한 문제는 성경적인 계승에서 볼 때 많은 문제점을 가지고 있다는 점을 살펴보았다. 따라서 교회가 무엇을 계승한다는 것인지에 대한 성경적인 정립이 시급하다는 것을 2장에서 드러내게 되었다. 그 결과 어떻게 목회신학적이고 성경적인 교회관이 정립된 리더십 계승이 이루어지도록 할 것인가에 관심을 드러내도록 하였다. 그 대안으로 리더십 계승의 변화를 위한 프로세스를 제안하여 이전보다 효과적으로 계승 단계를 관리하여 다음 세대를 위한 바람직한 계승의 문화를 세우고자 제시했다.

의과대학을 나와 병원에서 일을 하려면 매뉴얼과정을 만들어 현장에서 생명을 살리는 일을 하도록 만들어진 매뉴얼과 같이 교회의 심장 이식을 하는 리더십 계승은 반드시 적법하고 성경적인 프로세스를 가지고 있어야 보다 효과적인 계승의 문화의 유산을 물려줄 수

---

501) 2007년도 12월 기준: 개신교(124개 단체), 교회 수(58,404개), 교직자 수(94,615명), 인구 및 주택 센서스 집계(개신교 성도 수: 8,616,438명) 한국의 종교별 교세 현황(도표) 인터넷 http://mlbpark.donga.com/data/fileUpload/ 201009/ 1284817621.JPG

있을 것이다.

이에 본 도서는 바람직한 리더십 계승을 이루기 위해 사용하는 방법론 자체부터 다르게 접근하였다. 연구 방법론은 신학적 프락시스(Theological Praxis)의 관점으로 오늘날 하나님이 요구하는 성경적인 계승이 무엇인가에 대한 신학적 접근을 시도했다. 우리의 목회사역의 계승은 과거의 전통적인 방식에서 나오는 것이 아니라 종말에 나타날 하나님의 의도가 들어 있는 방식으로서의 계승을 이루자는 것이다. 이러한 방식이 성경적인가를 분별하는 방식으로서 연구방법론이 중요하다.

본 도서의 기여점은 첫째로, 리더십 계승을 위한 그 토대로 신학적 프락시스(Theological Praxis)의 과정을 통한 원리를 세우므로 교회에 잘못된 계승의 문화가 뿌리를 내리고 있음을 드러내었다는 점이다.

둘째로, 성경적인 목회신학으로 정립된 교회는 세상 속에서 '어떠한 모습이 하나님께서 세우신 교회인가'에 대한 확실한 교회관이 세워지게 된다.

교회 리더는 그리스도의 몸의 진정한 모습을 보여줄 수 있는 효과적인 계승을 계획해야 함을 목회와 관련된 몇 가지 용어와 정의를 통해 제시하였다. 진정한 목회는 그 구성원들이 예수님을 중심으로 한 공동체를 형성하는 것을 목표로 리더는 사람들에게 그리스도의 공동체를 형성하는 자리에 이르도록 부르신 것이다. 이러한 교회 공동체는 이 땅에 사는 세상 속의 교회로 세상과 구별이 아닌 세상을 변화시키도록 교회는 그리스도를 보여줄 수 있어야 한다. 이를 위해 리더십의 본질적인 모델을 예수님을 통해서 영적 리더십이 무엇인지에 대한 구체적인 항목들을 열거하여 영적 리더십의 개념을 발견하도록 제시했다.

셋째로, 목회사역의 계승은 전임목회자에게 주어진 핵심 과제임을 알고 반드시 실제적으로 다가올 계승을 위해 계획을 수립하고 준비해야 한다. 따라서 본 도서는 목회사역에 따른 계획이 이루어지도록 이론적이며 실제적으로 다가올 미래를 예측할 수 있도록 관리적인 측면에서 그 실행 방안을 구축하였다. 그러므로 전임목사는 후임 리더를 확보하도록 돕기 위해 본 책에서 제공된 지도자를 세우는 프로세스 과정을 적용할 수 있도록 구성하였다.

넷째로, 실제적인 목회사역을 위한 계승을 정확하게 매뉴얼할 수 없었던 점을 보완했다. 왜냐하면 다양한 변수가 작용하기 때문이다. 따라서 본 도서에서는 예측 가능한 계승에 대한 문제점, 특히 '계승에 대한 커뮤니케이션의 문제'와 관계된 이해관계자들(전임, 구성원, 후임)에 대해 카운슬링하여 실행할 수 있도록 준비와 역할을 보다 자세하게 제시했다. 전임목사는 계승을 주도하는 역할자로서 모든 영역을 볼 수 있는 안목을 갖추어야 한다. 후임지도자를 어떤 단계를 거쳐서 발굴하고 훈련하고 각종 리더십의 검증단계를 통해 리더십의 자질을 도출해내도록 하기 위해서는 계승에 대한 넓은 안목을 가지고 있어야 한다.

그 이유는 성경적인 계승을 이루기 위해 모든 계승에 대한 계획 및 조직을 관리 프로그램은 현재 전임목사의 리더십 역량, 후임목사의 미래 리더십의 사역 요건이나 역량과 그 잠재성, 그리고 교회 구성원의 체계적인 분석에 바탕을 두어야 했다. 만약 계승을 위한 이해관계자들이 체계적인 계승을 이루기 위해 소심한 준비가 되면 이런 교회에는 적합하지 않고 그 효과가 떨어지게 되기 때문이다.

다섯째, 이 글의 기여한 점은 후임목사에 대한 구체적인 리더를 발굴하고 세우도록 기획되었다는 점이다. 체계적인 계승 계획 및 조직 관리를 적용할 수 있도록 실용적인 접근을 제공하여 핵심 차기리더를 연속성을 가지고 확보할 수 있도록 교회 조직 내에 실제적인 접근 방법을 제공했다는 점이다. 교회는 전략적인 리더십 계승을 위한 계획과 전략적 사고를 지원해야 하며 차기리더를 개발하고 발굴하는 프로세스를 위한 핵심적인 출발을 제공해야 바람직한 계승의 문화를 세울 수 있을 것이다. 그렇게 하지 못하면 교회 계승의 조직은 연속성을 유지하지 못하게 될 것이다.

이렇게 체계적인 리더십 계승을 위해 기도와 성령의 주도하심을 분별하여 프로세스를 준비할 때보다 나은 계승을 이루기 위해 서로 모이고 기도하는 공동체로 발전하게 될 것이며 교회의 분명하고 명확한 사명선언문과 목회 철학 내지 사역들이 활발하게 임파워링하는 문화를 형성할 수 있을 것이다.

마지막으로 은퇴목사는 후임목사로 하여금 변혁적인 목회사역을 지원하기 위해서는 그 교회로부터 완전히 떠나는 방식을 취하도록 해야 바람직하다고 여기는 원칙을 세우도록 해야 할 것이다. 그것이 진정한 '은퇴'라는 개념으로 정의하고자 한다. 일단 교회를 떠난 전임목사는 전임교회의 구성원들로부터 완전히 떠나주어야 하며 교회의 모든 일에 전혀 개입하지 않도록 떠나주는 것이 바람직하다는 판단이다. 그러나 보다 바람직한 계승은 전임과 후임의 아버지와 아들의 관계와 같이 서로 존중하며 섬기는 마음으로 선배의 전임사역의 수고를 은퇴원칙에 근거해서 처리하지 말아야 한다. 그러므로 계승을 위한 원칙을 세워야 하지만 교단 및 지교회의 상황이 다름에 감안하여 하나님의 영광에 누를 끼치지 않는 방향을 찾아 기쁨으로 은퇴하도록 그 방안을 찾도록 노력해야 한다.

이 글을 통해 얻어질 수 있는 핵심은 각 리더십 영역을 수렴한 지도자로서 차기 사역을 계승할 수 있는 리더십을 계발하는 문화를 주도해야 한다는 점을 강조하였다는 것이다. 이를 위해 미래의 차세대 지도자를 선별하고 개발하는 일을 최우선의 사명으로 삼아야 할 것이다. 리더십 계발이 무엇보다 중요한 이유는 변화를 지속하기 위함이며 더 나아가 교회 공동체 조직에 하나님의 비전을 끊임없이 세상 속에 드러내기 위함이다. 그러므로 비전과 변화를 한 공동체의 문화로 정착시킬 수 있는 지도자와 혁신적인 갱신 프로세스의 사이클을 다시 일으킬 수 있는 사람을 길러내야 한다.[502] 따라서 하나님 방식에 근거한 영적 리더십 훈련이 필요 중심적인 사역이 되게 해야 한다. 리더십 개발 문화를 형성하는 교회가 되기 위해 전통적인 교회의 조직 구조와 문화도 바뀌어야 할 것이다. 그러므로 담임목사는 모든 영역에 젊은 지도자들이 자랄 수 있는 토양을 세워 영적 지도자들이 준비되는 공동체와 조직이 되도록 책임을 다해야 할 것이다.

---

502) 리더십과 교회 문화 형성에 대해서는 '리더십 다이아몬드' 11장을 참조하고, 차기 지도자 세우기에 대해서는 같은 책 15장을 참조하라.

제언

목회사역을 감당하는 영적 지도자는 철저하게 하나님을 인식할 뿐 아니라, 또한 공동체적 책임감으로 교회 구성원의 소유한 은사를 개발하고 발굴해서 주님의 몸을 세우는 공동체가 되도록 해야 한다. 따라서 세상 속에 교회는 영적 지도자의 리더십의 결과로 그리스도의 연합된 몸을 표현하는 몸으로서의 교회가 나타나도록 해야 한다. 그 결과 세상을 변혁시키고 그리스도의 문화가 자리 잡는 교회 지역이 되도록 올바른 리더십 계승이 이루어져야 할 것이다. 따라서 건강하고 효율적인 리더십 계승에 대한 연구가 계속 요청되고 있다. 보다 발전적인 리더십 계승을 모색하기 위해 몇 가지 제언을 하고자 한다.

첫째, 세속적 리더십 계승이 더욱 진화해가고 있다. 그 이유는 전임에 대한 예우를 갖추기에 교회의 어려운 실정을 감안할 때 상회(노회, 총회) 차원에서 은급비제도 활성이나, 은퇴 후 사역에 대한 구체적인 대안이 연구되어야 한다. 그러므로 전임목사가 은퇴 후 보장받을 수 있는 제도로 성경적인 목회사역 계승을 이루도록 법적 장치를 모색해야 한다.

둘째, 총회 차원에서 전통적인 신학이 아닌 신학적 혁신으로서의 목회사역을 위한 실제적인 목회사역을 감당하고 계승하도록 돕는 목회교육이 연구되어야 한다.

셋째, 실제적인 목회사역 리더십 계승을 위한 프로세스 단계를 구체화시키는 지침서가 세부적으로 연구되어야 한다. 전임자, 후임자 및 교회(당회, 구성원)의 역할과 준비를 어떻게, 어떤 방법으로, 언제, 무엇을 해야 하는지에 대한 구체적인 연구가 필요하다.

넷째, 차세대 리더를 발굴할 수 있는 위임(임파워먼트)단계를 조사 연구하여 계승을 준비하는 교회가 실행할 수 있도록 매뉴얼을 만들도록 연구되어야 한다. 따라서 많은 교회가 리더십에 대한 선이해가 부족해서 잘못된 계승을 하고 있는 폐단을 차단해야 한다.

다섯째, 리더십의 실행(doing) 역량을 전체적으로 계발하는 연구가 필요하다. 비전제시, 영성개발, 성품개발, 문화이해와 실제, 커뮤니케이션 실제, 공동체 등을 이끌 수 있는 리더십 교육이 연구되어야 한다.

여섯째, 리더십 계승 시 나타나는 갈등을 어떻게 해결할 것인지에 대한 연구가 필요하다. 계승의 과정에 따른 지침서가 나오도록 연구되어야 한다.

일곱째, 한국문화에서 형성해야 할 원칙 중심의 리더십이 절실히 필요하므로 연구되어야 할 항목이다. 따라서 문화이해를 어떻게 분석할 것이며, 한국의 문화를 어떻게 그리스도의 원칙 중심의 문화로 이끌어갈 것인지에 대한 연구가 필요하다.

여덟째, 사역 역량을 발휘하고자 하면 반드시 커뮤니케이션의 능력을 가져야 한다. 그러므로 비전 가치 실현을 위한 효과적인 커뮤니케이션의 능력을 어떻게 개발할 것인지 연구해야 할 과제이다.

아홉째, 리더십 계승을 위한 지역사회 조사 및 교회 조사를 효과적이며 실제적으로 적용하여(교회의 비전 확인방법 매뉴얼, 변화 확인과정, 변화계획 수립과정 등) 실행할 수 있는 자세한 연구가 절실히 필요하다.

마지막으로, 리더십 계승의 준비들(전임목회자 역할 규정, 후임자 자질 등을)을 구체적으로 확인할 수 있는 방법과 규정을 세우는 새로운 계승문화 연구가 필요하다.

부록

1. 교회 조사(샘플: 교회, 재무조사)

담임목사로 청빙받았을 때 관심을 가지고 준비해야 할 일들이 많이 있지만 사전에 청빙교회에 대한 연구가 필요하다. 교인들의 상태와 지역환경, 그리고 당회원들과의 만남을 통해 교회의 상황을 정확히 파악한 후에 부임을 결정해야 한다.[1]

청빙을 받은 목사는 먼저 교인들의 수는 많은가, 적은가? 주로 장년인가, 아니면 청년 등 젊은이들로 구성되어 있는가? 성장하고 있는가, 아니면 침체, 퇴보하고 있는가를 미리 진단해보아야 한다. 또한 성도들의 영적인 상태는 어떤가? 성도들 중에 분파가 있는가? 해결될 수 없는 심각한 교리적·도덕적 문제가 있는가? 목회자에 대한 태도는 어떤가를 미리 알아보는 것이 필요하다.[2] 교회가 오래된 경우는 교회가 전통에 움직이며 과거 지향적일 것이다. 그리고 전임자가 좋지 않은 일로 물러난 경우에는 교인들의 마음속에 목회자에 대한 깊은 불신이 있다.[3]

후임자를 맞이하는 교회마다 그에게 바라는 희망사항은 각기 다르다. 즉, 전임자가 유능하고 여러 해 동안 계속 발전해온 교회는 후임자에게 전임자만큼만 교회를 발전시켜 주기를 바란다. 그러나 전임자가 너무 오래 시무했기에 교회가 침체된 경우에는 전임자 때보다 획기적인 변화가 있기를 바란다. 또한 오랫동안 전임자의 카리스마로 일사불란하게 질서가 유지되어 평온한 것을 자랑스럽게 여기

---

1) 박승신, 24.

2) Jay E. Adams, *Shepherding God's Flock*, 『하나님의 양떼를 먹임』, 정삼지 역(서울: 기독교문서선교회, 1998), 81.

3) 김서택, "교회의 심장 이식 수술", 두란노서원, 『목회와 신학』(2003.10), 162.

는 신자가 있는가 하면, 또 다른 한편의 신자들은 후임자만은 조금
더 따뜻하고 부드러운 모습으로 교회를 섬겨주기를 바라는 이도 있
을 것이다.[4] 이에 새로 부임하는 목사는 청빙한 교회의 상황을 정확
하게 파악한 가운데서 청빙을 수락해야 한다.

계승 계획을 세우려면 교회의 상황을 청빙 위원회가 자세히 확인
할 필요가 있다. 교회의 분명한 자산규모와 교인 수 등 현재 상황을
알아보는 단계이다. 세세한 부분까지는 아니지만 계승에 발생할 문
제들이 되지 않도록 파악해야 한다. 이러한 것을 사전에 확인하지
않으면 전임리더 혼자 독단적으로 매매 형식의 계승이 될 수 있기
때문이다. 그러므로 계승을 위한 교회의 현황 파악을 하여 리스크를
줄이도록 해야 한다.[5]

성남 H교회 교회자원과 리스크 현황조사 샘플

항목	내용		비고
교회설립	1977년		설립자: P목사
교단	합동		K노회(D시찰)
제직	사역자	5명	전임목사, 부목사, 강도사, 전도사(2)
	장로	6명	시무장로(3), 원로장로(2), 명예장로(1)
	권사	41명	명예권사(8), 시무권사(33)
	안수집사	4명	안수집사(4)
	서리집사	51명	여자(33), 남자(18)
교회예산	2억 5천		부채이자 및 선교비 책정으로 재정적자
총자산 22억	교회건물(80평)		지하-1층(70평): 본당 2층(52평): 식당, 카페, 교육관1, 사무실 3층(48평): 교육관2, 강의실(3), 사무실 4층(48평): 사택, 당회실
	부동산(60평)		교회 옆(20평) 3채

---

4) 최기채, "한국교회가 바라는 후임자상", 월간목회사, 『월간목회』(2001.1), 57.

5) 필자 교회를 중심한 교회 상황파악 내용이다. (기준 2007년 10월) H교회는 경기도 성남시 S구에
소재한 교회이다.

부채총액	5억	전임은퇴비 융자(2억) 교회 리모델링비(1억 5천) 전세보증금(1억) 융자(1억 5천)
교회선교	27개 지역	1년(4천5백)
특이사항		특이사항: H교회가 위치한 지역은 어려운 가정들이 많이 있는 재개발지역이다. 재개발로 인한 전도의식이 떨어지고 이사문제에 대한 걱정으로 교회에 대한 열정이 흔들리는 곳이기도 하다. 이곳의 평균 학력 수준은 중졸에 속하고 교회 성도들의 직장은 일용직, 노동, 폐휴지 줍는 이들, 무직, 가사도우미, 식당종업원 등이 주류이다.

위의 교회의 상황을 살펴보면 전임과 후임이 부담해야 할 것들이 무엇이며 교회의 상황을 파악하는 데 도움을 주어 어떻게 섬겨야 할지에 대한 방향이 결정될 것이다. 이를 토대로 교회가 요구하는 것이 무엇이며, 교회가 후임에게 요구하는 것이 구체적으로 어떠한 것이지를 사전에 찾아서 협의해야 한다. 교회에 대한 상황이 정확하게 파악이 되지 않으면 전임과 후임 사이에 많은 손실이 있게 된다. 따라서 전임은 진실하고 정직한 계승을 위해 계승 계획을 세워야 한다.

2. 후임목사 신상파악 이력서(샘플)

후임목사를 청빙하는 교회도 부임하는 목사 못지않게 많은 준비가 필요하다. 그중에서 가장 중요한 것은 청빙하는 교회에 적절한 목회자를 찾아내는 일이다. 그러나 이것이 얼마나 어려운가? 일반적으로 설교를 한두 번 듣고 그 사람의 이력서를 보고 결정을 하는 경우가 많은데 일단 사람은 겪어보기 전에는 모르기 때문이다.[6] 그 교

---

6) 김서택, 『목회와 신학』, 164.

회에 알맞은 목회자를 모실 수 있도록 교회의 많은 기도가 필요하다. 그러면 주님께서 긍휼히 여기서서 가장 적절한 목회자를 보내준다. 어떤 교회에서는 한 두 명의 대표자가 자기에게 맞는 유형의 목사를 찾기도 하고 혹은 지나치게 외국 박사학위를 기대하는데 그런 것은 좋은 방법이 아니다. 하나님의 말씀에 헌신되어 있고 양들을 사랑하며 도덕적으로 깨끗한 목사이어야 한다. 은퇴하는 목사의 경우는 그 교회가 아무리 자신이 평생을 섬겼고, 부흥시켰다 하더라도 자신의 임무가 끝났다는 것을 생각하고 교회를 후임자에게 완전히 맡기고 떠날 준비를 해야 한다.[7]

교인들은 새로 온 목회자에게 어느 정도 자신의 실력을 발휘할 수 있는 시간을 주어야 한다. 많은 교인들은 새로 온 목회자가 당장 자신들의 기대도 채워주고 교회도 부흥시켜 주는 초능력자이기를 바라는데, 이 세상에 모든 것을 잘하는 슈퍼 목회자는 존재하지 않고, 어느 정도 목회자가 교회에 적응해서 능력을 발휘하고 교회가 부흥될 때까지 불만이 있더라도 참고 기다려주어야 한다. 당회나 교인들은 새 목회자가 부족한 점이 있어도 한 3년 정도는 참고 기다려주어야 한다.[8]

교회 청빙위원회는 전임자의 계승을 받는 후임자에 대한 자세한 신상 파악을 해야 한다. 후임자의 신상에 문제가 있는 자라면 신중하게 고려하지 않으면 낭패를 당하기 쉽다. 그러므로 교회 청빙위원회는 후임자에 대한 자세한 신상을 파악하도록 해야 한다.

---

7) 이건영, "아름다운 동행", 두란노서원, 『목회와 신학』(2003.10), 172.
8) 김서택, 『목회와 신학』, 164.

계승을 위한 후임자 신상파악(샘플 이력서)

<table>
<tr><td rowspan="6">사진</td><td>성명</td><td colspan="2">(한글)</td><td>한문</td><td></td></tr>
<tr><td>주민번호</td><td colspan="4"></td></tr>
<tr><td>E-Mail</td><td colspan="4"></td></tr>
<tr><td>전화</td><td></td><td>HP</td><td colspan="2"></td></tr>
<tr><td>주소</td><td colspan="4"></td></tr>
<tr><td colspan="5"></td></tr>
</table>

<table>
<tr><td rowspan="5">신상</td><td>최종학력</td><td></td><td>결혼 여부</td><td></td><td></td><td>종교</td><td colspan="2"></td></tr>
<tr><td>신장</td><td>Cm</td><td>체중</td><td colspan="2">Kg</td><td>혈액형</td><td colspan="2"></td></tr>
<tr><td>시력</td><td></td><td>취미</td><td colspan="2"></td><td>특기</td><td colspan="2"></td></tr>
<tr><td rowspan="2">병역</td><td rowspan="2"></td><td rowspan="2">재산 정도</td><td colspan="2" rowspan="2">상, 중, 하</td><td rowspan="2">질병</td><td>과거</td><td></td></tr>
<tr><td>현재</td><td></td></tr>
</table>

<table>
<tr><td rowspan="4">학력</td><td>입학연월</td><td>졸업연월</td><td>학교명</td><td>전공</td><td>학점</td><td colspan="2">졸업구분</td><td>소재지</td></tr>
<tr><td></td><td></td><td></td><td></td><td></td><td colspan="2">졸/중퇴/졸업예정</td><td></td></tr>
<tr><td></td><td></td><td></td><td></td><td></td><td colspan="2">졸/중퇴/졸업예정</td><td></td></tr>
<tr><td></td><td></td><td></td><td></td><td></td><td colspan="2">졸/중퇴/졸업예정</td><td></td></tr>
</table>

<table>
<tr><td rowspan="4">경력</td><td>사역지</td><td>직위</td><td>담당업무</td><td colspan="2">근무기간</td><td>연봉</td><td>퇴사이유</td></tr>
<tr><td></td><td></td><td></td><td colspan="2">-</td><td></td><td></td></tr>
<tr><td></td><td></td><td></td><td colspan="2">-</td><td></td><td></td></tr>
<tr><td></td><td></td><td></td><td colspan="2">-</td><td></td><td></td></tr>
</table>

<table>
<tr><td rowspan="4">자격
사항</td><td colspan="2">취득일자</td><td colspan="2">자격면허명</td><td colspan="2">시행처</td></tr>
<tr><td colspan="2">년   월   일</td><td colspan="2"></td><td colspan="2"></td></tr>
<tr><td colspan="2">년   월   일</td><td colspan="2"></td><td colspan="2"></td></tr>
<tr><td colspan="2">년   월   일</td><td colspan="2"></td><td colspan="2"></td></tr>
</table>

<table>
<tr><td rowspan="3">가족
사항</td><td>관계</td><td>성명</td><td>연령</td><td>생년월일</td><td>신급</td><td>직분</td><td>직업</td><td>교육</td><td>기타(은사)</td></tr>
<tr><td></td><td></td><td></td><td></td><td></td><td></td><td></td><td></td><td></td></tr>
<tr><td></td><td></td><td></td><td></td><td></td><td></td><td></td><td></td><td></td></tr>
</table>

<table>
<tr><td rowspan="7">자기
소개</td><td>성품, 성격</td><td></td></tr>
<tr><td>목회비전</td><td></td></tr>
<tr><td>목회소명</td><td></td></tr>
<tr><td>은사(달란트)</td><td></td></tr>
<tr><td>리더십유형</td><td></td></tr>
<tr><td>신앙고백</td><td></td></tr>
<tr><td>기타</td><td></td></tr>
</table>

후임리더를 세우기 위한 신상 파악을 하기 위해 교회가 필요한 내용으로 수정하여 사용하면 좋을 것이다.

목사 청빙 청원서(합동 측)

(제5-1호 서식)

위임

(임시   )목사 청빙 청원서

부

○○ 교회 제   호

　본 교회는 다음의 사람을 본 교회 (위임, 임시, 부)목사로 청빙하고자 첨부 서류를 구비하여 청원하오니 허락하여 주시기 바랍니다.

　1. 성   명: (남, 여)

　2. 주민등록번호:

　3. 목사안수: 노회   안수일: 년   월   일

　4. 현 시무처:

첨　부: 위임목사 ① 청빙서 사본(총 세례교인   명 중   명의 서명)

　　　　　　　　② 이력서 ③ 호적등본 ④ 주민등록등본 ⑤ 당회록 사본

　　　　　　　　⑥ 공동의회록 사본 ⑦ 연금가입증서 각 1부

　　　임시, 부목사 ① 청빙서 사본   ② 이력서   ③ 호적등본

　　　　　　　　④ 주민등록등본   ⑤ 당회록 사본   ⑥ 제직회의록 사본

　　　　　　　　⑦ 연금가입증서   각 1부

목사임직 시 추가 ① 목사고시 합격증 사본 또는 합격증명서

　　　　　　　　② 신학대학교 졸업증명서

　　　　　　　　③ 교역증명서   ④ 호적등본 ⑤ 주민등록등본

　　　　　　　　　　　　년   월   일

　　　　　　대한예수교장로회 ○○ 교회

　　　　　　임시(대리) 당회장 ○○○ ㊞

　　　　　　경유 ○ ○ 시찰위원장 ㊞

　　　대한예수교장로회 ○ ○ 노회장 귀하

참고문헌

＜국내서적＞

강승삼.『선교사와 문화인류학』. 서울: 총신대학교, 2009.

공병호.『10년 후 한국』. 서울: 해냄 출판사, 2004.

곽안련.『목회학』. 서울: 대한기독교서회, 1998.

김강일·김명옥.『평생교육, 초등 4학년에 결정된다』. 서울: 예담, 2004.

김균진.『교회론』. 서울: 연세대학교출판부, 1993.

김덕수.『리더십 다이아몬드』. 서울: 두란노 아카데미, 2008.

_____.『Cell Church 소그룹과 셀사역 그리고 셀교회로의 전환』. 서울: 킹덤
      북스, 2011.

김도균.『교회론』. 서울: 연세대학교출판부, 1993.

김득용.『현대 목회신학 신강』. 서울: 총신대학출판사, 1978.

김병원.『목회학』. 서울: 개혁주의신행협회, 1984.

김진홍.『비전 있는 교회』. 서울: 두레, 1997.

김현진.『공동체신학』. 서울: 예영커뮤니케이션, 2009.

김홍기.『종교개혁사』. 서울: 지와사랑, 2004.

대한예수교장로회총회.『헌법』. 서울: 대한예수교장로회총회 출판부, 2004.

목회와신학편집팀.『사도행전』. 서울: 두란노아카데미, 2003.

박봉랑.『교회 그 원초적 모습과 기능』. 서울: 연세대학교 유니온학술자료원,
      1989.

박영신.『새로 쓴 변동의 사회학』. 서울: 학문과 사상사, 1996.

박진석.『리더십 바톤터치』. 서울: 비전과 리더십, 2008.

박현모.『세종실록 밖으로 행차하다』. 서울: 푸른역사, 2007.

박형순.『변혁적 서번트 리더십』. 서울: 쿰란출판사, 2004.

안점식.『세계관 종교문화』. 서울: 조이선교회, 2008.

양승달.『목회학』. 서울: 세종 문화사, 1974.

유동식.『한국교회 성령운동의 현상과 구조』. 서울: 대화출판사, 1981.

유성준.『세이비어교회 실천편』. 서울: 평단문화사, 2007.

이상헌.『차기 CEO 후보 '이렇게 키워라' 3원칙』. 서울: 세계경영연구원, 2009.

이성희.『교회행정학』. 서울: 한국장로교회출판사, 1997.

_____.『미래목회 대예언』. 서울: 규장문화사, 1998.

_____.『밀레니엄 목회리포트』. 서울: 규장문화사, 1999.

이종성.『교회론』 상권. 서울: 대한기독교출판사, 1989.

이형득.『인간관계 훈련의 실제』. 서울: 중앙적성출판, 1982.

이훈복.『시너지 목회』. 서울: 서로사랑, 2002.

임윤택.『소망교회 이야기』. 서울: 베드로서원, 2001.

임택진.『목회자가 쓴 목회학』. 서울: 기독교문, 1992.

전요섭·황미선.『행복한 우리 집』. 서울: 한국가정상담연구소, 2004.

조동진.『최고지도자론』. 서울: 별, 1992.

조성종.『목회자 리더십』. 서울: 성광문화사, 1997.

_____.『목회자 리더십론』. 서울: 도서출판kmc, 2012.

조혜인.『한국 사회학』. 서울: 믿음, 1996.

한국복음주의 실천신학.『복음주의 목회학』. 서울: 기독교문서선교회, 2009.

한국복음주의실천신학회,『실천신학개론』. 서울: 세복, 1999.

한미준.『한국 개신교인의 교회활동 및 신앙의식 조사 보고서: 타 종교 및 비종교인과의 비교분석』. 한국갤럽 역. 서울: 두란노, 1999.

황성철.『개혁주의 목회신학』. 서울: 총신대학교출판부, 2000.

<번역서적>

Adams, Jay Edward. *Shepherding God's Flock: A Handbook on Pastoral Ministry, Counseling, and Leadership*.『목회연구』. 정삼지 역. 서울: 기독교문서선교회, 1998.

Anderson, Ray S. *The Soul of Ministry*.『새 천년을 위한 영성사역』. 강성모 역. 서울: 나눔사, 1999.

Baxter, Richard. *The Reformed Faster*.『참 목자상』. 박형용 역. 서울: 생명의말씀, 1970.

Bennis, Warren and Nanus, Burt. *Leaders: Strategies for Taking Charge*.『리더와 리더십』. 김원석 역. 서울: 황금부엉이, 2003.

Bennis, Warren. *The Future of Leadership*.『퓨처리더십』. 최종옥 옮김. 서울: 생각의 나무, 2002.

Berkhof, Louis. *Systematic Theology.*『벌코프 조직신학합본』. 권수경·이상원 역. 서울: 크리스천 다이제스트, 2000.

Berkhof, Louis. *Systematic Theology.*『조직신학 제6권』. 고영민 역. 서울: 기독교문, 1978.

Blackaby, Henry T, and Blackaby, Richard. *Spiritual leadership: Moving People on to God's Agenda.*『영적 리더십』. 윤종석 역. 서울: 두란노서원, 2008.

Browning, Don S. *Practical Theology.*『실천신학』. 이기춘 역. 서울: 대한기독교출판, 1986.

Calvin, Jean. *Ioannis Calvini Opera Quae Supersunt Omnia,*『칼뱅 작품선집 VII』. 박건택 편역. 서울: 총신대학교출판부, 2011.

Clinton, J. Robert. *The Making of a Leader.*『영적 지도자 만들기』. 이순정 역. 서울: 베다니출판사, 2008.

Clinton, Richard and Leavenworth, Paul. *Starting Well-Building A Strong Foundation for A Life Time of Ministry.*『평생사역을 꿈꾸는 리더』. 임종원 역. 서울: 진흥사, 2006.

Clowney, Edmund P. *The Church.*『교회』. 황영철 역. 서울: IVP, 1995.

Donald, G. Miller. *The Church.*『교회의 본질과 사명』. 박상증 역. 서울: 대한기독교서회, 1980.

Erickson, Millard J. *Introducing Christian Doctrine.*『조직신학 개론』. 나용화·황규일 공저. 서울: 기독교문서선교회, 2001.

_____. Millard J. *The Doctrine of Church.*『교회론』. 이은수 역. 서울: CLC, 1992.

Foster, Richard J. *Celebration of Discipline.*『영적 훈련과 성장』. 권달천 역. 서울: 생명의 말씀사, 1995.

Haye, Tim La. *If Ministers Fall. Can They Be Restored.*『목회자가 타락하면』. 황승균 역. 서울: 생명의 샘, 1990.

Hendricks, Howard. *Standing Together.*『사람을 세우는 사람』. 박경범 역. 서울: 디모데, 1995.

Heyns, L. M. and Pieterse, H. J. C. *A Primer in Practical Theology.*『실천신학 입문서』. 이정현 역. 서울: 지민, 2008.

Hiltner, Seward. *Pastoral Counseling.*『목회카운슬링』. 마경일 역. 서울: 대한기독교서회, 1982.

Hiltner, Seward. *Preface to Pastoral Theology.*『목회신학원론』. 민경배 역. 서울: 대한기독교서회, 1968.

Hoekendijk, J. C. *Church Inside Out*. 『흩어지는 교회』. 이계준 역. 서울: 대한기독교서회, 1979.

Jacobson, Wayne. "교회 내 교역자 간의 갈등." 『교회 내 병적 요소를 치료합시다』. 배용준 역. 서울. 나침반, 1996.

Jay, E. G. *Church History of Doctrines*. 『교회론의 역사』. 주재용 역. 서울: 대한기독교출판, 1986.

Jeremias, J. *New Testament Theology*. 『신약신학』. 정광옥 역. 서울: 엠마오, 1992.

Kung, Hans. *Was Its Kirche?* 『교회란 무엇인가』. 이홍근 역. 서울: 분도출판사, 2012.

Ladd, George Eldon. *Theology of the New Testament*. 『신약신학』. 신성종·이한수 옮김. 서울: 대한기독교서회, 2007.

Lewis, Gordon R, and Demarest, Bruce A. *Integrative Theology*. 『통합신학 I』. 김귀탁 역. 서울: 부흥과개혁, 2010.

Lewis, Gordon R, and Demarest, Bruce A. *Integrative Theology*. 『통합신학 III』. 김귀탁 역. 서울: 부흥과개혁사, 2011.

MacArthur, John. *Rediscovering Pastoral Ministry*. 『목회사역의 재발견』. 서원교 역. 서울: 생명의 말씀사, 1997.

Maxwell, John. *The 21 Irrefutable Laws of Leadership*. 『리더십 21가지 법칙』. 홍성화 역. 서울: 청우, 2005.

McGavran, Donald, A. *The Bridges of God*. 『하나님의 선교전략』. 이광순 역. 서울: 한국장로교출판, 1993.

Neighbour, Ralph W. *Manual for Training Cell Leaders*. 『셀리더 지침서』. 박영철 역. 서울: 도서출판NCD, 2004.

Oden, Thomas C. *Pastoral Theology*. 『목회신학』. 오성춘 역. 서울: 대한예수교장로회총회교육국, 1987.

Ridderbos, Herman N. *The Coming of the Kingdom*. 『하나님 나라』. 오광만 역. 서울: 엠마오, 1987.

Rothwell, Willam J. *Effective Succession Planning*. 『효과적 승계 계획』. 이재영 외 4인 옮김. 서울: PSI컨설팅, 2009.

Schwarz, Christian A. *Natural Church Development*. 『자연적 교회성장』. 정진우 역 외. 서울: NCD, 2005.

Sobol, Mark R, and Harkins, Philip J and Conley, Terry. *Best Practices for Succession Planning: Case studies, Research, Models, Tools*. 『석세션 플래닝』.

딜로이트 컨설팅 리더십 그룹 옮김. 서울: 프리렉, 2000.

Spurgeon, C. H. *Lectures to My Students.* 『목회자 후보생들에게』. 이종태 역. 서울: 생명의말씀, 1982.

Synder, Howard. *Liberating the church.* 『참으로 해방된 교회』. 권영석 역. 서울: 한국기독교학생회출판부, 2005.

Tidball, Derek J. *Skilful Shepherds: An Introduction to Pastoral Theology.* 『효과적인 목회를 위하여』. 정옥배 역. 서울: 엠마오, 1990.

Wagner, Peter. *Your Church Can Grow.* 『교회성장의 원리』. 권달천 역. 서울: 생명의 말씀, 1980.

Walker, Williston. *History of the Christian Church.* 『기독교 교회사』. 송인설 옮김. 서울: 크리스천 다이제스트, 2003.

Webber, Robert. *Common Roots.* 『복음주의란 무엇인가』. 홍성국 역. 서울: 생명의 말씀사, 1983.

Weber, Otto. *Die Treue Gottes in der Geschichte der Kirche.* 『Calvin의 교회관』. 김영재 역. 서울: 이레서원, 2001.

Willard, Dallas. *The Spirit of the Disciplines.* 『영성훈련』. 엄성옥 역. 서울: 은성, 1993.

Woodward, James and Pattison, Stephen. *Pastoral and Practical Theology.* 『목회신학과 실천신학의 이해』. 권수영 옮김. 서울: 대한기독교서회, 2007.

<외국서적>

Barth, Karl. *Dogmatics in Outline.* New York: Philosophical Library, 1949.

Bell, Albert A. *Exploring the New Testament World* Nashville: Thomas Nelson Publishers, 1998.

Bennis, Warren & Nanus, Burt. *Leaders: Strategies for Taking Charge.* New York: HarperCollins, 1997.

Brunner, Emil. *The Mediator.* Philadelphia: Westminister, 1947.

Calvin, Jean. *Ioannis Calvini Opera Quae Supersunt Omnia*, Vol. 10. G. Baum, E. Cunitz and E. Reuss, et al. Braunschweig, 1863~1900.

Calvin, John. *Institutes of the Christian Religion, Translated by Ford Lewis Battles*, Vols. IV. Philadelphia: The Westminster Press, 1960.

Clinton, Robert J. *Titus: Apostolic Leadership.* Altadena: Bamabas Publishers, 2001.

Coenen, Lothar. *Church in The New International Dictionary of New Testament*

Theology. ed. Colin Brown Grand Rapids: Zondervan, 1975.

Daniel, Henri. Rops *Daily Life in the Time of Jesus*. Patric O'Brian New York: Hawthorn Books, 1962.

Engstrom, T. W. and Dayton, E. R. *The Art of Management of Christian Leaders*. Waco. TX.: Word Books. 1.

Goold, William H. Ed. *The Work of John Owen. Vol. 3*. Edinburgh: The Banner of Truth Trust, 1965.

Hiltner, Seward. *Preface to Pastoral Theology*. Nashville: Abingdon Press, 1958.

Kanter, Rosabeth Moss. *The Men and Women of the Corporation*. New York: Basic Books, 1877.

Kirk, K. E. *The Apostolic Ministry*. London: Hodder & Stoughton, 1946.

Krober, A. L. and Kluckhohn. *Culture: A Critical Review of Concepts and Definitions*, A Vintage Book, 1952.

Lindsay, T. M. *The Church and the Ministry in the Early Centuries*. London: Hodder & Stoughton, 1902.

MacArthur, John F. Jr. *Ahamed of the Gospel*. Wheaton: Crossway Books, 1993.

McNill, John T. *A History of the Cure of Souls*. N.Y.: Harper and Bros, 1951.

Moor, Wilbur. *The Conduct of the Corporation*. New York: Random House, 1962.

Paul, Cecil R. *Passages of A Pastor* Grand Rapids: Zondervan, 1981.

Pond, Enoch. *Lectures on Pastoral Theology*. Boston: Draper and Halliday, 1847.

Presthus, Rober. *The Organizational Society*. Mass: Alfred A Knox, 1962.

Sanders, J. Oswald. *Spiritual Leadership*. Chicago: Moody Press, 1989.

Schaller, L. *The Change Agent Nashville*. Abingdon Press. 1972.

Schien, E. *Organizational Culture and Leadership*. Jossey Bass Publishers, 1985.

Stedman, Ray C. *Body Life*. Glandale. CA: Reagal Books, 1972.

Streeter, B. H. *The Primitive Church*: *studied with special reference to the origins of the Christian Ministry*. London: Macmillan, 2009.

Thurneysen, Eduard. *A Theology of Pastoral Care*. Richmond: John Knox Press, 1962.

Warfield, Benjamin B. *The Plan of Salvation*. Grand Rapids: Eerdmans, 1995.

<정기 간행물>

김광건. "반 기독교적 언론을 어떻게 볼 것인가?" 『목회와 신학』. 2008년 1월 호. 제223호.

김광식. "후임목회자를 위해 교회가 대비해야 할 일." 『월간목회』. 2001년 1
월호.

김득렬. "미국교회에서 배우는 지도자 계승방법." 두란노서원. 『목회와 신학』
11월호. 1996.

김명용. "목회자의 세습에 대한 7가지 신학적 비판." 『복음과 상황』. 2000년
11월호.

김봉식. "한국인의 사고방식을 통해 본 한국행정문화." 『한국행정학회』 2권.
1968.

김서택. "교회의 심장 이식 수술." 두란노서원. 『목회와 신학』. 2003년 10월.

김성렬 외. "원로목사와 담임목사 무엇이 문제인가." 『월간목회』. 1992년 3월호.

김성욱. "John Calvin과 선교론." 『신학지남』. 서울: 신학지남, 2002.

김성태. "종교다원주의의 유형과 그 영향." 『디다스칼로스』. 1992년 겨울호.
통권 8호.

김지길. "후임자가 될 부교역자들에게." 『월간목회』. 2001년 1월호.

김충기 외. "담임목사 교체의 두 기술. 이해 넓히기와 욕심 버리기." 두란노
서원. 『목회와 신학』. 2003년 10월호.

노용진. "100년 기업의 성공 토대. 리더십 파이프라인." 『LG주간경제』.
2007.7.25.

림인식. "원로목사와 담임목사의 관계." 『월간목회』. 2005.5.

박영호. "노인 복지에 대한 성경의 이해." 한국복음주의 실천신학회, 『복음주
의 실천 신학논총』. 제4권 2002.11.10.

박종렬. "원로목사의 갈등을 이렇게 극복한다." 『월간목회』. 1998년 1월호.

박종순 외. "원로목사와 담임목사 무엇이 문제인가." 『월간목회』. 1992년 3월호.

박진규. "교회 향한 미디어의 비판을 재고한다." 『빛과소금』. 2007년 10월호
제311호.

박희민. "우리 교회가 바라는 후임자상." 『월간목회』. 2001년 1월호.

성남용. "한국형 선교개발." 『선교매거진』. 2009.

송광석. "내가 세습을 반대하는 이유." 『복음과 상황』. 2000년 11월호.

실천신학회. 『복음주의 실천 신학논총』. 제4권. 2002년 11월호.

월간 디사이플스 2004년 10월호. 서울: 국제제자훈련원.

윤남중. "은퇴는 사역의 종말이 아니다." 두란노서원. 『목회와 신학』. 1996년
11월호.

윤순희. "신학생들이 갈등 속에 표류한다." 『목회와 신학』. 1990년 5월호.

이건영. "아름다운 동행." 두란노서원. 『목회와 신학』. 2003년 10월호.

이건영. 『아름다운 동행』. 서울: 예찬, 2003.

이만열. "새로운 회개운동이 일어나야 합니다." 『복음과 상황』. 2007년 11월호. 제205호.

이용원. "담임목사 교체의 유형별 분석." 두란노서원. 『목회와 신학』. 1996.11.

이정익. "목회 후임자의 바른 자세는 어떤 것인가." 『월간목회』. 2005년 5월호.

최훈. "원로목사와 담임목사 무엇이 문제인가." 『월간목회』, 1992년 3월호.

최기채. "한국교회가 바라는 후임자상." 『월간목회』. 2001.1.

한명수. "한국교회 후임자 문제에 관한 나의 소견과 그 실제." 『월간목회』. 2005년 5월호.

Carter, Norman H. "Guaranteeing's Future Through Succession Planning." *Journal of Information Systems Management 3:3,* 1986.

Whyte, J. A. "New Directions in Practical Theology." *Theology* 76, 1973.

<논문>

권상석. 「담임목사의 목회철학과 교회성장」. 박사학위논문: 풀러신학교, 2002.

김국환. 「현대목회의 한 모델로서 공동목회에 대한 연구」. 성결대학교. 『성결대학교 논문집』. 제21권, 1992.

김남철. 「한국교회의 담임목사 리더십 계승에 관한 유형별 사례연구」. 총신대학교 목회신학 전문대학원, 2011.

김정훈. 「리더십 계승의 원리와 방법에 관한 연구」. 총신대학교 신학대학원 목회학 석사논문, 2004.

박승신. 「원로목사와 후임목사의 관계」. 석사학위논문. 성결대학교 신학전문대학원, 2005.

박요일. 「안식일 사건에 나타난 프락시스 개념으로서의 주일성수 제안」. 신학석사논문. 백석대학교 기독교전문대학원, 2007.

백장흠. 「교회 내의 인간관계연구」. 미간행 석사논문. 계명대 대학원, 1976.

유봉열. 「한국교회와 원로목사」. 석사학위논문. 장로회신학대학대학원, 1982.

최명철. 「목회 리더십과 오늘의 목회자상」. 리폼드 신학교 박사학위논문, 2003.

Kwon, Sang Seok. "Senior Pastor's Ministerial Philosophy and Church Growth." D.Min. proj. Fuller Theological Seminary, 2002.

<신문>

『개혁신문』. 2005.8.16: 2.
『교회연합신문』. 제898호. 2012.6.17: 14.
『기독교신문』. 2000.7.9.
『기독신보』. 1996.9.21: 3.
『들소리신문』. 2005.3.16: 1.
『브레이크뉴스』. 2009.3.3.
『중앙일보』. 2000.6.30.
『Newsletter』. "Long-Term Business Success Can Hinge on Succession Planning."
　　　　Training Directors' Forum Newsletter 5:4, 1989.

<신문사설>

김영빈. "목회 리더십 계승 사례들." 『크리스천투데이』, 2003.12.18.
김종희. "리더십 교체 조건은 안전성." 『뉴스엔조이』, 2003.5.5.
정동일. "중소기업 맞춤형 전략." 『매일경제신문사』, 2010.4.14.
진병채. "경영자 육성을 가로막는 요인." 『LG 주간경제』, 2005.10.12: 16~18.
최성주. "담임목사 세력에 멍드는 성도들." 『들소리신문』, 2005.1.19.

<주석>

조경철. 『대한기독교서회 창립100주년 성서주석-마태복음』. 서울: 대한기독
　　　　교서회, 2000.

<백과, 사전>

『동아 신크라운 국어사전』. 서울: 동아출판, 1983.
『목회사전』. 서울: 대한예수교장로회 총회교육부, 1976.
『목회자료 큰 백과』. 15권. 1997.
『성경해석자 사전』. 서울. 기독교문서선교회, 2003.
『웹스터사전』
Moo, Douglas J. "Law." *Dictionary of Jesus & Gospels* IVP; 1992.
Portion, Gary G. "Halaka." *The Anchor Bible Dictionary*.

<포럼>

이성희. "담임목사 선정 및 청빙." 제8회 신촌포럼 2000.

<인터넷 사이트>

http://gisang.clsk.org/ (무명의 목사)
http://mlbpark.donga.com (한국의 종교별 교세 현황도표 인터넷)
http://news.hankooki.com 『한국일보』
http://seongsil.or.kr/ (성실교회)
http://www.c3tv.com 『C3TV』
http://www.kehcnews.co.kr 『한국성결신문』
http://www.missionmagazine.com 『미션메거진』
http://www.pgak.net/ 대한예수교장로회총회(백석)
http://www.snuca.org (서울대학교 기독교 동문회)
http://www.yonhapnews.co.kr 『연합뉴스』
http://wwwpck.or.kr. 『총회본부』
www.icseminary.org 『교회연합신문』
argon@inews24.com "美마이크론 CEO 사망." 2012년 2월 4일자 안희권 기자
http://breaknews.com 『뉴스브레이크』

박요일

전남 신안군에서 출생하여 하나님의 부르심을 받고 개혁신학원 2학년에 재학하던 중 군에 입대하여 75사단 군종으로 사역한 후 1992년 현 백석대학교 신학부를 졸업했으며, 졸업 후 영국 리버풀 Emmanuel Bible College에서 Diploma & Adv. Diploma 과정을 졸업하고 맨체스터 NTC(나사렛신학대학교)에서 신학석사 과정을 수료하였다. IMF외환위기 여파로 한국에 돌아와 2001년 개혁신학대학원에서 목회학 과정을 마치고 2002년 4월 15일에 동서울노회(현 합동 측 경기남노회)에서 목사안수를 받았다. 목사안수 후 백석대학교 문교부 신학학사를 졸업하고 한일장신대학교 문학사 및 사회복학지사와 백석대학교 목회대학원을 졸업한 후 백석대학교 기독교전문대학원에서 「안식일 사건에 나타난 프란시스로서의 주일성수 제안」 논문으로 신학석사(Th.M) 학위를 취득하였으며, 이어 동 대학원 신학박사 과정에서 실제적인 목회사역 계승을 위한 후임관리 프로그램 제안으로 「건강한 교회를 위한 목회사역 계승에 대한 연구」를 함으로써 신학박사(Th.D in Ministry) 학위를 취득하였다. 박사과정 중 개혁 측과 합동 측의 통합으로 편목과정을 이수하게 되어 총회신학대학교 신대원 목회학석사(M.Div in eq) 과정을 졸업하였다(104회 졸업).

1986년부터 여러 교회 전도사 과정 및 사단 군종, 지휘자 등의 과정을 통하여 리더십 기초훈련을 다듬어 갔으며 목사안수 후 흥신교회 부목사 5년 리더십 과정 경험을 토대로 2007년 10월 흥신교회 위임목사로 추대를 받았다. 또한 2010~2012년까지 2년 동안 한일장신대학교 객원교수로 강의했으며, 현재 경기경찰청경목위원, 수정경찰경목위원, 경찰신문 편집위원, 경기동부지역 기아대책 이사 그리고 백석대학교 목회대학원 객원교수 및 수정로교회(구 흥신교회) 위임목사로서 주님의 사역을 감당하고 있다.

전임과 후임 리더십 계승 프로세스

목회사역 계승
매뉴얼

초 판 인 쇄 ㅣ 2014년 1월 27일
초 판 발 행 ㅣ 2014년 1월 27일

지 은 이 ㅣ 박요일
펴 낸 이 ㅣ 채종준
펴 낸 곳 ㅣ 한국학술정보㈜
주   소 ㅣ 경기도 파주시 문발동 파주출판문화정보산업단지 513-5
전   화 ㅣ 031) 908-3181(대표)
팩   스 ㅣ 031) 908-3189
홈 페 이 지 ㅣ http://ebook.kstudy.com
E - m a i l ㅣ 출판사업부 publish@kstudy.com
등   록 ㅣ 제일산-115호(2000. 6. 19)

ISBN   978-89-268-5458-7 93230

이 책은 한국학술정보(주)와 저작자의 지적 재산으로서 무단 전재와 복제를 금합니다.
책에 대한 더 나은 생각, 끊임없는 고민, 독자를 생각하는 마음으로 보다 좋은 책을 만들어갑니다.